DIANLIJIANSHEGONGCHENG
CHANGYONGSHEBEI CAILIAO JIAGE XINXI

电力建设工程
常用设备材料价格信息

（2022年）　上册

电力工程造价与定额管理总站　发布

中国电力出版社
CHINA ELECTRIC POWER PRESS

图书在版编目（CIP）数据

电力建设工程常用设备材料价格信息. 2022年：全2册/电力工程造价
与定额管理总站发布. —北京：中国电力出版社，2023.6
ISBN 978-7-5198-7806-1

Ⅰ. ①电…　Ⅱ. ①电…　Ⅲ. ①电力工程－电气设备－价格－中国－
2022②电力工程－电工材料－价格－中国－2022　Ⅳ. ①F724.745

中国国家版本馆 CIP 数据核字（2023）第 079561 号

出版发行：中国电力出版社
地　　址：北京市东城区北京站西街 19 号
邮政编码：100005
网　　址：http://www.cepp.sgcc.com.cn
责任编辑：高　芬（010-63412717）
责任校对：黄　蓓　朱丽芳　常燕昆
装帧设计：张俊霞　赵姗姗
责任印制：石　雷

印　　刷：三河市百盛印装有限公司
版　　次：2023 年 6 月第一版
印　　次：2023 年 6 月北京第一次印刷
开　　本：850 毫米×1188 毫米　32 开本
印　　张：26.625
字　　数：668 千字
印　　数：001—500 册
定　　价：220.00 元（上、下册）

电力工程造价与定额管理总站
关于发布《电力建设工程常用设备材料
价格信息（2022 年）》的通知

定额〔2023〕24 号

各有关单位：

　　在电力建设各参与方的广泛参与和大力支持下，电力工程造价与定额管理总站开展价格数据的信息收集与统计分析工作，编制完成了 2022 年度《电力建设工程常用设备材料价格信息》，现予以发布。

　　本价格信息由中国电力出版社出版发行，可作为编制电力工程建设预算和结算时的参考依据，在使用过程中如发现不当之处，请及时反馈我站。

　　附件：《电力建设工程常用设备材料价格信息（2022 年）》（另发）

电力工程造价与定额管理总站

2023 年 6 月 5 日

电力建设工程常用设备材料价格信息（2022年）

编　制　说　明

　　本信息价格包括火力发电工程和电网工程的主要设备和材料，分为阀门、管件、黑色金属、耐火保温材料、电缆、导线、塑料及橡胶制品、塔材及混凝土制品、电瓷及金具、300MW 机组设备、600MW 机组设备、1000MW 机组设备、燃气—蒸汽联合循环电站设备、变电设备、通信设备共计 15 章。

　　1．本册中各项材料所给出的价格信息为 2022 年度施工现场出库价格，其中卸车、仓储、保管及检验费用，材料占税前单价的 2%。

　　2．本册中各项设备所给出的价格信息为 2022 年度出厂价格，运杂费、卸车保管费依据预规另行计算。

　　3．本设备材料信息价为税前单价。

　　4．本信息价格以"元"为单位。

　　5．本信息价格可作为编制电力建设工程投资估算、初步设计概算、施工图预算、招标控制价的依据，电力建设工程投标报价和工程结算时参考使用。

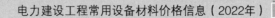
目　录

编制说明

上　册

下　　册

一、阀　门

名　　称	型 号、规 格	单位	价格
截止阀			
截止阀	J11F-25C　DN50	套	354
截止阀	J11H-16C　DN32	套	73
截止阀	J11H-16C　DN65	套	278
截止阀	J11T-40　DN25	套	151
截止阀	J11W-10T　DN15	套	50
截止阀	J11W-10T　DN20	套	57
截止阀	J11W-10T　DN25	套	75
截止阀	J11W-10T　DN32	套	86
截止阀	J11W-64P　DN6	套	38
截止阀	J21W-25R　DN15	套	185
截止阀	J21W-40R　DN15	套	185
截止阀	J21W-50R　DN15	套	185
截止阀	J41F-10P　DN100	套	2152
截止阀	J41H-10C　DN25	套	277

续表

名　　　称	型 号、规 格	单位	价格
截止阀	J41H-10C　DN32	套	316
截止阀	J41H-10C　DN50	套	543
截止阀	J41H-10C　DN65	套	719
截止阀	J41H-10C　DN80	套	848
截止阀	J41H-10C　DN100	套	1101
截止阀	J41H-10C　DN125	套	1647
截止阀	J41H-10C　DN150	套	2137
截止阀	J41H-10C　DN150A	套	2262
截止阀	J41H-10C　DN200	套	2434
截止阀	J41H-10C　DN350	套	4325
截止阀	J41H-16C　DN15	套	141
截止阀	J41H-16C　DN20	套	237
截止阀	J41H-16C　DN25	套	279
截止阀	J41H-16C　DN50	套	594

续表

名　　称	型　号、规　格	单位	价格
截止阀	J41H-16C　DN65	套	738
截止阀	J41H-16C　DN80	套	921
截止阀	J41H-16C　DN100	套	1258
截止阀	J41H-16C　DN125	套	1432
截止阀	J41H-16C　DN150	套	2359
截止阀	Z41H-16P　DN150	套	3385
截止阀	J41H-25　DN15	套	154
截止阀	J41H-25　DN20	套	157
截止阀	J41H-25　DN25	套	208
截止阀	J41H-25　DN32	套	299
截止阀	J41H-25　DN40	套	424
截止阀	J41H-25　DN50	套	463
截止阀	J41H-25　DN65	套	590
截止阀	J41H-25　DN80	套	881

续表

名　　称	型号、规格	单位	价格
截止阀	J41H-25　DN100	套	1093
截止阀	J41H-25　DN125	套	1586
截止阀	J41H-25　DN150	套	1942
截止阀	J41H-25　DN200	套	3184
截止阀	J41H-25　DN250	套	4353
截止阀	J41H-40　DN15	套	173
截止阀	J41H-40　DN20	套	204
截止阀	J41H-40　DN25	套	255
截止阀	J41H-40　DN32	套	388
截止阀	J41H-40　DN40	套	516
截止阀	J41H-40　DN50	套	535
截止阀	J41H-40　DN65	套	708
截止阀	J41H-40　DN80	套	1106
截止阀	J41H-40　DN100	套	1267

续表

名　　称	型　号、规　格	单位	价格
截止阀	J41H-40　DN125	套	1992
截止阀	J41H-40　DN150A	套	2370
截止阀	J41H-63　DN15	套	306
截止阀	J41H-63　DN20	套	313
截止阀	J41H-63　DN25	套	393
截止阀	J41H-63　DN32	套	575
截止阀	J41H-63　DN50	套	902
截止阀	J41H-63　DN65	套	1139
截止阀	J41H-63P　DN20	套	537
截止阀	J41H-63P　DN25	套	598
截止阀	J41H-100　DN20	套	366
截止阀	J41H-100　DN25	套	530
截止阀	J41H-100　DN32	套	695
截止阀	J41H-100　DN40	套	860

续表

名　　称	型 号、规 格	单位	价格
截止阀	J41H-100　DN65	套	1604
截止阀	J41H-100　DN80	套	2132
截止阀	J41H-100　DN100	套	2660
截止阀	J41H-100　DN125	套	3083
截止阀	J41H-100　DN200	套	4859
截止阀	J41H-160　DN32	套	852
截止阀	J41H-600LB　DN20	套	1101
截止阀	J41H-600LB　DN25	套	1524
截止阀	J41H-600LB　DN32	套	1712
截止阀	J41H-600LBF22　DN20	套	1397
截止阀	J41H-600LBF22　DN25	套	2011
截止阀	J41H-600LBF22　DN32	套	2126
截止阀	J41H-900LB　DN20	套	1507
截止阀	J41H-900LB　DN25	套	1697

续表

名　称	型　号、规　格	单位	价格
截止阀	J41H-900LBF22　DN20	套	1815
截止阀	J41W-10P　DN100	套	2813
截止阀	J41W-10P　DN125	套	3230
截止阀	J41W-16　DN125	套	3371
截止阀	J41W-16　DN150	套	4743
截止阀	J41W-16P　DN25	套	559
截止阀	J41W-16P　DN80	套	2206
截止阀	J41W-16P　DN100	套	2952
截止阀	J41W-16P　DN150	套	4661
截止阀	J41W-16P　DN200	套	4899
截止阀	J41W-25　DN10	套	279
截止阀	J41W-25　DN15	套	289
截止阀	J41W-25P　DN6	套	384
截止阀	J41W-25P　DN10	套	406

续表

名　　称	型　号、规　格	单位	价格
截止阀	J41W-25P　DN15	套	411
截止阀	J41W-25P　DN20	套	465
截止阀	J41W-25P　DN25	套	591
截止阀	J41W-25P　DN50	套	948
截止阀	J41W-25P　DN80	套	1740
截止阀	J41W-25P　DN100	套	2406
截止阀	J41W-25P　DN150	套	7451
截止阀	J41W-40　DN150	套	6606
截止阀	J41W-40P　DN10	套	421
截止阀	J41W-40P　DN100	套	2527
截止阀	J41W-63P　DN10	套	523
截止阀	J41W-63P　DN25	套	625
截止阀	J41W-64P　DN15	套	574
截止阀	J41W-100C　DN25	套	308

名　称	型　号、规　格	单位	价格
截止阀	J41W-100P　DN20	套	556
截止阀	J41W-100P　DN25	套	899
截止阀	J41W-100P　DN50	套	2625
截止阀	J41Y-16P　DN125A	套	3721
截止阀	J41Y-16P　DN150A	套	5192
截止阀	J41Y-16R　DN15	套	937
截止阀	J41Y-100P　DN10	套	810
截止阀	J41Y-64　DN15	套	311
截止阀	J41Y-64　DN20	套	385
截止阀	J41Y-64　DN50	套	1072
截止阀	J41Y-64P　DN20	套	1001
截止阀	J41Y-64P　DN25	套	1185
截止阀	J41X-10C　DN65	套	799
截止阀	J41T-10Z　DN40	套	462

续表

名　　称	型 号、规 格	单位	价格
截止阀	J41T-16　DN25	套	291
截止阀	J41T-16　DN80	套	1174
截止阀	J41T-16　DN100	套	1516
截止阀	J41T-16　DN125	套	2073
截止阀	J61H-16C　DN65	套	610
截止阀	J61H-16C　DN125	套	1842
截止阀	J61H-25　DN15	套	111
截止阀	J61H-25　DN20	套	128
截止阀	J61H-25　DN25	套	158
截止阀	J61H-25　DN32	套	257
截止阀	J61H-25　DN40	套	350
截止阀	J61H-25　DN50	套	438
截止阀	J61H-40　DN20	套	180
截止阀	J61H-40　DN25	套	204

名　称	型　号、规　格	单位	价格
截止阀	J61H-40　DN32	套	267
截止阀	J61H-40　DN40	套	356
截止阀	J61H-40　DN50	套	450
截止阀	J61H-40　DN100	套	1139
截止阀	J61H-64　DN10	套	115
截止阀	J61H-64　DN15	套	143
截止阀	J61H-64　DN20	套	184
截止阀	J61H-64　DN25	套	235
截止阀	J61H-64　DN32	套	280
截止阀	J61H-64　DN65	套	756
截止阀	J61H-100　DN10	套	111
截止阀	J61H-100　DN20	套	186
截止阀	J61H-100　DN25	套	227
截止阀	J61H-100　DN32	套	274

续表

名　　称	型 号、规 格	单位	价格
截止阀	J61H-100　DN40	套	357
截止阀	J61H-100　DN50	套	440
截止阀	J61H-100　DN65	套	1133
截止阀	J61H-100　DN80	套	1644
截止阀	J61H-100　DN125A	套	3633
截止阀	J61H-100　DN150	套	3992
截止阀	J61H-100C　DN20	套	814
截止阀	J61H-100C　DN32	套	2527
截止阀	J61H-100P　DN10	套	159
截止阀	J61H-160　DN20	套	719
截止阀	J61H-160　DN25	套	532
截止阀	J61H-160　DN32	套	1024
截止阀	J61H-260　DN20	套	515
截止阀	J61H-260　DN25	套	582

续表

名　　称	型号、规格	单位	价格
截止阀	J61H-320　DN20	套	1265
截止阀	J61H-320　DN25	套	1407
截止阀	J61H-600LB　DN20	套	662
截止阀	J61H-600LB　DN25	套	918
截止阀	J61H-600LB　DN40	套	1183
截止阀	J61H-600LB　DN65	套	1298
截止阀	J61H-900LBF22　DN25	套	1518
截止阀	J61H-1500LB　DN20	套	1222
截止阀	J61W-25P　DN15	套	262
截止阀	J61W-25P　DN20	套	294
截止阀	J61W-25P　DN80	套	1545
截止阀	J61W-25P　DN125	套	3459
截止阀	J61Y-6　DN50	套	2453
截止阀	J61Y-40　DN20	套	191

续表

名　称	型　号、规　格	单位	价　格
截止阀	J61Y-40　DN25	套	238
截止阀	J61Y-40　DN50	套	635
截止阀	J61Y-40　DN65	套	874
截止阀	J61Y-40H　DN50	套	5958
截止阀	J61Y-40I　DN20	套	540
截止阀	J61Y-40V　DN25	套	577
截止阀	J61Y-40V　DN32	套	612
截止阀	J61Y-64V　DN20	套	449
截止阀	J61Y-64　DN20	套	191
截止阀	J61Y-64　DN25	套	245
截止阀	J61Y-64　DN32	套	280
截止阀	J61Y-64I　DN20	套	617
截止阀	J61Y-64I　DN25	套	662
截止阀	J61Y-64I　DN32	套	691

名　　称	型　号、规　格	单位	价格
截止阀	J61Y-100　DN20	套	293
截止阀	J61Y-100　DN25	套	312
截止阀	J61Y-100　DN32	套	352
截止阀	J61Y-100　DN50	套	677
截止阀	J61Y-100　DN65	套	1756
截止阀	J61Y-100　DN80	套	1853
截止阀	J61Y-100　DN125	套	4283
截止阀	J61Y-100I　DN20	套	627
截止阀	J61Y-100I　DN25	套	668
截止阀	J61Y-100I　DN32	套	708
截止阀	J61Y-100I　DN40	套	822
截止阀	J61Y-100I　DN50	套	1154
截止阀	J61Y-100I　DN65	套	1756
截止阀	J61Y-100V　DN25	套	577

续表

名　　称	型　号、规　格	单位	价格
截止阀	J61Y-100V　DN32	套	660
截止阀	J61Y-160　DN20	套	411
截止阀	J61Y-160　DN32	套	713
截止阀	J61Y-160　DN40	套	994
截止阀	J61Y-160　DN50	套	1308
截止阀	J61Y-160H　DN50	套	7768
截止阀	J61Y-160V　DN25	套	932
截止阀	J61Y-160V　DN32	套	947
截止阀	J61Y-160I　DN25	套	697
截止阀	J61Y-160I　DN32	套	836
截止阀	J61Y-420　DN20	套	998
截止阀	J61Y-500W　DN25	套	1636
截止阀	J61Y-500W　DN32	套	2681
截止阀	J61Y-600LBI　DN65	套	2338

续表

名　　称	型　号、规　格	单位	价格
截止阀	J61Y-P56　DN40	套	9252
截止阀	J61Y-P61　DN65	套	18087
截止阀	J61Y-P63　DN65	套	14542
截止阀	J61Y-P63　DN80	套	19995
截止阀	J61Y-P54100V　DN50	套	4532
截止阀	J61Y-P551　DN32	套	621
截止阀	J61Y-P551　DN40	套	890
截止阀	J61Y-P551　DN50	套	2477
截止阀	J61Y-P551　DN65	套	3893
截止阀	J61Y-1500LB　DN20	套	1302
截止阀	J61Y-3500LB　DN25	套	2236
截止阀	J61Y-3500LB　DN32	套	2878
截止阀	J61Y-3500LBF22　DN25	套	2357
截止阀	J641H-16　DN80	套	21657

续表

名　称	型号、规格	单位	价格
截止阀	J641H-600LB　DN65	套	4002
截止阀	J661H-25　DN32	套	6380
截止阀	J661H-25　DN50	套	8335
截止阀	J661H-40　DN25	套	7801
截止阀	J661H-40　DN40	套	8055
截止阀	J661Y-63I　DN40	套	9323
截止阀	J661Y-63I　DN50	套	11594
截止阀	J661Y-63I　DN65	套	17190
截止阀	J661Y-63I　DN600	套	17338
截止阀	J941H-16C　DN65	套	11268
截止阀	J941H-16C　DN80	套	13024
截止阀	J941H-16P　DN65	套	23636
截止阀	J941H-16C　DN100	套	13362
截止阀	J941H-16C　DN125	套	14614

名　称	型号、规格	单位	价格
截止阀	J941H-16C　DN150	套	16204
截止阀	J941H-25　DN50	套	11616
截止阀	J941H-25　DN65	套	12744
截止阀	J941H-25　DN80	套	13547
截止阀	J941H-25　DN100	套	13724
截止阀	J941H-25　DN150	套	15438
截止阀	J941H-40　DN20	套	10911
截止阀	J941H-40　DN50	套	12413
截止阀	J941H-40　DN80	套	13965
截止阀	J941H-40　DN150	套	19796
截止阀	J941H-40　DN300	套	22076
截止阀	J941H-63　DN50	套	13235
截止阀	J941H-63　DN100	套	14582
截止阀	J941H-100　DN80	套	15701

续表

名　称	型　号、规　格	单位	价格
截止阀	J941W-10P　DN125	套	10814
截止阀	J941W-16C　DN150	套	14390
截止阀	J941Y-16P　DN125A	套	12531
截止阀	J941Y-16P　DN150A	套	14694
截止阀	J941Y-25　DN80	套	11722
截止阀	J961H-16C　DN65	套	8659
截止阀	J961H-16C　DN125	套	12217
截止阀	J961H-25　DN50	套	8267
截止阀	J961H-25　DN65	套	8384
截止阀	J961H-63　DN100	套	18705
截止阀	J961H-64　DN65	套	8953
截止阀	J961H-100　DN50	套	12478
截止阀	J961H-100　DN125	套	14364
截止阀	J961Y-200　DN65	套	33176

续表

名　　称	型　号、规　格	单位	价格
截止阀	J961Y-40　DN65	套	11478
截止阀	J961Y-40　DN80	套	16397
截止阀	J961Y-40　DN150	套	32794
截止阀	J961Y-100　DN50	套	10184
截止阀	J961Y-100　DN80	套	16397
截止阀	J961Y-100　DN100	套	19418
截止阀	QWJ61F-16P　DN15	套	2487
截止阀	QWJ61F-16P　DN25	套	2856
真空截止阀	DKJ41H-16C　DN20	套	283
真空截止阀	DKJ41H-16C　DN25	套	373
真空截止阀	DKJ41H-16C　DN50	套	936
真空截止阀	DKJ41H-16C　DN65	套	1259
真空截止阀	DKJ41H-25C　DN20	套	401
真空截止阀	DKJ41H-25C　DN25	套	414

续表

名　　称	型 号、规 格	单位	价格
真空截止阀	DKJ41H-25C　DN50	套	1273
真空截止阀	DKJ41H-40　DN25	套	595
真空截止阀	DKJ41H-40　DN40	套	1716
真空截止阀	DKJ41H-63　DN65	套	1668
真空截止阀	DKJ61H-16C　DN50	套	580
真空截止阀	DKJ61H-25　DN20	套	192
真空截止阀	DKJ61H-25　DN25	套	287
真空截止阀	DKJ61H-40　DN32	套	319
真空截止阀	DKJ61H-40　DN40	套	501
真空截止阀	DKJ61H-40　DN50	套	591
真空截止阀	DKJ61H-40　DN300	套	6802
真空截止阀	DKJ61H-40　DN350	套	22035
真空截止阀	DKJ61H-40　DN350A	套	25047
真空截止阀	DKJ61H-40　DN600	套	26674

续表

名　称	型号、规格	单位	价格
真空截止阀	DKJ61H-63　DN25	套	374
真空截止阀	DKJ61H-63I　DN25	套	2186
真空截止阀	DKJ61H-64　DN65	套	954
真空截止阀	DKJ61H-600LB　DN32	套	1131
真空截止阀	DKJ61H-600LB　DN40	套	1296
真空截止阀	DKJ61Y-16　DN40	套	4554
真空截止阀	DKJ61Y-40　DN25	套	285
真空截止阀	DKJ61Y-100I　DN32	套	499
真空截止阀	DKJ61Y-100I　DN40	套	1219
真空截止阀	DKJ61Y-100I　DN50	套	1359
真空截止阀	DKJ61Y-600LB　DN40	套	1087
真空截止阀	DKJ61Y-63I　DN50	套	1048
真空截止阀	DKJ61Y-63I　DN100	套	1263
真空截止阀	DKJ61Y-63I　DN300	套	11471

续表

名　　称	型　号、规　格	单位	价　格
真空截止阀	DKJ641H-16C　DN200	套	52999
真空截止阀	DKJ661H-63　DN50	套	15286
真空截止阀	DKJ661H-63I　DN50	套	7742
真空截止阀	DKJ661Y-4　DN350A	套	59266
真空截止阀	DKJ661Y-40　DN32	套	11930
真空截止阀	DKJ661Y-40　DN40	套	14865
真空截止阀	DKJ661Y-40　DN50	套	14942
真空截止阀	DKJ661Y-40　DN600	套	14994
真空截止阀	DKJ661Y-63I　DN32	套	13086
真空截止阀	DKJ661Y-63I　DN40	套	17520
真空截止阀	DKJ661Y-63I　DN600	套	17671
真空截止阀	DKJ661Y-64I　DN600	套	17820
真空截止阀	DKJ661Y-100　DN32	套	8744
真空截止阀	DKJ661Y-100　DN40	套	12476

续表

名　　称	型　号、规　格	单位	价格
真空截止阀	DKJ661Y-100　DN300	套	15034
真空截止阀	DKJ661Y-100I　DN32	套	29925
真空截止阀	DKJ661Y-100I　DN40	套	35479
真空截止阀	DKJ661Y-100I　DN50	套	36604
真空截止阀	DKJ661Y-100I　DN250	套	109458
真空截止阀	DKJ661Y-100I　DN600	套	235616
真空截止阀	DKJ661Y-160I　DN32	套	23776
真空截止阀	DKJ661Y-160I　DN40	套	23958
真空截止阀	DKJ661Y-160I　DN600	套	24164
真空截止阀	NKJ961H-16C　DN25	套	6904
真空截止阀	NKJ961H-16C　DN32	套	7110
真空截止阀	NKJ961H-16　DN50	套	10708
真空截止阀	NKJ961Y-40V　DN32	套	7538
真空截止阀	NKJ961Y-100V　DN32	套	11449

续表

名　　称	型　号、规　格	单位	价格
真空截止阀	J61Y3500LB　DN40	套	626
真空截止阀	J961Y200　DN32	套	303
真空截止阀	NKJ41H-16C　DN50	套	864
真空截止阀	NKJ41H-16C　DN80	套	1711
真空截止阀	NKJ41H-16C　DN150	套	2739
真空截止阀	NKJ41H-25　DN25	套	2672
真空截止阀	NKJ41H-40　DN300	套	70056
真空截止阀	NKJ60H-16P　DN20	套	799
真空截止阀	NKJ61H-16C　DN100	套	1433
真空截止阀	NKJ61H-16C　DN150	套	2866
真空截止阀	NKJ61H-25　DN20	套	232
真空截止阀	NKJ61H-25　DN25	套	314
真空截止阀	NKJ61H-25　DN50	套	465
真空截止阀	NKJ61H-25I　DN25	套	504

续表

名　　称	型　号、规　格	单位	价格
真空截止阀	NKJ61H-40　DN20	套	245
真空截止阀	NKJ61H-40　DN25	套	326
真空截止阀	NKJ61H-40　DN32	套	480
真空截止阀	NKJ61H-40I　DN25	套	522
真空截止阀	NKJ61H-100　DN25	套	291
真空截止阀	NKJ61H-100　DN40	套	642
真空截止阀	NKJ61H-160　DN32	套	822
真空截止阀	NKJ61Y-100　DN25	套	351
真空截止阀	NKJ61Y-100I　DN32	套	1182
真空截止阀	NKJ61Y-16C　DN80	套	1181
真空截止阀	NKJ61Y-40　DN25	套	237
真空截止阀	NKJ61Y-40　DN65	套	1057
真空截止阀	NKJ61Y-40　DN150	套	2759
真空截止阀	NKJ61Y-40V　DN25	套	755

续表

名　称	型号、规格	单位	价格
真空截止阀	NKJ61Y-40V　DN32	套	1079
真空截止阀	NKJ61Y-64I　DN25	套	570
真空截止阀	NKJ61Y-64I　DN32	套	865
真空截止阀	DkJ61Y-160V　DN20	套	814
真空截止阀	DkJ61Y-160V　DN32	套	1217
真空截止阀	NKJ661Y-40　DN50	套	16254
真空截止阀	NKJ961H-10C　DN80	套	8995
真空截止阀	ZKJ61H-160　DN32	套	448
闸阀			
闸阀	PZ941H-10C　DN150A	套	18402
闸阀	SZ45X-16　DN250	套	4928
闸阀	Z40H-16P　DN200	套	6730
闸阀	Z40W-63P　DN150A	套	10046
闸阀	Z41F-10　DN50	套	791

续表

名　　称	型　号、规　格	单位	价格
闸阀	Z41F-10　DN80	套	1431
闸阀	Z41H-10　DN65	套	601
闸阀	Z41H-10　DN150	套	2249
闸阀	Z41H-16　DN80	套	1064
闸阀	Z41H-16　DN100	套	1207
闸阀	Z41H-16　DN125	套	1866
闸阀	Z41H-16　DN150	套	2296
闸阀	Z41H-16　DN150A	套	2500
闸阀	Z41H-16　DN200	套	3219
闸阀	Z41H-16　DN225	套	5040
闸阀	Z41H-16　DN250	套	5582
闸阀	Z41H-16　DN300	套	6520
闸阀	Z41H-16　DN350	套	7528
闸阀	Z41H-16P　DN200	套	6228

续表

名　称	型　号、规　格	单位	价格
闸阀	Z41H-16P　DN250	套	9999
闸阀	Z41H-16V　DN200	套	6488
闸阀	Z41H-25　DN100	套	1351
闸阀	Z41H-25　DN125	套	1848
闸阀	Z41H-25　DN150	套	1837
闸阀	Z41H-25　DN150A	套	2407
闸阀	Z41H-25　DN200	套	3294
闸阀	Z41H-25　DN250	套	4216
闸阀	Z41H-25　DN400	套	13659
闸阀	Z41H-25　DN600A	套	33127
闸阀	Z41Y-16C　DN250	套	4577
闸阀	Z41Y-16C　DN300	套	6122
闸阀	Z41Y-16C　DN350	套	8476
闸阀	Z41Y-16C　DN400	套	10328

续表

名　　称	型号、规格	单位	价格
闸阀	Z41Y-25　DN450	套	14373
闸阀	Z41Y-25　DN300	套	6826
闸阀	Z41Y-25　DN250	套	4915
闸阀	Z41Y-25　DN200	套	3997
闸阀	Z41Y-25　DN175	套	3687
闸阀	Z41Y-25　DN150	套	2507
闸阀	Z41H-40　DN20	套	197
闸阀	Z41H-40　DN32	套	356
闸阀	Z41H-40　DN40	套	458
闸阀	Z41H-40　DN50	套	555
闸阀	Z41H-40　DN80	套	936
闸阀	Z41H-40　DN100	套	1474
闸阀	Z41H-40　DN125	套	1901
闸阀	Z41H-40　DN150	套	2355

续表

名　　称	型　号、规　格	单位	价格
闸阀	Z41H-40　DN150A	套	2441
闸阀	Z41H-40　DN200	套	4234
闸阀	Z41H-40　DN250	套	6589
闸阀	Z41H-40　DN300	套	9959
闸阀	Z41H-40　DN350	套	11769
闸阀	Z41H-40　DN350A	套	13919
闸阀	Z41H-40　DN400A	套	14799
闸阀	Z41H-40　DN450	套	26608
闸阀	Z41H-63　DN100	套	1948
闸阀	Z41H-63　DN150	套	3607
闸阀	Z41H-63　DN200	套	6512
闸阀	Z41H-63　DN250	套	8492
闸阀	Z41H-63I　DN350	套	40048
闸阀	Z41H-100　DN100	套	2477

续表

名　称	型　号、规　格	单位	价格
闸阀	Z41H-100　DN300	套	21435
闸阀	Z41H-900LB　DN200	套	21001
闸阀	Z41H-900LB　DN250	套	27792
闸阀	Z41T-10　DN50	套	300
闸阀	Z41T-10　DN65	套	835
闸阀	Z41T-10　DN80	套	1032
闸阀	Z41T-10　DN100	套	1068
闸阀	Z41T-10　DN125	套	1137
闸阀	Z41T-10　DN150	套	1421
闸阀	Z41T-10　DN200	套	1575
闸阀	Z41T-10　DN250	套	2439
闸阀	Z41T-16　DN65	套	945
闸阀	Z41T-16　DN80	套	1048
闸阀	Z41T-16　DN100	套	1288

续表

名　　称	型 号、规 格	单位	价格
闸阀	Z41T-16　DN200	套	3455
闸阀	Z41T-16　DN300	套	3551
闸阀	Z41T-25　DN65	套	945
闸阀	Z41T-25　DN100	套	1360
闸阀	Z41T-25　DN150	套	2216
闸阀	Z41T-25　DN200	套	3616
闸阀	Z41W-16　DN150	套	2276
闸阀	Z41W-16　DN300	套	14017
闸阀	Z41W-16　DN400	套	32725
闸阀	Z41W-16P　DN80	套	1761
闸阀	Z41W-16P　DN150	套	4943
闸阀	Z41W-16P　DN200	套	6069
闸阀	Z41W-16P　DN300	套	14957
闸阀	Z41W-16P　DN350	套	20855

续表

名　　称	型号、规格	单位	价格
闸阀	Z41W-25P　DN50	套	1185
闸阀	Z41W-25P　DN150	套	4943
闸阀	Z41W-25P　DN200	套	7633
闸阀	Z41W-25P　DN300	套	19592
闸阀	Z41W-40　DN100	套	1668
闸阀	Z41W-40　DN300	套	28829
闸阀	Z41X-10C　DN150	套	1711
闸阀	Z41X-10C　DN200	套	3042
闸阀	Z41X-10C　DN300	套	4584
闸阀	Z41X-10　DN400	套	4885
闸阀	Z41X-16　DN150	套	1711
闸阀	Z41X-16Q　DN200	套	1675
闸阀	Z41X-16Q　DN250	套	3040
闸阀	Z41X-16Q　DN350	套	5352

续表

名　　称	型　号、规　格	单位	价格
闸阀	Z41X-16Q　DN300	套	3718
闸阀	Z41Y-40　DN450	套	29094
闸阀	Z44H-25　DN300	套	8171
闸阀	Z44T-10　DN200	套	2394
闸阀	Z45T-6　DN300	套	3603
闸阀	Z45X-10Q　DN200	套	1130
闸阀	Z45X-10Q　DN350	套	3938
闸阀	Z45X-16Q　DN250	套	1881
闸阀	Z45X-16Q　DN350	套	3938
闸阀	Z562Y-200　DN275	套	43579
闸阀	Z61H-25　DN200	套	4249
闸阀	Z61H-40　DN200	套	4708
闸阀	Z61H-40　DN250	套	7947
闸阀	Z61H-40　DN300	套	9676

名　称	型　号、规　格	单位	价格
闸阀	Z61H-40　DN350	套	16929
闸阀	Z61H-40V　DN400	套	37118
闸阀	Z61H-64　DN150	套	1147
闸阀	Z61H-64　DN200	套	6074
闸阀	Z61H-64　DN250	套	8366
闸阀	Z61H-64　DN300	套	13209
闸阀	Z61H-64　DN350	套	20606
闸阀	Z61H-64　DN400	套	31681
闸阀	Z61H-64I　DN300	套	50335
闸阀	Z61H-64I　DN500	套	59334
闸阀	Z61H-100　DN50	套	476
闸阀	Z61H-100　DN65	套	1285
闸阀	Z61H-100　DN100	套	2961
闸阀	Z61H-100　DN125	套	3994

续表

名　　称	型 号、规 格	单位	价 格
闸阀	Z61H-100　DN150	套	4620
闸阀	Z61H-100　DN200	套	7370
闸阀	Z61H-100　DN300	套	15249
闸阀	Z61H-100　DN350	套	21059
闸阀	Z61H-100　DN600	套	107469
闸阀	Z61H-160　DN200	套	9992
闸阀	Z61H-160　DN250	套	18755
闸阀	Z61Y-110I　DN200	套	27568
闸阀	Z61Y-100I　DN300	套	28243
闸阀	Z61Y-100I　DN400	套	37872
闸阀	Z61Y-40　DN200	套	4562
闸阀	Z61Y-40I　DN200	套	6773
闸阀	Z61Y-40I　DN300	套	16632
闸阀	Z61Y-64P　DN25	套	560

续表

名　　称	型　号、规　格	单位	价格
闸阀	Z62Y-100I　DN400	套	44227
闸阀	Z61Y-160V　DN275	套	49491
闸阀	Z641H-25　DN200	套	64248
闸阀	Z641H-25　DN600A	套	227009
闸阀	PZ73Y-10P　DN150	套	1910
闸阀	Z940H-25　DN600A	套	42569
闸阀	Z940H-40　DN300	套	23493
闸阀	Z940H-600LB　DN200	套	24880
闸阀	Z940H-600LB　DN300	套	37865
闸阀	Z941H-10C　DN250	套	16309
闸阀	Z941H-10C　DN350	套	17622
闸阀	Z941H-16C　DN80	套	13420
闸阀	Z941H-16C　DN100	套	13072
闸阀	Z941H-16C　DN125	套	12607

续表

名　称	型号、规格	单位	价格
闸阀	Z941H-16C　DN150	套	13027
闸阀	Z941H-16C　DN150A	套	13987
闸阀	Z941H-16C　DN200	套	14061
闸阀	Z941H-16C　DN250	套	16784
闸阀	Z941H-16C　DN300	套	18374
闸阀	Z941H-16C　DN400	套	34632
闸阀	Z941H-16C　DN400A	套	27159
闸阀	Z941H-16C　DN450A	套	29788
闸阀	Z941H-25　DN125	套	12791
闸阀	Z941H-25　DN150	套	13922
闸阀	Z941H-25　DN150A	套	14251
闸阀	Z941H-25　DN200	套	16191
闸阀	Z941H-25　DN300	套	18398
闸阀	Z941H-25　DN350	套	23199

续表

名　称	型　号、规　格	单位	价格
闸阀	Z941H-25　DN400A	套	28000
闸阀	Z941H-25　DN500	套	50242
闸阀	Z941H-40　DN100	套	15451
闸阀	Z941H-40　DN150	套	16956
闸阀	Z941H-40　DN150A	套	17435
闸阀	Z941H-40　DN200	套	17522
闸阀	Z941H-40　DN250	套	18584
闸阀	Z941H-40　DN300	套	20063
闸阀	Z941H-40　DN350A	套	34168
闸阀	Z941H-40　DN400	套	38691
闸阀	Z941H-40　DN400A	套	38702
闸阀	Z941H-40　DN450	套	42929
闸阀	Z941H-40　DN450A	套	46083
闸阀	Z941H-40　DN500A	套	54149

续表

名　称	型号、规格	单位	价格
闸阀	Z941H-63　DN150	套	19245
闸阀	Z941H-63　DN150A	套	19788
闸阀	Z941H-63　DN200	套	26670
闸阀	Z941H-63　DN250	套	40813
闸阀	Z941H-63　DN300	套	43568
闸阀	Z941H-63　DN350	套	58217
闸阀	Z941H-63　DN350A	套	80049
闸阀	Z941H-63　DN600	套	139817
闸阀	Z941H-63P　DN150	套	12573
闸阀	Z941H-100　DN200	套	27382
闸阀	Z941H-100　DN300	套	44127
闸阀	Z941W-40P　DN100	套	15822
闸阀	Z941W-16P　DN150	套	17016
闸阀	Z941W-16P　DN250	套	27680

名　　称	型　号、规　格	单位	价格
闸阀	Z941W-16P　DN300	套	28315
闸阀	Z941Y-25　DN150	套	14649
闸阀	Z941Y-25　DN200	套	13940
闸阀	Z941Y-25　DN250	套	16368
闸阀	Z941Y-25　DN300	套	19076
闸阀	Z941Y-25　DN350	套	26584
闸阀	Z941Y-25　DN400	套	29787
闸阀	Z941Y-25　DN450	套	33114
闸阀	Z941Y-25　DN500	套	38571
闸阀	Z944H-16　DN300	套	32444
闸阀	Z944H-25　DN100	套	48836
闸阀	Z944H-25　DN125	套	51371
闸阀	Z944H-25　DN200	套	53567
闸阀	Z944H-25　DN250	套	56103

续表

名　　称	型　号、规　格	单位	价格
闸阀	Z944H-25　DN300	套	58639
闸阀	Z960H-100I　DN350	套	66144
闸阀	Z961H-25　DN250	套	16214
闸阀	Z961H-25　DN300	套	23578
闸阀	Z961H-25　DN400A	套	30942
闸阀	Z961H-25　DN500A	套	35120
闸阀	Z961H-40　DN100	套	11541
闸阀	Z961H-40　DN175A	套	14351
闸阀	Z961H-40 200	套	17161
闸阀	Z961H-40 300A	套	24425
闸阀	Z961H-40 350A	套	27623
闸阀	Z961H-40 400A	套	32493
闸阀	Z961H-40 450A	套	40978
闸阀	Z961H-63　DN450	套	63000

续表

名　　称	型 号、规 格	单位	价格
闸阀	Z961H-64　DN150	套	12761
闸阀	Z961H-64　DN200	套	18816
闸阀	Z961H-64　DN250	套	25285
闸阀	Z961H-64　DN500	套	91185
闸阀	Z961Y-25　DN500	套	44044
闸阀	Z961Y-40　DN65	套	27940
闸阀	Z961Y-40　DN125	套	40015
闸阀	Z961Y-40　DN150	套	41023
闸阀	Z961Y-40　DN250	套	48701
闸阀	Z961Y-40　DN300	套	51698
闸阀	Z961Y-40　DN350	套	54296
闸阀	Z961Y-40　DN350A	套	54622
闸阀	Z961Y-40I　DN400	套	64185
闸阀	Z961Y-64　DN25	套	12192

续表

名　　　称	型 号 、规 格	单位	价格
闸阀	Z961Y-64　DN80	套	15311
闸阀	Z961Y-64　DN125	套	17268
闸阀	Z961Y-63　DN150	套	49137
闸阀	Z961Y-63　DN200	套	51555
闸阀	Z961Y-63　DN250	套	52239
闸阀	Z961Y-63　DN300	套	55546
闸阀	Z961Y-63　DN350A	套	57353
闸阀	Z961Y-63　DN450A	套	71464
闸阀	Z961Y-64　DN600	套	83586
闸阀	Z961Y-63I　DN250	套	52497
闸阀	Z961Y-63I　DN300	套	58323
闸阀	Z961H-100　DN50	套	10817
闸阀	Z961H-100　DN100	套	17190
闸阀	Z961H-100　DN125	套	19114

续表

名　　称	型 号 、规 格	单位	价格
闸阀	Z961H-100　DN150	套	19241
闸阀	Z961H-100　DN200	套	25543
闸阀	Z961H-100　DN350	套	61335
闸阀	Z961Y-100I　DN150	套	43508
闸阀	Z961Y-100I　DN250	套	57759
闸阀	Z961Y-160　DN40	套	29358
闸阀	Z961Y-160　DN50	套	32281
闸阀	Z961Y-160　DN150	套	35289
闸阀	Z961Y-160　DN200	套	56172
闸阀	Z941Y-200　DN80	套	25784
闸阀	Z962Y-100I　DN175	套	28399
真空闸阀	DKZ41H-16　DN80	套	1588
真空闸阀	DKZ41H-16　DN150	套	2456
真空闸阀	DKZ41H-16　DN200	套	4046

续表

名　称	型　号、规　格	单位	价格
真空闸阀	DKZ41H-25　DN80	套	1097
真空闸阀	DKZ41H-25　DN100	套	1552
真空闸阀	DKZ41W-16P　DN200	套	8734
真空闸阀	DKZ41W-16P　DN350	套	27757
真空闸阀	DkZ41Y-25　DN150	套	3222
真空闸阀	DkZ41Y-25　DN175	套	4719
真空闸阀	DkZ41Y-25　DN200	套	4486
真空闸阀	DkZ41Y-25　DN250	套	6402
真空闸阀	DkZ41Y-25　DN300	套	8246
真空闸阀	DkZ41Y-25　DN350	套	11815
真空闸阀	DKZ44H-63　DN200	套	8274
真空闸阀	DKZ562Y-P54100I　DN325	套	77839
真空闸阀	DKZ60H-16C　DN25	套	236
真空闸阀	DKZ60H-16C　DN50	套	542

续表

名　称	型　号、规　格	单位	价格
真空闸阀	DKZ60H-16C　DN150	套	2131
真空闸阀	DKZ60H-16C　DN200	套	2858
真空闸阀	DKZ60H-16C　DN250	套	4353
真空闸阀	DKZ60H16C　DN400	套	11807
真空闸阀	DKZ60H-16P　DN200	套	34690
真空闸阀	DKZ60H-25　DN200	套	2956
真空闸阀	DKZ60H-63　DN250	套	7748
真空闸阀	DKZ60W-16P　DN80	套	1892
真空闸阀	DKZ61H-16C　DN300	套	8146
真空闸阀	DKZ61H-40　DN250	套	8909
真空闸阀	DKZ61H-40　DN350	套	11574
真空闸阀	DKZ61H-64　DN150	套	1154
真空闸阀	DKZ61H-64　DN200	套	5134
真空闸阀	NKZ61W-16P　DN150	套	5396

续表

名　　称	型　号、规　格	单位	价　格
真空闸阀	DKZ61W-25P　DN300	套	15225
真空闸阀	DkZ61Y-64　DN125	套	3444
真空闸阀	DkZ61Y-64　DN300	套	15577
真空闸阀	DKZ61Y-100I　DN400	套	50616
真空闸阀	NKZ61Y-100C6　DN400	套	73313
真空闸阀	DKZ61Y-110I　DN250	套	56975
真空闸阀	NKZ61Y-160C6　DN350	套	92910
真空闸阀	DKZ61Y-40I　DN250	套	11142
真空闸阀	DKZ61Y-64I　DN500	套	82255
真空闸阀	DKZ661H-16C　DN150	套	42533
真空闸阀	DKZ661H-16C　DN250	套	50442
真空闸阀	DKZ941H-16C　DN80	套	12628
真空闸阀	DKZ941H-16C　DN600	套	79765
真空闸阀	DKZ941H-16C　DN800	套	82290

续表

名　　称	型　号、规　格	单位	价格
真空闸阀	DKZ941H-25　DN150	套	19024
真空闸阀	DKZ941H-25　DN200	套	20771
真空闸阀	DKZ941H-25I　DN300	套	31746
真空闸阀	DKZ941W-16P　DN200	套	20519
真空闸阀	DKZ941W-16P　DN350	套	47591
真空闸阀	DkZ941Y-25　DN200	套	14944
真空闸阀	DkZ941Y-25　DN250	套	18292
真空闸阀	DkZ941Y-25　DN300	套	21257
真空闸阀	DkZ941Y-25　DN350	套	29720
真空闸阀	DkZ941Y-64　DN500	套	88797
真空闸阀	DKZ944H-63　DN200	套	67875
真空闸阀	DKZ944H-63　DN250	套	73363
真空闸阀	DKZ960H-16P　DN200	套	61872
真空闸阀	DKZ960H-16P　DN600	套	87531

续表

名　　称	型号、规格	单位	价格
真空闸阀	DKZ961H-16C　DN125	套	9827
真空闸阀	DKZ961H-16C　DN500	套	11956
真空闸阀	NKZ961W-16P　DN150	套	15208
真空闸阀	DKZ964H-25　DN250	套	13265
真空闸阀	NKZ60H-16C　DN150	套	2037
真空闸阀	NKZ60H-16C　DN150A	套	2066
真空闸阀	NKZ60H-25　DN250	套	4390
真空闸阀	NKZ60H-25I　DN350	套	16993
真空闸阀	NKZ60H-63　DN250	套	8496
真空闸阀	NKZ60H-63　DN300	套	13028
真空闸阀	NKZ60Y-16I　DN250	套	7788
真空闸阀	NKZ61H-10C　DN200	套	3292
真空闸阀	NKZ61H-10V　DN250	套	10606
真空闸阀	NKZ61H-16C　DN200	套	3869

名 称	型 号、规 格	单位	价格
真空闸阀	NKZ61H-16V DN200	套	9503
真空闸阀	NKZ61H-16V DN250	套	10606
真空闸阀	NKZ61H-25C DN250	套	4390
真空闸阀	NKZ61H-100 DN25	套	850
真空闸阀	NKZ64H-16C DN200	套	2802
真空闸阀	NKZ64H-16P DN125	套	3643
真空闸阀	NKZ64H-16P DN350	套	10928
真空闸阀	NKZ64H-25 DN100	套	1271
真空闸阀	NKZ64H-25 DN150	套	2434
真空闸阀	NKZ64H-40 DN125	套	2082
真空闸阀	NKZ64H-40 DN150	套	4257
真空闸阀	NKZ64H-40V DN400	套	64471
真空闸阀	NKZ64H-40I DN350	套	23817
真空闸阀	NKZ64H-100I DN350	套	39228

续表

名　　称	型 号、规 格	单位	价格
真空闸阀	NKZ64H-160I　DN300	套	67248
真空闸阀	NKZ64W-16P　DN200	套	7211
真空闸阀	NKZ960H-16C　DN200	套	18304
真空闸阀	NKZ960H-16C　DN800	套	41651
真空闸阀	NKZ960H-25　DN150	套	17088
真空闸阀	NKZ960H-25　DN200	套	18397
真空闸阀	NKZ960Y-40I　DN300	套	35027
真空闸阀	NKZ960Y-100I　DN300	套	51533
真空闸阀	NKZ960Y-1601　DN150	套	27940
真空闸阀	NKZ960Y-1601　DN200	套	64591
真空闸阀	NKZ960Y-160I　DN350	套	124410
真空闸阀	NKZ961H-40　DN250	套	21230
真空闸阀	NKZ961Y-25　DN250	套	21668
真空闸阀	DkZ961Y-40V　DN450	套	79670

续表

名　　称	型　号、规　格	单位	价格
真空闸阀	DkZ961Y-64　DN100	套	15241
真空闸阀	DkZ961Y-64　DN125	套	16872
真空闸阀	DkZ961Y-100V　DN400	套	107092
真空闸阀	DkZ961Y-160V　DN350	套	128303
真空闸阀	NKZ964H-16C　DN250	套	4913
真空闸阀	NKZ964H-16P　DN250	套	12799
球阀			
球阀	Q41F-10P　DN100	套	1468
球阀	Q41F-10P　DN150	套	3133
球阀	Q41F-10P　DN200	套	4930
球阀	Q41F-64P　DN15	套	243
球阀	Q41H-16　DN125	套	2419
球阀	Q41H-16C　DN150A	套	3228
球阀	Q41H-16P　DN25	套	624

续表

名　称	型　号、规　格	单位	价　格
球阀	Q41H-16P　DN50	套	1130
球阀	Q41H-16P　DN80	套	2034
球阀	Q41H-16P　DN100	套	2730
球阀	Q41H-16P　DN125	套	4382
球阀	Q41H-16P　DN150A	套	6953
球阀	Q41H-25P　DN25	套	654
球阀	Q941F-10C　DN50	套	6439
球阀	Q941F-16　DN125	套	8392
电动双向旋球阀	PN1.0MPa　DN100	套	14463
电动双向旋球阀	PN1.0MPa　DN300	套	22789
电动双向旋球阀	PN1.0MPa　DN500	套	28930
电动双向旋球阀	PN1.0MPa　DN600	套	46264
电动双向旋球阀	PN1.0MPa　DN800	套	59072
电动双向旋球阀	PN1.0MPa　DN2000	套	200947

名　　称	型号、规格	单位	价格
电动双向旋球阀	PN1.0MPa　DN2400	套	261310
电动双向旋球阀	PN1.0MPa　DN3000	套	564066
手动双向旋球阀	PN1.0MPa　DN80	套	2192
手动双向旋球阀	PN1.0MPa　DN150	套	3152
手动双向旋球阀	PN1.0MPa　DN200	套	3932
手动双向旋球阀	PN1.0MPa　DN250	套	4288
手动双向旋球阀	PN1.0MPa　DN800	套	59072
手动双向旋球阀	PN1.0MPa　DN1000	套	74068
手动双向旋球阀	PN2.5MPa　DN300	套	8086
偏心半球阀	PBQ340Y-10C　DN125	套	2435
偏心半球阀	PBQ340Y-10C　DN150	套	2547
止回阀			
止回阀	H41H-10C　DN250	套	4446
止回阀	H41H-16C　DN65	套	882

续表

名　　称	型　号、规　格	单位	价格
止回阀	H41H-16C　DN200	套	2904
止回阀	H41H-25　DN20	套	172
止回阀	H41H-25　DN25	套	252
止回阀	H41H-63　DN300	套	14425
止回阀	H41W-16P　DN100	套	2358
止回阀	H41W-25P　DN6	套	410
止回阀	H41W-25P　DN15	套	434
止回阀	H41X-10　DN50	套	330
止回阀	H41X-10　DN65	套	411
止回阀	H41X-10　DN150	套	1401
止回阀	H41Y-63　DN300	套	13736
止回阀	H41Y-64P　DN20	套	828
止回阀	H42H-63　DN350A	套	15921
止回阀	H44H-10C　DN100	套	1456

续表

名　称	型号、规格	单位	价格
止回阀	H44H-10C　DN125	套	2399
止回阀	H44H-16C　DN25	套	222
止回阀	H44H-16C　DN80	套	914
止回阀	H44H-16C　DN125	套	1362
止回阀	H44H-16C　DN150	套	1765
止回阀	H44H-16C　DN200	套	2663
止回阀	H44H-16C　DN250	套	3758
止回阀	H44H-16C　DN300	套	5198
止回阀	H44H-16C　DN400	套	11443
止回阀	H44H-16P　DN65	套	1256
止回阀	H44H-16P　DN100	套	1599
止回阀	H44H-16P　DN125	套	2497
止回阀	H44H-16P　DN150	套	3371
止回阀	H44H-25　DN40	套	471

续表

名　称	型　号、规　格	单位	价格
止回阀	H44H-25　DN50	套	488
止回阀	H44H-25　DN65	套	733
止回阀	H44H-25　DN80	套	1013
止回阀	H44H-25　DN125	套	1426
止回阀	H44H-25　DN150	套	1771
止回阀	H44H-25　DN200	套	2700
止回阀	H44H-25　DN400	套	10078
止回阀	H44H-25　DN600	套	32552
止回阀	H44H-25　DN700	套	36851
止回阀	H44H-25　DN300	套	7633
止回阀	H44H-25　DN450	套	18227
止回阀	H44H-40　DN15	套	170
止回阀	H44H-40　DN25	套	244
止回阀	H44H-40　DN50	套	465

名　称	型　号、规　格	单位	价格
止回阀	H44H-40　DN65	套	662
止回阀	H44H-40　DN80	套	808
止回阀	H44H-40　DN125	套	1452
止回阀	H44H-40　DN150	套	1801
止回阀	H44H-40　DN200	套	3662
止回阀	H44H-40　DN250	套	5212
止回阀	H44H-40　DN300	套	7508
止回阀	H44H-40　DN350A	套	10991
止回阀	H44H-40　DN400A	套	14687
止回阀	H44H-40　DN450A	套	17558
止回阀	H44H-40　DN500A	套	38196
止回阀	H44H-63　DN15	套	332
止回阀	H44H-63　DN25	套	365
止回阀	H44H-63　DN150A	套	4126

续表

名　称	型 号、规 格	单位	价格
止回阀	H44H-63　DN200	套	7664
止回阀	H44H-63　DN300	套	13746
止回阀	H44H-63　DN350A	套	24747
止回阀	H44H-63　DN400	套	62871
止回阀	H44H-63　DN450A	套	63634
止回阀	H44H-64　DN200	套	8243
止回阀	H44H-100　DN25	套	365
止回阀	H44H-100　DN50	套	983
止回阀	H44H-100　DN100	套	1839
止回阀	H44H-100　DN250	套	9888
止回阀	H44H-100　DN300	套	18711
止回阀	H44H-125　DN700	套	39742
止回阀	H44H-300LB　DN450A	套	25646
止回阀	H44H-600LB　DN200	套	10213

续表

名　　称	型 号、规 格	单位	价格
止回阀	H44H-600LB　DN300	套	14499
止回阀	H44H-900LB　DN50	套	2558
止回阀	H44J-10Q　DN100	套	1261
止回阀	H44J-10Q　DN125	套	2313
止回阀	H44J-10Q　DN150	套	2723
止回阀	H44J-10Q　DN200	套	3391
止回阀	H44J-10R　DN150	套	4443
止回阀	H44J-10R　DN250	套	13034
止回阀	H44T-10Q　DN100	套	704
止回阀	H44T-10Q　DN125	套	1041
止回阀	H44T-10Q　DN200	套	2266
止回阀	H44T-10Q　DN350	套	6407
止回阀	H44T-10Q　DN450	套	8790
止回阀	H44W-10P　DN125	套	3015

续表

名 称	型 号、规 格	单位	价格
止回阀	H44W-16　DN150	套	4386
止回阀	H44W-16　DN300	套	13614
止回阀	H44W-16P　DN65	套	1200
止回阀	H44W-16P　DN150	套	4892
止回阀	H44W-16RL　DN250	套	13878
止回阀	H44W-25P　DN15	套	460
止回阀	H44W-25P　DN20	套	536
止回阀	H44W-25P　DN25	套	653
止回阀	H44W-25P　DN50	套	666
止回阀	H44W-25P　DN80	套	1173
止回阀	H44W-25P　DN100	套	1669
止回阀	H44W-100P　DN25	套	671
止回阀	H44X-10　DN65	套	658
止回阀	H44X-10　DN150	套	5111

续表

名　　称	型　号、规　格	单位	价格
止回阀	H44X-10　DN350	套	7584
止回阀	H44X-16　DN200	套	3512
止回阀	H44X-64P　DN15	套	514
止回阀	H44Y-16C　DN250	套	4228
止回阀	H44Y-16P　DN125	套	3684
止回阀	H44Y-16P　DN150	套	4763
止回阀	H44Y-16P　DN250	套	15248
止回阀	H44Y-16Q　DN300	套	8581
止回阀	H44Y-25　DN250	套	4463
止回阀	H44Y-25　DN350	套	8700
止回阀	H44Y-25　DN400	套	10376
止回阀	H44Y-25　DN450	套	13907
止回阀	H44Y-25　DN500	套	16291
止回阀	H44Y-25　DN600	套	24760

续表

名　　称	型　号、规　格	单位	价格
止回阀	H61H-40　DN25	套	445
止回阀	H61H-63　DN20	套	80
止回阀	H61H-64　DN25	套	240
止回阀	H61H-63　DN50	套	597
止回阀	H61H-64　DN65	套	1061
止回阀	H61H-64　DN150	套	3003
止回阀	H61H-64　DN250	套	5321
止回阀	H61H-63　DN400	套	37509
止回阀	H61H-100　DN50	套	685
止回阀	H64H-25C　DN32	套	303
止回阀	H64H-25C　DN200	套	2982
止回阀	H64H-25C　DN250	套	4661
止回阀	H64H-25C　DN300	套	7360
止回阀	H64H-25C　DN400	套	10993

续表

名　　称	型　号、规　格	单位	价格
止回阀	H64H-25C　DN500	套	13610
止回阀	H64H-25C　DN600A	套	33689
止回阀	H64H-40　DN20	套	137
止回阀	H64H-40　DN25	套	158
止回阀	H64H-40　DN50	套	488
止回阀	H64H-40　DN200	套	3684
止回阀	H64H-40V　DN400	套	30068
止回阀	H64H-64　DN20	套	137
止回阀	H64H-64　DN200	套	6425
止回阀	H64H-64　DN400	套	33579
止回阀	H64Y-40　DN50	套	771
止回阀	H64Y-40　DN65	套	862
止回阀	H64Y-40　DN80	套	1062
止回阀	H64Y-40　DN150	套	2837

续表

名　称	型　号、规　格	单位	价格
止回阀	H64Y-40　DN250	套	6664
止回阀	H64Y-40　DN600	套	49302
止回阀	H64Y-40V　DN20	套	771
止回阀	H64Y-40V　DN50	套	1336
止回阀	H64Y-64　DN200	套	4906
止回阀	H64Y-64　DN600	套	49302
止回阀	H64Y-64V　DN20	套	421
止回阀	H64Y-100　DN25	套	219
止回阀	H64Y-100　DN32	套	326
止回阀	H64Y-100　DN50	套	1240
止回阀	H64Y-100　DN80	套	2480
止回阀	H64Y-100　DN100	套	3148
止回阀	H64H-100　DN50	套	488
止回阀	H64H-100　DN125	套	4102

名　　称	型　号、规　格	单位	价格
止回阀	H64H-100　DN175	套	5428
止回阀	H64H-100　DN200	套	6513
止回阀	H64H-100　DN250	套	12439
止回阀	H64H-160V　DN350	套	69439
止回阀	H64Y-100　DN200	套	8803
止回阀	H64Y-100　DN250	套	9614
止回阀	H64Y-100　DN350A	套	17675
止回阀	H64Y-100V　DN50	套	1443
止回阀	H64Y-100I　DN150	套	7453
止回阀	H64Y-100I　DN175	套	8400
止回阀	H64Y-100I WC6-250	套	11885
止回阀	H64Y-160A　DN20	套	197
止回阀	H64Y-160F11　DN25	套	566
止回阀	H64Y-160V　DN20	套	568

续表

名　　称	型　号、规　格	单位	价　格
止回阀	H64Y-160V　DN50	套	1583
止回阀	H64Y-160V　DN80	套	5750
止回阀	H64Y-600LB　DN350	套	31825
止回阀	H64Y-4500LB　DN20	套	751
止回阀	H66Y-64　DN400	套	65104
止回阀	H66Y-25　DN400	套	50863
止回阀	H76X-10　DN300	套	289
止回阀	H76X-10　DN500	套	563
止回阀	H77X-10C　DN600	套	18681
止回阀	H76X-16C　DN100	套	538
止回阀	HH44X-10C　DN100	套	1590
止回阀	HH44X-10C　DN125	套	1933
止回阀	HH44X-10C　DN150	套	2139
止回阀	HH44X-16C　DN250	套	4644

名　称	型　号、规　格	单位	价格
止回阀	HH49X-10　DN100	套	584
止回阀	HH49X-10　DN125	套	989
止回阀	HH49X-10　DN150	套	1251
止回阀	HH49X-10　DN200	套	1538
止回阀	HH49X-10　DN800	套	16364
止回阀	HH49X-16　DN100	套	584
止回阀	HH49X-16　DN150	套	896
止回阀	HH49X-16　DN200	套	1547
止回阀	HH49X-16　DN250	套	2198
止回阀	HH49X-16　DN300	套	2893
止回阀	HH49X-25　DN200	套	1792
安全阀			
安全阀	A18Y-25　DN50	套	2774
安全阀	A41H-16C　DN25	套	444

续表

名　称	型　号、规　格	单位	价格
安全阀	A41H-16C　DN32	套	610
安全阀	A41H-16C　DN40	套	740
安全阀	A41H-16C　DN50	套	869
安全阀	A41H-16C　DN150	套	2339
安全阀	A41H-16P　DN40	套	2756
安全阀	A41H-25　DN25	套	547
安全阀	A41H-25　DN32	套	557
安全阀	A41H-40　DN32	套	660
调节阀			
调节阀	GPL6-150LB-2"CF8	套	24212
调节阀	GPL6-150LB-3"CF8	套	37832
调节阀	GPL6-150LB-4"CF8	套	40354
调节阀	GPL6-150LB-4"WCB	套	33628
调节阀	GPL6-150LB-6"WCB	套	54955

续表

名　　称	型　号、规　格	单位	价格
调节阀	GPL6-150LB-8″WCB	套	52124
调节阀	GPL6-150LB-12″WCB	套	85254
调节阀	GPL6-300LB-2″WCB	套	20177
调节阀	GPL6-300LB-8″WCB	套	49704
调节阀	GPL6-300LB-10″WCC	套	79335
调节阀	GPL6-300LB-12″WCB	套	103847
调节阀	GPL6-600LB-2″CF8	套	35710
调节阀	GPL6-600LB-6″CF8	套	89816
调节阀	GPL6-600LB-4″WCC	套	61287
调节阀	GPL6-600LB-8″WCC	套	94734
调节阀	ST668Y-64　DN100	套	57000
调节阀	ST668Y-64　DN150	套	62262
调节阀	TLQ3-2.5C　DN150	套	24115
调节阀	TLQ3-2.5C　DN200	套	31657

续表

名　　称	型　号、规　格	单位	价格
调节阀	TLQ3-6.4C　DN200	套	24554
调节阀	TLQ3-6.4C　DN400	套	44548
调节阀	TLQ3-10C　DN350	套	47442
调节阀	TLQ3-20C　DN300	套	43320
调节阀	TLQ1-40　DN400	套	125838
调节阀	TLQ1-40I　DN200	套	106590
调节阀	TMQ1-110I　DN200	套	129390
调节阀	TMQ3-10C　DN350	套	49108
调节阀	TMQ3-20C　DN300	套	44986
调节阀	TMQ3-4.0C　DN400	套	80765
调节阀	TMQ3-6.4C　DN400	套	64103
调节阀	ZDLM-40　DN250	套	23964
调节阀	ZDLM-40　DN300	套	28068
调节阀	ZDLM-40　DN400	套	43184

续表

名　称	型　号、规　格	单位	价格
调节阀	T667H-16C　DN50	套	16646
调节阀	T667H-16C　DN100	套	21287
调节阀	T667H-16C　DN150	套	24212
调节阀	T667H-16C　DN250	套	117027
调节阀	T667H-16C　DN400	套	163434
调节阀	T667H-64　DN50	套	20379
调节阀	T667H-64　DN200	套	38336
调节阀	T967Y-16C　DN80	套	40858
调节阀	T967H-16C　DN150	套	47920
调节阀	T967H-100　DN65	套	39345
调节阀	T967H-100　DN80	套	39950
节流阀			
节流阀	L41H-63　DN20	套	432
节流阀	L24H-160　DN15	套	503

续表

名　　称	型　号、规　格	单位	价格
蝶阀			
蝶阀	D41X-10C　DN200	套	1154
蝶阀	D41X-10C　DN300	套	2003
蝶阀	D41X-10C　DN350	套	2547
蝶阀	D41X-10C　DN400	套	4261
蝶阀	D41X-10C　DN500	套	5942
蝶阀	D41X-10C　DN900	套	25364
蝶阀	D41X-16C　DN200	套	1552
蝶阀	D041X-16C　DN350	套	3141
蝶阀	D043X-10　DN300	套	1822
蝶阀	D043X-10　DN500	套	4554
蝶阀	D043X-10　DN600	套	6459
蝶阀	D043X-10　DN700	套	9274
蝶阀	D043X-10　DN800	套	10545

续表

名　　称	型　号、规　格	单位	价格
蝶阀	D043X-6　DN900	套	12172
蝶阀	D41F-16　DN125	套	1290
蝶阀	D41F-16　DN150	套	1541
蝶阀	D341F-10C　DN100	套	1547
蝶阀	D341X-6　DN125	套	1191
蝶阀	D341X-6　DN150	套	1924
蝶阀	D341X-10C　DN65	套	310
蝶阀	D341X-10C　DN125	套	553
蝶阀	D341X-10C　DN150	套	932
蝶阀	D341X-10C　DN300	套	2843
蝶阀	D341X-10RL　DN100	套	1794
蝶阀	D341X-10RL　DN125	套	2319
蝶阀	D341X-10RL　DN250	套	5823
蝶阀	D341X-10RL　DN300	套	7884

续表

名　　称	型　号、规　格	单位	价格
蝶阀	D341X-10R　DN150	套	2535
蝶阀	D341X-10R　DN200	套	4179
蝶阀	D341X-10R　DN250	套	4943
蝶阀	D341X-16　DN65	套	316
蝶阀	D341X-16　DN100	套	629
蝶阀	D341X-16　DN150	套	939
蝶阀	D341X-16　DN200	套	1506
蝶阀	D341X-16　DN250	套	2002
蝶阀	D341X-16　DN300	套	2504
蝶阀	D341X-16　DN400	套	4824
蝶阀	D341X-25　DN100	套	641
蝶阀	D341X-25　DN200	套	1883
蝶阀	D341H-16C　DN65	套	502
蝶阀	D341H-16C　DN200	套	1659

续表

名　　称	型　号、规　格	单位	价格
蝶阀	D341H-16C　DN350	套	4121
蝶阀	D343H-10C　DN100	套	843
蝶阀	D343H-10C　DN125	套	1101
蝶阀	D343H-10C　DN150A	套	1437
蝶阀	D343H-10C　DN200	套	1915
蝶阀	D343H-10C　DN250	套	2447
蝶阀	D343H-10C　DN300	套	3143
蝶阀	D343H-16C　DN200	套	1838
蝶阀	D343H-16C　DN250	套	2691
蝶阀	D343H-16C　DN400	套	5558
蝶阀	D343H-63　DN350A	套	25867
蝶阀	D363H-25　DN400	套	9936
蝶阀	D371H-16C　DN150	套	1253
蝶阀	D371H-16C　DN150A	套	1398

续表

名　　称	型 号、规 格	单位	价格
蝶阀	D371H-16C　DN200	套	1657
蝶阀	D371H-16C　DN250	套	2422
蝶阀	D371H-16C　DN300	套	3478
蝶阀	D371H-16C　DN450	套	6257
蝶阀	D371H-16P　DN150A	套	3104
蝶阀	D371H-16P　DN200	套	3705
蝶阀	D371X-10　DN150	套	787
蝶阀	D371X-10　DN200	套	1070
蝶阀	D371X-10　DN400	套	3536
蝶阀	D371X-10　DN100	套	647
蝶阀	D371X-10QB5　DN100	套	282
蝶阀	D371X-10QB5　DN125	套	432
蝶阀	D371X-10QB5　DN150	套	507
蝶阀	D371X-10QB5　DN200	套	883

续表

名　　称	型　号、规　格	单位	价格
蝶阀	D371X-10QB5　DN250	套	1296
蝶阀	D371X-10QB5　DN300	套	1877
蝶阀	D371X-10QB5　DN350	套	2722
蝶阀	D371X-10QB5　DN400	套	4411
蝶阀	D371X-10QB5　DN450	套	5631
蝶阀	D371X-10QB5　DN500	套	7132
蝶阀	D371X-10QB5　DN600	套	11636
蝶阀	D371X-10QB5　DN700	套	17879
蝶阀	D371X-16C　DN200	套	1518
蝶阀	D371X-16C　DN250	套	2170
蝶阀	D371X-16C　DN300	套	2928
蝶阀	D43H-16C　DN100	套	723
蝶阀	D671J-10C　DN100	套	4126
蝶阀	D671J-10C　DN200	套	7031

续表

名　称	型号、规格	单位	价格
蝶阀	D71F-10C　DN50	套	142
蝶阀	D71F-10C　DN65	套	176
蝶阀	D71J-10C　DN100	套	1979
蝶阀	D71J-10C　DN125	套	3473
蝶阀	D71J-10C　DN200	套	5773
蝶阀	D71X-10C　DN50	套	75
蝶阀	D71X-10C　DN65	套	134
蝶阀	D71X-10C　DN80	套	117
蝶阀	D71X-10C　DN100	套	184
蝶阀	D71X-10C　DN150	套	435
蝶阀	D941H-16C　DN150	套	9498
蝶阀	D941H-16C　DN200	套	12755
蝶阀	D941H-25　DN700	套	44861
蝶阀	D941H-25　DN800	套	47336

续表

名　　称	型 号、规 格	单位	价　格
蝶阀	D941H-40　DN400	套	25515
蝶阀	D941H-40　DN500	套	32603
蝶阀	D941H-40　DN600	套	43771
蝶阀	D941X-6　DN300	套	13364
蝶阀	D941X-6Q　DN400	套	15153
蝶阀	D941X-10　DN200	套	9604
蝶阀	D941X-10　DN250	套	11041
蝶阀	D941X-10　DN300	套	13207
蝶阀	D941X-10　DN400	套	14918
蝶阀	D941X-10　DN500	套	16630
蝶阀	D941X-10　DN600	套	19594
蝶阀	D941X-10　DN700	套	21911
蝶阀	D941X-10Q　DN150	套	8870
蝶阀	D941X-10Q　DN200	套	9745

续表

名　　称	型　号、规　格	单位	价格
蝶阀	D941X-10R　DN65	套	5745
蝶阀	D941X-10R　DN150	套	6502
蝶阀	D941X-16C　DN200	套	8758
蝶阀	D941X-16C　DN250	套	13859
蝶阀	D941X-16C　DN500	套	26467
蝶阀	D941X-16C　DN700	套	29730
蝶阀	D941F-16　DN600	套	28019
蝶阀	D942H-25　DN500	套	12078
蝶阀	D942X-10C　DN700	套	17143
蝶阀	D942X-10C　DN800	套	19985
蝶阀	D942X-16C　DN600	套	16798
蝶阀	D942X-16C　DN700	套	18569
蝶阀	D942X-6　DN1400	套	141449
蝶阀	D942X-6　DN1600	套	156538

续表

名　　称	型 号、规 格	单位	价格
蝶阀	D942X-6Q　DN1000	套	59604
蝶阀	D942X-6Q　DN1600	套	79236
蝶阀	D942X-6Q　DN1800	套	169143
蝶阀	D942X-6Q　DN2200	套	224423
蝶阀	D942X-16Q　DN300	套	13424
蝶阀	D942X-16Q　DN350	套	14451
蝶阀	D942X-16Q　DN400	套	15399
蝶阀	D942X-16Q　DN600	套	21868
蝶阀	D943H-6Q　DN1600	套	227279
蝶阀	D943H-6Q　DN2200	套	314359
蝶阀	D943H-6Q　DN2600	套	497384
蝶阀	D943H-10C　DN150	套	15490
蝶阀	D943H-10C　DN500	套	19957
蝶阀	D943H-10　DN2200	套	80679

续表

名　称	型号、规格	单位	价格
蝶阀	D943H-16C　DN300	套	16117
蝶阀	D943H-16C　DN400	套	25662
蝶阀	D943H-16C　DN600	套	69659
蝶阀	D943H-25C　DN300	套	10516
蝶阀	D943H-25C　DN600	套	82500
蝶阀	D943H-63　DN350A	套	60158
蝶阀	D943H-64　DN700	套	173892
蝶阀	D943X-10　DN300	套	13108
蝶阀	D943X-10　DN500	套	18411
蝶阀	D943X-10　DN600	套	20559
蝶阀	D943X-10　DN700	套	24949
蝶阀	D943X-10　DN800	套	27707
蝶阀	D943X-6　DN900	套	25020
蝶阀	D971H-16C　DN300	套	3061

名　　称	型　号、规　格	单位	价格
蝶阀	D971H-16C　DN400	套	4571
蝶阀	D971H-16C　DN450	套	5508
蝶阀	D971J-10C　DN900	套	37354
液控蝶阀	HD041X-10　DN600	套	6924
液控蝶阀	HD741X-10　DN600	套	44241
液控蝶阀	HD7X43X-6　DN1400	套	96065
液控蝶阀	HDLX43X-6　DN1600	套	158584
液控蝶阀	HD7X43X-6　DN2600	套	438762
真空蝶阀	DK043X-6　DN1000	套	15067
真空蝶阀	NKD63H-16　DN250	套	1758
真空蝶阀	NKD661H-16　DN100	套	16979
真空蝶阀	DK941X-16C　DN300	套	7459
真空蝶阀	DK943X-6　DN1000	套	28679
真空蝶阀	DKD943H-16　DN500	套	19885

续表

名　　称	型号、规格	单位	价格
真空蝶阀	DKD943H-25　DN2200	套	563433
真空蝶阀	DKD943H-25　DN700	套	112461
真空蝶阀	NKD961X-10C　DN800	套	40132
隔膜阀			
隔膜阀	G41J-10　DN125	套	2673
隔膜阀	G41J-10Q　DN100	套	1715
隔膜阀	G41J-10Q　DN150	套	3172
隔膜阀	G41J-10Q　DN200	套	5638
隔膜阀	G46J-10R　DN200	套	19650
疏水阀			
疏水阀	CS49H-25　DN25	套	241
疏水阀	CS49H-25　DN32	套	267
疏水阀	CS49H-40　DN25	套	276
疏水阀	CS49H-100　DN25	套	811

续表

名　　称	型　号、规　格	单位	价格
疏水阀	CS69H-25　DN25	套	242
疏水阀	CS69H-25　DN32	套	363
疏水阀	CS69H-40　DN20	套	356
疏水阀	CS69Y-100　DN25	套	811
疏水阀	CS69Y-100V　DN32	套	1604
疏水阀	JT668Y-110I　DN20	套	12394
疏水阀	JT668Y-40I　DN20	套	12394
疏水阀	SJ661Y-25F　DN80	套	14509
疏水阀	SJ61H-6　DN50	套	19995
疏水阀	SJ61H-40　DN50	套	20968
疏水阀	SJ61Y-40　DN50	套	32508
疏水阀	SJ61Y-160　DN50	套	43579
疏水阀	KS41H-16C　DN25	套	606
疏水阀	SJ661Y-64F　DN40	套	8411

续表

名　称	型　号、规　格	单位	价格
疏水阀	SJ661Y-64F　DN50	套	21863
疏水阀	SJ661Y-100F　DN32	套	11948
疏水阀	SJ661Y-100F　DN50	套	15207
疏水阀	SJ661Y-100F　DN65	套	17269
疏水阀	SJ661Y-100F　DN80	套	18054
疏水阀	SJ661Y-160F　DN80	套	33629
疏水阀	SJ661Y-250F　DN50	套	21194
疏水阀	SJ661Y-250F　DN80	套	24613
疏水阀	SJ661Y-420F　DN80	套	44039
疏水阀	SJ661Y-750F　DN50	套	41478
真空疏水阀	1-12″B07-5076Z-34US	套	22557
真空疏水阀	1-12″B07-8076Z-34US	套	11681
真空疏水阀	2″B08-8076Z-34US	套	16112
减压阀			
减压阀	DY203X-16　DN250	套	4019

续表

名　　称	型　号、规　格	单位	价格
减压阀	DY500X-16　DN250	套	4166
减压阀	Y42F-64RL　DN20	套	2465
减压阀	Y42X-25　DN50	套	734
减压阀	Y43H-16　DN150	套	3285
减压阀	Y43H-40　DN300	套	4443
减压阀	Y43H-63　DN50	套	1660
仪表阀			
仪表阀	GJ21W-16P　DN10	套	778
电磁阀			
电磁阀		套	1498
排汽阀			
排气阀	KP-10　DN200	套	2500
排气阀	FGP4X-250-10Q　DN200	套	2941
排气阀	CARX-10R　DN200	套	16255

续表

名　　称	型　号、规　格	单位	价格
排气阀	CARX-16　DN100	套	2699
风门			
电动矩形关断风门	2500×2400×950	套	15504
电动矩形关断风门	3600×5500×800	套	43605
电动矩形关断风门	4000×3000×1050	套	24710
电动圆形关断风门	Φ920　$L=300$	套	18562
电动圆形关断风门	Φ1620　$L=300$	套	40864
电动圆形关断风门	Φ1820　$L=500$	套	43407
电动调节风门	Φ580×4	套	17538
电动调节风门	Φ630×4	套	17873
气动圆形插板门	ϕ530×450	套	31894
气动圆形插板门	ϕ1720×600	套	67759
电动圆形挡板门	Φ133	套	37621
电动圆形挡板门	Φ219	套	31038

名　　称	型号、规格	单位	价格
电动圆形挡板门	$\Phi530$	套	38264
电动圆形挡板门	$\Phi1020$	套	39384
电动圆形挡板门	$\Phi1720$	套	59663
电动圆形挡板门	$\Phi2320$	套	65448
电动圆形挡板门	$\Phi2720$	套	65665
电动矩形挡板门	2600×2700	套	68382
电动矩形挡板门	3000×3000	套	113184
电动矩形挡板门	4400×4000	套	144155
电动矩形挡板门	4500×8000	套	194691
电动矩形挡板门	4900×6500	套	180712
手动圆形调节风门	$\Phi100$　$L=80$	套	325
手动圆形调节风门	$\Phi133$　$L=80$	套	390
手动圆形调节风门	$\Phi325$　$L=180$	套	1083
手动圆形调节风门	$\Phi530$　$L=300$	套	1511

续表

名　称	型号、规格	单位	价格
手动圆形调节风门	Φ580　$L=300$	套	1642
手动圆形调节风门	Φ600　$L=180$	套	1755
手动圆形调节风门	Φ720　$L=300$	套	6426
手动圆形调节风门	Φ1900　$L=300$	套	17128

二、管　件

名　称	型　号、规　格	单位	价格
热压弯头			
热压弯头	Q235　PN1.6MPa 及以下　DN200 及以上	kg	14.75
热压弯头	钢 20　PN2.5MPa　DN150 及以上	kg	14.98
热压弯头	钢 20　PN4.0MPa 及以上　DN50 及以上	kg	20.59
热压弯头	St45.8　PN2.5MPa 及以上　DN175 及以上	kg	23.48
热压弯头	0Cr18Ni9　DN150 以下	kg	176.61
热压弯头	0Cr18Ni9　DN150 及以上	kg	149.77
热压弯头	15CrMoG　PN4.2MPa　DN50 及以上	kg	64.70
热压弯头	10CrMo910　$P=3$MPa 以下　DN150 及以上	kg	67.58
热压弯头	10CrMo910　$P=10$MPa 以下　DN150 及以上	kg	74.53
热压弯头	10CrMo910　$P=18$MPa 以下　DN150 及以上	kg	95.67
热压弯头	12Cr1MoV　$P=3$MPa 以下　DN50 及以上	kg	52.10
热压弯头	12Cr1MoV　$P=9.81$MPa　DN45 及以上	kg	73.70
热压弯头	12Cr1MoV　$P=18$MPa 以下　DN50 及以上	kg	88.07
热压弯头	A106B　273×32 及以上	kg	58.73

续表

名 称	型 号、规 格	单位	价格
热压弯头	A335P92　76×17 及以上	kg	64.78
热压弯头	A335P92　292×75 及以上	kg	86.96
热压弯头	A335P22　273×32 及以上	kg	73.41
热压弯头	A335P91　305×47 以下	kg	58.43
热压弯头	A335P91　305×47 及以上	kg	65.33
热压弯头	A335P91　508×22 及以上	kg	61.94
热压弯头	15NiCuMoNb5　193.7×20 及以上	kg	31.40
热压弯头	15NiCuMoNb5　163.8×22.2 及以上	kg	28.60
热压弯头	A672-B70-CL32	kg	25.49
推制弯头			
推制弯头	钢 20　57×3 及以上	kg	15.38
推制弯头	12Cr1MoV　57×3 及以上	kg	85.66
中频弯管加工			
中频弯管加工	碳钢	kg	2.74

续表

名　　称	型　号、规　格	单位	价格
中频弯管加工	合金钢	kg	3.28
钢板焊制异径管			
钢板焊制异径管	Q235A	kg	15.93
钢板焊制异径管	06Cr19Ni10	kg	128.69
钢管模压异径管			
钢管模压异径管	钢20	kg	14.74
钢管模压异径管	St45.8	kg	21.09
钢管模压异径管	10CrMo910　$P=2.71$MPa　$t=540$℃　300×150 及以上	kg	49.38
钢管模压异径管	10CrMo910　$P=2.88$MPa　$t=540$℃　150×125 及以上	kg	57.34
钢管模压异径管	10CrMo910　$P=4.22$MPa　$t=540$℃　150×125 及以上	kg	64.59
钢管模压异径管	10CrMo910　$P=9.81$MPa　$t=540$℃　125×100 及以上	kg	76.19
钢管模压异径管	10CrMo910　$P=13.73$MPa　$t=540$℃　125×100 及以上	kg	85.05
钢管模压异径管	10CrMo910　$P=17.36$MPa　$t=540$℃　125×100 及以上	kg	92.31
钢管模压异径管	12Cr1Mov　$P=2.88$MPa　$t=540$℃　450×250 及以上	kg	44.08

续表

名　　称	型号、规格	单位	价格
钢管模压异径管	12Cr1Mov　P＝4.22MPa　t＝540℃　20×10 及以上	kg	52.42
钢管模压异径管	12Cr1Mov　P＝9.81MPa　t＝540℃　20×10 及以上	kg	61.96
钢管模压异径管	12Cr1Mov　P＝13.73MPa　t＝540℃　20×10 及以上	kg	68.72
钢管模压异径管	12Cr1Mov　P＝17.36MPa　t＝540℃　20×10 及以上	kg	74.62
钢管模压异径管	15CrMoG　P＝4.2MPa	kg	47.91
锻制三通			
锻制三通	钢 20　PN10MPa　DN10 及以上	kg	81.80
锻制等径三通	12Cr1Mov	kg	95.54
锻制等径三通	A106B	kg	51.35
锻制等径三通	A335P22	kg	124.92
热压等径三通			
热压等径三通	钢 20　DN100 及以上	kg	42.29
热压等径三通	St45.8　DN100 及以上	kg	45.11
热压等径三通	10CrMo910　DN100 及以上	kg	73.88

名　　称	型　号、规　格	单位	价格
热压等径三通	12Cr1Mov　DN100 及以上	kg	68.82
热压等径三通	A335P91　DN100 及以上	kg	87.53
热压异径三通			
热压异径三通	钢20　P＝28.5MPa 以下　t＝270℃以下 100×65×100 及以上	kg	42.42
热压异径三通	St45.8　P＝28.5MPa 以下　t＝270℃及以下 100×65×100 及以上	kg	45.72
热压异径三通	10CrMo910　P＝17.5MPa 以下　t＝540℃及以下 100×65×100 及以上	kg	100.68
热压异径三通	12Cr1Mov　P＝17.5MPa 以下　t＝540℃及以下 100×65×100 及以上	kg	84.56
热压异径三通	06Cr19Ni10	kg	102.96
厚壁加强焊制等径三通			
厚壁加强焊制等径三通	钢20　P＝28.5MPa 以下　t＝270℃及以下　DN100 及以上	kg	21.56
厚壁加强焊制等径三通	St45.8　P＝28.5MPa 以下　t＝270℃及以下　DN100 及以上	kg	23.83
厚壁加强焊制等径三通	10CrMo910　P＝17.5MPa 以下　t＝540℃及以下 DN100 及以上	kg	67.51

续表

名　称	型号、规格	单位	价格
厚壁加强焊制等径三通	12Cr1Mov　P＝17.5MPa 以下　t＝540℃及以下 DN100 及以上	kg	67.51
碟式加强焊制等径三通			
碟式加强焊制等径三通	钢 20　PN4.0　DN350 及以上	kg	53.39
碟式加强焊制等径三通	St45.8　PN4.0　DN325 及以上	kg	57.28
碟式加强焊制等径三通	10CrMo910　P＝4.5MPa 以下　t＝540℃　DN300 及以上	kg	96.09
碟式加强焊制等径三通	12Cr1Mov　P＝2.88MPa　t＝540℃　DN300	kg	81.56
碟式加强焊制等径三通	12Cr1Mov　P＝4.22MPa　t＝540℃　DN300	kg	93.70
单筋加强焊制等径三通			
单筋加强焊制等径三通	钢 20	kg	19.48
单筋加强焊制等径三通	St45.8　P＝28.5MPa 以下　t＝230℃　DN100	kg	22.91
单筋加强焊制等径三通	10CrMo910　P＝9.81MPa　t＝540℃　DN100	kg	34.73
单筋加强焊制等径三通	12Cr1Mov　P＝9.81MPa　t＝540℃　DN100	kg	34.73
焊制等径三通			
焊制等径三通	A106B　457.2×22	kg	81.25

续表

名　　　称	型　号、规　格	单位	价格
焊制等径三通	A335P22　457.2×22	kg	81.36
焊制异径三通			
焊制异径三通	A106B　812/219	kg	97.87
焊制异径三通	A106B　有缝	kg	50.52
焊制异径三通	A335P22　747/697	kg	75.76
锻制异径三通			
锻制异径三通	A335P91　ID318×57/f305×47 及以上	kg	81.55
锻制异径斜三通			
锻制异径斜三通	A335P91　ID679×22/f508×22/f508×22	kg	69.39
接管座			
接管座	钢 20　P=17.15MPa　t=230℃　DN10～32	kg	44.93
接管座	12Cr1MoV　f38×2.5	kg	172.33
接管座	A335P91　f38×7	kg	138.21
接管座	15NiCuMoNb5　f32×7	kg	76.30

续表

名　　称	型　号、规　格	单位	价格
接管座	A335P92　ƒ73×7	kg	75.87
接管座	15CrMoG　DN20～32	kg	169.95
对焊平法兰			
对焊平法兰	12Cr1Mov　P＝17.36MPa　t＝540℃　DN700 及以上	kg	42.04
对焊平法兰	钢 20	kg	22.52
对焊凸凹面法兰			
对焊凸凹面法兰	钢 20	kg	22.52
平焊法兰			
平焊法兰	A3	kg	16.17
平焊法兰	不锈钢　PN0.6　DN10 及以上	kg	151.73
平焊法兰	不锈钢　PN1.0　DN10 及以上	kg	166.13
平焊法兰	不锈钢　PN1.6　DN10 及以上	kg	193.82
锻制法兰			
锻制法兰	不锈钢　PN0.6　DN80 及以上	kg	88.09

续表

名　　称	型　号、规　格	单位	价格
锻制法兰	不锈钢　PN1.0　DN40 及以上	kg	105.91
锻制法兰	不锈钢　PN1.6　DN100 及以上	kg	129.23
凸凹面法兰盖			
凸凹面法兰盖		kg	23.50
平法兰盖			
平法兰盖		kg	17.62
中间堵板			
中间堵板		kg	19.59
回转堵板			
回转堵板		kg	24.48
焊接堵头			
焊接堵头	Q235　PN1.0　DN15～32	kg	53.67
焊接堵头	Q235　PN1.6　DN15～32	kg	72.72
焊接堵头	钢 10　PN2.5　DN15～32	kg	83.00

续表

名　　称	型　号、规　格	单位	价格
焊接堵头	钢 20　PN4.0　DN15～32	kg	105.62
焊接堵头	钢 20　PN6.4　DN15～32	kg	114.17
焊接堵头	钢 20　PN10　DN15～32	kg	124.53
焊接堵头	钢 20　$P=17.15\text{MPa}$　$t=230℃$　DN10 及以上	kg	218.30
焊接堵头	钢 20　$P=22.56\text{MPa}$　$t=240℃$　DN10 及以上	kg	284.93
焊接堵头	钢 20　$P=8.22\text{MPa}$　$t=240℃$　DN10 及以上	kg	306.80
焊接堵头	12Cr1Mov　$P=9.81\text{MPa}$　$t=540℃$　DN10 及以上	kg	326.83
锥形封头			
锥形封头		kg	19.59
椭球封头			
椭球封头	A672B70CL32　ƒ965×37	kg	41.30
椭球封头	钢 20	kg	102.72
堵头			
堵头	X10CrWMoVNb9-2　ƒ273×15.09 及以上	kg	473.21

续表

名　称	型　号、规　格	单位	价格
流量测量孔板对焊法兰组件			
流量测量孔板对焊法兰组件	PN1.6　DN50 及以上	kg	53.88
流量测量孔板对焊法兰组件	PN2.5　DN50 及以上	kg	65.44
流量测量孔板对焊法兰组件	PN4.0　DN50 及以上	kg	79.30
流量测量孔板对焊法兰组件	PN6.4　DN50 及以上	kg	93.01
流量测量孔板对焊法兰组件	PN10　DN50 及以上	kg	100.83
流量测量孔板对焊法兰组件	钢 20　$P=17.15$MPa　$t=230℃$　DN50 及以上	kg	74.09
流量测量孔板对焊法兰组件	钢 20　$P=22.56$MPa　$t=240℃$　DN50 及以上	kg	75.73
流量测量孔板对焊法兰组件	钢 20　$P=28.22$MPa　$t=270℃$　DN50 及以上	kg	77.90
流量测量孔板对焊法兰组件	St45.8　$P=17.15$MPa　$t=230℃$　DN125 及以上	kg	82.32
流量测量孔板对焊法兰组件	St45.8　$P=22.56$MPa　$t=240℃$　DN125 及以上	kg	84.20
流量测量孔板对焊法兰组件	St45.8　$P=28.22$MPa　$t=270℃$　DN125 及以上	kg	88.28
流量测量喷嘴组件			
流量测量喷嘴组件		kg	55.44

续表

名　　称	型号、规格	单位	价格
疏水罐			
疏水罐	X10CrWMoVNb9-2　20G　ƒ219×16 及以上	kg	90.88
疏水罐	A335P91　219.1×8.18 及以上	kg	63.11
疏水罐	12Cr1MoVG　219×8 及以上	kg	53.65
汽水补偿器			
汽水补偿器		kg	22.27
节流孔板			
节流孔板		kg	33.86
给水再循环节流装置			
给水再循环节流装置		kg	33.86
双头螺栓			
双头螺栓	包括螺母、垫圈　碳钢	kg	6.35
双头螺栓	包括螺母、垫圈　合金钢	kg	14.52
六角头螺栓			
六角头螺栓	包括螺母、垫圈　碳钢	kg	6.35

名　　称	型　号、规　格	单位	价格
六角头螺栓	包括螺母、垫圈　1Cr13	kg	23.92
六角头螺栓	包括螺母、垫圈　1Cr18Ni9Ti	kg	55.49
支吊架			
支吊架	普通支吊架	t	7769.34
支吊架	弹簧支吊架	t	9989.16
挡板式换向装置			
挡板式换向装置		kg	16.12
煤粉取样装置			
煤粉取样装置		kg	111.65
煤粉混合器			
煤粉混合器		kg	7.36
煤粉管道缩孔			
煤粉管道缩孔		kg	15.24

续表

名　　称	型　号、规　格	单位	价格
锁气器			
锁气器	锥式	kg	14.06
锁气器	斜板式	kg	9.93
防爆门			
防爆门		kg	12.62
孔类			
孔类	通煤孔、人孔、吹扫孔等	kg	15.71
圆形补偿器			
圆形补偿器	金属	kg	16.45
方形补偿器			
方形补偿器		kg	16.39
柔性接头			
柔性接头	KRJ 卡箍式　　$P=1.6\text{MPa}$　$f920$	套	1840.66
柔性接头	KRJ 卡箍式　　$P=1.6\text{MPa}$　$f1020$	套	2070.47

续表

名　　称	型　号、规　格	单位	价格
柔性接头	KRJ 卡箍式　P=2.5MPa　f630	套	848.86
柔性接头	KRJ 卡箍式　P=2.5MPa　f729	套	1322.77
柔性接头	KRJ 卡箍式　P=2.5MPa　f820	套	1581.17
柔性接头	KRJ 卡箍式　P=4MPa　f219	套	201.22
柔性接头	KRJ 卡箍式　P=4MPa　f245	套	229.81
柔性接头	KRJ 卡箍式　P=4MPa　f273	套	244.10
柔性接头	KRJ 卡箍式　P=4MPa　f325	套	416.73
柔性接头	KRJ 卡箍式　P=4MPa　f377	套	445.32
柔性接头	KRJ 卡箍式　P=4MPa　f426	套	503.60
柔性接头	KRJ 卡箍式　P=4MPa　f480	套	646.54
柔性接头	KRJ 卡箍式　P=4MPa　f530	套	719.11
柔性接头	KRJ 卡箍式　P=4MPa　f568	套	776.29
柔性接头	KRJ 卡箍式　P=10MPa　f60	套	50.58
柔性接头	KRJ 卡箍式　P=10MPa　f76	套	51.68

续表

名　称	型号、规格	单位	价格
柔性接头	KRJ 卡箍式　$P=10$MPa　f89	套	52.78
柔性接头	KRJ 卡箍式　$P=10$MPa　f108	套	69.27
柔性接头	KRJ 卡箍式　$P=10$MPa　f141	套	111.06
柔性接头	KRJ 卡箍式　$P=10$MPa　f168	套	144.04
柔性接头	KRJ 卡箍式　$P=10$MPa　f194	套	201.22
柔性接头	KRJ 卡箍式　$P=10$MPa　f219	套	244.10
柔性接头	KRJ 卡箍式　$P=10$MPa　f245	套	288.08
柔性接头	KRJ 卡箍式　$P=10$MPa　f273	套	359.56
柔性接头	KRJ 卡箍式　$P=10$MPa　f325	套	503.60
柔性接头	KRJ 卡箍式　$P=10$MPa　f377	套	676.23
柔性接头	KRJ 卡箍式　$P=10$MPa　f426	套	891.74
柔性接头	GJH 环形	kg	14.38
橡胶接头			
橡胶接头	PN0.6　DN500	件	2500.00

名　　称	型　号、规　格	单位	价格
橡胶接头	PN0.6　DN1000	件	5500.00
橡胶接头	PN0.6　DN1400	件	15000.00
橡胶接头	PN0.6　DN2600	件	53000.00
橡胶接头	PN1.0　DN80	件	250.00
橡胶接头	PN1.0　DN250	件	515.00
橡胶接头	PN1.0　DN300	件	513.00
橡胶接头	PN1.0　DN350	件	750.00
橡胶接头	PN1.0　DN900	件	4000.00
橡胶接头	PN1.0　DN1000	件	6000.00
橡胶接头	PN2.5　DN200	件	425.00
传力接头			
传力接头	PN0.6　DN65	件	520.00
传力接头	PN0.6　DN80	件	460.00
传力接头	PN0.6　DN100	件	610.00

续表

名　　称	型号、规格	单位	价格
传力接头	PN0.6　DN125	件	710.00
传力接头	PN0.6　DN150	件	888.00
传力接头	PN0.6　DN200	件	1100.00
传力接头	PN0.6　DN250	件	1560.00
传力接头	PN0.6　DN300	件	2160.00
传力接头	PN0.6　DN350	件	2730.00
传力接头	PN0.6　DN1600	件	106770.00
传力接头	PN0.6　DN2200	件	158200.00
传力接头	PN0.6　DN2600	件	205940.00
传力接头	PN1.0　DN2000	件	27310.00
传力接头	PN1.6　DN1000	件	11135.00
传力接头	PN1.6　DN2000	件	32480.00
铸石复合管			
铸石复合管	DN100　外壳 $f200\times5$	m	282.17

名　称	型　号、规　格	单位	价格
铸石复合管	DN125　外壳 f225×5	m	309.15
铸石复合管	DN150　外壳 f250×5	m	336.12
铸石复合管	DN175　外壳 f275×5	m	365.16
铸石复合管	DN200　外壳 f300×5	m	391.10
铸石复合管	DN225　外壳 f325×5	m	419.11
铸石复合管	DN250　外壳 f350×5	m	448.16
铸石复合管	DN275　外壳 f375×5	m	474.09
铸石复合管	DN300　外壳 f400×5	m	503.14
铸石复合管	DN350　外壳 f450×5	m	557.08
铸石复合管	DN400　外壳 f510×5	m	698.17
铸石复合管	DN450　外壳 f570×6	m	829.92
铸石复合管	DN500　外壳 f630×6	m	980.34
铸石复合管	DN550　外壳 f670×6	m	1043.62
铸石复合管	DN600　外壳 f730×6	m	1107.94

续表

名　　称	型　号、规　格	单位	价格
铸石复合管	DN100　外壳 ƒ200×6	m	298.77
铸石复合管	DN125　外壳 ƒ225×6	m	329.89
铸石复合管	DN150　外壳 ƒ250×6	m	362.05
铸石复合管	DN175　外壳 ƒ275×6	m	394.21
铸石复合管	DN200　外壳 ƒ300×6	m	427.41
铸石复合管	DN225　外壳 ƒ325×6	m	483.43
铸石复合管	DN250　外壳 ƒ350×6	m	489.65
铸石复合管	DN275　外壳 ƒ375×6	m	521.81
铸石复合管	DN300　外壳 ƒ400×6	m	555.01
铸石复合管	DN350　外壳 ƒ450×6	m	618.29
铸石复合管	DN400　外壳 ƒ510×6	m	766.64
铸石复合管	DN450　外壳 ƒ570×8	m	983.46
铸石复合管	DN500　外壳 ƒ630×8	m	1150.48
铸石复合管	DN550　外壳 ƒ670×8	m	1231.39

续表

名　称	型号、规格	单位	价格
铸石复合管	DN600　外壳 f 730×8	m	1312.31
铸石复合管	BDG100　外壳 f 170×5	m	272.84
铸石复合管	BDG125　外壳 f 195×5	m	298.77
铸石复合管	BDG150　外壳 f 220×5	m	323.67
铸石复合管	BDG175　外壳 f 245×5	m	349.60
铸石复合管	BDG200　外壳 f 270×5	m	374.50
铸石复合管	BDG225　外壳 f 295×5	m	400.44
铸石复合管	BDG250　外壳 f 320×5	m	425.33
铸石复合管	BDG275　外壳 f 345×5	m	452.31
铸石复合管	BDG300　外壳 f 370×5	m	477.20
铸石复合管	BDG350　外壳 f 420×5	m	528.04
铸石复合管	BDG400　外壳 f 470×5	m	680.53
铸石复合管	BDG450　外壳 f 525×5	m	715.81
铸石复合管	BDG500　外壳 f 575×6	m	936.77

续表

名　　称	型号、规格	单位	价格
铸石复合管	BDG550　外壳 f 630×6	m	997.98
铸石复合管	BDG600　外壳 f 680×6	m	1057.11
铸石复合管	BDG100　外壳 f 170×6	m	289.43
铸石复合管	BDG125　外壳 f 195×6	m	318.48
铸石复合管	BDG150　外壳 f 220×6	m	349.60
铸石复合管	BDG175　外壳 f 245×6	m	379.69
铸石复合管	BDG200　外壳 f 270×6	m	408.74
铸石复合管	BDG225　外壳 f 295×6	m	438.82
铸石复合管	BDG250　外壳 f 320×6	m	468.90
铸石复合管	BDG275　外壳 f 345×6	m	497.95
铸石复合管	BDG300　外壳 f 370×6	m	530.11
铸石复合管	BDG350　外壳 f 420×6	m	588.21
铸石复合管	BDG400　外壳 f 470×6	m	732.40
铸石复合管	BDG450　外壳 f 525×6	m	793.61

续表

名　　称	型　号、规　格	单位	价格
铸石复合管	BDG500　外壳 f 575×8	m	1107.94
铸石复合管	BDG550　外壳 f 630×8	m	1184.71
铸石复合管	BDG600　外壳 f 680×8	m	1261.48
铸石复合管	弯头　DN300～400	kg	7.50
铸石复合管	三通　DN300～400	kg	9.09
稀土耐磨钢弯头			
稀土耐磨钢弯头		kg	15.32

三、黑 色 金 属

名　称	型号、规格	单位	价格
钢轨			
重型钢轨	综合	t	4656
轻型钢轨	综合	t	4381
工字钢			
工字钢	综合	t	4092
槽钢			
槽钢	综合	t	4317
方钢			
方钢	综合	t	4577
扁钢			
扁钢	综合	t	4159
角钢			
角钢	综合	t	4468
钢板			
冷轧普通钢板	综合	t	4847

续表

名　称	型　号、规　格	单位	价格
不锈钢板	牌号 304	t	14652
不锈钢板	牌号 316	t	18437
不锈钢板	牌号 321	t	18718
热轧普通钢板	综合	t	4100
钢板甲沸综合	Q345	t	4403
钢板甲沸综合	Q420	t	4743
合金钢板	12-42CrMo	t	6286
合金钢板	12-15Cr2Mo1VA　$\delta = 10.0$ 以下	t	6802
合金钢板	12-15Cr2Mo1VA　$\delta = 12.0 \sim 20.0$	t	7303
合金钢板	12-15Cr2Mo1VA　$\delta = 20.0$ 以上	t	8000
合金钢板	10CrMoAl	t	6907
锅炉钢板	$12 \sim 25g$	t	4584
低合金锅炉钢板	11-16Mn	t	4522
碳结钢板	#08～#70	t	3592

名　称	型号、规格	单位	价格
镀锌薄钢板	综合	t	4805
钢带			
冷轧普通钢带	综合	t	4934
冷轧碳结钢带	甲沸　#08～#70　δ＝0.05～0.09	t	4919
冷轧碳结钢带	甲沸　#08～#70　δ＝0.1～0.29	t	4051
冷轧碳结钢带	甲沸　#08～#70　δ＝0.3～0.99	t	3671
冷轧碳结钢带	甲沸　#08～#70　δ＝1.0～2.5	t	3330
冷轧不锈钢带	牌号 304	t	17608
圆钢			
普通圆钢	综合	t	4279
碳素结构热轧圆钢	#08～#70	t	4204
合金结构热轧圆钢	15-50Cr	t	6285
合金结构热轧圆钢	38CrMoA1	t	7832
合金结构热轧圆钢	12-35CrMoV　ϕ 10 以下	t	8918

续表

名　　称	型　号、规　格	单位	价格
合金结构热轧圆钢	12-35CrMoV　∮12～24	t	8551
合金结构热轧圆钢	12-35CrMoV　∮25 以上	t	7869
合金结构热轧圆钢	12-25Cr2Mo1VA　∮10 以下	t	9056
合金结构热轧圆钢	12-25Cr2Mo1VA　∮12 以上	t	8302
合金结构锻造圆钢	15-50Cr　∮165～220	t	6285
合金结构锻造圆钢	15-50Cr　∮220 以上	t	5545
合金结构锻造圆钢	38CrMoA1　∮200 及以下	t	9439
合金结构锻造圆钢	38CrMoA1　∮200 以上	t	8106
合金结构锻造圆钢	12-35CrMoV　∮200 及以下	t	7176
合金结构锻造圆钢	12-35CrMoV　∮200 以上	t	7176
合金结构锻造圆钢	12-25Cr2Mo1VA　∮200 以上	t	5480
合金结构锻造圆钢	12-25Cr2Mo1VA　∮200 及以下	t	5203
不锈圆钢	牌号 304	t	14492
不锈圆钢	牌号 316	t	19581

名　　称	型 号、规 格	单位	价格
不锈圆钢	牌号 321	t	18547
弹簧圆钢	55-60Si2Mn	t	6885
钢丝绳			
普通钢丝绳	6×19	t	7101
普通钢丝绳	6×24	t	6574
普通钢丝绳	6×37	t	5904
冷拉钢丝	综合	t	7041
预应力碳素钢丝	综合	t	5054
不锈钢丝	牌号 304	t	19288
钢管			
冷拔一般无缝钢管	综合	t	5749
冷拔一般合金无缝钢管	12-42CrMo	t	7862
冷拔一般合金无缝钢管	12-35CrMoV　$\phi 8\sim 10 \times 1.2\sim 1.8$	t	9509
冷拔一般合金无缝钢管	12-35CrMoV　$\phi 12\sim 18 \times 1.2\sim 2.5$	t	8412

续表

名　称	型　号、规　格	单位	价格
冷拔一般合金无缝钢管	12-35CrMoV　ϕ 20～25×1.5～3	t	8044
冷拔一般合金无缝钢管	12-35CrMoV　ϕ 28～32×1.5～4	t	7525
冷拔一般合金无缝钢管	12-35CrMoV　ϕ 38～51×2～4	t	6720
冷拔一般合金无缝钢管	12-35CrMoV　ϕ 57×2.5～5	t	6365
冷拔一般合金无缝钢管	12Cr1MoV　ϕ 8～10×1.2～1.8	t	9833
冷拔一般合金无缝钢管	12Cr1MoV　ϕ 12～14×1.2～2	t	8875
冷拔一般合金无缝钢管	12Cr1MoV　ϕ 16～20×1.5～2.5	t	7919
冷拔一般合金无缝钢管	12Cr1MoV　ϕ 22～25×1.5～3	t	6949
冷拔一般合金无缝钢管	12Cr1MoV　ϕ 28～32×1.5～3.5	t	6806
冷拔一般合金无缝钢管	12Cr1MoV　ϕ 45×2～4	t	6599
冷拔一般合金无缝钢管	12Cr1MoV　ϕ 51×2～4	t	6449
冷拔一般合金无缝钢管	12Cr1MoV　ϕ 57×2.5～5	t	6075
冷拔高压无缝钢管	20G　ϕ 8～12×1.2～2	t	6461
冷拔高压无缝钢管	20G　ϕ 14～16×1.2～2.5	t	6175

名　　称	型　号、规　格	单位	价格
冷拔高压无缝钢管	20G　ϕ18～22×1.5～3	t	5704
冷拔高压无缝钢管	20G　25～ϕ28×1.5～4	t	5335
冷拔高压无缝钢管	20G　32～ϕ45×1.5～4	t	4967
冷拔高压无缝钢管	20G　ϕ51～57×2～4	t	4961
冷拔高压无缝钢管	20G　ϕ57×3～5	t	4843
冷拔高压合金无缝钢管	12-15CrMo　ϕ20 及以下	t	15656
冷拔高压合金无缝钢管	12-15CrMo　ϕ20 以上	t	12526
冷拔高压合金无缝钢管	12Cr1MoV	t	12708
不锈钢无缝钢管	牌号 304	t	25663
不锈钢无缝钢管	牌号 316	t	32299
不锈钢无缝钢管	牌号 321	t	30659
热轧一般无缝钢管	钢 10-20　ϕ377 以下	t	4910
热轧一般无缝钢管	钢 10-20　ϕ377～480×8～24	t	5071
热轧一般无缝钢管	钢 10-20　ϕ530 以上	t	5195

续表

名　　称	型 号、规 格	单位	价格
热轧一般合金无缝钢管	12-42CrMo	t	10367
热轧一般合金无缝钢管	12Cr1MoV　ϕ32～38×2.5～6	t	13714
热轧一般合金无缝钢管	12Cr1MoV　ϕ42～45×2.5～6	t	12153
热轧一般合金无缝钢管	12Cr1MoV　ϕ50～54×2.5～7	t	11342
热轧一般合金无缝钢管	12Cr1MoV　ϕ57×2.5～7	t	9933
热轧一般合金无缝钢管	12Cr1MoV　ϕ60×2.5～8	t	9587
热轧一般合金无缝钢管	12Cr1MoV　ϕ73～89×2.5～10	t	8950
热轧一般合金无缝钢管	12Cr1MoV　ϕ108～114×3.5～14	t	8885
热轧一般合金无缝钢管	12Cr1MoV　ϕ133×3.5～16	t	8351
热轧一般合金无缝钢管	12Cr1MoV　ϕ140×4.5～16	t	8137
热轧一般合金无缝钢管	12Cr1MoV　ϕ159×4.5～16	t	8133
热轧一般合金无缝钢管	12Cr1MoV　ϕ168×4.5～16	t	7805
热轧一般合金无缝钢管	12Cr1MoV　ϕ194×4.5～16	t	7755
热轧一般合金无缝钢管	12Cr1MoV　ϕ219×5.5～25	t	7644

续表

名　　称	型　号、规　格	单位	价格
热轧一般合金无缝钢管	12Cr1MoV ϕ273×6.5~25	t	7154
热轧一般合金无缝钢管	12Cr1MoV ϕ325 以上	t	6652
热轧合金无缝钢管	10Cr1MoAl 综合	t	10982
热轧高压无缝钢管	20G ϕ68 及以下	t	5323
热轧高压无缝钢管	20G ϕ83-219	t	4924
热轧高压无缝钢管	20G ϕ245 以上	t	5095
热轧高压合金无缝钢管	12-15CrMo	t	10412
热轧高压合金无缝钢管	12Cr1MoV ϕ32~38×2.5~6	t	15599
热轧高压合金无缝钢管	12Cr1MoV ϕ42~50×2.5~6	t	13971
热轧高压合金无缝钢管	12Cr1MoV ϕ54~57×2.5~7	t	12281
热轧高压合金无缝钢管	12Cr1MoV ϕ60×2.5~8	t	11386
热轧高压合金无缝钢管	12Cr1MoV ϕ73~76×2.5~10	t	10656
热轧高压合金无缝钢管	12Cr1MoV 89~ϕ114×3.5~14	t	9869
热轧高压合金无缝钢管	12Cr1MoV ϕ133×3.5~16	t	9797

续表

名　称	型　号、规　格	单位	价格
热轧高压合金无缝钢管	12Cr1MoV　ϕ159×4.5～16	t	12797
热轧高压合金无缝钢管	12Cr1MoV　ϕ168×4.5～16	t	12105
热轧高压合金无缝钢管	12Cr1MoV　ϕ194×4.5～16	t	11847
热轧高压合金无缝钢管	12Cr1MoV　ϕ219×5.5～25	t	11765
热轧高压合金无缝钢管	12Cr1MoV　ϕ273×6.5～25	t	11522
热轧高压合金无缝钢管	12Cr1MoV　ϕ325×7.5～32	t	11168
高压无缝钢管	ST45.8/Ⅲ　ϕ108 及以下	t	3239
高压无缝钢管	ST45.8/Ⅲ　ϕ159-325	t	4176
高压无缝钢管	ST45.8/Ⅲ　ϕ377 及以上	t	5884
高压无缝钢管	15NiCuMoNb5-6-4	t	24797
高压合金无缝钢管	10CrMo910　ϕ18 及以下	t	19659
高压合金无缝钢管	10CrMo910　ϕ20-273	t	15062
高压合金无缝钢管	10CrMo910　ϕ273 以上	t	29509
高压合金无缝钢管	A335P11　ϕ273 及以下	t	19968

续表

名　　称	型　号、规　格	单位	价格
高压合金无缝钢管	A335P11　ϕ273 以上	t	24156
高压合金无缝钢管	A335P11　ϕ273 及以下（进口）	t	38951
高压合金无缝钢管	A335P11　ϕ273 以上（进口）	t	38565
高压合金无缝钢管	A335P91（A335P92）　ϕ500 及以下	t	42444
高压合金无缝钢管	A335P91（A335P92）　ϕ500 以上	t	40619
高压合金无缝钢管	A335P91（A335P92）　ϕ500 及以下（进口）	t	70273
高压合金无缝钢管	A335P91（A335P92）　ϕ500 以上（进口）	t	66266
高压焊接钢管	A672-B70-CL32　ϕ812.8 及以下（进口）	t	20433
高压焊接钢管	A672-B70-CL32　ϕ812.8 以上（进口）	t	19440
高压焊接钢管	A691Gr.1-1/4CrCl22（进口）	t	37644
一般焊接钢管	综合	t	4650
镀锌钢管	综合	t	5460
镀锌焊接钢管	DN10（3/8″）	t	5714
镀锌焊接钢管	DN15（1/2″）	t	5714

续表

名　　称	型号、规格	单位	价格
镀锌焊接钢管	DN20（3/4″）	t	5712
镀锌焊接钢管	DN25（1″）	t	5512
镀锌焊接钢管	DN32（5/4″）	t	5512
镀锌焊接钢管	DN40（3/2″）	t	5500
镀锌焊接钢管	DN50（2″）	t	5425
镀锌焊接钢管	DN65（5/2″）	t	5323
镀锌焊接钢管	DN80（3″）	t	5303
镀锌焊接钢管	DN100（4″）	t	5311
镀锌焊接钢管	DN125（5″）	t	5361
镀锌焊接钢管	DN150（6″）	t	5460
镀锌焊接钢管	DN200（8″）	t	5512
卷焊钢管	综合	t	5379
螺旋电焊钢管（沸）	综合	t	7278
直无缝焊接钢管	综合	t	4451

续表

名　　称	型　号、规　格	单位	价格
铸铁管			
球墨铸铁管（承插）	$\phi 75 \times 9$	t	8128
球墨铸铁管（承插）	$\phi 100 \times 9$	t	7233
球墨铸铁管（承插）	$\phi 150 \times 9$	t	6348
球墨铸铁管（承插）	$\phi 200 \times 10$	t	6306
球墨铸铁管（承插）	$\phi 250 \times 10.8$	t	6306
球墨铸铁管（承插）	$\phi 300 \times 11.4$	t	6262
球墨铸铁管（承插）	$\phi 350 \times 12$	t	6262
球墨铸铁管（承插）	$\phi 400 \times 12.8$	t	6262
球墨铸铁管（承插）	$\phi 450 \times 13.4$	t	6262
球墨铸铁管（承插）	$\phi 500 \times 14$	t	6262
球墨铸铁管（承插）	$\phi 600 \times 15.4$	t	6262
球墨铸铁管（承插）	$\phi 700 \times 16.5$	t	6262
球墨铸铁管（承插）	$\phi 800 \times 18$	t	6726

续表

名　　称	型号、规格	单位	价格
球墨铸铁管（承插）	∮900×25	t	6726
球墨铸铁管（承插）	D108×6	m	95
球墨铸铁管（承插）	D159×8	m	176
球墨铸铁管（承插）	D219×8	m	245
球墨铸铁管（承插）	D273×8	m	307
球墨铸铁管（承插）	D325×8	m	367
球墨铸铁管（承插）	D426×10	m	583
球墨铸铁管（承插）	D530×10	m	729
球墨铸铁管（承插）	D630×10	m	866
球墨铸铁管（承插）	D720×10	m	994
球墨铸铁管（承插）	D820×10	m	1135
球墨铸铁管（承插）	D820×12	m	1262
球墨铸铁管（承插）	D920×12	m	1419
球墨铸铁管（承插）	D1020×12	m	1574

续表

名　　称	型　号、规　格	单位	价格
球墨铸铁管（承插）	D1220×12	m	1887
衬塑复合钢管			
衬塑复合钢管	综合　H22	t	8186
孔网钢塑管			
孔网钢塑管	1.0MPa　110×4.5	m	51
孔网钢塑管	1.0MPa　140×4.5	m	73
孔网钢塑管	1.0MPa　160×4.5	m	80
孔网钢塑管	1.0MPa　200×4.5	m	107
孔网钢塑管	1.0MPa　225×4.5	m	165
孔网钢塑管	1.0MPa　250×4.5	m	182
孔网钢塑管	1.0MPa　315×4.5	m	265
孔网钢塑管	1.0MPa　355×4.5	m	310
孔网钢塑管	1.0MPa　400×4.5	m	361
孔网钢塑管	1.0MPa　450×4.5	m	498
孔网钢塑管	1.0MPa　500×4.5	m	553

续表

名　称	型号、规格	单位	价格
孔网钢塑管	1.0MPa　560×4.5	m	879
孔网钢塑管	1.0MPa　630×4.5	m	1107
孔网钢塑管	1.6MPa　110×4.5	m	55
孔网钢塑管	1.6MPa　140×4.5	m	79
孔网钢塑管	1.6MPa　160×4.5	m	92
孔网钢塑管	1.6MPa　200×4.5	m	122
孔网钢塑管	1.6MPa　225×4.5	m	180
孔网钢塑管	1.6MPa　250×4.5	m	211
孔网钢塑管	1.6MPa　315×4.5	m	299
孔网钢塑管	1.6MPa　400×4.5	m	437
孔网钢塑管	1.6MPa　450×4.5	m	516
孔网钢塑管	1.6MPa　500×4.5	m	591
孔网钢塑管	1.6MPa　560×4.5	m	1037
孔网钢塑管	1.6MPa　630×4.5	m	1313
孔网钢塑管	2.0MPa　110×4.5	m	64

续表

名　称	型　号、规　格	单位	价格
孔网钢塑管	2.0MPa　140×4.5	m	91
孔网钢塑管	2.0MPa　160×4.5	m	107
孔网钢塑管	2.0MPa　200×4.5	m	139
孔网钢塑管	2.0MPa　225×4.5	m	205
孔网钢塑管	2.0MPa　250×4.5	m	241
孔网钢塑管	2.0MPa　315×4.5	m	372
孔网钢塑管	2.5MPa　110×4.5	m	71
孔网钢塑管	2.5MPa　140×4.5	m	101
孔网钢塑管	2.5MPa　160×4.5	m	118
孔网钢塑管	2.5MPa　200×4.5	m	152
孔网钢塑管	2.5MPa　225×4.5	m	228
孔网钢塑管	2.5MPa　250×4.5	m	266
镀锌费			
镀锌费		t	1770

四、耐火保温材料

名　　称	型 号、规 格	单位	价格
耐火砖			
一般高铝砖	氧化铝含量≥65%　标准型	t	1012
一般高铝砖	氧化铝含量≥65%　普通型	t	1167
一般高铝砖	氧化铝含量≥65%　异型	t	1223
一般高铝砖	氧化铝含量≥65%　特异型	t	1278
一般黏土砖	耐火度≥1710℃　标准型	t	667
一般黏土砖	耐火度≥1710℃　普通型	t	800
一般黏土砖	耐火度≥1710℃　异型	t	1000
一般黏土砖	耐火度≥1710℃　特异型	t	1254
轻质高铝砖	标准型	t	840
轻质高铝砖	普通型	t	1056
轻质高铝砖	异型	t	1367
轻质高铝砖	特异型	t	1501
轻质黏土砖	标准型	t	921
轻质黏土砖	普通型	t	1020

续表

名　　称	型 号、规 格	单位	价格
轻质黏土砖	异型	t	1075
轻质黏土砖	特异型	t	1213
耐火保温砖	珍珠岩保温砖	t	743
耐火保温砖	磷酸岩耐火砖	t	1765
耐火保温砖	耐火高铝砖	t	1493
耐火保温砖	高铝绝热砖	t	1743
耐火保温砖	耐磨耐火砖	t	2757
耐火泥			
黏土耐火泥	氧化铝含量≥40%　不分粒度	t	1324
高铝耐火泥	氧化铝含量≥70%　粗	t	1781
高铝耐火泥	氧化铝含量≥70%　细	t	1849
镁质耐火泥	氧化镁含量≥82%　不分粒度	t	1941
硅质耐火泥	二氧化硅含量≥90%　不分粒度	t	1194
高温耐火胶泥	散装	t	1618

续表

名　称	型号、规格	单位	价格
高温密封胶泥	散装	t	1618
硬质黏土			
硬质黏土（熟料）	特级	t	717
硬质黏土（熟料）	一级	t	609
硬质黏土（熟料）	二级	t	487
硬质黏土（熟料）	三级	t	439
一般高铝钒土（熟料）	特级	t	885
一般高铝钒土（熟料）	一级	t	759
一般高铝钒土（熟料）	二级	t	719
一般高铝钒土（熟料）	三级	t	596
高铝钒土（生料）	一级	t	506
高铝钒土（生料）	二级	t	481
高铝钒土（生料）	三级	t	425
高铝钒土（生料）	四级	t	384

续表

名　称	型　号、规　格	单位	价格
高铝矾土（生料）	矾石	t	443
高铝矾土（生料）	耐火砂	t	215
高铝矾土（生料）	硅土保温砂	t	822
散状耐火材料	氧化铝含量≥70%～85%　骨料	t	1947
散状耐火材料	氧化铝含量≥70%～85%　粉料	t	2158
保温（绝热）浇注料	保温（绝热）浇注料	t	1895
耐火浇注料	耐火浇注料	t	2240
耐磨耐火浇注料	普通煤粉炉用	t	3505
耐磨耐火浇注料	CFB 锅炉用　钢玉占 55%	t	4869
耐磨耐火浇注料	CFB 锅炉用　碳化硅占 55%	t	5344
HF 高强浇注料	HF 高强浇注料	m^3	2657
高铝质涂抹料	耐火度≥1730℃	t	2056
高温密封涂料	散装	t	3324
耐火可塑料	微涨型	t	1526

名　　称	型　号、规　格	单位	价格
耐磨耐火可塑料	CFB 锅炉用　钢玉占 55%	t	2874
耐磨耐火可塑料	CFB 锅炉用　碳化硅占 55%	t	2931
黏结剂	高温	t	2218
黏结剂	中温	t	1073
铝质耐火混凝土			
铝质耐火混凝土	综合规格	t	1938
磷酸铝质耐火混凝土	NP-45（高温）	t	3749
磷酸铝质耐火混凝土	NP-75（高温）	t	5177
水玻璃铝质耐火混凝土	NB-45	t	2142
水玻璃铝质耐火混凝土	NB-60	t	2856
保温混凝土	矾土水泥	m³	1828
保温混凝土	硅藻土、珍珠岩	m³	1114
高铝耐火纤维			
高铝耐火纤维	棉、板	t	3440

续表

名　　称	型　号、规　格	单位	价格
高铝耐火纤维	毡	t	3440
高铝含铬耐火纤维	各种规格	t	4838
硅酸铝含铬耐火纤维	棉、板	t	5483
硅酸铝含铬耐火纤维	毡	t	5483
硅酸铝制品	硅酸铝棉	t	2056
硅酸铝制品	硅酸铝嵌棉	t	2056
硅酸铝制品	硅酸铝板	t	3795
硅酸铝制品	硅酸铝管壳	t	4948
硅酸铝制品	硅酸铝复合毡	t	3795
硅酸铝耐火纤维制品	原棉	t	3795
硅酸铝耐火纤维制品	板	t	3870
硅酸铝耐火纤维制品	毡	t	4190
硅酸铝耐火纤维制品	管套	t	4301
硅酸铝耐火纤维制品	绳	t	6295

续表

名　　称	型　号、规　格	单位	价格
硅酸铝耐火纤维制品	针刺棉	t	4301
泡沫石棉制品	泡沫石棉	m³	435
泡沫石棉制品	泡沫石棉板	m³	326
泡沫石棉制品	泡沫石棉块	m³	435
泡沫石棉制品	泡沫石棉管壳	m³	652
泡沫石棉制品	复合泡沫石棉	m³	435
泡沫石棉制品	复合泡沫石棉瓦	m³	435
泡沫石棉制品	防水泡沫石棉	m³	435
矿渣棉制品			
矿渣棉制品	普通矿渣棉	t	2614
矿渣棉制品	粒状矿渣棉	t	2614
矿渣棉制品	长纤维矿渣棉	t	2614
矿渣棉制品	矿棉沥青毡	t	1327
矿渣棉制品	矿棉半硬板	t	2612

续表

名　　称	型 号、规 格	单位	价格
矿渣棉制品	矿棉半硬缝毡	t	2927
矿渣棉制品	矿棉保温带	t	3850
矿渣棉制品	矿棉保温管壳	t	4077
酚醛矿渣棉制品（半硬质）	保温板	t	3989
酚醛矿渣棉制品（半硬质）	保温毡	t	4081
酚醛矿渣棉制品（半硬质）	保温管套	t	6332
岩棉制品			
岩棉制品	岩原棉	t	1311
岩棉制品	岩棉块	t	2552
岩棉制品	岩棉保温带	t	4895
岩棉制品	岩棉板（半硬质）	t	4895
岩棉制品	岩棉管壳	t	5336
岩棉制品	岩棉毡、垫	t	5137
岩棉制品	岩棉菱形钢板网缝毡	t	4895

续表

名　　称	型 号、规 格	单位	价格
岩棉制品	岩棉铁丝网缝毡	t	4895
微孔硅酸钙制品			
微孔硅酸钙制品	平板 $\delta=20\sim30\text{mm}$	m³	1411
微孔硅酸钙制品	平板 $\delta=40\sim70\text{mm}$	m³	1340
微孔硅酸钙制品	平板 $\delta=80\sim100\text{mm}$	m³	1295
微孔硅酸钙制品	管材 DN 108 及以下	m³	1771
微孔硅酸钙制品	管材 DN 278 及以下	m³	1660
微孔硅酸钙制品	管材 DN 508 及以下	m³	1550
微孔硅酸钙制品	弧形板 DN 508mm 以上	m³	1884
微孔硅酸钙制品	硅酸钙抹面材料	t	1626
微孔硅酸钙制品	无石棉微孔硅酸钙	t	6065
膨胀珍珠岩制品			
膨胀珍珠岩制品	膨胀珍珠岩粉	m³	336
水泥珍珠岩制品	砖、板	m³	423

续表

名　　称	型　号、规　格	单位	价格
水泥珍珠岩制品	管瓦	m³	692
水玻璃珍珠岩制品	砖、板	m³	636
水玻璃珍珠岩制品	管瓦	m³	708
水玻璃珍珠岩制品	沥青珍珠岩砖板	m³	515
水玻璃珍珠岩制品	沥青珍珠岩管瓦	m³	622
水玻璃珍珠岩制品	磷酸珍珠岩砖板	m³	797
水玻璃珍珠岩制品	磷酸珍珠岩管瓦	m³	902
高硅氧棉制品	高硅氧纤维棉	t	3741
高硅氧棉制品	高硅氧棉毡	t	7329
复合硅酸盐制品	硅酸镁板　$\delta=0.2\sim0.5\mathrm{mm}$	t	6519
复合硅酸盐制品	复合毡	t	6008
复合硅酸盐制品	复合型材	t	7221
复合硅酸盐制品	涂料	t	1629
岩棉硅酸铝复合保温制品	管壳	t	6515

续表

名　称	型　号、规　格	单位	价格
多腔孔陶瓷复合绝热材料	制品、浆料	m³	5773
玻璃棉及制品			
玻璃棉及制品	普通玻璃棉	t	1344
玻璃棉及制品	玻璃棉毡面缝毡	t	1618
玻璃棉及制品	玻璃棉树脂毡	t	13149
玻璃棉及制品	有碱玻璃棉毡	t	5863
玻璃棉及制品	无碱玻璃棉毡	t	13412
玻璃棉及制品	防潮玻璃棉毡	t	13412
玻璃棉及制品	沥青玻璃棉毡	t	12085
玻璃棉及制品	普通超细玻璃棉	t	9015
玻璃棉及制品	无碱超细玻璃棉	t	9329
玻璃棉及制品	超细玻璃棉毡	t	6423
玻璃棉及制品	有碱超细玻璃棉毡	t	10951
玻璃棉及制品	无碱超细玻璃棉毡	t	20810

续表

名 称	型 号、规 格	单位	价格
玻璃棉及制品	防潮超细玻璃棉毡	t	20818
中级玻璃棉保温制品	保温板 60kg/m³	t	20150
中级玻璃棉保温制品	保温套管 80kg/m³	t	14227
中级玻璃棉保温制品	保温套管 800kg/m³	t	14096
中级玻璃棉保温制品	中级玻璃棉毡	t	5821
中级玻璃棉保温制品	中级玻璃棉纤维	t	3823
中碱玻璃丝布	平纹　0.1×1000	m	2
无碱玻璃丝布	平纹　0.09×1000	m	2
中碱管道包扎布	平纹　0.11～0.15×40	m	2
硅藻土保温制品			
硅藻土保温制品	硅藻土粉（生料）	t	713
硅藻土保温制品	硅藻土粉（熟料）	t	1119
硅藻土保温制品	硅藻土砖粒	t	2013
硅藻土保温制品	硅藻土保温板	t	2180

续表

名　　称	型　号、规　格	单位	价格
硅藻土保温制品	硅藻土保温管壳	t	2446
硅藻土保温制品	泡沫硅藻土砖	t	4249
膨胀蛭石制品	膨胀蛭石粉	m^3	158
水泥蛭石制品	水泥蛭石板普通型	m^3	346
水泥蛭石制品	水泥蛭石瓦	m^3	445
石棉制品			
石棉	石棉绒　特级	t	4232
石棉	石棉绒　一级	t	4020
石棉	石棉绒　二级	t	2743
石棉	石棉绒　三级	t	2122
石棉	石棉绒　四级	t	1760
石棉	石棉绒　五级	t	1501
石棉	石棉粉	t	1276
石棉	混合石棉　长绒	t	3312

续表

名　　称	型　号、规　格	单位	价格
碳酸钙石棉粉	甲级	t	1372
碳酸钙石棉粉	乙级	t	1068
硅酸钙石棉粉	丙级	t	966
碳酸镁石棉制品	碳酸镁石棉粉　一级	t	2034
碳酸镁石棉制品	碳酸镁石棉粉　二级	t	1830
碳酸镁石棉制品	碳酸镁石棉板	t	2949
碳酸镁石棉制品	碳酸镁石棉管壳	t	3661
硅藻石棉粉	甲级	t	1469
硅藻石棉粉	乙级	t	1322
石棉扭绳	烧失量 32%	t	5702
石棉编绳	烧失量 32%	t	13883
石棉布	平纹　$\delta=1.2mm$	t	8000
石棉布	平纹　$\delta=1.5mm$	t	9617
石棉布	平纹　$\delta=2mm$	t	10491

名　　称	型　号、规　格	单位	价格
石棉布	平纹　$\delta = 2.5 \sim 3mm$	t	11366
铸石板材			
铸石板材	标准型	t	2483
铸石板材	普通型	t	2483
铸石板材	异型	t	3077
铸石板材	特异型	t	3455
铸石管材	$f150 \sim 240$　一等	t	5938
铸石管材	$f250 \sim 410$　一等	t	5182
铸石管材	$f250 \sim 390$　二等	t	4642
铸石管材	$f400 \sim 500$　二等	t	4319
铸石灰沟镶板	直沟	t	6370
铸石灰沟镶板	弯沟	t	7341
电缆防火包			
电缆防火包	JZD 型	t	2136

续表

名　称	型　号、规　格	单位	价格
电缆防火包	PFB 型	t	2373
电缆防火包	WZH 型	t	2674
电缆防火包	PZ 型粉	t	2183
电缆防火包	WJ 型粒	t	2373
无机防火砖	QL-Ⅱ	t	3102
防火发泡砖	（240×120×60）	m³	696
电缆阻火包带	ZR-75 型	m	12
电缆防火涂料			
电缆防火涂料	G60-3 型	t	15593
电缆防火涂料	改性氨基酸	t	15593
电缆防火涂料	PDFT-1 型	t	15593
电缆防火涂料	A60-Q	t	15593
电缆防火涂料	CP679A	t	14077
电缆防火涂料	CT-60	t	14077

续表

名　　称	型　号、规　格	单位	价格
电缆防火堵料			
电缆防火堵料	无机　JZD 型	t	3021
电缆防火堵料	无机　AB 型	t	3021
电缆防火堵料	柔性　JZD 型	t	4105
电缆防火堵料	速固　JZD 型	t	3867
电缆防火堵料	无机　WFB（D）型	t	3021
电缆防火堵料	无机　SFD 型	t	3021
电缆防火堵料	有机　DFD 型	t	3867
电缆防火堵料	有机柔性　YFD 型	t	4114
电缆防火堵料	有机　AB 型	t	3867
电缆防火堵料	无机　WFB-5 型	t	3021
电缆防火堵料	无机　WFB-10 型	t	3021
电缆防火堵料	无机　WS	t	3021
电缆防火堵料	有机　FZD	t	3867

续表

名　　称	型　号、规　格	单位	价格
电缆防火堵料	有机　TC	t	3867
电缆防火堵料	WED	t	3021
电缆防火堵料	FED	t	3021
电缆防火堵料	WDFD-Ⅱ	t	3021
电缆防火堵料	YDFD-Ⅲ	t	3021
电缆防火堵料	有机　QL-Ⅰ	t	3867
电缆防火堵料	有机　FS	t	3867
防火灰泥	CP636	t	2585
防火密封胶	FS-ONE	L	103
填缝密封胶	CP606	L	103
阻燃槽盒			
阻燃槽盒	直线型	t	24549
阻燃槽盒	异型	t	25531
防火隔板			
防火隔板	BF	m²	39

续表

名　　称	型　号、规　格	单位	价格
防火隔板	BFW	m²	43
防火隔板	CP670B	m²	55
防火隔板	EF	m²	55
防火隔板	EFW	m²	59
防火隔板	WFB	m²	74
防火隔板	有机　厚度5mm	m²	75
防火隔板	WBT　厚度5mm	m²	75
阻燃隔板	无机	m²	61
阻燃隔板	EF85	m²	138
阻燃隔板	DNH型	m²	148
防火涂层板	CP670B	m²	114
涂层板涂料			
涂层板涂料	CP670	L	67
矿棉		m³	504

续表

名　称	型号、规格	单位	价格
防火角条	JT	m	19
超长效防腐降阻剂		t	1436
阀门罩壳			
玻璃钢罩壳	DN10 含保温棉	件	33
玻璃钢罩壳	DN15 含保温棉	件	49
玻璃钢罩壳	DN20 含保温棉	件	64
玻璃钢罩壳	DN25 含保温棉	件	82
玻璃钢罩壳	DN32 含保温棉	件	105
玻璃钢罩壳	DN40 含保温棉	件	131
玻璃钢罩壳	DN50 含保温棉	件	164
玻璃钢罩壳	DN65 含保温棉	件	214
玻璃钢罩壳	DN80 含保温棉	件	263
玻璃钢罩壳	DN100 含保温棉	件	329
玻璃钢罩壳	DN125 含保温棉	件	411

续表

名　　称	型　号、规　格	单位	价格
玻璃钢罩壳	DN150 含保温棉	件	493
玻璃钢罩壳	DN200 含保温棉	件	657
玻璃钢罩壳	DN250 含保温棉	件	822
玻璃钢罩壳	DN300 含保温棉	件	986
玻璃钢罩壳	DN350 含保温棉	件	1150
玻璃钢罩壳	DN400 含保温棉	件	1315
玻璃钢罩壳	DN450 含保温棉	件	1479
玻璃钢罩壳	DN500 含保温棉	件	1643
玻璃钢罩壳	DN550 含保温棉	件	1808
玻璃钢罩壳	DN600 含保温棉	件	1972
玻璃钢罩壳	DN800 含保温棉	件	2629
保温外护板			
铝合金板	0.35mm	m²	25
铝合金板	0.5mm	m²	32

续表

名　　称	型号、规格	单位	价格
铝合金板	0.7mm	m²	45
铝合金板	0.75mm	m²	48
铝合金板	0.8mm	m²	51
铝合金板	1.55mm	m²	99
彩钢板	0.3mm	m²	20
彩钢板	0.5mm	m²	34
彩钢板	0.7mm	m²	47
彩钢板	1mm	m²	67
压型铝合金板	0.75mm	m²	53
压型铝合金板	1mm	m²	72
压型彩钢板	0.7mm	m²	53
压型彩钢板	0.75mm	m²	57
压型彩钢板	0.8mm	m²	61
压型彩钢板	1mm	m²	63

五、电　　缆

名　称	型　号、规　格	单位	价格
电力电缆			
阻燃铜芯聚氯乙烯绝缘及护套电力电缆	ZR-VV　1kV　单芯　1	km	1114
阻燃铜芯聚氯乙烯绝缘及护套电力电缆	ZR-VV　1kV　单芯　1.5	km	1579
阻燃铜芯聚氯乙烯绝缘及护套电力电缆	ZR-VV　1kV　单芯　2.5	km	2416
阻燃铜芯聚氯乙烯绝缘及护套电力电缆	ZR-VV　1kV　单芯　4	km	3711
阻燃铜芯聚氯乙烯绝缘及护套电力电缆	ZR-VV　1kV　单芯　6	km	5382
阻燃铜芯聚氯乙烯绝缘及护套电力电缆	ZR-VV　1kV　单芯　10	km	8669
阻燃铜芯聚氯乙烯绝缘及护套电力电缆	ZR-VV　1kV　单芯　16	km	13768
阻燃铜芯聚氯乙烯绝缘及护套电力电缆	ZR-VV　1kV　单芯　25	km	19396
阻燃铜芯聚氯乙烯绝缘及护套电力电缆	ZR-VV　1kV　单芯　35	km	26606
阻燃铜芯聚氯乙烯绝缘及护套电力电缆	ZR-VV　1kV　单芯　50	km	35849
阻燃铜芯聚氯乙烯绝缘及护套电力电缆	ZR-VV　1kV　单芯　70	km	51347
阻燃铜芯聚氯乙烯绝缘及护套电力电缆	ZR-VV　1kV　单芯　95	km	70996
阻燃铜芯聚氯乙烯绝缘及护套电力电缆	ZR-VV　1kV　单芯　120	km	89444
阻燃铜芯聚氯乙烯绝缘及护套电力电缆	ZR-VV　1kV　单芯　150	km	110046

续表

名　　称	型　号、规　格	单位	价格
阻燃铜芯聚氯乙烯绝缘及护套电力电缆	ZR-VV　1kV　单芯　185	km	137433
阻燃铜芯聚氯乙烯绝缘及护套电力电缆	ZR-VV　1kV　单芯　240	km	180090
阻燃铜芯聚氯乙烯绝缘及护套电力电缆	ZR-VV　1kV　单芯　300	km	227586
阻燃铜芯聚氯乙烯绝缘及护套电力电缆	ZR-VV　1kV　单芯　400	km	289462
阻燃铜芯聚氯乙烯绝缘及护套电力电缆	ZR-VV　1kV　双芯　1	km	3344
阻燃铜芯聚氯乙烯绝缘及护套电力电缆	ZR-VV　1kV　双芯　1.5	km	4081
阻燃铜芯聚氯乙烯绝缘及护套电力电缆	ZR-VV　1kV　双芯　2.5	km	5152
阻燃铜芯聚氯乙烯绝缘及护套电力电缆	ZR-VV　1kV　双芯　4	km	7819
阻燃铜芯聚氯乙烯绝缘及护套电力电缆	ZR-VV　1kV　双芯　6	km	11273
阻燃铜芯聚氯乙烯绝缘及护套电力电缆	ZR-VV　1kV　双芯　10	km	17817
阻燃铜芯聚氯乙烯绝缘及护套电力电缆	ZR-VV　1kV　双芯　16	km	28311
阻燃铜芯聚氯乙烯绝缘及护套电力电缆	ZR-VV　1kV　双芯　25	km	39801
阻燃铜芯聚氯乙烯绝缘及护套电力电缆	ZR-VV　1kV　双芯　35	km	54507
阻燃铜芯聚氯乙烯绝缘及护套电力电缆	ZR-VV　1kV　双芯　50	km	73073

续表

名　　称	型　号、规　格	单位	价格
阻燃铜芯聚氯乙烯绝缘及护套电力电缆	ZR-VV　1kV　双芯　70	km	104644
阻燃铜芯聚氯乙烯绝缘及护套电力电缆	ZR-VV　1kV　双芯　95	km	144028
阻燃铜芯聚氯乙烯绝缘及护套电力电缆	ZR-VV　1kV　双芯　120	km	181237
阻燃铜芯聚氯乙烯绝缘及护套电力电缆	ZR-VV　1kV　双芯　150	km	223042
阻燃铜芯聚氯乙烯绝缘及护套电力电缆	ZR-VV　1kV　双芯　185	km	278852
阻燃铜芯聚氯乙烯绝缘及护套电力电缆	ZR-VV　1kV　三芯　1.5	km	5668
阻燃铜芯聚氯乙烯绝缘及护套电力电缆	ZR-VV　1kV　三芯　2.5	km	7282
阻燃铜芯聚氯乙烯绝缘及护套电力电缆	ZR-VV　1kV　三芯　4	km	11206
阻燃铜芯聚氯乙烯绝缘及护套电力电缆	ZR-VV　1kV　三芯　6	km	16241
阻燃铜芯聚氯乙烯绝缘及护套电力电缆	ZR-VV　1kV　三芯　10	km	26267
阻燃铜芯聚氯乙烯绝缘及护套电力电缆	ZR-VV　1kV　三芯　16	km	41591
阻燃铜芯聚氯乙烯绝缘及护套电力电缆	ZR-VV　1kV　三芯　25	km	58607
阻燃铜芯聚氯乙烯绝缘及护套电力电缆	ZR-VV　1kV　三芯　35	km	80543
阻燃铜芯聚氯乙烯绝缘及护套电力电缆	ZR-VV　1kV　三芯　50	km	108443

续表

名　　称	型　号、规　格	单位	价格
阻燃铜芯聚氯乙烯绝缘及护套电力电缆	ZR-VV　1kV　三芯　70	km	155282
阻燃铜芯聚氯乙烯绝缘及护套电力电缆	ZR-VV　1kV　三芯　95	km	214355
阻燃铜芯聚氯乙烯绝缘及护套电力电缆	ZR-VV　1kV　三芯　120	km	269818
阻燃铜芯聚氯乙烯绝缘及护套电力电缆	ZR-VV　1kV　三芯　150	km	332211
阻燃铜芯聚氯乙烯绝缘及护套电力电缆	ZR-VV　1kV　三芯　185	km	416017
阻燃铜芯聚氯乙烯绝缘及护套电力电缆	ZR-VV　1kV　三芯　240	km	540721
阻燃铜芯聚氯乙烯绝缘及护套电力电缆	ZR-VV　1kV　三芯接地　2.5	km	10017
阻燃铜芯聚氯乙烯绝缘及护套电力电缆	ZR-VV　1kV　三芯接地　4	km	13431
阻燃铜芯聚氯乙烯绝缘及护套电力电缆	ZR-VV　1kV　三芯接地　6	km	19726
阻燃铜芯聚氯乙烯绝缘及护套电力电缆	ZR-VV　1kV　三芯接地　10	km	32189
阻燃铜芯聚氯乙烯绝缘及护套电力电缆	ZR-VV　1kV　三芯接地　16	km	49914
阻燃铜芯聚氯乙烯绝缘及护套电力电缆	ZR-VV　1kV　三芯接地　25	km	76797
阻燃铜芯聚氯乙烯绝缘及护套电力电缆	ZR-VV　1kV　三芯接地　35	km	100486
阻燃铜芯聚氯乙烯绝缘及护套电力电缆	ZR-VV　1kV　三芯接地　50	km	127324

续表

名　　称	型　号、规　格	单位	价格
阻燃铜芯聚氯乙烯绝缘及护套电力电缆	ZR-VV　1kV　三芯接地　70	km	181479
阻燃铜芯聚氯乙烯绝缘及护套电力电缆	ZR-VV　1kV　三芯接地　95	km	249790
阻燃铜芯聚氯乙烯绝缘及护套电力电缆	ZR-VV　1kV　三芯接地　120	km	321513
阻燃铜芯聚氯乙烯绝缘及护套电力电缆	ZR-VV　1kV　三芯接地　150	km	380710
阻燃铜芯聚氯乙烯绝缘及护套电力电缆	ZR-VV　1kV　三芯接地　185	km	486845
阻燃铜芯聚氯乙烯绝缘及护套电力电缆	ZR-VV　1kV　三芯接地　240	km	633467
阻燃铜芯聚氯乙烯绝缘及护套电力电缆	ZR-VV　1kV　四芯　2.5	km	10953
阻燃铜芯聚氯乙烯绝缘及护套电力电缆	ZR-VV　1kV　四芯　4	km	14751
阻燃铜芯聚氯乙烯绝缘及护套电力电缆	ZR-VV　1kV　四芯　6	km	21409
阻燃铜芯聚氯乙烯绝缘及护套电力电缆	ZR-VV　1kV　四芯　10	km	34397
阻燃铜芯聚氯乙烯绝缘及护套电力电缆	ZR-VV　1kV　四芯　16	km	55083
阻燃铜芯聚氯乙烯绝缘及护套电力电缆	ZR-VV　1kV　四芯　25	km	80964
阻燃铜芯聚氯乙烯绝缘及护套电力电缆	ZR-VV　1kV　四芯　35	km	106246
阻燃铜芯聚氯乙烯绝缘及护套电力电缆	ZR-VV　1kV　四芯　50	km	144095

续表

名　　称	型 号、规 格	单位	价格
阻燃铜芯聚氯乙烯绝缘及护套电力电缆	ZR-VV　1kV　四芯　70	km	204640
阻燃铜芯聚氯乙烯绝缘及护套电力电缆	ZR-VV　1kV　四芯　95	km	269534
阻燃铜芯聚氯乙烯绝缘及护套电力电缆	ZR-VV　1kV　四芯　120	km	363378
阻燃铜芯聚氯乙烯绝缘及护套电力电缆	ZR-VV　1kV　四芯　150	km	470578
阻燃铜芯聚氯乙烯绝缘及护套电力电缆	ZR-VV　1kV　四芯　185	km	599304
阻燃铜芯聚氯乙烯绝缘及护套电力电缆	ZR-VV　1kV　四芯　240	km	699614
阻燃铜芯聚氯乙烯绝缘及护套电力电缆	ZR-VV　1kV　四芯接地　2.5	km	11724
阻燃铜芯聚氯乙烯绝缘及护套电力电缆	ZR-VV　1kV　四芯接地　4	km	16953
阻燃铜芯聚氯乙烯绝缘及护套电力电缆	ZR-VV　1kV　四芯接地　6	km	24835
阻燃铜芯聚氯乙烯绝缘及护套电力电缆	ZR-VV　1kV　四芯接地　10	km	39696
阻燃铜芯聚氯乙烯绝缘及护套电力电缆	ZR-VV　1kV　四芯接地　16	km	63008
阻燃铜芯聚氯乙烯绝缘及护套电力电缆	ZR-VV　1kV　四芯接地　25	km	97524
阻燃铜芯聚氯乙烯绝缘及护套电力电缆	ZR-VV　1kV　四芯接地　35	km	129375
阻燃铜芯聚氯乙烯绝缘及护套电力电缆	ZR-VV　1kV　四芯接地　50	km	163110

名　称	型号、规格	单位	价格
阻燃铜芯聚氯乙烯绝缘及护套电力电缆	ZR-VV　1kV　四芯接地　70	km	230823
阻燃铜芯聚氯乙烯绝缘及护套电力电缆	ZR-VV　1kV　四芯接地　95	km	320749
阻燃铜芯聚氯乙烯绝缘及护套电力电缆	ZR-VV　1kV　四芯接地　120	km	410969
阻燃铜芯聚氯乙烯绝缘及护套电力电缆	ZR-VV　1kV　四芯接地　150	km	493498
阻燃铜芯聚氯乙烯绝缘及护套电力电缆	ZR-VV　1kV　四芯接地　185	km	623854
阻燃铜芯聚氯乙烯绝缘及护套电力电缆	ZR-VV　1kV　四芯接地　240	km	814046
阻燃铜芯聚氯乙烯绝缘及护套电力电缆	ZR-VV　1kV　五芯　2.5	km	11996
阻燃铜芯聚氯乙烯绝缘及护套电力电缆	ZR-VV　1kV　五芯　4	km	18281
阻燃铜芯聚氯乙烯绝缘及护套电力电缆	ZR-VV　1kV　五芯　6	km	26521
阻燃铜芯聚氯乙烯绝缘及护套电力电缆	ZR-VV　1kV　五芯　10	km	43008
阻燃铜芯聚氯乙烯绝缘及护套电力电缆	ZR-VV　1kV　五芯　16	km	68073
阻燃铜芯聚氯乙烯绝缘及护套电力电缆	ZR-VV　10kV　单芯　10	km	21314
阻燃铜芯聚氯乙烯绝缘及护套电力电缆	ZR-VV　10kV　单芯　16	km	31644
阻燃铜芯聚氯乙烯绝缘及护套电力电缆	ZR-VV　10kV　单芯　25	km	52050

续表

名　　　称	型　号、规　格	单位	价格
阻燃铜芯聚氯乙烯绝缘及护套电力电缆	ZR-VV　10kV　单芯　35	km	65344
阻燃铜芯聚氯乙烯绝缘及护套电力电缆	ZR-VV　10kV　单芯　50	km	80202
阻燃铜芯聚氯乙烯绝缘及护套电力电缆	ZR-VV　10kV　单芯　70	km	102721
阻燃铜芯聚氯乙烯绝缘及护套电力电缆	ZR-VV　10kV　单芯　95	km	124271
阻燃铜芯聚氯乙烯绝缘及护套电力电缆	ZR-VV　10kV　单芯　120	km	152210
阻燃铜芯聚氯乙烯绝缘及护套电力电缆	ZR-VV　10kV　单芯　150	km	183745
阻燃铜芯聚氯乙烯绝缘及护套电力电缆	ZR-VV　10kV　单芯　185	km	229237
阻燃铜芯聚氯乙烯绝缘及护套电力电缆	ZR-VV　10kV　单芯　240	km	284148
阻燃铜芯聚氯乙烯绝缘及护套电力电缆	ZR-VV　10kV　单芯　300	km	365833
阻燃铜芯聚氯乙烯绝缘及护套电力电缆	ZR-VV　10kV　单芯　400	km	482667
阻燃铜芯聚氯乙烯绝缘及护套电力电缆	ZR-VV　10kV　双芯　10	km	42674
阻燃铜芯聚氯乙烯绝缘及护套电力电缆	ZR-VV　10kV　双芯　16	km	63283
阻燃铜芯聚氯乙烯绝缘及护套电力电缆	ZR-VV　10kV　双芯　25	km	94725
阻燃铜芯聚氯乙烯绝缘及护套电力电缆	ZR-VV　10kV　双芯　35	km	128612

续表

名　　称	型　号、规　格	单位	价格
阻燃铜芯聚氯乙烯绝缘及护套电力电缆	ZR-VV　10kV　双芯　50	km	168558
阻燃铜芯聚氯乙烯绝缘及护套电力电缆	ZR-VV　10kV　双芯　70	km	234392
阻燃铜芯聚氯乙烯绝缘及护套电力电缆	ZR-VV　10kV　双芯　95	km	316948
阻燃铜芯聚氯乙烯绝缘及护套电力电缆	ZR-VV　10kV　双芯　120	km	393930
阻燃铜芯聚氯乙烯绝缘及护套电力电缆	ZR-VV　10kV　双芯　150	km	487024
阻燃铜芯聚氯乙烯绝缘及护套电力电缆	ZR-VV　10kV　三芯　10	km	67659
阻燃铜芯聚氯乙烯绝缘及护套电力电缆	ZR-VV　10kV　三芯　16	km	100419
阻燃铜芯聚氯乙烯绝缘及护套电力电缆	ZR-VV　10kV　三芯　25	km	151717
阻燃铜芯聚氯乙烯绝缘及护套电力电缆	ZR-VV　10kV　三芯　35	km	190240
阻燃铜芯聚氯乙烯绝缘及护套电力电缆	ZR-VV　10kV　三芯　50	km	237142
阻燃铜芯聚氯乙烯绝缘及护套电力电缆	ZR-VV　10kV　三芯　70	km	310551
阻燃铜芯聚氯乙烯绝缘及护套电力电缆	ZR-VV　10kV　三芯　95	km	379556
阻燃铜芯聚氯乙烯绝缘及护套电力电缆	ZR-VV　10kV　三芯　120	km	460160
阻燃铜芯聚氯乙烯绝缘及护套电力电缆	ZR-VV　10kV　三芯　150	km	560171

续表

名　　称	型　号、规　格	单位	价格
阻燃铜芯聚氯乙烯绝缘及护套电力电缆	ZR-VV　10kV　三芯　185	km	674450
阻燃铜芯聚氯乙烯绝缘及护套电力电缆	ZR-VV　10kV　三芯　240	km	842398
阻燃铜芯聚氯乙烯绝缘及护套电力电缆	ZR-VV22　1kV　单芯　10	km	9753
阻燃铜芯聚氯乙烯绝缘及护套钢带铠装电力电缆	ZR-VV22　1kV　单芯　16	km	15495
阻燃铜芯聚氯乙烯绝缘及护套钢带铠装电力电缆	ZR-VV22　1kV　单芯　25	km	21815
阻燃铜芯聚氯乙烯绝缘及护套钢带铠装电力电缆	ZR-VV22　1kV　单芯　35	km	29722
阻燃铜芯聚氯乙烯绝缘及护套钢带铠装电力电缆	ZR-VV22　1kV　单芯　50	km	36739
阻燃铜芯聚氯乙烯绝缘及护套钢带铠装电力电缆	ZR-VV22　1kV　单芯　70	km	53380
阻燃铜芯聚氯乙烯绝缘及护套钢带铠装电力电缆	ZR-VV22　1kV　单芯　95	km	73687
阻燃铜芯聚氯乙烯绝缘及护套钢带铠装电力电缆	ZR-VV22　1kV　单芯　120	km	91304

续表

名　称	型号、规格	单位	价格
阻燃铜芯聚氯乙烯绝缘及护套钢带铠装电力电缆	ZR-VV22　1kV　单芯　150	km	123810
阻燃铜芯聚氯乙烯绝缘及护套钢带铠装电力电缆	ZR-VV22　1kV　单芯　185	km	154627
阻燃铜芯聚氯乙烯绝缘及护套钢带铠装电力电缆	ZR-VV22　1kV　单芯　240	km	202581
阻燃铜芯聚氯乙烯绝缘及护套钢带铠装电力电缆	ZR-VV22　1kV　单芯　300	km	253692
阻燃铜芯聚氯乙烯绝缘及护套钢带铠装电力电缆	ZR-VV22　1kV　单芯　400	km	326146
阻燃铜芯聚氯乙烯绝缘及护套钢带铠装电力电缆	ZR-VV22　1kV　双芯　1.5	km	4600
阻燃铜芯聚氯乙烯绝缘及护套钢带铠装电力电缆	ZR-VV22　1kV　双芯　2.5	km	5780
阻燃铜芯聚氯乙烯绝缘及护套钢带铠装电力电缆	ZR-VV22　1kV　双芯　4	km	8412
阻燃铜芯聚氯乙烯绝缘及护套钢带铠装电力电缆	ZR-VV22　1kV　双芯　6	km	11984

续表

名　称	型　号、规　格	单位	价格
阻燃铜芯聚氯乙烯绝缘及护套钢带铠装电力电缆	ZR-VV22　1kV　双芯　10	km	18450
阻燃铜芯聚氯乙烯绝缘及护套钢带铠装电力电缆	ZR-VV22　1kV　双芯　16	km	29033
阻燃铜芯聚氯乙烯绝缘及护套钢带铠装电力电缆	ZR-VV22　1kV　双芯　25	km	41815
阻燃铜芯聚氯乙烯绝缘及护套钢带铠装电力电缆	ZR-VV22　1kV　双芯　35	km	61348
阻燃铜芯聚氯乙烯绝缘及护套钢带铠装电力电缆	ZR-VV22　1kV　双芯　50	km	78205
阻燃铜芯聚氯乙烯绝缘及护套钢带铠装电力电缆	ZR-VV22　1kV　双芯　70	km	111297
阻燃铜芯聚氯乙烯绝缘及护套钢带铠装电力电缆	ZR-VV22　1kV　双芯　95	km	148663
阻燃铜芯聚氯乙烯绝缘及护套钢带铠装电力电缆	ZR-VV22　1kV　双芯　120	km	204092
阻燃铜芯聚氯乙烯绝缘及护套钢带铠装电力电缆	ZR-VV22　1kV　双芯　150	km	251142

名 称	型 号、规 格	单位	价格
阻燃铜芯聚氯乙烯绝缘及护套钢带铠装电力电缆	ZR-VV22　1kV　双芯　185	km	313915
阻燃铜芯聚氯乙烯绝缘及护套钢带铠装电力电缆	ZR-VV22　1kV　三芯　1.5	km	6370
阻燃铜芯聚氯乙烯绝缘及护套钢带铠装电力电缆	ZR-VV22　1kV　三芯　2.5	km	8197
阻燃铜芯聚氯乙烯绝缘及护套钢带铠装电力电缆	ZR-VV22　1kV　三芯　4	km	12713
阻燃铜芯聚氯乙烯绝缘及护套钢带铠装电力电缆	ZR-VV22　1kV　三芯　6	km	16202
阻燃铜芯聚氯乙烯绝缘及护套钢带铠装电力电缆	ZR-VV22　1kV　三芯　10	km	26319
阻燃铜芯聚氯乙烯绝缘及护套钢带铠装电力电缆	ZR-VV22　1kV　三芯　16	km	46902
阻燃铜芯聚氯乙烯绝缘及护套钢带铠装电力电缆	ZR-VV22　1kV　三芯　25	km	66036
阻燃铜芯聚氯乙烯绝缘及护套钢带铠装电力电缆	ZR-VV22　1kV　三芯　35	km	90716

续表

名　　称	型 号、规 格	单位	价 格
阻燃铜芯聚氯乙烯绝缘及护套钢带铠装电力电缆	ZR-VV22　1kV　三芯　50	km	121864
阻燃铜芯聚氯乙烯绝缘及护套钢带铠装电力电缆	ZR-VV22　1kV　三芯　70	km	174654
阻燃铜芯聚氯乙烯绝缘及护套钢带铠装电力电缆	ZR-VV22　1kV　三芯　95	km	241077
阻燃铜芯聚氯乙烯绝缘及护套钢带铠装电力电缆	ZR-VV22　1kV　三芯　120	km	304589
阻燃铜芯聚氯乙烯绝缘及护套钢带铠装电力电缆	ZR-VV22　1kV　三芯　150	km	373698
阻燃铜芯聚氯乙烯绝缘及护套钢带铠装电力电缆	ZR-VV22　1kV　三芯　185	km	468839
阻燃铜芯聚氯乙烯绝缘及护套钢带铠装电力电缆	ZR-VV22　1kV　三芯　240	km	612031
阻燃铜芯聚氯乙烯绝缘及护套钢带铠装电力电缆	ZR-VV22　1kV　三芯接地　2.5	km	11268
阻燃铜芯聚氯乙烯绝缘及护套钢带铠装电力电缆	ZR-VV22　1kV　三芯接地　4	km	15123

名　　　称	型　号、规　格	单位	价格
阻燃铜芯聚氯乙烯绝缘及护套钢带铠装电力电缆	ZR-VV22　1kV　三芯接地　6	km	22233
阻燃铜芯聚氯乙烯绝缘及护套钢带铠装电力电缆	ZR-VV22　1kV　三芯接地　10	km	36192
阻燃铜芯聚氯乙烯绝缘及护套钢带铠装电力电缆	ZR-VV22　1kV　三芯接地　16	km	56143
阻燃铜芯聚氯乙烯绝缘及护套钢带铠装电力电缆	ZR-VV22　1kV　三芯接地　25	km	86376
阻燃铜芯聚氯乙烯绝缘及护套钢带铠装电力电缆	ZR-VV22　1kV　三芯接地　35	km	113230
阻燃铜芯聚氯乙烯绝缘及护套钢带铠装电力电缆	ZR-VV22　1kV　三芯接地　50	km	142281
阻燃铜芯聚氯乙烯绝缘及护套钢带铠装电力电缆	ZR-VV22　1kV　三芯接地　70	km	202546
阻燃铜芯聚氯乙烯绝缘及护套钢带铠装电力电缆	ZR-VV22　1kV　三芯接地　95	km	279083
阻燃铜芯聚氯乙烯绝缘及护套钢带铠装电力电缆	ZR-VV22　1kV　三芯接地　120	km	361938

续表

名 称	型 号、规 格	单位	价格
阻燃铜芯聚氯乙烯绝缘及护套钢带铠装电力电缆	ZR-VV22　1kV　三芯接地　150	km	431731
阻燃铜芯聚氯乙烯绝缘及护套钢带铠装电力电缆	ZR-VV22　1kV　三芯接地　185	km	548128
阻燃铜芯聚氯乙烯绝缘及护套钢带铠装电力电缆	ZR-VV22　1kV　三芯接地　240	km	712116
阻燃铜芯聚氯乙烯绝缘及护套钢带铠装电力电缆	ZR-VV22　1kV　四芯　2.5	km	12338
阻燃铜芯聚氯乙烯绝缘及护套钢带铠装电力电缆	ZR-VV22　1kV　四芯　4	km	16644
阻燃铜芯聚氯乙烯绝缘及护套钢带铠装电力电缆	ZR-VV22　1kV　四芯　6	km	22326
阻燃铜芯聚氯乙烯绝缘及护套钢带铠装电力电缆	ZR-VV22　1kV　四芯　10	km	38904
阻燃铜芯聚氯乙烯绝缘及护套钢带铠装电力电缆	ZR-VV22　1kV　四芯　16	km	62089
阻燃铜芯聚氯乙烯绝缘及护套钢带铠装电力电缆	ZR-VV22　1kV　四芯　25	km	81018

续表

名　　称	型 号、规 格	单位	价格
阻燃铜芯聚氯乙烯绝缘及护套钢带铠装电力电缆	ZR-VV22　1kV　四芯　35	km	109588
阻燃铜芯聚氯乙烯绝缘及护套钢带铠装电力电缆	ZR-VV22　1kV　四芯　50	km	152206
阻燃铜芯聚氯乙烯绝缘及护套钢带铠装电力电缆	ZR-VV22　1kV　四芯　70	km	202864
阻燃铜芯聚氯乙烯绝缘及护套钢带铠装电力电缆	ZR-VV22　1kV　四芯　95	km	295417
阻燃铜芯聚氯乙烯绝缘及护套钢带铠装电力电缆	ZR-VV22　1kV　四芯　120	km	405380
阻燃铜芯聚氯乙烯绝缘及护套钢带铠装电力电缆	ZR-VV22　1kV　四芯　150	km	471257
阻燃铜芯聚氯乙烯绝缘及护套钢带铠装电力电缆	ZR-VV22　1kV　四芯　185	km	580024
阻燃铜芯聚氯乙烯绝缘及护套钢带铠装电力电缆	ZR-VV22　1kV　四芯　240	km	562854
阻燃铜芯聚氯乙烯绝缘及护套钢带铠装电力电缆	ZR-VV22　1kV　四芯接地　2.5	km	13185

续表

名 称	型 号、规 格	单位	价格
阻燃铜芯聚氯乙烯绝缘及护套钢带铠装电力电缆	ZR-VV22　1kV　四芯接地　4	km	19087
阻燃铜芯聚氯乙烯绝缘及护套钢带铠装电力电缆	ZR-VV22　1kV　四芯接地　6	km	27766
阻燃铜芯聚氯乙烯绝缘及护套钢带铠装电力电缆	ZR-VV22　1kV　四芯接地　10	km	44627
阻燃铜芯聚氯乙烯绝缘及护套钢带铠装电力电缆	ZR-VV22　1kV　四芯接地　16	km	70870
阻燃铜芯聚氯乙烯绝缘及护套钢带铠装电力电缆	ZR-VV22　1kV　四芯接地　25	km	109963
阻燃铜芯聚氯乙烯绝缘及护套钢带铠装电力电缆	ZR-VV22　1kV　四芯接地　35	km	145483
阻燃铜芯聚氯乙烯绝缘及护套钢带铠装电力电缆	ZR-VV22　1kV　四芯接地　50	km	183890
阻燃铜芯聚氯乙烯绝缘及护套钢带铠装电力电缆	ZR-VV22　1kV　四芯接地　70	km	261762
阻燃铜芯聚氯乙烯绝缘及护套钢带铠装电力电缆	ZR-VV22　1kV　四芯接地　95	km	361278

续表

名　称	型　号、规　格	单位	价格
阻燃铜芯聚氯乙烯绝缘及护套钢带铠装电力电缆	ZR-VV22　1kV　四芯接地　120	km	462633
阻燃铜芯聚氯乙烯绝缘及护套钢带铠装电力电缆	ZR-VV22　1kV　四芯接地　150	km	555326
阻燃铜芯聚氯乙烯绝缘及护套钢带铠装电力电缆	ZR-VV22　1kV　四芯接地　185	km	701751
阻燃铜芯聚氯乙烯绝缘及护套钢带铠装电力电缆	ZR-VV22　1kV　四芯接地　240	km	916471
阻燃铜芯聚氯乙烯绝缘及护套钢带铠装电力电缆	ZR-VV22　10kV　单芯　10	km	24000
阻燃铜芯聚氯乙烯绝缘及护套钢带铠装电力电缆	ZR-VV22　10kV　单芯　16	km	35567
阻燃铜芯聚氯乙烯绝缘及护套钢带铠装电力电缆	ZR-VV22　10kV　单芯　25	km	58007
阻燃铜芯聚氯乙烯绝缘及护套钢带铠装电力电缆	ZR-VV22　10kV　单芯　35	km	73499
阻燃铜芯聚氯乙烯绝缘及护套钢带铠装电力电缆	ZR-VV22　10kV　单芯　50	km	90212

续表

名　　　称	型　号、规　格	单位	价格
阻燃铜芯聚氯乙烯绝缘及护套钢带铠装电力电缆	ZR-VV22　10kV　单芯　70	km	115452
阻燃铜芯聚氯乙烯绝缘及护套钢带铠装电力电缆	ZR-VV22　10kV　单芯　95	km	139846
阻燃铜芯聚氯乙烯绝缘及护套钢带铠装电力电缆	ZR-VV22　10kV　单芯　120	km	172686
阻燃铜芯聚氯乙烯绝缘及护套钢带铠装电力电缆	ZR-VV22　10kV　单芯　150	km	205204
阻燃铜芯聚氯乙烯绝缘及护套钢带铠装电力电缆	ZR-VV22　10kV　单芯　185	km	257970
阻燃铜芯聚氯乙烯绝缘及护套钢带铠装电力电缆	ZR-VV22　10kV　单芯　240	km	319415
阻燃铜芯聚氯乙烯绝缘及护套钢带铠装电力电缆	ZR-VV22　10kV　单芯　300	km	411148
阻燃铜芯聚氯乙烯绝缘及护套钢带铠装电力电缆	ZR-VV22　10kV　单芯　400	km	542830
阻燃铜芯聚氯乙烯绝缘及护套钢带铠装电力电缆	ZR-VV22　10kV　双芯　10	km	48001

续表

名　称	型　号、规　格	单位	价格
阻燃铜芯聚氯乙烯绝缘及护套钢带铠装电力电缆	ZR-VV22　10kV　双芯　16	km	71217
阻燃铜芯聚氯乙烯绝缘及护套钢带铠装电力电缆	ZR-VV22　10kV　双芯　25	km	107266
阻燃铜芯聚氯乙烯绝缘及护套钢带铠装电力电缆	ZR-VV22　10kV　双芯　35	km	144415
阻燃铜芯聚氯乙烯绝缘及护套钢带铠装电力电缆	ZR-VV22　10kV　双芯　50	km	189446
阻燃铜芯聚氯乙烯绝缘及护套钢带铠装电力电缆	ZR-VV22　10kV　双芯　70	km	263713
阻燃铜芯聚氯乙烯绝缘及护套钢带铠装电力电缆	ZR-VV22　10kV　双芯　95	km	359819
阻燃铜芯聚氯乙烯绝缘及护套钢带铠装电力电缆	ZR-VV22　10kV　双芯　120	km	442940
阻燃铜芯聚氯乙烯绝缘及护套钢带铠装电力电缆	ZR-VV22　10kV　双芯　150	km	543672
阻燃铜芯聚氯乙烯绝缘及护套钢带铠装电力电缆	ZR-VV22　10kV　三芯　10	km	76164

续表

名　　称	型　号、规　格	单位	价格
阻燃铜芯聚氯乙烯绝缘及护套钢带铠装电力电缆	ZR-VV22　10kV　三芯　16	km	113050
阻燃铜芯聚氯乙烯绝缘及护套钢带铠装电力电缆	ZR-VV22　10kV　三芯　25	km	170633
阻燃铜芯聚氯乙烯绝缘及护套钢带铠装电力电缆	ZR-VV22　10kV　三芯　35	km	215577
阻燃铜芯聚氯乙烯绝缘及护套钢带铠装电力电缆	ZR-VV22　10kV　三芯　50	km	264540
阻燃铜芯聚氯乙烯绝缘及护套钢带铠装电力电缆	ZR-VV22　10kV　三芯　70	km	349048
阻燃铜芯聚氯乙烯绝缘及护套钢带铠装电力电缆	ZR-VV22　10kV　三芯　95	km	428076
阻燃铜芯聚氯乙烯绝缘及护套钢带铠装电力电缆	ZR-VV22　10kV　三芯　120	km	517710
阻燃铜芯聚氯乙烯绝缘及护套钢带铠装电力电缆	ZR-VV22　10kV　三芯　150	km	631220
阻燃铜芯聚氯乙烯绝缘及护套钢带铠装电力电缆	ZR-VV22　10kV　三芯　185	km	751976

续表

名　　　称	型　号、规　格	单位	价格
阻燃铜芯聚氯乙烯绝缘及护套钢带铠装电力电缆	ZR-VV22　10kV　三芯　240	km	948443
阻燃铜芯聚氯乙烯绝缘及护套内细钢丝铠装电力电缆	ZR-VV32　1kV　三芯　35	km	81332
阻燃铜芯聚氯乙烯绝缘及护套内细钢丝铠装电力电缆	ZR-VV32　1kV　三芯　50	km	110377
阻燃铜芯聚氯乙烯绝缘及护套内细钢丝铠装电力电缆	ZR-VV32　1kV　三芯　70	km	157968
阻燃铜芯聚氯乙烯绝缘及护套内细钢丝铠装电力电缆	ZR-VV32　1kV　三芯　95	km	216491
阻燃铜芯聚氯乙烯绝缘及护套内细钢丝铠装电力电缆	ZR-VV32　1kV　三芯　120	km	275047
阻燃铜芯聚氯乙烯绝缘及护套内细钢丝铠装电力电缆	ZR-VV32　1kV　三芯　150	km	338198
阻燃铜芯聚氯乙烯绝缘及护套内细钢丝铠装电力电缆	ZR-VV32　1kV　三芯　185	km	419997
阻燃铜芯聚氯乙烯绝缘及护套内细钢丝铠装电力电缆	ZR-VV32　1kV　三芯　240	km	555194

续表

名　　称	型号、规格	单位	价格
阻燃铜芯聚氯乙烯绝缘及护套内粗钢丝铠装电力电缆	ZR-VV42　1kV　三芯　35	km	84883
阻燃铜芯聚氯乙烯绝缘及护套内粗钢丝铠装电力电缆	ZR-VV42　1kV　三芯　50	km	114206
阻燃铜芯聚氯乙烯绝缘及护套内粗钢丝铠装电力电缆	ZR-VV42　1kV　三芯　70	km	163494
阻燃铜芯聚氯乙烯绝缘及护套内粗钢丝铠装电力电缆	ZR-VV42　1kV　三芯　95	km	225637
阻燃铜芯聚氯乙烯绝缘及护套内粗钢丝铠装电力电缆	ZR-VV42　1kV　三芯　120	km	284845
阻燃铜芯聚氯乙烯绝缘及护套内粗钢丝铠装电力电缆	ZR-VV42　1kV　三芯　150	km	350930
阻燃铜芯聚氯乙烯绝缘及护套内粗钢丝铠装电力电缆	ZR-VV42　1kV　三芯　185	km	435185
阻燃铜芯聚氯乙烯绝缘及护套内粗钢丝铠装电力电缆	ZR-VV42　1kV　三芯　240	km	573982
重型橡套电缆	YCW　500V　单芯　2.5	km	2474
重型橡套电缆	YCW　500V　单芯　4	km	3591

续表

名　　称	型 号 、规 格	单位	价格
重型橡套电缆	YCW　500V　单芯　6	km	4904
重型橡套电缆	YCW　500V　单芯　10	km	8112
重型橡套电缆	YCW　500V　单芯　16	km	12322
重型橡套电缆	YCW　500V　单芯　25	km	17714
重型橡套电缆	YCW　500V　单芯　35	km	25583
重型橡套电缆	YCW　500V　单芯　50	km	36407
重型橡套电缆	YCW　500V　单芯　70	km	50480
重型橡套电缆	YCW　500V　单芯　95	km	64408
重型橡套电缆	YCW　500V　单芯　120	km	85060
重型橡套电缆	YCW　500V　双芯　2.5	km	8602
重型橡套电缆	YCW　500V　双芯　4	km	12411
重型橡套电缆	YCW　500V　双芯　6	km	19300
重型橡套电缆	YCW　500V　双芯　10	km	29060
重型橡套电缆	YCW　500V　双芯　16	km	40026

续表

名　　　称	型　号、规　格	单位	价格
重型橡套电缆	YCW　500V　双芯　25	km	59779
重型橡套电缆	YCW　500V　双芯　35	km	78735
重型橡套电缆	YCW　500V　双芯　50	km	108654
重型橡套电缆	YCW　500V　双芯　70	km	147913
重型橡套电缆	YCW　500V　双芯　95	km	188733
重型橡套电缆	YCW　500V　三芯　2.5	km	10960
重型橡套电缆	YCW　500V　三芯　4	km	17248
重型橡套电缆	YCW　500V　三芯　6	km	25826
重型橡套电缆	YCW　500V　三芯　10	km	42138
重型橡套电缆	YCW　500V　三芯　16	km	65196
重型橡套电缆	YCW　500V　三芯　25	km	98719
重型橡套电缆	YCW　500V　三芯　35	km	140746
重型橡套电缆	YCW　500V　三芯　50	km	201817
重型橡套电缆	YCW　500V　三芯　70	km	277192

续表

名　　称	型　号、规　格	单位	价格
重型橡套电缆	YCW　500V　三芯　95	km	352840
重型橡套电缆	YCW　500V　三芯　120	km	449037
重型橡套电缆	YCW　500V　三芯接地　2.5	km	14262
重型橡套电缆	YCW　500V　三芯接地　4	km	20996
重型橡套电缆	YCW　500V　三芯接地　6	km	35911
重型橡套电缆	YCW　500V　三芯接地　10	km	58782
重型橡套电缆	YCW　500V　三芯接地　16	km	80715
重型橡套电缆	YCW　500V　三芯接地　25	km	119227
重型橡套电缆	YCW　500V　三芯接地　35	km	158186
重型橡套电缆	YCW　500V　三芯接地　50	km	219438
重型橡套电缆	YCW　500V　三芯接地　70	km	303891
重型橡套电缆	YCW　500V　三芯接地　95	km	430991
重型橡套电缆	YCW　500V　三芯接地　120	km	548804
阻燃交联乙烯绝缘铜丝屏蔽聚氯乙烯护套电力电缆	ZR-YJSV　10kV　单芯　25	km	34097

续表

名　　称	型 号、规 格	单位	价格
阻燃交联乙烯绝缘铜丝屏蔽聚氯乙烯护套电力电缆	ZR-YJSV　10kV　单芯　35	km	43106
阻燃交联乙烯绝缘铜丝屏蔽聚氯乙烯护套电力电缆	ZR-YJSV　10kV　单芯　50	km	55215
阻燃交联乙烯绝缘铜丝屏蔽聚氯乙烯护套电力电缆	ZR-YJSV　10kV　单芯　70	km	73217
阻燃交联乙烯绝缘铜丝屏蔽聚氯乙烯护套电力电缆	ZR-YJSV　10kV　单芯　95	km	95566
阻燃交联乙烯绝缘铜丝屏蔽聚氯乙烯护套电力电缆	ZR-YJSV　10kV　单芯　120	km	114163
阻燃交联乙烯绝缘铜丝屏蔽聚氯乙烯护套电力电缆	ZR-YJSV　10kV　单芯　150	km	137322
阻燃交联乙烯绝缘铜丝屏蔽聚氯乙烯护套电力电缆	ZR-YJSV　10kV　单芯　180	km	163390
阻燃交联乙烯绝缘铜丝屏蔽聚氯乙烯护套电力电缆	ZR-YJSV　10kV　单芯　240	km	212943
阻燃交联乙烯绝缘铜丝屏蔽聚氯乙烯护套电力电缆	ZR-YJSV　10kV　单芯　300	km	262698

续表

名　　　称	型 号、规 格	单位	价格
阻燃交联乙烯绝缘铜丝屏蔽聚氯乙烯护套电力电缆	ZR-YJSV　10kV　单芯　400	km	340252
阻燃交联乙烯绝缘铜丝屏蔽聚氯乙烯护套电力电缆	ZR-YJSV　10kV　单芯　500	km	392728
阻燃交联乙烯绝缘铜丝屏蔽聚氯乙烯护套电力电缆	ZR-YJSV　10kV　单芯　630	km	446465
阻燃交联乙烯绝缘铜丝屏蔽聚氯乙烯护套电力电缆	ZR-YJSV　15kV　单芯　25	km	35868
阻燃交联乙烯绝缘铜丝屏蔽聚氯乙烯护套电力电缆	ZR-YJSV　15kV　单芯　35	km	45347
阻燃交联乙烯绝缘铜丝屏蔽聚氯乙烯护套电力电缆	ZR-YJSV　15kV　单芯　50	km	57935
阻燃交联乙烯绝缘铜丝屏蔽聚氯乙烯护套电力电缆	ZR-YJSV　15kV　单芯　70	km	76824
阻燃交联乙烯绝缘铜丝屏蔽聚氯乙烯护套电力电缆	ZR-YJSV　15kV　单芯　95	km	100429
阻燃交联乙烯绝缘铜丝屏蔽聚氯乙烯护套电力电缆	ZR-YJSV　15kV　单芯　120	km	119835

名　称	型号、规格	单位	价格
阻燃交联乙烯绝缘铜丝屏蔽聚氯乙烯护套电力电缆	ZR-YJSV　15kV　单芯　150	km	144144
阻燃交联乙烯绝缘铜丝屏蔽聚氯乙烯护套电力电缆	ZR-YJSV　15kV　单芯　185	km	171379
阻燃交联乙烯绝缘铜丝屏蔽聚氯乙烯护套电力电缆	ZR-YJSV　15kV　单芯　240	km	216618
阻燃交联乙烯绝缘铜丝屏蔽聚氯乙烯护套电力电缆	ZR-YJSV　15kV　单芯　300	km	275495
阻燃交联乙烯绝缘铜丝屏蔽聚氯乙烯护套电力电缆	ZR-YJSV　15kV　单芯　400	km	357820
阻燃交联乙烯绝缘铜丝屏蔽聚氯乙烯护套电力电缆	ZR-YJSV　15kV　单芯　500	km	412950
阻燃交联乙烯绝缘铜丝屏蔽聚氯乙烯护套电力电缆	ZR-YJSV　15kV　单芯　630	km	468063
阻燃交联乙烯绝缘铜丝屏蔽聚氯乙烯护套电力电缆	ZR-YJSV　35kV　单芯　50	km	71072
阻燃交联乙烯绝缘铜丝屏蔽聚氯乙烯护套电力电缆	ZR-YJSV　35kV　单芯　70	km	92809

续表

名　称	型号、规格	单位	价格
阻燃交联乙烯绝缘铜丝屏蔽聚氯乙烯护套电力电缆	ZR-YJSV　35kV　单芯　95	km	113282
阻燃交联乙烯绝缘铜丝屏蔽聚氯乙烯护套电力电缆	ZR-YJSV　35kV　单芯　120	km	133965
阻燃交联乙烯绝缘铜丝屏蔽聚氯乙烯护套电力电缆	ZR-YJSV　35kV　单芯　150	km	179954
阻燃交联乙烯绝缘铜丝屏蔽聚氯乙烯护套电力电缆	ZR-YJSV　35kV　单芯　185	km	208259
阻燃交联乙烯绝缘铜丝屏蔽聚氯乙烯护套电力电缆	ZR-YJSV　35kV　单芯　240	km	240859
阻燃交联乙烯绝缘铜丝屏蔽聚氯乙烯护套电力电缆	ZR-YJSV　35kV　单芯　300	km	277783
阻燃交联乙烯绝缘铜丝屏蔽聚氯乙烯护套电力电缆	ZR-YJSV　35kV　单芯　400	km	381879
阻燃交联乙烯绝缘铜丝屏蔽聚氯乙烯护套电力电缆	ZR-YJSV　35kV　单芯　500	km	443847
阻燃交联乙烯绝缘铜丝屏蔽聚氯乙烯护套电力电缆	ZR-YJSV　35kV　单芯　630	km	505128

续表

名　　称	型　号、规　格	单位	价格
阻燃交联乙烯绝缘铜丝屏蔽聚氯乙烯护套电力电缆	ZR-YJSV　63kV　单芯　185	km	347114
阻燃交联乙烯绝缘铜丝屏蔽聚氯乙烯护套电力电缆	ZR-YJSV　63kV　单芯　240	km	375350
阻燃交联乙烯绝缘铜丝屏蔽聚氯乙烯护套电力电缆	ZR-YJSV　63kV　单芯　300	km	423538
阻燃交联乙烯绝缘铜丝屏蔽聚氯乙烯护套电力电缆	ZR-YJSV　63kV　单芯　400	km	569824
阻燃交联乙烯绝缘铜丝屏蔽聚氯乙烯护套电力电缆	ZR-YJSV　63kV　单芯　500	km	628057
阻燃交联乙烯绝缘铜丝屏蔽聚氯乙烯护套电力电缆	ZR-YJSV　63kV　单芯　630	km	732274
阻燃交联乙烯绝缘铜丝屏蔽聚氯乙烯护套电力电缆	ZR-YJSV　110kV　单芯　240	km	458225
阻燃交联乙烯绝缘铜丝屏蔽聚氯乙烯护套电力电缆	ZR-YJSV　110kV　单芯　300	km	485381
阻燃交联乙烯绝缘铜丝屏蔽聚氯乙烯护套电力电缆	ZR-YJSV　110kV　单芯　400	km	629883

续表

名　　　称	型 号、规 格	单位	价格
阻燃交联乙烯绝缘铜丝屏蔽聚氯乙烯护套电力电缆	ZR-YJSV　110kV　单芯　500	km	699843
阻燃交联乙烯绝缘铜丝屏蔽聚氯乙烯护套电力电缆	ZR-YJSV　110kV　单芯　630	km	803187
阻燃交联乙烯绝缘铜丝屏蔽聚氯乙烯护套电力电缆	ZR-YJV　1kV　单芯　2.5	km	2345
阻燃交联乙烯绝缘铜丝屏蔽聚氯乙烯护套电力电缆	ZR-YJV　1kV　单芯　4	km	3593
阻燃交联乙烯绝缘铜丝屏蔽聚氯乙烯护套电力电缆	ZR-YJV　1kV　单芯　6	km	5211
阻燃交联乙烯绝缘铜丝屏蔽聚氯乙烯护套电力电缆	ZR-YJV　1kV　单芯　10	km	8449
阻燃交联乙烯绝缘铜丝屏蔽聚氯乙烯护套电力电缆	ZR-YJV　1kV　单芯　16	km	13489
阻燃交联乙烯绝缘铜丝屏蔽聚氯乙烯护套电力电缆	ZR-YJV　1kV　单芯　25	km	19012
阻燃交联乙烯绝缘铜丝屏蔽聚氯乙烯护套电力电缆	ZR-YJV　1kV　单芯　35	km	26140

续表

名　　称	型　号、规　格	单位	价格
阻燃交联乙烯绝缘铜丝屏蔽聚氯乙烯护套电力电缆	ZR-YJV　1kV　单芯　50	km	34468
阻燃交联乙烯绝缘铜丝屏蔽聚氯乙烯护套电力电缆	ZR-YJV　1kV　单芯　70	km	50345
阻燃交联乙烯绝缘铜丝屏蔽聚氯乙烯护套电力电缆	ZR-YJV　1kV　单芯　95	km	65441
阻燃交联乙烯绝缘铜丝屏蔽聚氯乙烯护套电力电缆	ZR-YJV　1kV　单芯　120	km	86236
阻燃交联乙烯绝缘铜丝屏蔽聚氯乙烯护套电力电缆	ZR-YJV　1kV　单芯　150	km	105985
阻燃交联乙烯绝缘铜丝屏蔽聚氯乙烯护套电力电缆	ZR-YJV　1kV　单芯　185	km	127314
阻燃交联乙烯绝缘铜丝屏蔽聚氯乙烯护套电力电缆	ZR-YJV　1kV　单芯　240	km	178850
阻燃交联乙烯绝缘铜丝屏蔽聚氯乙烯护套电力电缆	ZR-YJV　1kV　单芯　300	km	218243
阻燃交联乙烯绝缘铜丝屏蔽聚氯乙烯护套电力电缆	ZR-YJV　1kV　单芯　400	km	285866

名　　称	型 号、规 格	单位	价格
阻燃交联乙烯绝缘铜丝屏蔽聚氯乙烯护套电力电缆	ZR-YJV　1kV　双芯　2.5	km	4984
阻燃交联乙烯绝缘铜丝屏蔽聚氯乙烯护套电力电缆	ZR-YJV　1kV　双芯　4	km	7503
阻燃交联乙烯绝缘铜丝屏蔽聚氯乙烯护套电力电缆	ZR-YJV　1kV　双芯　6	km	10834
阻燃交联乙烯绝缘铜丝屏蔽聚氯乙烯护套电力电缆	ZR-YJV　1kV　双芯　10	km	17458
阻燃交联乙烯绝缘铜丝屏蔽聚氯乙烯护套电力电缆	ZR-YJV　1kV　双芯　16	km	25496
阻燃交联乙烯绝缘铜丝屏蔽聚氯乙烯护套电力电缆	ZR-YJV　1kV　双芯　25	km	38910
阻燃交联乙烯绝缘铜丝屏蔽聚氯乙烯护套电力电缆	ZR-YJV　1kV　双芯　35	km	53034
阻燃交联乙烯绝缘铜丝屏蔽聚氯乙烯护套电力电缆	ZR-YJV　1kV　双芯　50	km	69536
阻燃交联乙烯绝缘铜丝屏蔽聚氯乙烯护套电力电缆	ZR-YJV　1kV　双芯　70	km	102390

续表

名　称	型　号、规　格	单位	价格
阻燃交联乙烯绝缘铜丝屏蔽聚氯乙烯护套电力电缆	ZR-YJV　1kV　双芯　95	km	141146
阻燃交联乙烯绝缘铜丝屏蔽聚氯乙烯护套电力电缆	ZR-YJV　1kV　双芯　120	km	167893
阻燃交联乙烯绝缘铜丝屏蔽聚氯乙烯护套电力电缆	ZR-YJV　1kV　双芯　150	km	219517
阻燃交联乙烯绝缘铜丝屏蔽聚氯乙烯护套电力电缆	ZR-YJV　1kV　双芯　185	km	274561
阻燃交联乙烯绝缘铜丝屏蔽聚氯乙烯护套电力电缆	ZR-YJV　1kV　三芯　2.5	km	7107
阻燃交联乙烯绝缘铜丝屏蔽聚氯乙烯护套电力电缆	ZR-YJV　1kV　三芯　4	km	10820
阻燃交联乙烯绝缘铜丝屏蔽聚氯乙烯护套电力电缆	ZR-YJV　1kV　三芯　6	km	15722
阻燃交联乙烯绝缘铜丝屏蔽聚氯乙烯护套电力电缆	ZR-YJV　1kV　三芯　10	km	25461
阻燃交联乙烯绝缘铜丝屏蔽聚氯乙烯护套电力电缆	ZR-YJV　1kV　三芯　16	km	40728

续表

名　　称	型　号、规　格	单位	价格
阻燃交联乙烯绝缘铜丝屏蔽聚氯乙烯护套电力电缆	ZR-YJV　1kV　三芯　25	km	57514
阻燃交联乙烯绝缘铜丝屏蔽聚氯乙烯护套电力电缆	ZR-YJV　1kV　三芯　35	km	78991
阻燃交联乙烯绝缘铜丝屏蔽聚氯乙烯护套电力电缆	ZR-YJV　1kV　三芯　50	km	106343
阻燃交联乙烯绝缘铜丝屏蔽聚氯乙烯护套电力电缆	ZR-YJV　1kV　三芯　70	km	152606
阻燃交联乙烯绝缘铜丝屏蔽聚氯乙烯护套电力电缆	ZR-YJV　1kV　三芯　95	km	210206
阻燃交联乙烯绝缘铜丝屏蔽聚氯乙烯护套电力电缆	ZR-YJV　1kV　三芯　120	km	265754
阻燃交联乙烯绝缘铜丝屏蔽聚氯乙烯护套电力电缆	ZR-YJV　1kV　三芯　150	km	326648
阻燃交联乙烯绝缘铜丝屏蔽聚氯乙烯护套电力电缆	ZR-YJV　1kV　三芯　185	km	408916
阻燃交联乙烯绝缘铜丝屏蔽聚氯乙烯护套电力电缆	ZR-YJV　1kV　三芯　240	km	531524

续表

名 称	型 号、规 格	单位	价格
阻燃交联乙烯绝缘铜丝屏蔽聚氯乙烯护套电力电缆	ZR-YJV　1kV　三芯接地　2.5	km	11909
阻燃交联乙烯绝缘铜丝屏蔽聚氯乙烯护套电力电缆	ZR-YJV　1kV　三芯接地　4	km	12847
阻燃交联乙烯绝缘铜丝屏蔽聚氯乙烯护套电力电缆	ZR-YJV　1kV　三芯接地　6	km	19018
阻燃交联乙烯绝缘铜丝屏蔽聚氯乙烯护套电力电缆	ZR-YJV　1kV　三芯接地　10	km	30355
阻燃交联乙烯绝缘铜丝屏蔽聚氯乙烯护套电力电缆	ZR-YJV　1kV　三芯接地　16	km	48812
阻燃交联乙烯绝缘铜丝屏蔽聚氯乙烯护套电力电缆	ZR-YJV　1kV　三芯接地　25	km	75351
阻燃交联乙烯绝缘铜丝屏蔽聚氯乙烯护套电力电缆	ZR-YJV　1kV　三芯接地　35	km	98542
阻燃交联乙烯绝缘铜丝屏蔽聚氯乙烯护套电力电缆	ZR-YJV　1kV　三芯接地　50	km	124577
阻燃交联乙烯绝缘铜丝屏蔽聚氯乙烯护套电力电缆	ZR-YJV　1kV　三芯接地　70	km	178201

续表

名　　称	型　号、规　格	单位	价格
阻燃交联乙烯绝缘铜丝屏蔽聚氯乙烯护套电力电缆	ZR-YJV　1kV　三芯接地　95	km	244675
阻燃交联乙烯绝缘铜丝屏蔽聚氯乙烯护套电力电缆	ZR-YJV　1kV　三芯接地　120	km	315375
阻燃交联乙烯绝缘铜丝屏蔽聚氯乙烯护套电力电缆	ZR-YJV　1kV　三芯接地　150	km	377480
阻燃交联乙烯绝缘铜丝屏蔽聚氯乙烯护套电力电缆	ZR-YJV　1kV　三芯接地　185	km	478040
阻燃交联乙烯绝缘铜丝屏蔽聚氯乙烯护套电力电缆	ZR-YJV　1kV　三芯接地　240	km	622254
阻燃交联乙烯绝缘铜丝屏蔽聚氯乙烯护套电力电缆	ZR-YJV　1kV　四芯　2.5	km	12368
阻燃交联乙烯绝缘铜丝屏蔽聚氯乙烯护套电力电缆	ZR-YJV　1kV　四芯　4	km	14152
阻燃交联乙烯绝缘铜丝屏蔽聚氯乙烯护套电力电缆	ZR-YJV　1kV　四芯　6	km	20659
阻燃交联乙烯绝缘铜丝屏蔽聚氯乙烯护套电力电缆	ZR-YJV　1kV　四芯　10	km	33667

续表

名　称	型　号、规　格	单位	价格
阻燃交联乙烯绝缘铜丝屏蔽聚氯乙烯护套电力电缆	ZR-YJV　1kV　四芯　16	km	49748
阻燃交联乙烯绝缘铜丝屏蔽聚氯乙烯护套电力电缆	ZR-YJV　1kV　四芯　25	km	76210
阻燃交联乙烯绝缘铜丝屏蔽聚氯乙烯护套电力电缆	ZR-YJV　1kV　四芯　35	km	99959
阻燃交联乙烯绝缘铜丝屏蔽聚氯乙烯护套电力电缆	ZR-YJV　1kV　四芯　50	km	126573
阻燃交联乙烯绝缘铜丝屏蔽聚氯乙烯护套电力电缆	ZR-YJV　1kV　四芯　70	km	188779
阻燃交联乙烯绝缘铜丝屏蔽聚氯乙烯护套电力电缆	ZR-YJV　1kV　四芯　95	km	248170
阻燃交联乙烯绝缘铜丝屏蔽聚氯乙烯护套电力电缆	ZR-YJV　1kV　四芯　120	km	322937
阻燃交联乙烯绝缘铜丝屏蔽聚氯乙烯护套电力电缆	ZR-YJV　1kV　四芯　150	km	408328
阻燃交联乙烯绝缘铜丝屏蔽聚氯乙烯护套电力电缆	ZR-YJV　1kV　四芯　185	km	492336

续表

名　　称	型 号、规 格	单位	价格
阻燃交联乙烯绝缘铜丝屏蔽聚氯乙烯护套电力电缆	ZR-YJV　1kV　四芯　240	km	655780
阻燃交联乙烯绝缘铜丝屏蔽聚氯乙烯护套电力电缆	ZR-YJV　1kV　四芯接地　2.5	km	12587
阻燃交联乙烯绝缘铜丝屏蔽聚氯乙烯护套电力电缆	ZR-YJV　1kV　四芯接地　4	km	16294
阻燃交联乙烯绝缘铜丝屏蔽聚氯乙烯护套电力电缆	ZR-YJV　1kV　四芯接地　6	km	24052
阻燃交联乙烯绝缘铜丝屏蔽聚氯乙烯护套电力电缆	ZR-YJV　1kV　四芯接地　10	km	38609
阻燃交联乙烯绝缘铜丝屏蔽聚氯乙烯护套电力电缆	ZR-YJV　1kV　四芯接地　16	km	62038
阻燃交联乙烯绝缘铜丝屏蔽聚氯乙烯护套电力电缆	ZR-YJV　1kV　四芯接地　25	km	95621
阻燃交联乙烯绝缘铜丝屏蔽聚氯乙烯护套电力电缆	ZR-YJV　1kV　四芯接地　35	km	126531
阻燃交联乙烯绝缘铜丝屏蔽聚氯乙烯护套电力电缆	ZR-YJV　1kV　四芯接地　50	km	159974

续表

名　称	型　号、规　格	单位	价格
阻燃交联乙烯绝缘铜丝屏蔽聚氯乙烯护套电力电缆	ZR-YJV　1kV　四芯接地　70	km	228321
阻燃交联乙烯绝缘铜丝屏蔽聚氯乙烯护套电力电缆	ZR-YJV　1kV　四芯接地　95	km	314788
阻燃交联乙烯绝缘铜丝屏蔽聚氯乙烯护套电力电缆	ZR-YJV　1kV　四芯接地　120	km	404262
阻燃交联乙烯绝缘铜丝屏蔽聚氯乙烯护套电力电缆	ZR-YJV　1kV　四芯接地　150	km	481832
阻燃交联乙烯绝缘铜丝屏蔽聚氯乙烯护套电力电缆	ZR-YJV　1kV　四芯接地　185	km	614127
阻燃交联乙烯绝缘铜丝屏蔽聚氯乙烯护套电力电缆	ZR-YJV　1kV　四芯接地　240	km	799833
阻燃交联乙烯绝缘聚氯乙烯护套电力电缆	ZR-YJV　10kV　单芯　25	km	51152
阻燃交联乙烯绝缘聚氯乙烯护套电力电缆	ZR-YJV　10kV　单芯　35	km	56715
阻燃交联乙烯绝缘聚氯乙烯护套电力电缆	ZR-YJV　10kV　单芯　50	km	60935
阻燃交联乙烯绝缘聚氯乙烯护套电力电缆	ZR-YJV　10kV　单芯　70	km	67397
阻燃交联乙烯绝缘聚氯乙烯护套电力电缆	ZR-YJV　10kV　单芯　95	km	83285

续表

名　　称	型　号、规　格	单位	价格
阻燃交联乙烯绝缘聚氯乙烯护套电力电缆	ZR-YJV　10kV　单芯　120	km	101590
阻燃交联乙烯绝缘聚氯乙烯护套电力电缆	ZR-YJV　10kV　单芯　150	km	118054
阻燃交联乙烯绝缘聚氯乙烯护套电力电缆	ZR-YJV　10kV　单芯　240	km	174975
阻燃交联乙烯绝缘聚氯乙烯护套电力电缆	ZR-YJV　10kV　单芯　300	km	202596
阻燃交联乙烯绝缘聚氯乙烯护套电力电缆	ZR-YJV　10kV　三芯　25	km	153913
阻燃交联乙烯绝缘聚氯乙烯护套电力电缆	ZR-YJV　10kV　三芯　35	km	175590
阻燃交联乙烯绝缘聚氯乙烯护套电力电缆	ZR-YJV　10kV　三芯　50	km	204331
阻燃交联乙烯绝缘聚氯乙烯护套电力电缆	ZR-YJV　10kV　三芯　70	km	208409
阻燃交联乙烯绝缘聚氯乙烯护套电力电缆	ZR-YJV　10kV　三芯　95	km	294208
阻燃交联乙烯绝缘聚氯乙烯护套电力电缆	ZR-YJV　10kV　三芯　120	km	341468
阻燃交联乙烯绝缘聚氯乙烯护套电力电缆	ZR-YJV　10kV　三芯　150	km	389632
阻燃交联乙烯绝缘聚氯乙烯护套电力电缆	ZR-YJV　10kV　三芯　240	km	610685
阻燃交联乙烯绝缘聚氯乙烯护套电力电缆	ZR-YJV　10kV　三芯　300	km	746620
阻燃交联乙烯绝缘聚氯乙烯护套电力电缆	ZR-YJV　15kV　单芯　25	km	59674

续表

名　　称	型　号、规　格	单位	价格
阻燃交联乙烯绝缘聚氯乙烯护套电力电缆	ZR-YJV　15kV　单芯　35	km	66333
阻燃交联乙烯绝缘聚氯乙烯护套电力电缆	ZR-YJV　15kV　单芯　50	km	71729
阻燃交联乙烯绝缘聚氯乙烯护套电力电缆	ZR-YJV　15kV　单芯　70	km	79079
阻燃交联乙烯绝缘聚氯乙烯护套电力电缆	ZR-YJV　15kV　单芯　95	km	111544
阻燃交联乙烯绝缘聚氯乙烯护套电力电缆	ZR-YJV　15kV　单芯　120	km	119320
阻燃交联乙烯绝缘聚氯乙烯护套电力电缆	ZR-YJV　15kV　单芯　150	km	139002
阻燃交联乙烯绝缘聚氯乙烯护套电力电缆	ZR-YJV　15kV　单芯　185	km	158275
阻燃交联乙烯绝缘聚氯乙烯护套电力电缆	ZR-YJV　15kV　单芯　240	km	203884
阻燃交联乙烯绝缘聚氯乙烯护套电力电缆	ZR-YJV　15kV　单芯　300	km	238696
阻燃交联乙烯绝缘聚氯乙烯护套电力电缆	ZR-YJV　15kV　单芯　400	km	297652
阻燃交联乙烯绝缘聚氯乙烯护套电力电缆	ZR-YJV　15kV　三芯　25	km	153984
阻燃交联乙烯绝缘聚氯乙烯护套电力电缆	ZR-YJV　15kV　三芯　35	km	195115
阻燃交联乙烯绝缘聚氯乙烯护套电力电缆	ZR-YJV　15kV　三芯　50	km	218957
阻燃交联乙烯绝缘聚氯乙烯护套电力电缆	ZR-YJV　15kV　三芯　70	km	238604

名　　称	型　号、规　格	单位	价格
阻燃交联乙烯绝缘聚氯乙烯护套电力电缆	ZR-YJV　15kV　三芯　95	km	290996
阻燃交联乙烯绝缘聚氯乙烯护套电力电缆	ZR-YJV　15kV　三芯　120	km	358382
阻燃交联乙烯绝缘聚氯乙烯护套电力电缆	ZR-YJV　15kV　三芯　150	km	433935
阻燃交联乙烯绝缘聚氯乙烯护套电力电缆	ZR-YJV　15kV　三芯　185	km	537687
阻燃交联乙烯绝缘聚氯乙烯护套电力电缆	ZR-YJV　15kV　三芯　240	km	694169
阻燃交联乙烯绝缘聚氯乙烯护套电力电缆	ZR-YJV　15kV　三芯　300	km	855222
阻燃交联乙烯绝缘聚氯乙烯护套电力电缆	ZR-YJV　35kV　单芯　35	km	82804
阻燃交联乙烯绝缘聚氯乙烯护套电力电缆	ZR-YJV　35kV　单芯　50	km	95309
阻燃交联乙烯绝缘聚氯乙烯护套电力电缆	ZR-YJV　35kV　单芯　70	km	97357
阻燃交联乙烯绝缘聚氯乙烯护套电力电缆	ZR-YJV　35kV　单芯　95	km	141227
阻燃交联乙烯绝缘聚氯乙烯护套电力电缆	ZR-YJV　35kV　单芯　120	km	134016
阻燃交联乙烯绝缘聚氯乙烯护套电力电缆	ZR-YJV　35kV　单芯　150	km	158993
阻燃交联乙烯绝缘聚氯乙烯护套电力电缆	ZR-YJV　35kV　单芯　185	km	185492
阻燃交联乙烯绝缘聚氯乙烯护套电力电缆	ZR-YJV　35kV　单芯　240	km	207320

续表

名　　　称	型　号、规　格	单位	价格
阻燃交联乙烯绝缘聚氯乙烯护套电力电缆	ZR-YJV　35kV　单芯　300	km	226525
阻燃交联乙烯绝缘聚氯乙烯护套电力电缆	ZR-YJV　35kV　单芯　400	km	283391
阻燃交联乙烯绝缘聚氯乙烯护套电力电缆	ZR-YJV　35kV　单芯　500	km	368642
阻燃交联乙烯绝缘聚氯乙烯护套电力电缆	ZR-YJV　35kV　单芯　630	km	462606
阻燃交联乙烯绝缘聚氯乙烯护套电力电缆	ZR-YJV　35kV　单芯　800	km	581583
阻燃交联乙烯绝缘聚氯乙烯护套电力电缆	ZR-YJV　35kV　三芯　25	km	174342
阻燃交联乙烯绝缘聚氯乙烯护套电力电缆	ZR-YJV　35kV　三芯　35	km	221150
阻燃交联乙烯绝缘聚氯乙烯护套电力电缆	ZR-YJV　35kV　三芯　50	km	247257
阻燃交联乙烯绝缘聚氯乙烯护套电力电缆	ZR-YJV　35kV　三芯　70	km	297397
阻燃交联乙烯绝缘聚氯乙烯护套电力电缆	ZR-YJV　35kV　三芯　95	km	315490
阻燃交联乙烯绝缘聚氯乙烯护套电力电缆	ZR-YJV　35kV　三芯　120	km	328920
阻燃交联乙烯绝缘聚氯乙烯护套电力电缆	ZR-YJV　35kV　三芯　150	km	396278
阻燃交联乙烯绝缘聚氯乙烯护套电力电缆	ZR-YJV　35kV　三芯　185	km	479188
阻燃交联乙烯绝缘聚氯乙烯护套电力电缆	ZR-YJV　35kV　三芯　240	km	595635

续表

名　　称	型　号、规　格	单位	价格
阻燃交联乙烯绝缘聚氯乙烯护套电力电缆	ZR-YJV　35kV　三芯　300	km	725105
阻燃交联乙烯绝缘聚氯乙烯护套电力电缆	ZR-YJV　35kV　三芯　400	km	896170
阻燃交联聚乙烯绝缘波纹铝护套电力电缆	ZR-YJLW　500kV　单芯　800	km	2108296
阻燃交联聚乙烯绝缘波纹铝护套电力电缆	ZR-YJLW　220kV　单芯　2500	km	1971856
阻燃交联聚乙烯绝缘波纹铝护套电力电缆	ZR-YJLW　220kV　单芯　2000	km	1609662
阻燃交联聚乙烯绝缘波纹铝护套电力电缆	ZR-YJLW　220kV　单芯　1600	km	1305938
阻燃交联聚乙烯绝缘波纹铝护套电力电缆	ZR-YJLW　220kV　单芯　1200	km	1034258
阻燃交联聚乙烯绝缘波纹铝护套电力电缆	ZR-YJLW　220kV　单芯　1000	km	910316
阻燃交联聚乙烯绝缘波纹铝护套电力电缆	ZR-YJLW　220kV　单芯　800	km	775225
阻燃交联聚乙烯绝缘波纹铝护套电力电缆	ZR-YJLW　220kV　单芯　630	km	637980
阻燃交联聚乙烯绝缘波纹铝护套电力电缆	ZR-YJLW　110kV　单芯　1600	km	1192713
阻燃交联聚乙烯绝缘波纹铝护套电力电缆	ZR-YJLW　110kV　单芯　1200	km	949614
阻燃交联聚乙烯绝缘波纹铝护套电力电缆	ZR-YJLW　110kV　单芯　1000	km	798833
阻燃交联聚乙烯绝缘波纹铝护套电力电缆	ZR-YJLW　110kV　单芯　800	km	650146

续表

名　　　称	型　号、规　格	单位	价格
阻燃交联聚乙烯绝缘波纹铝护套电力电缆	ZR-YJLW　110kV　单芯　630	km	537739
阻燃交联聚乙烯绝缘波纹铝护套电力电缆	ZR-YJLW　110kV　单芯　400	km	365831
阻燃交联聚乙烯绝缘波纹铝护套电力电缆	ZR-YJLW　66kV　单芯　1200	km	930177
阻燃交联聚乙烯绝缘波纹铝护套电力电缆	ZR-YJLW　66kV　单芯　1000	km	848962
阻燃交联聚乙烯绝缘波纹铝护套电力电缆	ZR-YJLW　66kV　单芯　500	km	427194
阻燃交联聚乙烯绝缘波纹铝护套电力电缆	ZR-YJLW　66kV　单芯　400	km	345690
阻燃交联聚乙烯绝缘波纹铝护套电力电缆	ZR-YJLW　66kV　单芯　300	km	306343
阻燃交联乙烯绝缘钢带铠装聚氯乙烯护套电力电缆	ZR-YJV22　1kV　单芯　6	km	5587
阻燃交联乙烯绝缘钢带铠装聚氯乙烯护套电力电缆	ZR-YJV22　1kV　单芯　10	km	9061
阻燃交联乙烯绝缘钢带铠装聚氯乙烯护套电力电缆	ZR-YJV22　1kV　单芯　16	km	14413
阻燃交联乙烯绝缘钢带铠装聚氯乙烯护套电力电缆	ZR-YJV22　1kV　单芯　25	km	20334
阻燃交联乙烯绝缘钢带铠装聚氯乙烯护套电力电缆	ZR-YJV22　1kV　单芯　35	km	27947

续表

名　　　称	型　号、规　格	单位	价格
阻燃交联乙烯绝缘钢带铠装聚氯乙烯护套电力电缆	ZR-YJV22　1kV　单芯　50	km	36314
阻燃交联乙烯绝缘钢带铠装聚氯乙烯护套电力电缆	ZR-YJV22　1kV　单芯　70	km	54058
阻燃交联乙烯绝缘钢带铠装聚氯乙烯护套电力电缆	ZR-YJV22　1kV　单芯　95	km	67874
阻燃交联乙烯绝缘钢带铠装聚氯乙烯护套电力电缆	ZR-YJV22　1kV　单芯　120	km	86738
阻燃交联乙烯绝缘钢带铠装聚氯乙烯护套电力电缆	ZR-YJV22　1kV　单芯　150	km	110964
阻燃交联乙烯绝缘钢带铠装聚氯乙烯护套电力电缆	ZR-YJV22　1kV　单芯　185	km	137282
阻燃交联乙烯绝缘钢带铠装聚氯乙烯护套电力电缆	ZR-YJV22　1kV　单芯　240	km	171600
阻燃交联乙烯绝缘钢带铠装聚氯乙烯护套电力电缆	ZR-YJV22　1kV　单芯　300	km	240100
阻燃交联乙烯绝缘钢带铠装聚氯乙烯护套电力电缆	ZR-YJV22　1kV　单芯　400	km	306098

续表

名　　称	型　号、规　格	单位	价格
阻燃交联乙烯绝缘钢带铠装聚氯乙烯护套电力电缆	ZR-YJV22　1kV　双芯　2.5	km	5383
阻燃交联乙烯绝缘钢带铠装聚氯乙烯护套电力电缆	ZR-YJV22　1kV　双芯　4	km	9173
阻燃交联乙烯绝缘钢带铠装聚氯乙烯护套电力电缆	ZR-YJV22　1kV　双芯　6	km	10955
阻燃交联乙烯绝缘钢带铠装聚氯乙烯护套电力电缆	ZR-YJV22　1kV　双芯　10	km	17353
阻燃交联乙烯绝缘钢带铠装聚氯乙烯护套电力电缆	ZR-YJV22　1kV　双芯　16	km	27358
阻燃交联乙烯绝缘钢带铠装聚氯乙烯护套电力电缆	ZR-YJV22　1kV　双芯　25	km	43461
阻燃交联乙烯绝缘钢带铠装聚氯乙烯护套电力电缆	ZR-YJV22　1kV　双芯　35	km	55458
阻燃交联乙烯绝缘钢带铠装聚氯乙烯护套电力电缆	ZR-YJV22　1kV　双芯　50	km	71029
阻燃交联乙烯绝缘钢带铠装聚氯乙烯护套电力电缆	ZR-YJV22　1kV　双芯　70	km	102286

续表

名　　称	型号、规格	单位	价格
阻燃交联乙烯绝缘钢带铠装聚氯乙烯护套电力电缆	ZR-YJV22　1kV　双芯　95	km	139500
阻燃交联乙烯绝缘钢带铠装聚氯乙烯护套电力电缆	ZR-YJV22　1kV　双芯　120	km	191236
阻燃交联乙烯绝缘钢带铠装聚氯乙烯护套电力电缆	ZR-YJV22　1kV　双芯　150	km	234920
阻燃交联乙烯绝缘钢带铠装聚氯乙烯护套电力电缆	ZR-YJV22　1kV　双芯　185	km	270483
阻燃交联乙烯绝缘钢带铠装聚氯乙烯护套电力电缆	ZR-YJV22　1kV　三芯　2.5	km	7596
阻燃交联乙烯绝缘钢带铠装聚氯乙烯护套电力电缆	ZR-YJV22　1kV　三芯　4	km	11598
阻燃交联乙烯绝缘钢带铠装聚氯乙烯护套电力电缆	ZR-YJV22　1kV　三芯　6	km	16124
阻燃交联乙烯绝缘钢带铠装聚氯乙烯护套电力电缆	ZR-YJV22　1kV　三芯　10	km	25449
阻燃交联乙烯绝缘钢带铠装聚氯乙烯护套电力电缆	ZR-YJV22　1kV　三芯　16	km	39820

续表

名　　称	型　号、规　格	单位	价格
阻燃交联乙烯绝缘钢带铠装聚氯乙烯护套电力电缆	ZR-YJV22　1kV　三芯　25	km	61014
阻燃交联乙烯绝缘钢带铠装聚氯乙烯护套电力电缆	ZR-YJV22　1kV　三芯　35	km	84500
阻燃交联乙烯绝缘钢带铠装聚氯乙烯护套电力电缆	ZR-YJV22　1kV　三芯　50	km	113828
阻燃交联乙烯绝缘钢带铠装聚氯乙烯护套电力电缆	ZR-YJV22　1kV　三芯　70	km	162007
阻燃交联乙烯绝缘钢带铠装聚氯乙烯护套电力电缆	ZR-YJV22　1kV　三芯　95	km	225342
阻燃交联乙烯绝缘钢带铠装聚氯乙烯护套电力电缆	ZR-YJV22　1kV　三芯　120	km	284023
阻燃交联乙烯绝缘钢带铠装聚氯乙烯护套电力电缆	ZR-YJV22　1kV　三芯　150	km	350750
阻燃交联乙烯绝缘钢带铠装聚氯乙烯护套电力电缆	ZR-YJV22　1kV　三芯　185	km	438146
阻燃交联乙烯绝缘钢带铠装聚氯乙烯护套电力电缆	ZR-YJV22　1kV　三芯　240	km	574068

续表

名　　称	型　号、规　格	单位	价格
阻燃交联乙烯绝缘钢带铠装聚氯乙烯护套电力电缆	ZR-YJV22　1kV　三芯接地　2.5	km	12764
阻燃交联乙烯绝缘钢带铠装聚氯乙烯护套电力电缆	ZR-YJV22　1kV　三芯接地　4	km	15097
阻燃交联乙烯绝缘钢带铠装聚氯乙烯护套电力电缆	ZR-YJV22　1kV　三芯接地　6	km	21532
阻燃交联乙烯绝缘钢带铠装聚氯乙烯护套电力电缆	ZR-YJV22　1kV　三芯接地　10	km	33534
阻燃交联乙烯绝缘钢带铠装聚氯乙烯护套电力电缆	ZR-YJV22　1kV　三芯接地　16	km	52804
阻燃交联乙烯绝缘钢带铠装聚氯乙烯护套电力电缆	ZR-YJV22　1kV　三芯接地　25	km	80486
阻燃交联乙烯绝缘钢带铠装聚氯乙烯护套电力电缆	ZR-YJV22　1kV　三芯接地　35	km	105468
阻燃交联乙烯绝缘钢带铠装聚氯乙烯护套电力电缆	ZR-YJV22　1kV　三芯接地　50	km	133662
阻燃交联乙烯绝缘钢带铠装聚氯乙烯护套电力电缆	ZR-YJV22　1kV　三芯接地　70	km	190840

续表

名　称	型　号、规　格	单位	价格
阻燃交联乙烯绝缘钢带铠装聚氯乙烯护套电力电缆	ZR-YJV22　1kV　三芯接地　95	km	262579
阻燃交联乙烯绝缘钢带铠装聚氯乙烯护套电力电缆	ZR-YJV22　1kV　三芯接地　120	km	337893
阻燃交联乙烯绝缘钢带铠装聚氯乙烯护套电力电缆	ZR-YJV22　1kV　三芯接地　150	km	404090
阻燃交联乙烯绝缘钢带铠装聚氯乙烯护套电力电缆	ZR-YJV22　1kV　三芯接地　185	km	511464
阻燃交联乙烯绝缘钢带铠装聚氯乙烯护套电力电缆	ZR-YJV22　1kV　三芯接地　240	km	667171
阻燃交联乙烯绝缘钢带铠装聚氯乙烯护套电力电缆	ZR-YJV22　1kV　四芯　2.5	km	14415
阻燃交联乙烯绝缘钢带铠装聚氯乙烯护套电力电缆	ZR-YJV22　1kV　四芯　4	km	14324
阻燃交联乙烯绝缘钢带铠装聚氯乙烯护套电力电缆	ZR-YJV22　1kV　四芯　6	km	21568
阻燃交联乙烯绝缘钢带铠装聚氯乙烯护套电力电缆	ZR-YJV22　1kV　四芯　10	km	32888

名　称	型　号、规　格	单位	价格
阻燃交联乙烯绝缘钢带铠装聚氯乙烯护套电力电缆	ZR-YJV22　1kV　四芯　16	km	51393
阻燃交联乙烯绝缘钢带铠装聚氯乙烯护套电力电缆	ZR-YJV22　1kV　四芯　25	km	70057
阻燃交联乙烯绝缘钢带铠装聚氯乙烯护套电力电缆	ZR-YJV22　1kV　四芯　35	km	103380
阻燃交联乙烯绝缘钢带铠装聚氯乙烯护套电力电缆	ZR-YJV22　1kV　四芯　50	km	132353
阻燃交联乙烯绝缘钢带铠装聚氯乙烯护套电力电缆	ZR-YJV22　1kV　四芯　70	km	204032
阻燃交联乙烯绝缘钢带铠装聚氯乙烯护套电力电缆	ZR-YJV22　1kV　四芯　95	km	259627
阻燃交联乙烯绝缘钢带铠装聚氯乙烯护套电力电缆	ZR-YJV22　1kV　四芯　120	km	336556
阻燃交联乙烯绝缘钢带铠装聚氯乙烯护套电力电缆	ZR-YJV22　1kV　四芯　150	km	401074
阻燃交联乙烯绝缘钢带铠装聚氯乙烯护套电力电缆	ZR-YJV22　1kV　四芯　185	km	516966

续表

名　称	型　号、规　格	单位	价格
阻燃交联乙烯绝缘钢带铠装聚氯乙烯护套电力电缆	ZR-YJV22　1kV　四芯　240	km	707277
阻燃交联乙烯绝缘钢带铠装聚氯乙烯护套电力电缆	ZR-YJV22　1kV　四芯接地　2.5	km	15313
阻燃交联乙烯绝缘钢带铠装聚氯乙烯护套电力电缆	ZR-YJV22　1kV　四芯接地　4	km	18710
阻燃交联乙烯绝缘钢带铠装聚氯乙烯护套电力电缆	ZR-YJV22　1kV　四芯接地　6	km	26835
阻燃交联乙烯绝缘钢带铠装聚氯乙烯护套电力电缆	ZR-YJV22　1kV　四芯接地　10	km	42185
阻燃交联乙烯绝缘钢带铠装聚氯乙烯护套电力电缆	ZR-YJV22　1kV　四芯接地　16	km	66649
阻燃交联乙烯绝缘钢带铠装聚氯乙烯护套电力电缆	ZR-YJV22　1kV　四芯接地　25	km	102224
阻燃交联乙烯绝缘钢带铠装聚氯乙烯护套电力电缆	ZR-YJV22　1kV　四芯接地　35	km	128327
阻燃交联乙烯绝缘钢带铠装聚氯乙烯护套电力电缆	ZR-YJV22　1kV　四芯接地　50	km	171330

续表

名　　称	型　号、规　格	单位	价格
阻燃交联乙烯绝缘钢带铠装聚氯乙烯护套电力电缆	ZR-YJV22　1kV　四芯接地　70	km	231783
阻燃交联乙烯绝缘钢带铠装聚氯乙烯护套电力电缆	ZR-YJV22　1kV　四芯接地　95	km	336849
阻燃交联乙烯绝缘钢带铠装聚氯乙烯护套电力电缆	ZR-YJV22　1kV　四芯接地　120	km	432075
阻燃交联乙烯绝缘钢带铠装聚氯乙烯护套电力电缆	ZR-YJV22　1kV　四芯接地　150	km	519477
阻燃交联乙烯绝缘钢带铠装聚氯乙烯护套电力电缆	ZR-YJV22　1kV　四芯接地　185	km	657014
阻燃交联乙烯绝缘钢带铠装聚氯乙烯护套电力电缆	ZR-YJV22　1kV　四芯接地　240	km	856565
阻燃交联乙烯绝缘钢带铠装聚氯乙烯护套电力电缆	ZR-YJV22　10kV　三芯　25	km	136830
阻燃交联乙烯绝缘钢带铠装聚氯乙烯护套电力电缆	ZR-YJV22　10kV　三芯　35	km	135445
阻燃交联乙烯绝缘钢带铠装聚氯乙烯护套电力电缆	ZR-YJV22　10kV　三芯　50	km	181312

续表

名　　称	型　号、规　格	单位	价格
阻燃交联乙烯绝缘钢带铠装聚氯乙烯护套电力电缆	ZR-YJV22　10kV　三芯　70	km	202959
阻燃交联乙烯绝缘钢带铠装聚氯乙烯护套电力电缆	ZR-YJV22　10kV　三芯　95	km	251975
阻燃交联乙烯绝缘钢带铠装聚氯乙烯护套电力电缆	ZR-YJV22　10kV　三芯　120	km	316061
阻燃交联乙烯绝缘钢带铠装聚氯乙烯护套电力电缆	ZR-YJV22　10kV　三芯　150	km	377902
阻燃交联乙烯绝缘钢带铠装聚氯乙烯护套电力电缆	ZR-YJV22　10kV　三芯　240	km	588743
阻燃交联乙烯绝缘钢带铠装聚氯乙烯护套电力电缆	ZR-YJV22　10kV　三芯　300	km	734193
阻燃交联乙烯绝缘钢带铠装聚氯乙烯护套电力电缆	ZR-YJV22　15kV　单芯　70	km	77864
阻燃交联乙烯绝缘钢带铠装聚氯乙烯护套电力电缆	ZR-YJV22　15kV　单芯　95	km	109799
阻燃交联乙烯绝缘钢带铠装聚氯乙烯护套电力电缆	ZR-YJV22　15kV　单芯　120	km	117349

名　　称	型 号、规 格	单位	价格
阻燃交联乙烯绝缘钢带铠装聚氯乙烯护套电力电缆	ZR-YJV22　15kV　单芯　150	km	136396
阻燃交联乙烯绝缘钢带铠装聚氯乙烯护套电力电缆	ZR-YJV22　15kV　单芯　185	km	156651
阻燃交联乙烯绝缘钢带铠装聚氯乙烯护套电力电缆	ZR-YJV22　15kV　单芯　240	km	200212
阻燃交联乙烯绝缘钢带铠装聚氯乙烯护套电力电缆	ZR-YJV22　15kV　单芯　300	km	234009
阻燃交联乙烯绝缘钢带铠装聚氯乙烯护套电力电缆	ZR-YJV22　15kV　三芯　25	km	150091
阻燃交联乙烯绝缘钢带铠装聚氯乙烯护套电力电缆	ZR-YJV22　15kV　三芯　35	km	191762
阻燃交联乙烯绝缘钢带铠装聚氯乙烯护套电力电缆	ZR-YJV22　15kV　三芯　50	km	214747
阻燃交联乙烯绝缘钢带铠装聚氯乙烯护套电力电缆	ZR-YJV22　15kV　三芯　70	km	283975
阻燃交联乙烯绝缘钢带铠装聚氯乙烯护套电力电缆	ZR-YJV22　15kV　三芯　95	km	282266

续表

名　　称	型　号、规　格	单位	价格
阻燃交联乙烯绝缘钢带铠装聚氯乙烯护套电力电缆	ZR-YJV22　15kV　三芯　120	km	345661
阻燃交联乙烯绝缘钢带铠装聚氯乙烯护套电力电缆	ZR-YJV22　15kV　三芯　150	km	456626
阻燃交联乙烯绝缘钢带铠装聚氯乙烯护套电力电缆	ZR-YJV22　15kV　三芯　185	km	475929
阻燃交联乙烯绝缘钢带铠装聚氯乙烯护套电力电缆	ZR-YJV22　15kV　三芯　240	km	610150
阻燃交联乙烯绝缘钢带铠装聚氯乙烯护套电力电缆	ZR-YJV22　15kV　三芯　300	km	759485
阻燃交联乙烯绝缘钢带铠装聚氯乙烯护套电力电缆	ZR-YJV22　35kV　单芯　70	km	94740
阻燃交联乙烯绝缘钢带铠装聚氯乙烯护套电力电缆	ZR-YJV22　35kV　单芯　95	km	137738
阻燃交联乙烯绝缘钢带铠装聚氯乙烯护套电力电缆	ZR-YJV22　35kV　单芯　120	km	155911
阻燃交联乙烯绝缘钢带铠装聚氯乙烯护套电力电缆	ZR-YJV22　35kV　单芯　150	km	161861

续表

名　　称	型　号、规　格	单位	价格
阻燃交联乙烯绝缘钢带铠装聚氯乙烯护套电力电缆	ZR-YJV22　35kV　单芯　185	km	174029
阻燃交联乙烯绝缘钢带铠装聚氯乙烯护套电力电缆	ZR-YJV22　35kV　单芯　240	km	224443
阻燃交联乙烯绝缘钢带铠装聚氯乙烯护套电力电缆	ZR-YJV22　35kV　单芯　300	km	275783
阻燃交联乙烯绝缘钢带铠装聚氯乙烯护套电力电缆	ZR-YJV22　35kV　单芯　400	km	346485
阻燃交联乙烯绝缘钢带铠装聚氯乙烯护套电力电缆	ZR-YJV22　35kV　单芯　630	km	483220
阻燃交联乙烯绝缘钢带铠装聚氯乙烯护套电力电缆	ZR-YJV22　35kV　三芯　50	km	251807
阻燃交联乙烯绝缘钢带铠装聚氯乙烯护套电力电缆	ZR-YJV22　35kV　三芯　70	km	303187
阻燃交联乙烯绝缘钢带铠装聚氯乙烯护套电力电缆	ZR-YJV22　35kV　三芯　95	km	361444
阻燃交联乙烯绝缘钢带铠装聚氯乙烯护套电力电缆	ZR-YJV22　35kV　三芯　120	km	444317

续表

名　　　称	型　号、规　格	单位	价格
阻燃交联乙烯绝缘钢带铠装聚氯乙烯护套电力电缆	ZR-YJV22　35kV　三芯　150	km	535251
阻燃交联乙烯绝缘钢带铠装聚氯乙烯护套电力电缆	ZR-YJV22　35kV　三芯　185	km	560562
阻燃交联乙烯绝缘钢带铠装聚氯乙烯护套电力电缆	ZR-YJV22　35kV　三芯　240	km	714337
阻燃交联乙烯绝缘内细钢丝铠装聚氯乙烯护套电力电缆	ZR-YJV32　10kV　三芯　35	km	167488
阻燃交联乙烯绝缘内细钢丝铠装聚氯乙烯护套电力电缆	ZR-YJV32　10kV　三芯　50	km	194726
阻燃交联乙烯绝缘内细钢丝铠装聚氯乙烯护套电力电缆	ZR-YJV32　10kV　三芯　70	km	224155
阻燃交联乙烯绝缘内细钢丝铠装聚氯乙烯护套电力电缆	ZR-YJV32　10kV　三芯　95	km	280283
阻燃交联乙烯绝缘内细钢丝铠装聚氯乙烯护套电力电缆	ZR-YJV32　10kV　三芯　120	km	345137
阻燃交联乙烯绝缘内细钢丝铠装聚氯乙烯护套电力电缆	ZR-YJV32　10kV　三芯　150	km	418130

续表

名　　　称	型　号、规　格	单位	价格
阻燃交联乙烯绝缘内细钢丝铠装聚氯乙烯护套电力电缆	ZR-YJV32　10kV　三芯　240	km	657390
阻燃交联乙烯绝缘内细钢丝铠装聚氯乙烯护套电力电缆	ZR-YJV32　10kV　三芯　300	km	808069
阻燃交联乙烯绝缘内细钢丝铠装聚氯乙烯护套电力电缆	ZR-YJV32　35kV　三芯　300	km	824619
阻燃交联乙烯绝缘内粗钢丝铠装聚氯乙烯护套电力电缆	ZR-YJV42　10kV　三芯　35	km	168391
阻燃交联乙烯绝缘内粗钢丝铠装聚氯乙烯护套电力电缆	ZR-YJV42　10kV　三芯　50	km	195831
阻燃交联乙烯绝缘内粗钢丝铠装聚氯乙烯护套电力电缆	ZR-YJV42　10kV　三芯　70	km	223932
阻燃交联乙烯绝缘内粗钢丝铠装聚氯乙烯护套电力电缆	ZR-YJV42　10kV　三芯　95	km	281225
阻燃交联乙烯绝缘内粗钢丝铠装聚氯乙烯护套电力电缆	ZR-YJV42　10kV　三芯　120	km	347052
阻燃交联乙烯绝缘内粗钢丝铠装聚氯乙烯护套电力电缆	ZR-YJV42　10kV　三芯　150	km	420550

续表

名　　　称	型　号、规　格	单位	价格
阻燃交联乙烯绝缘内粗钢丝铠装聚氯乙烯护套电力电缆	ZR-YJV42　10kV　三芯　240	km	660527
阻燃交联乙烯绝缘内粗钢丝铠装聚氯乙烯护套电力电缆	ZR-YJV42　10kV　三芯　300	km	812448
阻燃交联乙烯绝缘内粗钢丝铠装聚氯乙烯护套电力电缆	ZR-YJV62　1kV　单芯　10	km	8534
阻燃交联乙烯绝缘内粗钢丝铠装聚氯乙烯护套电力电缆	ZR-YJV62　1kV　单芯　16	km	13604
阻燃交联乙烯绝缘内粗钢丝铠装聚氯乙烯护套电力电缆	ZR-YJV62　1kV　单芯　25	km	19225
阻燃交联乙烯绝缘内粗钢丝铠装聚氯乙烯护套电力电缆	ZR-YJV62　1kV　单芯　35	km	26450
阻燃交联乙烯绝缘内粗钢丝铠装聚氯乙烯护套电力电缆	ZR-YJV62　1kV　单芯　50	km	35547
阻燃交联乙烯绝缘内粗钢丝铠装聚氯乙烯护套电力电缆	ZR-YJV62　1kV　单芯　70	km	51044
阻燃交联乙烯绝缘内粗钢丝铠装聚氯乙烯护套电力电缆	ZR-YJV62　1kV　单芯　95	km	70300

名　　称	型　号、规　格	单位	价　格
阻燃交联乙烯绝缘内粗钢丝铠装聚氯乙烯护套电力电缆	ZR-YJV62　1kV　单芯　120	km	88753
阻燃交联乙烯绝缘内粗钢丝铠装聚氯乙烯护套电力电缆	ZR-YJV62　1kV　单芯　150	km	109289
阻燃交联乙烯绝缘内粗钢丝铠装聚氯乙烯护套电力电缆	ZR-YJV62　1kV　单芯　185	km	136960
阻燃交联乙烯绝缘内粗钢丝铠装聚氯乙烯护套电力电缆	ZR-YJV62　1kV　单芯　240	km	179201
阻燃交联乙烯绝缘内粗钢丝铠装聚氯乙烯护套电力电缆	ZR-YJV62　1kV　单芯　300	km	226093
铜芯聚氯乙烯绝缘及护套耐火电力电缆	NH-VV　1kV　单芯　1.5	km	2742
铜芯聚氯乙烯绝缘及护套耐火电力电缆	NH-VV　1kV　单芯　2.5	km	3971
铜芯聚氯乙烯绝缘及护套耐火电力电缆	NH-VV　1kV　单芯　4	km	5341
铜芯聚氯乙烯绝缘及护套耐火电力电缆	NH-VV　1kV　单芯　6	km	7559
铜芯聚氯乙烯绝缘及护套耐火电力电缆	NH-VV　1kV　单芯　10	km	10777
铜芯聚氯乙烯绝缘及护套耐火电力电缆	NH-VV　1kV　单芯　16	km	16848

续表

名 称	型 号、规 格	单位	价格
铜芯聚氯乙烯绝缘及护套耐火电力电缆	NH-VV 1kV 单芯 25	km	23113
铜芯聚氯乙烯绝缘及护套耐火电力电缆	NH-VV 1kV 单芯 35	km	31390
铜芯聚氯乙烯绝缘及护套耐火电力电缆	NH-VV 1kV 单芯 50	km	38884
铜芯聚氯乙烯绝缘及护套耐火电力电缆	NH-VV 1kV 单芯 70	km	55574
铜芯聚氯乙烯绝缘及护套耐火电力电缆	NH-VV 1kV 单芯 95	km	76250
铜芯聚氯乙烯绝缘及护套耐火电力电缆	NH-VV 1kV 单芯 120	km	96271
铜芯聚氯乙烯绝缘及护套耐火电力电缆	NH-VV 1kV 单芯 150	km	118183
铜芯聚氯乙烯绝缘及护套耐火电力电缆	NH-VV 1kV 单芯 185	km	147372
铜芯聚氯乙烯绝缘及护套耐火电力电缆	NH-VV 1kV 单芯 240	km	191566
铜芯聚氯乙烯绝缘及护套耐火电力电缆	NH-VV 1kV 单芯 300	km	241304
铜芯聚氯乙烯绝缘及护套耐火电力电缆	NH-VV 1kV 单芯 400	km	309835
铜芯聚氯乙烯绝缘及护套耐火电力电缆	NH-VV 1kV 双芯 1.5	km	5650
铜芯聚氯乙烯绝缘及护套耐火电力电缆	NH-VV 1kV 双芯 2.5	km	7869
铜芯聚氯乙烯绝缘及护套耐火电力电缆	NH-VV 1kV 双芯 4	km	11323

名　　称	型　号、规　格	单位	价格
铜芯聚氯乙烯绝缘及护套耐火电力电缆	NH-VV　1kV　双芯　6	km	15838
铜芯聚氯乙烯绝缘及护套耐火电力电缆	NH-VV　1kV　双芯　10	km	22405
铜芯聚氯乙烯绝缘及护套耐火电力电缆	NH-VV　1kV　双芯　16	km	34729
铜芯聚氯乙烯绝缘及护套耐火电力电缆	NH-VV　1kV　双芯　25	km	47581
铜芯聚氯乙烯绝缘及护套耐火电力电缆	NH-VV　1kV　双芯　35	km	64953
铜芯聚氯乙烯绝缘及护套耐火电力电缆	NH-VV　1kV　双芯　50	km	79442
铜芯聚氯乙烯绝缘及护套耐火电力电缆	NH-VV　1kV　双芯　70	km	113202
铜芯聚氯乙烯绝缘及护套耐火电力电缆	NH-VV　1kV　双芯　95	km	155738
铜芯聚氯乙烯绝缘及护套耐火电力电缆	NH-VV　1kV　双芯　120	km	195255
铜芯聚氯乙烯绝缘及护套耐火电力电缆	NH-VV　1kV　双芯　150	km	238132
铜芯聚氯乙烯绝缘及护套耐火电力电缆	NH-VV　1kV　双芯　185	km	297335
铜芯聚氯乙烯绝缘及护套耐火电力电缆	NH-VV　1kV　双芯　240	km	391705
铜芯聚氯乙烯绝缘及护套耐火电力电缆	NH-VV　1kV　三芯　2.5	km	11944
铜芯聚氯乙烯绝缘及护套耐火电力电缆	NH-VV　1kV　三芯　4	km	16137

续表

名　　称	型　号、规　格	单位	价格
铜芯聚氯乙烯绝缘及护套耐火电力电缆	NH-VV　1kV　三芯　6	km	22862
铜芯聚氯乙烯绝缘及护套耐火电力电缆	NH-VV　1kV　三芯　10	km	32609
铜芯聚氯乙烯绝缘及护套耐火电力电缆	NH-VV　1kV　三芯　16	km	51122
铜芯聚氯乙烯绝缘及护套耐火电力电缆	NH-VV　1kV　三芯　25	km	70190
铜芯聚氯乙烯绝缘及护套耐火电力电缆	NH-VV　1kV　三芯　35	km	95824
铜芯聚氯乙烯绝缘及护套耐火电力电缆	NH-VV　1kV　三芯　50	km	117641
铜芯聚氯乙烯绝缘及护套耐火电力电缆	NH-VV　1kV　三芯　70	km	166626
铜芯聚氯乙烯绝缘及护套耐火电力电缆	NH-VV　1kV　三芯　95	km	231332
铜芯聚氯乙烯绝缘及护套耐火电力电缆	NH-VV　1kV　三芯　120	km	290691
铜芯聚氯乙烯绝缘及护套耐火电力电缆	NH-VV　1kV　三芯　150	km	354730
铜芯聚氯乙烯绝缘及护套耐火电力电缆	NH-VV　1kV　三芯　185	km	446113
铜芯聚氯乙烯绝缘及护套耐火电力电缆	NH-VV　1kV　三芯　240	km	584294
铜芯聚氯乙烯绝缘及护套耐火电力电缆	NH-VV　1kV　三芯　300	km	735195
铜芯聚氯乙烯绝缘及护套耐火电力电缆	NH-VV　1kV　三芯　400	km	935287

续表

名　　称	型　号、规　格	单位	价格
铜芯聚氯乙烯绝缘及护套耐火电力电缆	NH-VV　1kV　三芯接地　4	km	19295
铜芯聚氯乙烯绝缘及护套耐火电力电缆	NH-VV　1kV　三芯接地　6	km	27748
铜芯聚氯乙烯绝缘及护套耐火电力电缆	NH-VV　1kV　三芯接地　10	km	38990
铜芯聚氯乙烯绝缘及护套耐火电力电缆	NH-VV　1kV　三芯接地　16	km	55448
铜芯聚氯乙烯绝缘及护套耐火电力电缆	NH-VV　1kV　三芯接地　25	km	84949
铜芯聚氯乙烯绝缘及护套耐火电力电缆	NH-VV　1kV　三芯接地　35	km	110512
铜芯聚氯乙烯绝缘及护套耐火电力电缆	NH-VV　1kV　三芯接地　50	km	138450
铜芯聚氯乙烯绝缘及护套耐火电力电缆	NH-VV　1kV　三芯接地　70	km	194749
铜芯聚氯乙烯绝缘及护套耐火电力电缆	NH-VV　1kV　三芯接地　95	km	267689
铜芯聚氯乙烯绝缘及护套耐火电力电缆	NH-VV　1kV　三芯接地　120	km	345556
铜芯聚氯乙烯绝缘及护套耐火电力电缆	NH-VV　1kV　三芯接地　150	km	412755
铜芯聚氯乙烯绝缘及护套耐火电力电缆	NH-VV　1kV　三芯接地　185	km	522686
铜芯聚氯乙烯绝缘及护套耐火电力电缆	NH-VV　1kV　四芯　4	km	21095
铜芯聚氯乙烯绝缘及护套耐火电力电缆	NH-VV　1kV　四芯　6	km	29990

续表

名　　称	型　号、规　格	单位	价格
铜芯聚氯乙烯绝缘及护套耐火电力电缆	NH-VV　1kV　四芯　10	km	43002
铜芯聚氯乙烯绝缘及护套耐火电力电缆	NH-VV　1kV　四芯　16	km	67502
铜芯聚氯乙烯绝缘及护套耐火电力电缆	NH-VV　1kV　四芯　25	km	92706
铜芯聚氯乙烯绝缘及护套耐火电力电缆	NH-VV　1kV　四芯　35	km	126824
铜芯聚氯乙烯绝缘及护套耐火电力电缆	NH-VV　1kV　四芯　50	km	156401
铜芯聚氯乙烯绝缘及护套耐火电力电缆	NH-VV　1kV　四芯　70	km	221422
铜芯聚氯乙烯绝缘及护套耐火电力电缆	NH-VV　1kV　四芯　95	km	307029
铜芯聚氯乙烯绝缘及护套耐火电力电缆	NH-VV　1kV　四芯　120	km	386308
铜芯聚氯乙烯绝缘及护套耐火电力电缆	NH-VV　1kV　四芯　150	km	475614
铜芯聚氯乙烯绝缘及护套耐火电力电缆	NH-VV　1kV　四芯　185	km	595024
铜芯聚氯乙烯绝缘及护套钢带铠装耐火电力电缆	NH-VV22　1kV　双芯　2.5	km	8657
铜芯聚氯乙烯绝缘及护套钢带铠装耐火电力电缆	NH-VV22　1kV　双芯　4	km	12460
铜芯聚氯乙烯绝缘及护套钢带铠装耐火电力电缆	NH-VV22　1kV　双芯　6	km	17423

续表

名　　称	型　号、规　格	单位	价格
铜芯聚氯乙烯绝缘及护套钢带铠装耐火电力电缆	NH-VV22　1kV　双芯　10	km	24575
铜芯聚氯乙烯绝缘及护套钢带铠装耐火电力电缆	NH-VV22　1kV　双芯　16	km	37960
铜芯聚氯乙烯绝缘及护套钢带铠装耐火电力电缆	NH-VV22　1kV　双芯　25	km	52398
铜芯聚氯乙烯绝缘及护套钢带铠装耐火电力电缆	NH-VV22　1kV　双芯　35	km	71415
铜芯聚氯乙烯绝缘及护套钢带铠装耐火电力电缆	NH-VV22　1kV　双芯　50	km	87383
铜芯聚氯乙烯绝缘及护套钢带铠装耐火电力电缆	NH-VV22　1kV　双芯　70	km	124405
铜芯聚氯乙烯绝缘及护套钢带铠装耐火电力电缆	NH-VV22　1kV　双芯　95	km	169728
铜芯聚氯乙烯绝缘及护套钢带铠装耐火电力电缆	NH-VV22　1kV　双芯　120	km	214901
铜芯聚氯乙烯绝缘及护套钢带铠装耐火电力电缆	NH-VV22　1kV　双芯　150	km	264267

续表

名　　称	型号、规格	单位	价格
铜芯聚氯乙烯绝缘及护套钢带铠装耐火电力电缆	NH-VV22　1kV　双芯　185	km	329860
铜芯聚氯乙烯绝缘及护套钢带铠装耐火电力电缆	NH-VV22　1kV　双芯　240	km	430536
铜芯聚氯乙烯绝缘及护套钢带铠装耐火电力电缆	NH-VV22　1kV　三芯　4	km	17771
铜芯聚氯乙烯绝缘及护套钢带铠装耐火电力电缆	NH-VV22　1kV　三芯　6	km	25143
铜芯聚氯乙烯绝缘及护套钢带铠装耐火电力电缆	NH-VV22　1kV　三芯　10	km	35909
铜芯聚氯乙烯绝缘及护套钢带铠装耐火电力电缆	NH-VV22　1kV　三芯　16	km	56193
铜芯聚氯乙烯绝缘及护套钢带铠装耐火电力电缆	NH-VV22　1kV　三芯　25	km	77106
铜芯聚氯乙烯绝缘及护套钢带铠装耐火电力电缆	NH-VV22　1kV　三芯　35	km	105199
铜芯聚氯乙烯绝缘及护套钢带铠装耐火电力电缆	NH-VV22　1kV　三芯　50	km	129229

续表

名　称	型　号、规　格	单位	价格
铜芯聚氯乙烯绝缘及护套钢带铠装耐火电力电缆	NH-VV22　1kV　三芯　70	km	184430
铜芯聚氯乙烯绝缘及护套钢带铠装耐火电力电缆	NH-VV22　1kV　三芯　95	km	254610
铜芯聚氯乙烯绝缘及护套钢带铠装耐火电力电缆	NH-VV22　1kV　三芯　120	km	319377
铜芯聚氯乙烯绝缘及护套钢带铠装耐火电力电缆	NH-VV22　1kV　三芯　150	km	393147
铜芯聚氯乙烯绝缘及护套钢带铠装耐火电力电缆	NH-VV22　1kV　三芯　185	km	490439
铜芯聚氯乙烯绝缘及护套钢带铠装耐火电力电缆	NH-VV22　1kV　三芯　240	km	642825
铜芯聚氯乙烯绝缘及护套钢带铠装耐火电力电缆	NH-VV22　1kV　三芯接地　4	km	21049
铜芯聚氯乙烯绝缘及护套钢带铠装耐火电力电缆	NH-VV22　1kV　三芯接地　6	km	30538
铜芯聚氯乙烯绝缘及护套钢带铠装耐火电力电缆	NH-VV22　1kV　三芯接地　10	km	42900

续表

名　　称	型　号、规　格	单位	价格
铜芯聚氯乙烯绝缘及护套钢带铠装耐火电力电缆	NH-VV22　1kV　三芯接地　16	km	60999
铜芯聚氯乙烯绝缘及护套钢带铠装耐火电力电缆	NH-VV22　1kV　三芯接地　25	km	92722
铜芯聚氯乙烯绝缘及护套钢带铠装耐火电力电缆	NH-VV22　1kV　三芯接地　35	km	121756
铜芯聚氯乙烯绝缘及护套钢带铠装耐火电力电缆	NH-VV22　1kV　三芯接地　50	km	152257
铜芯聚氯乙烯绝缘及护套钢带铠装耐火电力电缆	NH-VV22　1kV　三芯接地　70	km	214279
铜芯聚氯乙烯绝缘及护套钢带铠装耐火电力电缆	NH-VV22　1kV　三芯接地　95	km	296282
铜芯聚氯乙烯绝缘及护套钢带铠装耐火电力电缆	NH-VV22　1kV　三芯接地　120	km	380415
铜芯聚氯乙烯绝缘及护套钢带铠装耐火电力电缆	NH-VV22　1kV　三芯接地　150	km	452800
铜芯聚氯乙烯绝缘及护套钢带铠装耐火电力电缆	NH-VV22　1kV　三芯接地　185	km	574059

续表

名　称	型　号、规　格	单位	价格
铜芯聚氯乙烯绝缘及护套钢带铠装耐火电力电缆	NH-VV22　1kV　四芯　4	km	23128
铜芯聚氯乙烯绝缘及护套钢带铠装耐火电力电缆	NH-VV22　1kV　四芯　6	km	32956
铜芯聚氯乙烯绝缘及护套钢带铠装耐火电力电缆	NH-VV22　1kV　四芯　10	km	47261
铜芯聚氯乙烯绝缘及护套钢带铠装耐火电力电缆	NH-VV22　1kV　四芯　16	km	74210
铜芯聚氯乙烯绝缘及护套钢带铠装耐火电力电缆	NH-VV22　1kV　四芯　25	km	101304
铜芯聚氯乙烯绝缘及护套钢带铠装耐火电力电缆	NH-VV22　1kV　四芯　35	km	139908
铜芯聚氯乙烯绝缘及护套钢带铠装耐火电力电缆	NH-VV22　1kV　四芯　50	km	171966
铜芯聚氯乙烯绝缘及护套钢带铠装耐火电力电缆	NH-VV22　1kV　四芯　70	km	245407
铜芯聚氯乙烯绝缘及护套钢带铠装耐火电力电缆	NH-VV22　1kV　四芯　95	km	337809

续表

名　　称	型　号、规　格	单位	价格
铜芯聚氯乙烯绝缘及护套钢带铠装耐火电力电缆	NH-VV22　1kV　四芯　120	km	425741
铜芯聚氯乙烯绝缘及护套钢带铠装耐火电力电缆	NH-VV22　1kV　四芯　150	km	519311
铜芯聚氯乙烯绝缘及护套钢带铠装耐火电力电缆	NH-VV22　1kV　四芯　185	km	652829
交联聚乙烯绝缘聚氯乙烯护套耐火电力电缆	NH-YJV　1kV　单芯　2.5	km	3413
交联聚乙烯绝缘聚氯乙烯护套耐火电力电缆	NH-YJV　1kV　单芯　4	km	4882
交联聚乙烯绝缘聚氯乙烯护套耐火电力电缆	NH-YJV　1kV　单芯　6	km	6933
交联聚乙烯绝缘聚氯乙烯护套耐火电力电缆	NH-YJV　1kV　单芯　10	km	11028
交联聚乙烯绝缘聚氯乙烯护套耐火电力电缆	NH-YJV　1kV　单芯　16	km	13118
交联聚乙烯绝缘聚氯乙烯护套耐火电力电缆	NH-YJV　1kV　单芯　25	km	19842
交联聚乙烯绝缘聚氯乙烯护套耐火电力电缆	NH-YJV　1kV　单芯　35	km	27112
交联聚乙烯绝缘聚氯乙烯护套耐火电力电缆	NH-YJV　1kV　单芯　50	km	32100
交联聚乙烯绝缘聚氯乙烯护套耐火电力电缆	NH-YJV　1kV　单芯　70	km	46838

名　　称	型　号、规　格	单位	价格
交联聚乙烯绝缘聚氯乙烯护套耐火电力电缆	NH-YJV　1kV　单芯　95	km	70947
交联聚乙烯绝缘聚氯乙烯护套耐火电力电缆	NH-YJV　1kV　单芯　120	km	81043
交联聚乙烯绝缘聚氯乙烯护套耐火电力电缆	NH-YJV　1kV　单芯　150	km	110897
交联聚乙烯绝缘聚氯乙烯护套耐火电力电缆	NH-YJV　1kV　单芯　185	km	138352
交联聚乙烯绝缘聚氯乙烯护套耐火电力电缆	NH-YJV　1kV　双芯　2.5	km	11060
交联聚乙烯绝缘聚氯乙烯护套耐火电力电缆	NH-YJV　1kV　双芯　4	km	15422
交联聚乙烯绝缘聚氯乙烯护套耐火电力电缆	NH-YJV　1kV　双芯　6	km	16337
交联聚乙烯绝缘聚氯乙烯护套耐火电力电缆	NH-YJV　1kV　双芯　10	km	25662
交联聚乙烯绝缘聚氯乙烯护套耐火电力电缆	NH-YJV　1kV　双芯　16	km	32315
交联聚乙烯绝缘聚氯乙烯护套耐火电力电缆	NH-YJV　1kV　双芯　25	km	40634
交联聚乙烯绝缘聚氯乙烯护套耐火电力电缆	NH-YJV　1kV　双芯　35	km	55138
交联聚乙烯绝缘聚氯乙烯护套耐火电力电缆	NH-YJV　1kV　双芯　50	km	74223
交联聚乙烯绝缘聚氯乙烯护套耐火电力电缆	NH-YJV　1kV　双芯　70	km	104974
交联聚乙烯绝缘聚氯乙烯护套耐火电力电缆	NH-YJV　1kV　双芯　95	km	145286

续表

名　　称	型　号、规　格	单位	价格
交联聚乙烯绝缘聚氯乙烯护套耐火电力电缆	NH-YJV　1kV　双芯　120	km	156519
交联聚乙烯绝缘聚氯乙烯护套耐火电力电缆	NH-YJV　1kV　双芯　150	km	224682
交联聚乙烯绝缘聚氯乙烯护套内钢带铠装耐火电力电缆	NH-YJV22　1kV　三芯　4	km	20853
交联聚乙烯绝缘聚氯乙烯护套内钢带铠装耐火电力电缆	NH-YJV22　1kV　三芯　6	km	25541
交联聚乙烯绝缘聚氯乙烯护套内钢带铠装耐火电力电缆	NH-YJV22　1kV　三芯　10	km	39880
交联聚乙烯绝缘聚氯乙烯护套内钢带铠装耐火电力电缆	NH-YJV22　1kV　三芯　16	km	55279
交联聚乙烯绝缘聚氯乙烯护套内钢带铠装耐火电力电缆	NH-YJV22　1kV　三芯　25	km	74506
交联聚乙烯绝缘聚氯乙烯护套内钢带铠装耐火电力电缆	NH-YJV22　1kV　三芯　35	km	93374
交联聚乙烯绝缘聚氯乙烯护套内钢带铠装耐火电力电缆	NH-YJV22　1kV　三芯　50	km	123518
交联聚乙烯绝缘聚氯乙烯护套内钢带铠装耐火电力电缆	NH-YJV22　1kV　三芯　70	km	176645

名　　称	型　号、规　格	单位	价格
交联聚乙烯绝缘聚氯乙烯护套内钢带铠装耐火电力电缆	NH-YJV22　1kV　三芯　95	km	245427
交联聚乙烯绝缘聚氯乙烯护套内钢带铠装耐火电力电缆	NH-YJV22　1kV　三芯　120	km	306111
交联聚乙烯绝缘聚氯乙烯护套内钢带铠装耐火电力电缆	NH-YJV22　1kV　三芯　150	km	378680
交联聚乙烯绝缘聚氯乙烯护套内钢带铠装耐火电力电缆	NH-YJV22　1kV　三芯　185	km	471223
交联聚乙烯绝缘聚氯乙烯护套内钢带铠装耐火电力电缆	NH-YJV22　1kV　三芯接地　4	km	24801
交联聚乙烯绝缘聚氯乙烯护套内钢带铠装耐火电力电缆	NH-YJV22　1kV　三芯接地　6	km	30838
交联聚乙烯绝缘聚氯乙烯护套内钢带铠装耐火电力电缆	NH-YJV22　1kV　三芯接地　10	km	47229
交联聚乙烯绝缘聚氯乙烯护套内钢带铠装耐火电力电缆	NH-YJV22　1kV　三芯接地　16	km	65969
交联聚乙烯绝缘聚氯乙烯护套内钢带铠装耐火电力电缆	NH-YJV22　1kV　三芯接地　25	km	90600

续表

名　　　称	型 号、规 格	单位	价格
交联聚乙烯绝缘聚氯乙烯护套内钢带铠装耐火电力电缆	NH-YJV22　1kV　三芯接地　35	km	107445
交联聚乙烯绝缘聚氯乙烯护套内钢带铠装耐火电力电缆	NH-YJV22　1kV　三芯接地　50	km	145630
交联聚乙烯绝缘聚氯乙烯护套内钢带铠装耐火电力电缆	NH-YJV22　1kV　三芯接地　70	km	206245
交联聚乙烯绝缘聚氯乙烯护套内钢带铠装耐火电力电缆	NH-YJV22　1kV　三芯接地　95	km	283184
交联聚乙烯绝缘聚氯乙烯护套内钢带铠装耐火电力电缆	NH-YJV22　1kV　三芯接地　120	km	365245
交联聚乙烯绝缘聚氯乙烯护套内钢带铠装耐火电力电缆	NH-YJV22　1kV　三芯接地　150	km	434745
交联聚乙烯绝缘聚氯乙烯护套内钢带铠装耐火电力电缆	NH-YJV22　1kV　三芯接地　185	km	549093
交联聚乙烯绝缘聚氯乙烯护套内钢带铠装耐火电力电缆	NH-YJV22　1kV　三芯接地　240	km	712087
交联聚乙烯绝缘聚氯乙烯护套内钢带铠装耐火电力电缆	NH-YJV22　1kV　四芯　4	km	26807

续表

名　　称	型　号、规　格	单位	价格
交联聚乙烯绝缘聚氯乙烯护套内钢带铠装耐火电力电缆	NH-YJV22　1kV　四芯　6	km	33229
交联聚乙烯绝缘聚氯乙烯护套内钢带铠装耐火电力电缆	NH-YJV22　1kV　四芯　10	km	51883
交联聚乙烯绝缘聚氯乙烯护套内钢带铠装耐火电力电缆	NH-YJV22　1kV　四芯　16	km	71811
交联聚乙烯绝缘聚氯乙烯护套内钢带铠装耐火电力电缆	NH-YJV22　1kV　四芯　25	km	98762
交联聚乙烯绝缘聚氯乙烯护套内钢带铠装耐火电力电缆	NH-YJV22　1kV　四芯　35	km	122937
交联聚乙烯绝缘聚氯乙烯护套内钢带铠装耐火电力电缆	NH-YJV22　1kV　四芯　50	km	164462
交联聚乙烯绝缘聚氯乙烯护套内钢带铠装耐火电力电缆	NH-YJV22　1kV　四芯　70	km	237720
交联聚乙烯绝缘聚氯乙烯护套内钢带铠装耐火电力电缆	NH-YJV22　1kV　四芯　95	km	324348
交联聚乙烯绝缘聚氯乙烯护套内钢带铠装耐火电力电缆	NH-YJV22　1kV　四芯　120	km	408977

名 称	型 号、规 格	单位	价格
交联聚乙烯绝缘聚氯乙烯护套内钢带铠装耐火电力电缆	NH-YJV22　1kV　四芯　150	km	501872
交联聚乙烯绝缘聚氯乙烯护套内钢带铠装耐火电力电缆	NH-YJV22　1kV　四芯　185	km	625181
交联聚乙烯绝缘聚氯乙烯护套内钢带铠装耐火电力电缆	NH-YJV22　1kV　四芯　240	km	815289
无卤低烟阻燃电力电缆	0.6/1kV　WDZ-GYJS（F）　单芯　2.5	km	9316
无卤低烟阻燃电力电缆	0.6/1kV　WDZ-GYJS（F）　单芯　4	km	11667
无卤低烟阻燃电力电缆	0.6/1kV　WDZ-GYJS（F）　单芯　6	km	15025
无卤低烟阻燃电力电缆	0.6/1kV　WDZ-GYJS（F）　单芯　10	km	21138
无卤低烟阻燃电力电缆	0.6/1kV　WDZ-GYJS（F）　单芯　16	km	28522
无卤低烟阻燃电力电缆	0.6/1kV　WDZ-GYJS（F）　单芯　25	km	42156
无卤低烟阻燃电力电缆	0.6/1kV　WDZ-GYJS（F）　单芯　35	km	54819
无卤低烟阻燃电力电缆	0.6/1kV　WDZ-GYJS（F）　单芯　50	km	71960
无卤低烟阻燃电力电缆	0.6/1kV　WDZ-GYJS（F）　单芯　70	km	100106
无卤低烟阻燃电力电缆	0.6/1kV　WDZ-GYJS（F）　单芯　95	km	133846

续表

名　　称	型　号、规　格	单位	价格
无卤低烟阻燃电力电缆	0.6/1kV　WDZ-GYJS（F）　单芯　120	km	166676
无卤低烟阻燃电力电缆	0.6/1kV　WDZ-GYJS（F）　单芯　150	km	204933
无卤低烟阻燃电力电缆	0.6/1kV　WDZ-GYJS（F）　单芯　185	km	251873
无卤低烟阻燃电力电缆	0.6/1kV　WDZ-GYJS（F）　单芯　240	km	323698
无卤低烟阻燃电力电缆	0.6/1kV　WDZ-GYJS（F）　双芯　2.5	km	11776
无卤低烟阻燃电力电缆	0.6/1kV　WDZ-GYJS（F）　双芯　4	km	25818
无卤低烟阻燃电力电缆	0.6/1kV　WDZ-GYJS（F）　双芯　6	km	32766
无卤低烟阻燃电力电缆	0.6/1kV　WDZ-GYJS（F）　双芯　10	km	45662
无卤低烟阻燃电力电缆	0.6/1kV　WDZ-GYJS（F）　双芯　16	km	61166
无卤低烟阻燃电力电缆	0.6/1kV　WDZ-GYJS（F）　双芯　25	km	88787
无卤低烟阻燃电力电缆	0.6/1kV　WDZ-GYJS（F）　双芯　35	km	115592
无卤低烟阻燃电力电缆	0.6/1kV　WDZ-GYJS（F）　双芯　50	km	151354
无卤低烟阻燃电力电缆	0.6/1kV　WDZ-GYJS（F）　双芯　70	km	209677
无卤低烟阻燃电力电缆	0.6/1kV　WDZ-GYJS（F）　双芯　95	km	279981

续表

名　　称	型　号、规　格	单位	价格
无卤低烟阻燃电力电缆	0.6/1kV　WDZ-GYJS（F）　双芯　120	km	348297
无卤低烟阻燃电力电缆	0.6/1kV　WDZ-GYJS（F）　双芯　150	km	423929
无卤低烟阻燃电力电缆	0.6/1kV　WDZ-GYJS（F）　双芯　185	km	525031
无卤低烟阻燃电力电缆	0.6/1kV　WDZ-GYJS（F）　双芯　240	km	679033
无卤低烟阻燃电力电缆	0.6/1kV　WDZ-GYJS（F）　三芯　2.5	km	26161
无卤低烟阻燃电力电缆	0.6/1kV　WDZ-GYJS（F）　三芯　4	km	33738
无卤低烟阻燃电力电缆	0.6/1kV　WDZ-GYJS（F）　三芯　6	km	43711
无卤低烟阻燃电力电缆	0.6/1kV　WDZ-GYJS（F）　三芯　10	km	61772
无卤低烟阻燃电力电缆	0.6/1kV　WDZ-GYJS（F）　三芯　16	km	83585
无卤低烟阻燃电力电缆	0.6/1kV　WDZ-GYJS（F）　三芯　25	km	124147
无卤低烟阻燃电力电缆	0.6/1kV　WDZ-GYJS（F）　三芯　35	km	161862
无卤低烟阻燃电力电缆	0.6/1kV　WDZ-GYJS（F）　三芯　50	km	213633
无卤低烟阻燃电力电缆	0.6/1kV　WDZ-GYJS（F）　三芯　70	km	302327
无卤低烟阻燃电力电缆	0.6/1kV　WDZ-GYJS（F）　三芯　95	km	403067

续表

名　称	型 号、规 格	单位	价格
无卤低烟阻燃电力电缆	0.6/1kV　WDZ-GYJS（F）　三芯　120	km	502358
无卤低烟阻燃电力电缆	0.6/1kV　WDZ-GYJS（F）　三芯　150	km	620569
无卤低烟阻燃电力电缆	0.6/1kV　WDZ-GYJS（F）　三芯　185	km	762923
无卤低烟阻燃电力电缆	0.6/1kV　WDZ-GYJS（F）　三芯　240	km	985768
无卤低烟阻燃电力电缆	0.6/1kV　WDZ-GYJS（F）　四芯　4	km	42115
无卤低烟阻燃电力电缆	0.6/1kV　WDZ-GYJS（F）　四芯　6	km	54986
无卤低烟阻燃电力电缆	0.6/1kV　WDZ-GYJS（F）　四芯　10	km	78835
无卤低烟阻燃电力电缆	0.6/1kV　WDZ-GYJS（F）　四芯　16	km	108465
无卤低烟阻燃电力电缆	0.6/1kV　WDZ-GYJS（F）　四芯　25	km	162301
无卤低烟阻燃电力电缆	0.6/1kV　WDZ-GYJS（F）　四芯　35	km	212148
无卤低烟阻燃电力电缆	0.6/1kV　WDZ-GYJS（F）　四芯　50	km	280216
无卤低烟阻燃电力电缆	0.6/1kV　WDZ-GYJS（F）　四芯　70	km	396261
无卤低烟阻燃电力电缆	0.6/1kV　WDZ-GYJS（F）　四芯　95	km	529756
无卤低烟阻燃电力电缆	0.6/1kV　WDZ-GYJS（F）　四芯　120	km	664261

续表

名　　称	型　号、规　格	单位	价格
无卤低烟阻燃电力电缆	0.6/1kV　WDZ-GYJS（F）　四芯　150	km	816462
无卤低烟阻燃电力电缆	0.6/1kV　WDZ-GYJS（F）　四芯　185	km	1007851
无卤低烟阻燃电力电缆	0.6/1kV　WDZ-GYJS（F）　四芯　240	km	1307512
控制电缆			
铜芯聚氯乙烯护套控制电缆	KXV　500V　四芯　0.5	km	5504
铜芯聚氯乙烯护套控制电缆	KXV　500V　四芯　1.5	km	7878
铜芯聚氯乙烯护套控制电缆	KXV　500V　四芯　2.5	km	10466
铜芯聚氯乙烯护套控制电缆	KXV　500V　四芯　4	km	13125
铜芯聚氯乙烯护套控制电缆	KXV　500V　四芯　6	km	19520
铜芯聚氯乙烯护套控制电缆	KXV　500V　四芯　10	km	30573
铜芯聚氯乙烯护套控制电缆	KXV　500V　五芯　0.5	km	6169
铜芯聚氯乙烯护套控制电缆	KXV　500V　五芯　1.5	km	9165
铜芯聚氯乙烯护套控制电缆	KXV　500V　五芯　2.5	km	12137
铜芯聚氯乙烯护套控制电缆	KXV　500V　六芯　0.5	km	6783

名　　　称	型　号、规　格	单位	价格
铜芯聚氯乙烯护套控制电缆	KXV　500V　六芯　1.5	km	10180
铜芯聚氯乙烯护套控制电缆	KXV　500V　六芯　2.5	km	14678
铜芯聚氯乙烯护套控制电缆	KXV　500V　六芯　4	km	18909
铜芯聚氯乙烯护套控制电缆	KXV　500V　六芯　6	km	29368
铜芯聚氯乙烯护套控制电缆	KXV　500V　六芯　10	km	45239
铜芯聚氯乙烯护套控制电缆	KXV　500V　七芯　0.5	km	7474
铜芯聚氯乙烯护套控制电缆	KXV　500V　七芯　1.5	km	11517
铜芯聚氯乙烯护套控制电缆	KXV　500V　七芯　2.5	km	16873
铜芯聚氯乙烯护套控制电缆	KXV　500V　七芯　4	km	24692
铜芯聚氯乙烯护套控制电缆	KXV　500V　七芯　6	km	35903
铜芯聚氯乙烯护套控制电缆	KXV　500V　七芯　10	km	51580
铜芯聚氯乙烯护套控制电缆	KXV　500V　八芯　0.5	km	8198
铜芯聚氯乙烯护套控制电缆	KXV　500V　八芯　1.5	km	13338
铜芯聚氯乙烯护套控制电缆	KXV　500V　八芯　2.5	km	18178

续表

名　称	型号、规格	单位	价格
铜芯聚氯乙烯护套控制电缆	KXV　500V　八芯　4	km	29025
铜芯聚氯乙烯护套控制电缆	KXV　500V　八芯　6	km	37072
铜芯聚氯乙烯护套控制电缆	KXV　500V　八芯　10	km	61517
铜芯聚氯乙烯护套控制电缆	KXV　500V　十芯　0.5	km	10309
铜芯聚氯乙烯护套控制电缆	KXV　500V　十芯　1.5	km	18607
铜芯聚氯乙烯护套控制电缆	KXV　500V　十芯　2.5	km	24605
铜芯聚氯乙烯护套控制电缆	KXV　500V　十芯　4	km	31603
铜芯聚氯乙烯护套控制电缆	KXV　500V　十芯　6	km	47023
铜芯聚氯乙烯护套控制电缆	KXV　500V　十芯　10	km	75522
铜芯聚氯乙烯护套控制电缆	KXV　500V　十四芯　0.5	km	12343
铜芯聚氯乙烯护套控制电缆	KXV　500V　十四芯　1.5	km	22629
铜芯聚氯乙烯护套控制电缆	KXV　500V　十四芯　2.5	km	32490
铜芯聚氯乙烯护套控制电缆	KXV　500V　十四芯　4	km	43313
铜芯聚氯乙烯护套控制电缆	KXV　500V　十九芯　0.5	km	15897

续表

名　称	型 号 、 规 格	单位	价格
铜芯聚氯乙烯护套控制电缆	KXV　500V　十九芯　1.5	km	31752
铜芯聚氯乙烯护套控制电缆	KXV　500V　十九芯　2.5	km	40535
铜芯聚氯乙烯护套控制电缆	KXV　500V　二十四芯　0.5	km	21600
铜芯聚氯乙烯护套控制电缆	KXV　500V　二十四芯　1.5	km	39964
铜芯聚氯乙烯护套控制电缆	KXV　500V　二十四芯　2.5	km	50350
铜芯聚氯乙烯护套控制电缆	KXV　500V　三十芯　0.5	km	25370
铜芯聚氯乙烯护套控制电缆	KXV　500V　三十芯　1.5	km	45051
铜芯聚氯乙烯护套控制电缆	KXV　500V　三十芯　2.5	km	61242
铜芯聚氯乙烯护套控制电缆	KXV　500V　三十七芯　0.5	km	30723
铜芯聚氯乙烯护套控制电缆	KXV　500V　三十七芯　1.5	km	49224
铜芯聚氯乙烯护套控制电缆	KXV　500V　三十七芯　2.5	km	72266
铜芯聚氯乙烯绝缘及护套阻燃控制电缆	ZR-KVV　500V　双芯　1	km	2314
铜芯聚氯乙烯绝缘及护套阻燃控制电缆	ZR-KVV　500V　双芯　1.5	km	3208
铜芯聚氯乙烯绝缘及护套阻燃控制电缆	ZR-KVV　500V　双芯　2.5	km	4992

续表

名 称	型 号、规 格	单位	价格
铜芯聚氯乙烯绝缘及护套阻燃控制电缆	ZR-KVV 500V 双芯 4	km	7609
铜芯聚氯乙烯绝缘及护套阻燃控制电缆	ZR-KVV 500V 双芯 6	km	11077
铜芯聚氯乙烯绝缘及护套阻燃控制电缆	ZR-KVV 500V 双芯 10	km	19161
铜芯聚氯乙烯绝缘及护套阻燃控制电缆	ZR-KVV 500V 双芯 16	km	21321
铜芯聚氯乙烯绝缘及护套阻燃控制电缆	ZR-KVV 500V 四芯 0.75	km	3334
铜芯聚氯乙烯绝缘及护套阻燃控制电缆	ZR-KVV 500V 四芯 1	km	4197
铜芯聚氯乙烯绝缘及护套阻燃控制电缆	ZR-KVV 500V 四芯 1.5	km	5938
铜芯聚氯乙烯绝缘及护套阻燃控制电缆	ZR-KVV 500V 四芯 2.5	km	9397
铜芯聚氯乙烯绝缘及护套阻燃控制电缆	ZR-KVV 500V 四芯 4	km	14526
铜芯聚氯乙烯绝缘及护套阻燃控制电缆	ZR-KVV 500V 四芯 6	km	21548
铜芯聚氯乙烯绝缘及护套阻燃控制电缆	ZR-KVV 500V 四芯 10	km	34304
铜芯聚氯乙烯绝缘及护套阻燃控制电缆	ZR-KVV 500V 五芯 0.75	km	4085
铜芯聚氯乙烯绝缘及护套阻燃控制电缆	ZR-KVV 500V 五芯 1	km	5158
铜芯聚氯乙烯绝缘及护套阻燃控制电缆	ZR-KVV 500V 五芯 1.5	km	7358

续表

名　　称	型号、规格	单位	价格
铜芯聚氯乙烯绝缘及护套阻燃控制电缆	ZR-KVV　500V　五芯　2.5	km	11611
铜芯聚氯乙烯绝缘及护套阻燃控制电缆	ZR-KVV　500V　五芯　4	km	18224
铜芯聚氯乙烯绝缘及护套阻燃控制电缆	ZR-KVV　500V　五芯　6	km	26667
铜芯聚氯乙烯绝缘及护套阻燃控制电缆	ZR-KVV　500V　五芯　10	km	39082
铜芯聚氯乙烯绝缘及护套阻燃控制电缆	ZR-KVV　500V　六芯　1	km	5905
铜芯聚氯乙烯绝缘及护套阻燃控制电缆	ZR-KVV　500V　六芯　1.5	km	9110
铜芯聚氯乙烯绝缘及护套阻燃控制电缆	ZR-KVV　500V　六芯　2.5	km	13975
铜芯聚氯乙烯绝缘及护套阻燃控制电缆	ZR-KVV　500V　六芯　4	km	22252
铜芯聚氯乙烯绝缘及护套阻燃控制电缆	ZR-KVV　500V　六芯　6	km	31444
铜芯聚氯乙烯绝缘及护套阻燃控制电缆	ZR-KVV　500V　六芯　10	km	52132
铜芯聚氯乙烯绝缘及护套阻燃控制电缆	ZR-KVV　500V　七芯　0.75	km	5530
铜芯聚氯乙烯绝缘及护套阻燃控制电缆	ZR-KVV　500V　七芯　1	km	7024
铜芯聚氯乙烯绝缘及护套阻燃控制电缆	ZR-KVV　500V　七芯　1.5	km	9948
铜芯聚氯乙烯绝缘及护套阻燃控制电缆	ZR-KVV　500V　七芯　2.5	km	16144

续表

名　　称	型　号、规　格	单位	价格
铜芯聚氯乙烯绝缘及护套阻燃控制电缆	ZR-KVV　500V　七芯　4	km	25116
铜芯聚氯乙烯绝缘及护套阻燃控制电缆	ZR-KVV　500V　七芯　6	km	36827
铜芯聚氯乙烯绝缘及护套阻燃控制电缆	ZR-KVV　500V　七芯　10	km	54570
铜芯聚氯乙烯绝缘及护套阻燃控制电缆	ZR-KVV　500V　八芯　0.75	km	6275
铜芯聚氯乙烯绝缘及护套阻燃控制电缆	ZR-KVV　500V　八芯　1	km	7973
铜芯聚氯乙烯绝缘及护套阻燃控制电缆	ZR-KVV　500V　八芯　1.5	km	11329
铜芯聚氯乙烯绝缘及护套阻燃控制电缆	ZR-KVV　500V　八芯　2.5	km	18421
铜芯聚氯乙烯绝缘及护套阻燃控制电缆	ZR-KVV　500V　八芯　4	km	28649
铜芯聚氯乙烯绝缘及护套阻燃控制电缆	ZR-KVV　500V　八芯　6	km	42018
铜芯聚氯乙烯绝缘及护套阻燃控制电缆	ZR-KVV　500V　八芯　10	km	62477
铜芯聚氯乙烯绝缘及护套阻燃控制电缆	ZR-KVV　500V　九芯　1.5	km	14406
铜芯聚氯乙烯绝缘及护套阻燃控制电缆	ZR-KVV　500V　九芯　2.5	km	22963
铜芯聚氯乙烯绝缘及护套阻燃控制电缆	ZR-KVV　500V　九芯　4	km	35884
铜芯聚氯乙烯绝缘及护套阻燃控制电缆	ZR-KVV　500V　十芯　0.75	km	7799

名　　称	型　号、规　格	单位	价格
铜芯聚氯乙烯绝缘及护套阻燃控制电缆	ZR-KVV　500V　十芯　1	km	10024
铜芯聚氯乙烯绝缘及护套阻燃控制电缆	ZR-KVV　500V　十芯　1.5	km	17159
铜芯聚氯乙烯绝缘及护套阻燃控制电缆	ZR-KVV　500V　十芯　2.5	km	31603
铜芯聚氯乙烯绝缘及护套阻燃控制电缆	ZR-KVV　500V　十芯　4	km	46596
铜芯聚氯乙烯绝缘及护套阻燃控制电缆	ZR-KVV　500V　十芯　6	km	52814
铜芯聚氯乙烯绝缘及护套阻燃控制电缆	ZR-KVV　500V　十芯　10	km	85117
铜芯聚氯乙烯绝缘及护套阻燃控制电缆	ZR-KVV　500V　十四芯　0.75	km	10668
铜芯聚氯乙烯绝缘及护套阻燃控制电缆	ZR-KVV　500V　十四芯　1	km	13851
铜芯聚氯乙烯绝缘及护套阻燃控制电缆	ZR-KVV　500V　十四芯　1.5	km	19768
铜芯聚氯乙烯绝缘及护套阻燃控制电缆	ZR-KVV　500V　十四芯　2.5	km	31763
铜芯聚氯乙烯绝缘及护套阻燃控制电缆	ZR-KVV　500V　十四芯　4	km	49270
铜芯聚氯乙烯绝缘及护套阻燃控制电缆	ZR-KVV　500V　十七芯　1.5	km	23202
铜芯聚氯乙烯绝缘及护套阻燃控制电缆	ZR-KVV　500V　十七芯　2.5	km	37491
铜芯聚氯乙烯绝缘及护套阻燃控制电缆	ZR-KVV　500V　十九芯　0.75	km	14513

续表

名　　称	型号、规格	单位	价格
铜芯聚氯乙烯绝缘及护套阻燃控制电缆	ZR-KVV　500V　十九芯　1	km	18504
铜芯聚氯乙烯绝缘及护套阻燃控制电缆	ZR-KVV　500V　十九芯　1.5	km	26356
铜芯聚氯乙烯绝缘及护套阻燃控制电缆	ZR-KVV　500V　十九芯　2.5	km	42782
铜芯聚氯乙烯绝缘及护套阻燃控制电缆	ZR-KVV　500V　二十四芯　0.75	km	18220
铜芯聚氯乙烯绝缘及护套阻燃控制电缆	ZR-KVV　500V　二十四芯　1	km	23319
铜芯聚氯乙烯绝缘及护套阻燃控制电缆	ZR-KVV　500V　二十四芯　1.5	km	33501
铜芯聚氯乙烯绝缘及护套阻燃控制电缆	ZR-KVV　500V　二十四芯　2.5	km	54074
铜芯聚氯乙烯绝缘及护套阻燃控制电缆	ZR-KVV　500V　三十芯　0.75	km	22486
铜芯聚氯乙烯绝缘及护套阻燃控制电缆	ZR-KVV　500V　三十芯　1	km	28902
铜芯聚氯乙烯绝缘及护套阻燃控制电缆	ZR-KVV　500V　三十芯　1.5	km	41525
铜芯聚氯乙烯绝缘及护套阻燃控制电缆	ZR-KVV　500V　三十芯　2.5	km	67032
铜芯聚氯乙烯绝缘及护套阻燃控制电缆	ZR-KVV　500V　三十七芯　0.75	km	27522
铜芯聚氯乙烯绝缘及护套阻燃控制电缆	ZR-KVV　500V　三十七芯　1	km	35544
铜芯聚氯乙烯绝缘及护套阻燃控制电缆	ZR-KVV　500V　三十七芯　1.5	km	50804

名　　称	型　号、规　格	单位	价格
铜芯聚氯乙烯绝缘及护套阻燃控制电缆	ZR-KVV　500V　三十七芯　2.5	km	82485
铜芯聚氯乙烯绝缘及护套钢带铠装阻燃控制电缆	ZR-KVV22　500V　双芯　1	km	2607
铜芯聚氯乙烯绝缘及护套钢带铠装阻燃控制电缆	ZR-KVV22　500V　双芯　1.5	km	3612
铜芯聚氯乙烯绝缘及护套钢带铠装阻燃控制电缆	ZR-KVV22　500V　双芯　2.5	km	5622
铜芯聚氯乙烯绝缘及护套钢带铠装阻燃控制电缆	ZR-KVV22　500V　四芯　0.75	km	3759
铜芯聚氯乙烯绝缘及护套钢带铠装阻燃控制电缆	ZR-KVV22　500V　四芯　1	km	4739
铜芯聚氯乙烯绝缘及护套钢带铠装阻燃控制电缆	ZR-KVV22　500V　四芯　1.5	km	6672
铜芯聚氯乙烯绝缘及护套钢带铠装阻燃控制电缆	ZR-KVV22　500V　四芯　2.5	km	10582
铜芯聚氯乙烯绝缘及护套钢带铠装阻燃控制电缆	ZR-KVV22　500V　四芯　4	km	16358

续表

名　　称	型　号、规　格	单位	价格
铜芯聚氯乙烯绝缘及护套钢带铠装阻燃控制电缆	ZR-KVV22　500V　四芯　6	km	24228
铜芯聚氯乙烯绝缘及护套钢带铠装阻燃控制电缆	ZR-KVV22　500V　四芯　10	km	41247
铜芯聚氯乙烯绝缘及护套钢带铠装阻燃控制电缆	ZR-KVV22　500V　五芯　1	km	5807
铜芯聚氯乙烯绝缘及护套钢带铠装阻燃控制电缆	ZR-KVV22　500V　五芯　1.5	km	8273
铜芯聚氯乙烯绝缘及护套钢带铠装阻燃控制电缆	ZR-KVV22　500V　五芯　2.5	km	13030
铜芯聚氯乙烯绝缘及护套钢带铠装阻燃控制电缆	ZR-KVV22　500V　五芯　4	km	20549
铜芯聚氯乙烯绝缘及护套钢带铠装阻燃控制电缆	ZR-KVV22　500V　五芯　6	km	30026
铜芯聚氯乙烯绝缘及护套钢带铠装阻燃控制电缆	ZR-KVV22　500V　五芯　10	km	48577
铜芯聚氯乙烯绝缘及护套钢带铠装阻燃控制电缆	ZR-KVV22　500V　六芯　1	km	6630

续表

名　　称	型　号、规　格	单位	价格
铜芯聚氯乙烯绝缘及护套钢带铠装阻燃控制电缆	ZR-KVV22　500V　六芯　1.5	km	10247
铜芯聚氯乙烯绝缘及护套钢带铠装阻燃控制电缆	ZR-KVV22　500V　六芯　2.5	km	15743
铜芯聚氯乙烯绝缘及护套钢带铠装阻燃控制电缆	ZR-KVV22　500V　六芯　4	km	25042
铜芯聚氯乙烯绝缘及护套钢带铠装阻燃控制电缆	ZR-KVV22　500V　六芯　6	km	35262
铜芯聚氯乙烯绝缘及护套钢带铠装阻燃控制电缆	ZR-KVV22　500V　六芯　10	km	53123
铜芯聚氯乙烯绝缘及护套钢带铠装阻燃控制电缆	ZR-KVV22　500V　七芯　0.75	km	6203
铜芯聚氯乙烯绝缘及护套钢带铠装阻燃控制电缆	ZR-KVV22　500V　七芯　1	km	7911
铜芯聚氯乙烯绝缘及护套钢带铠装阻燃控制电缆	ZR-KVV22　500V　七芯　1.5	km	11167
铜芯聚氯乙烯绝缘及护套钢带铠装阻燃控制电缆	ZR-KVV22　500V　七芯　2.5	km	18166

续表

名　　称	型 号、规 格	单位	价格
铜芯聚氯乙烯绝缘及护套钢带铠装阻燃控制电缆	ZR-KVV22　500V　七芯　4	km	28242
铜芯聚氯乙烯绝缘及护套钢带铠装阻燃控制电缆	ZR-KVV22　500V　七芯　6	km	41484
铜芯聚氯乙烯绝缘及护套钢带铠装阻燃控制电缆	ZR-KVV22　500V　七芯　10	km	57757
铜芯聚氯乙烯绝缘及护套钢带铠装阻燃控制电缆	ZR-KVV22　500V　八芯　0.75	km	7044
铜芯聚氯乙烯绝缘及护套钢带铠装阻燃控制电缆	ZR-KVV22　500V　八芯　1	km	8970
铜芯聚氯乙烯绝缘及护套钢带铠装阻燃控制电缆	ZR-KVV22　500V　八芯　1.5	km	12719
铜芯聚氯乙烯绝缘及护套钢带铠装阻燃控制电缆	ZR-KVV22　500V　八芯　2.5	km	20749
铜芯聚氯乙烯绝缘及护套钢带铠装阻燃控制电缆	ZR-KVV22　500V　八芯　4	km	32280
铜芯聚氯乙烯绝缘及护套钢带铠装阻燃控制电缆	ZR-KVV22　500V　八芯　6	km	47267

续表

名　　称	型　号、规　格	单位	价格
铜芯聚氯乙烯绝缘及护套钢带铠装阻燃控制电缆	ZR-KVV22　500V　八芯　10	km	72892
铜芯聚氯乙烯绝缘及护套钢带铠装阻燃控制电缆	ZR-KVV22　500V　九芯　1.5	km	16175
铜芯聚氯乙烯绝缘及护套钢带铠装阻燃控制电缆	ZR-KVV22　500V　九芯　2.5	km	25897
铜芯聚氯乙烯绝缘及护套钢带铠装阻燃控制电缆	ZR-KVV22　500V　九芯　4	km	40259
铜芯聚氯乙烯绝缘及护套钢带铠装阻燃控制电缆	ZR-KVV22　500V　十芯　1	km	11246
铜芯聚氯乙烯绝缘及护套钢带铠装阻燃控制电缆	ZR-KVV22　500V　十芯　1.5	km	19306
铜芯聚氯乙烯绝缘及护套钢带铠装阻燃控制电缆	ZR-KVV22　500V　十芯　2.5	km	35647
铜芯聚氯乙烯绝缘及护套钢带铠装阻燃控制电缆	ZR-KVV22　500V　十芯　4	km	52351
铜芯聚氯乙烯绝缘及护套钢带铠装阻燃控制电缆	ZR-KVV22　500V　十芯　6	km	59570

续表

名　　称	型　号、规　格	单位	价格
铜芯聚氯乙烯绝缘及护套钢带铠装阻燃控制电缆	ZR-KVV22　500V　十芯　10	km	94056
铜芯聚氯乙烯绝缘及护套钢带铠装阻燃控制电缆	ZR-KVV22　500V　十四芯　1	km	15622
铜芯聚氯乙烯绝缘及护套钢带铠装阻燃控制电缆	ZR-KVV22　500V　十四芯　1.5	km	22200
铜芯聚氯乙烯绝缘及护套钢带铠装阻燃控制电缆	ZR-KVV22　500V　十四芯　2.5	km	35788
铜芯聚氯乙烯绝缘及护套钢带铠装阻燃控制电缆	ZR-KVV22　500V　十四芯　4	km	55294
铜芯聚氯乙烯绝缘及护套钢带铠装阻燃控制电缆	ZR-KVV22　500V　十七芯　1.5	km	26099
铜芯聚氯乙烯绝缘及护套钢带铠装阻燃控制电缆	ZR-KVV22　500V　十七芯　2.5	km	42260
铜芯聚氯乙烯绝缘及护套钢带铠装阻燃控制电缆	ZR-KVV22　500V　十九芯　1	km	20858
铜芯聚氯乙烯绝缘及护套钢带铠装阻燃控制电缆	ZR-KVV22　500V　十九芯　1.5	km	29716

续表

名　称	型　号、规　格	单位	价格
铜芯聚氯乙烯绝缘及护套钢带铠装阻燃控制电缆	ZR-KVV22　500V　十九芯　2.5	km	48145
铜芯聚氯乙烯绝缘及护套钢带铠装阻燃控制电缆	ZR-KVV22　500V　二十四芯　1	km	26263
铜芯聚氯乙烯绝缘及护套钢带铠装阻燃控制电缆	ZR-KVV22　500V　二十四芯　1.5	km	37638
铜芯聚氯乙烯绝缘及护套钢带铠装阻燃控制电缆	ZR-KVV22　500V　二十四芯　2.5	km	60698
铜芯聚氯乙烯绝缘及护套钢带铠装阻燃控制电缆	ZR-KVV22　500V　三十芯　1	km	31854
铜芯聚氯乙烯绝缘及护套钢带铠装阻燃控制电缆	ZR-KVV22　500V　三十芯　1.5	km	45431
铜芯聚氯乙烯绝缘及护套钢带铠装阻燃控制电缆	ZR-KVV22　500V　三十芯　2.5	km	74489
铜芯聚氯乙烯绝缘及护套钢带铠装阻燃控制电缆	ZR-KVV22　500V　三十七芯　1	km	38584
铜芯聚氯乙烯绝缘及护套钢带铠装阻燃控制电缆	ZR-KVV22　500V　三十七芯　1.5	km	54680

续表

名　　称	型　号、规　格	单位	价格
铜芯聚氯乙烯绝缘及护套钢带铠装阻燃控制电缆	ZR-KVV22　500V 三十七芯　2.5	km	86483
铜芯氯乙烯绝缘及护套钢带铠装阻燃控制电缆	ZR-KY22　500V　四芯　1.5	km	9431
铜芯氯乙烯绝缘及护套钢带铠装阻燃控制电缆	ZR-KY22　500V　四芯　2.5	km	11442
铜芯氯乙烯绝缘及护套钢带铠装阻燃控制电缆	ZR-KY22　500V　四芯　4	km	14826
铜芯氯乙烯绝缘及护套钢带铠装阻燃控制电缆	ZR-KY22　500V　四芯　6	km	23049
铜芯氯乙烯绝缘及护套钢带铠装阻燃控制电缆	ZR-KY22　500V　四芯　10	km	31248
铜芯氯乙烯绝缘及护套钢带铠装阻燃控制电缆	ZR-KY22　500V　五芯　1.5	km	10352
铜芯氯乙烯绝缘及护套钢带铠装阻燃控制电缆	ZR-KY22　500V　五芯　2.5	km	12852
铜芯氯乙烯绝缘及护套钢带铠装阻燃控制电缆	ZR-KY22　500V　五芯　4	km	18708
铜芯氯乙烯绝缘及护套钢带铠装阻燃控制电缆	ZR-KY22　500V　五芯　6	km	23731
铜芯氯乙烯绝缘及护套钢带铠装阻燃控制电缆	ZR-KY22　500V　五芯　10	km	34929
铜芯氯乙烯绝缘及护套钢带铠装阻燃控制电缆	ZR-KY22　500V　六芯　0.75	km	8680
铜芯氯乙烯绝缘及护套钢带铠装阻燃控制电缆	ZR-KY22　500V　六芯　1	km	9506
铜芯氯乙烯绝缘及护套钢带铠装阻燃控制电缆	ZR-KY22　500V　六芯　1.5	km	10887

续表

名　　称	型　号、规　格	单位	价格
铜芯氯乙烯绝缘及护套钢带铠装阻燃控制电缆	ZR-KY22　500V　六芯　2.5	km	13451
铜芯氯乙烯绝缘及护套钢带铠装阻燃控制电缆	ZR-KY22　500V　六芯　4	km	19521
铜芯氯乙烯绝缘及护套钢带铠装阻燃控制电缆	ZR-KY22　500V　六芯　6	km	28788
铜芯氯乙烯绝缘及护套钢带铠装阻燃控制电缆	ZR-KY22　500V　六芯　10	km	47744
铜芯氯乙烯绝缘及护套钢带铠装阻燃控制电缆	ZR-KY22　500V　七芯　0.75	km	10299
铜芯氯乙烯绝缘及护套钢带铠装阻燃控制电缆	ZR-KY22　500V　七芯　1	km	11333
铜芯氯乙烯绝缘及护套钢带铠装阻燃控制电缆	ZR-KY22　500V　七芯　1.5	km	13300
铜芯氯乙烯绝缘及护套钢带铠装阻燃控制电缆	ZR-KY22　500V　七芯　2.5	km	18931
铜芯氯乙烯绝缘及护套钢带铠装阻燃控制电缆	ZR-KY22　500V　七芯　4	km	22813
铜芯氯乙烯绝缘及护套钢带铠装阻燃控制电缆	ZR-KY22　500V　七芯　6	km	30400
铜芯氯乙烯绝缘及护套钢带铠装阻燃控制电缆	ZR-KY22　500V　七芯　10	km	48654
铜芯氯乙烯绝缘及护套钢带铠装阻燃控制电缆	ZR-KY22　500V　八芯　0.75	km	13503
铜芯氯乙烯绝缘及护套钢带铠装阻燃控制电缆	ZR-KY22　500V　八芯　1	km	14731
铜芯氯乙烯绝缘及护套钢带铠装阻燃控制电缆	ZR-KY22　500V　八芯　1.5	km	17367

续表

名　　　称	型　号、规　格	单位	价格
铜芯氯乙烯绝缘及护套钢带铠装阻燃控制电缆	ZR-KY22　500V　八芯　2.5	km	20665
铜芯氯乙烯绝缘及护套钢带铠装阻燃控制电缆	ZR-KY22　500V　八芯　4	km	25868
铜芯氯乙烯绝缘及护套钢带铠装阻燃控制电缆	ZR-KY22　500V　八芯　6	km	32100
铜芯氯乙烯绝缘及护套钢带铠装阻燃控制电缆	ZR-KY22　500V　八芯　10	km	55006
铜芯氯乙烯绝缘及护套钢带铠装阻燃控制电缆	ZR-KY22　500V　十芯　0.75	km	16501
铜芯氯乙烯绝缘及护套钢带铠装阻燃控制电缆	ZR-KY22　500V　十芯　1	km	18066
铜芯氯乙烯绝缘及护套钢带铠装阻燃控制电缆	ZR-KY22　500V　十芯　1.5	km	20618
铜芯氯乙烯绝缘及护套钢带铠装阻燃控制电缆	ZR-KY22　500V　十芯　2.5	km	24589
铜芯氯乙烯绝缘及护套钢带铠装阻燃控制电缆	ZR-KY22　500V　十芯　4	km	30919
铜芯氯乙烯绝缘及护套钢带铠装阻燃控制电缆	ZR-KY22　500V　十芯　6	km	52938
铜芯氯乙烯绝缘及护套钢带铠装阻燃控制电缆	ZR-KY22　500V　十芯　10	km	74956
铜芯氯乙烯绝缘及护套钢带铠装阻燃控制电缆	ZR-KY22　500V　十四芯　0.75	km	18416
铜芯氯乙烯绝缘及护套钢带铠装阻燃控制电缆	ZR-KY22　500V　十四芯　1	km	20068
铜芯氯乙烯绝缘及护套钢带铠装阻燃控制电缆	ZR-KY22　500V　十四芯　1.5	km	23934

续表

名　　称	型　号、规　格	单位	价格
铜芯氯乙烯绝缘及护套钢带铠装阻燃控制电缆	ZR-KY22　500V　十四芯　2.5	km	28059
铜芯氯乙烯绝缘及护套钢带铠装阻燃控制电缆	ZR-KY22　500V　十九芯　0.75	km	23439
铜芯氯乙烯绝缘及护套钢带铠装阻燃控制电缆	ZR-KY22　500V　十九芯　1	km	25633
铜芯氯乙烯绝缘及护套钢带铠装阻燃控制电缆	ZR-KY22　500V　十九芯　1.5	km	29722
铜芯氯乙烯绝缘及护套钢带铠装阻燃控制电缆	ZR-KY22　500V　十九芯　2.5	km	37096
铜芯氯乙烯绝缘及护套钢带铠装阻燃控制电缆	ZR-KY22　500V　二十四芯　0.75	km	28707
铜芯氯乙烯绝缘及护套钢带铠装阻燃控制电缆	ZR-KY22　500V　二十四芯　1	km	31452
铜芯氯乙烯绝缘及护套钢带铠装阻燃控制电缆	ZR-KY22　500V　二十四芯　1.5	km	38218
铜芯氯乙烯绝缘及护套钢带铠装阻燃控制电缆	ZR-KY22　500V　二十四芯　2.5	km	50554
铜芯氯乙烯绝缘及护套钢带铠装阻燃控制电缆	ZR-KY22　500V　三十芯　0.75	km	31749
铜芯氯乙烯绝缘及护套钢带铠装阻燃控制电缆	ZR-KY22　500V　三十芯　1	km	38957
铜芯氯乙烯绝缘及护套钢带铠装阻燃控制电缆	ZR-KY22　500V　三十芯　1.5	km	45146
铜芯氯乙烯绝缘及护套钢带铠装阻燃控制电缆	ZR-KY22　500V　三十芯　2.5	km	57707
铜芯氯乙烯绝缘及护套钢带铠装阻燃控制电缆	ZR-KY22　500V　三十七芯　0.75	km	39379

续表

名　称	型号、规格	单位	价格
铜芯氯乙烯绝缘及护套钢带铠装阻燃控制电缆	ZR-KY22　500V　三十七芯　1	km	43448
铜芯氯乙烯绝缘及护套钢带铠装阻燃控制电缆	ZR-KY22　500V　三十七芯　1.5	km	52051
铜芯氯乙烯绝缘及护套钢带铠装阻燃控制电缆	ZR-KY22　500V　三十七芯　2.5	km	67056
铜芯聚乙烯绝缘聚氯乙烯护套阻燃控制电缆	ZR-KYV　500V　四芯　0.75	km	4012
铜芯聚乙烯绝缘聚氯乙烯护套阻燃控制电缆	ZR-KYV　500V　四芯　1	km	4302
铜芯聚乙烯绝缘聚氯乙烯护套阻燃控制电缆	ZR-KYV　500V　四芯　1.5	km	6004
铜芯聚乙烯绝缘聚氯乙烯护套阻燃控制电缆	ZR-KYV　500V　四芯　2.5	km	7404
铜芯聚乙烯绝缘聚氯乙烯护套阻燃控制电缆	ZR-KYV　500V　四芯　4	km	14394
铜芯聚乙烯绝缘聚氯乙烯护套阻燃控制电缆	ZR-KYV　500V　四芯　6	km	20737
铜芯聚乙烯绝缘聚氯乙烯护套阻燃控制电缆	ZR-KYV　500V　四芯　10	km	32397
铜芯聚乙烯绝缘聚氯乙烯护套阻燃控制电缆	ZR-KYV　500V　五芯　0.75	km	4060
铜芯聚乙烯绝缘聚氯乙烯护套阻燃控制电缆	ZR-KYV　500V　五芯　1	km	5297
铜芯聚乙烯绝缘聚氯乙烯护套阻燃控制电缆	ZR-KYV　500V　五芯　1.5	km	8462
铜芯聚乙烯绝缘聚氯乙烯护套阻燃控制电缆	ZR-KYV　500V　五芯　2.5	km	10994

续表

名　　称	型 号、规 格	单位	价格
铜芯聚乙烯绝缘聚氯乙烯护套阻燃控制电缆	ZR-KYV　500V　六芯　0.75	km	4813
铜芯聚乙烯绝缘聚氯乙烯护套阻燃控制电缆	ZR-KYV　500V　六芯　1	km	6248
铜芯聚乙烯绝缘聚氯乙烯护套阻燃控制电缆	ZR-KYV　500V　六芯　1.5	km	9155
铜芯聚乙烯绝缘聚氯乙烯护套阻燃控制电缆	ZR-KYV　500V　六芯　2.5	km	15026
铜芯聚乙烯绝缘聚氯乙烯护套阻燃控制电缆	ZR-KYV　500V　六芯　4	km	20756
铜芯聚乙烯绝缘聚氯乙烯护套阻燃控制电缆	ZR-KYV　500V　六芯　6	km	29608
铜芯聚乙烯绝缘聚氯乙烯护套阻燃控制电缆	ZR-KYV　500V　六芯　10	km	48966
铜芯聚乙烯绝缘聚氯乙烯护套阻燃控制电缆	ZR-KYV　500V　七芯　0.75	km	5570
铜芯聚乙烯绝缘聚氯乙烯护套阻燃控制电缆	ZR-KYV　500V　七芯　1	km	8165
铜芯聚乙烯绝缘聚氯乙烯护套阻燃控制电缆	ZR-KYV　500V　七芯　1.5	km	9624
铜芯聚乙烯绝缘聚氯乙烯护套阻燃控制电缆	ZR-KYV　500V　七芯　2.5	km	15656
铜芯聚乙烯绝缘聚氯乙烯护套阻燃控制电缆	ZR-KYV　500V　七芯　4	km	24611
铜芯聚乙烯绝缘聚氯乙烯护套阻燃控制电缆	ZR-KYV　500V　七芯　6	km	34825
铜芯聚乙烯绝缘聚氯乙烯护套阻燃控制电缆	ZR-KYV　500V　七芯　10	km	56079

续表

名　　　称	型　号、规　格	单位	价格
铜芯聚乙烯绝缘聚氯乙烯护套阻燃控制电缆	ZR-KYV　500V　八芯　0.75	km	6277
铜芯聚乙烯绝缘聚氯乙烯护套阻燃控制电缆	ZR-KYV　500V　八芯　1	km	8319
铜芯聚乙烯绝缘聚氯乙烯护套阻燃控制电缆	ZR-KYV　500V　八芯　1.5	km	11223
铜芯聚乙烯绝缘聚氯乙烯护套阻燃控制电缆	ZR-KYV　500V　八芯　2.5	km	20417
铜芯聚乙烯绝缘聚氯乙烯护套阻燃控制电缆	ZR-KYV　500V　八芯　4	km	27384
铜芯聚乙烯绝缘聚氯乙烯护套阻燃控制电缆	ZR-KYV　500V　八芯　6	km	40121
铜芯聚乙烯绝缘聚氯乙烯护套阻燃控制电缆	ZR-KYV　500V　八芯　10	km	64273
铜芯聚乙烯绝缘聚氯乙烯护套阻燃控制电缆	ZR-KYV　500V　十芯　0.75	km	7815
铜芯聚乙烯绝缘聚氯乙烯护套阻燃控制电缆	ZR-KYV　500V　十芯　1	km	10350
铜芯聚乙烯绝缘聚氯乙烯护套阻燃控制电缆	ZR-KYV　500V　十芯　1.5	km	13978
铜芯聚乙烯绝缘聚氯乙烯护套阻燃控制电缆	ZR-KYV　500V　十芯　2.5	km	20605
铜芯聚乙烯绝缘聚氯乙烯护套阻燃控制电缆	ZR-KYV　500V　十芯　4	km	32233
铜芯聚乙烯绝缘聚氯乙烯护套阻燃控制电缆	ZR-KYV　500V　十芯　6	km	50669
铜芯聚乙烯绝缘聚氯乙烯护套阻燃控制电缆	ZR-KYV　500V　十芯　10	km	80570

名　　称	型 号、规 格	单位	价格
铜芯聚乙烯绝缘聚氯乙烯护套阻燃控制电缆	ZR-KYV　500V　十四芯　0.75	km	10897
铜芯聚乙烯绝缘聚氯乙烯护套阻燃控制电缆	ZR-KYV　500V　十四芯　1	km	14187
铜芯聚乙烯绝缘聚氯乙烯护套阻燃控制电缆	ZR-KYV　500V　十四芯　1.5	km	22586
铜芯聚乙烯绝缘聚氯乙烯护套阻燃控制电缆	ZR-KYV　500V　十四芯　2.5	km	28938
铜芯聚乙烯绝缘聚氯乙烯护套阻燃控制电缆	ZR-KYV　500V　十九芯　0.75	km	14342
铜芯聚乙烯绝缘聚氯乙烯护套阻燃控制电缆	ZR-KYV　500V　十九芯　1	km	21744
铜芯聚乙烯绝缘聚氯乙烯护套阻燃控制电缆	ZR-KYV　500V　十九芯　1.5	km	25587
铜芯聚乙烯绝缘聚氯乙烯护套阻燃控制电缆	ZR-KYV　500V　十九芯　2.5	km	33606
铜芯聚乙烯绝缘聚氯乙烯护套阻燃控制电缆	ZR-KYV　500V　二十四芯　0.75	km	24953
铜芯聚乙烯绝缘聚氯乙烯护套阻燃控制电缆	ZR-KYV　500V　二十四芯　1	km	29588
铜芯聚乙烯绝缘聚氯乙烯护套阻燃控制电缆	ZR-KYV　500V　二十四芯　1.5	km	37279
铜芯聚乙烯绝缘聚氯乙烯护套阻燃控制电缆	ZR-KYV　500V　二十四芯　2.5	km	50048
铜芯聚乙烯绝缘聚氯乙烯护套阻燃控制电缆	ZR-KYV　500V　三十芯　0.75	km	26964
铜芯聚乙烯绝缘聚氯乙烯护套阻燃控制电缆	ZR-KYV　500V　三十芯　1	km	30424

续表

名　　称	型　号、规　格	单位	价格
铜芯聚乙烯绝缘聚氯乙烯护套阻燃控制电缆	ZR-KYV　500V　三十芯　1.5	km	38836
铜芯聚乙烯绝缘聚氯乙烯护套阻燃控制电缆	ZR-KYV　500V　三十芯　2.5	km	59380
铜芯聚乙烯绝缘聚氯乙烯护套阻燃控制电缆	ZR-KYV　500V　三十七芯　0.75	km	32420
铜芯聚乙烯绝缘聚氯乙烯护套阻燃控制电缆	ZR-KYV　500V　三十七芯　1	km	44103
铜芯聚乙烯绝缘聚氯乙烯护套阻燃控制电缆	ZR-KYV　500V　三十七芯　1.5	km	48164
铜芯聚乙烯绝缘聚氯乙烯护套阻燃控制电缆	ZR-KYV　500V　三十七芯　2.5	km	73069
铜芯聚氯乙烯及护套钢带铠装阻燃控制电缆	ZR-KYV22　500V　四芯　0.75	km	4333
铜芯聚氯乙烯及护套钢带铠装阻燃控制电缆	ZR-KYV22　500V　四芯　1	km	4654
铜芯聚氯乙烯及护套钢带铠装阻燃控制电缆	ZR-KYV22　500V　四芯　1.5	km	6506
铜芯聚氯乙烯及护套钢带铠装阻燃控制电缆	ZR-KYV22　500V　四芯　2.5	km	7977
铜芯聚氯乙烯及护套钢带铠装阻燃控制电缆	ZR-KYV22　500V　四芯　4	km	15529
铜芯聚氯乙烯及护套钢带铠装阻燃控制电缆	ZR-KYV22　500V　四芯　6	km	22403
铜芯聚氯乙烯及护套钢带铠装阻燃控制电缆	ZR-KYV22　500V　四芯　10	km	35018
铜芯聚氯乙烯及护套钢带铠装阻燃控制电缆	ZR-KYV22　500V　五芯　0.75	km	4381

续表

名　　　称	型　号、规　格	单位	价格
铜芯聚氯乙烯及护套钢带铠装阻燃控制电缆	ZR-KYV22　500V　五芯　1	km	5715
铜芯聚氯乙烯及护套钢带铠装阻燃控制电缆	ZR-KYV22　500V　五芯　1.5	km	9139
铜芯聚氯乙烯及护套钢带铠装阻燃控制电缆	ZR-KYV22　500V　五芯　2.5	km	11842
铜芯聚氯乙烯及护套钢带铠装阻燃控制电缆	ZR-KYV22　500V　六芯　0.75	km	5201
铜芯聚氯乙烯及护套钢带铠装阻燃控制电缆	ZR-KYV22　500V　六芯　1	km	6729
铜芯聚氯乙烯及护套钢带铠装阻燃控制电缆	ZR-KYV22　500V　六芯　1.5	km	9897
铜芯聚氯乙烯及护套钢带铠装阻燃控制电缆	ZR-KYV22　500V　六芯　2.5	km	16180
铜芯聚氯乙烯及护套钢带铠装阻燃控制电缆	ZR-KYV22　500V　六芯　4	km	22391
铜芯聚氯乙烯及护套钢带铠装阻燃控制电缆	ZR-KYV22　500V　六芯　6	km	32060
铜芯聚氯乙烯及护套钢带铠装阻燃控制电缆	ZR-KYV22　500V　六芯　10	km	52888
铜芯聚氯乙烯及护套钢带铠装阻燃控制电缆	ZR-KYV22　500V　七芯　0.75	km	6022
铜芯聚氯乙烯及护套钢带铠装阻燃控制电缆	ZR-KYV22　500V　七芯　1	km	8841
铜芯聚氯乙烯及护套钢带铠装阻燃控制电缆	ZR-KYV22　500V　七芯　1.5	km	10370
铜芯聚氯乙烯及护套钢带铠装阻燃控制电缆	ZR-KYV22　500V　七芯　2.5	km	16933

续表

名　　称	型　号、规　格	单位	价格
铜芯聚氯乙烯及护套钢带铠装阻燃控制电缆	ZR-KYV22　500V　七芯　4	km	26585
铜芯聚氯乙烯及护套钢带铠装阻燃控制电缆	ZR-KYV22　500V　七芯　6	km	37562
铜芯聚氯乙烯及护套钢带铠装阻燃控制电缆	ZR-KYV22　500V　七芯　10	km	60614
铜芯聚氯乙烯及护套钢带铠装阻燃控制电缆	ZR-KYV22　500V　八芯　0.75	km	6778
铜芯聚氯乙烯及护套钢带铠装阻燃控制电缆	ZR-KYV22　500V　八芯　1	km	8993
铜芯聚氯乙烯及护套钢带铠装阻燃控制电缆	ZR-KYV22　500V　八芯　1.5	km	12101
铜芯聚氯乙烯及护套钢带铠装阻燃控制电缆	ZR-KYV22　500V　八芯　2.5	km	21987
铜芯聚氯乙烯及护套钢带铠装阻燃控制电缆	ZR-KYV22　500V　八芯　4	km	29594
铜芯聚氯乙烯及护套钢带铠装阻燃控制电缆	ZR-KYV22　500V　八芯　6	km	43342
铜芯聚氯乙烯及护套钢带铠装阻燃控制电缆	ZR-KYV22　500V　八芯　10	km	69302
铜芯聚氯乙烯及护套钢带铠装阻燃控制电缆	ZR-KYV22　500V　十芯　0.75	km	8425
铜芯聚氯乙烯及护套钢带铠装阻燃控制电缆	ZR-KYV22　500V　十芯　1	km	11184
铜芯聚氯乙烯及护套钢带铠装阻燃控制电缆	ZR-KYV22　500V　十芯　1.5	km	15064
铜芯聚氯乙烯及护套钢带铠装阻燃控制电缆	ZR-KYV22　500V　十芯　2.5	km	22188

名　称	型 号、规 格	单位	价格
铜芯聚氯乙烯及护套钢带铠装阻燃控制电缆	ZR-KYV22　500V　十芯　4	km	34908
铜芯聚氯乙烯及护套钢带铠装阻燃控制电缆	ZR-KYV22　500V　十芯　6	km	54662
铜芯聚氯乙烯及护套钢带铠装阻燃控制电缆	ZR-KYV22　500V　十芯　10	km	86933
铜芯聚氯乙烯及护套钢带铠装阻燃控制电缆	ZR-KYV22　500V　十四芯　0.75	km	11752
铜芯聚氯乙烯及护套钢带铠装阻燃控制电缆	ZR-KYV22　500V　十四芯　1	km	15280
铜芯聚氯乙烯及护套钢带铠装阻燃控制电缆	ZR-KYV22　500V　十四芯　1.5	km	24409
铜芯聚氯乙烯及护套钢带铠装阻燃控制电缆	ZR-KYV22　500V　十四芯　2.5	km	31252
铜芯聚氯乙烯及护套钢带铠装阻燃控制电缆	ZR-KYV22　500V　十九芯　0.75	km	15488
铜芯聚氯乙烯及护套钢带铠装阻燃控制电缆	ZR-KYV22　500V　十九芯　1	km	23511
铜芯聚氯乙烯及护套钢带铠装阻燃控制电缆	ZR-KYV22　500V　十九芯　1.5	km	27630
铜芯聚氯乙烯及护套钢带铠装阻燃控制电缆	ZR-KYV22　500V　十九芯　2.5	km	36361
铜芯聚氯乙烯及护套钢带铠装阻燃控制电缆	ZR-KYV22　500V　二十四芯　0.75	km	26920
铜芯聚氯乙烯及护套钢带铠装阻燃控制电缆	ZR-KYV22　500V　二十四芯　1	km	31905
铜芯聚氯乙烯及护套钢带铠装阻燃控制电缆	ZR-KYV22　500V　二十四芯　1.5	km	40352

续表

名　　称	型　号、规　格	单位	价格
铜芯聚氯乙烯及护套钢带铠装阻燃控制电缆	ZR-KYV22　500V　二十四芯　2.5	km	54220
铜芯聚氯乙烯及护套钢带铠装阻燃控制电缆	ZR-KYV22　500V　三十芯　0.75	km	29085
铜芯聚氯乙烯及护套钢带铠装阻燃控制电缆	ZR-KYV22　500V　三十芯　1	km	32893
铜芯聚氯乙烯及护套钢带铠装阻燃控制电缆	ZR-KYV22　500V　三十芯　1.5	km	43177
铜芯聚氯乙烯及护套钢带铠装阻燃控制电缆	ZR-KYV22　500V　三十芯　2.5	km	65948
铜芯聚氯乙烯及护套钢带铠装阻燃控制电缆	ZR-KYV22　500V　三十七芯　0.75	km	35013
铜芯聚氯乙烯及护套钢带铠装阻燃控制电缆	ZR-KYV22　500V　三十七芯　1	km	47545
铜芯聚氯乙烯及护套钢带铠装阻燃控制电缆	ZR-KYV22　500V　三十七芯　1.5	km	55629
铜芯聚氯乙烯及护套钢带铠装阻燃控制电缆	ZR-KYV22　500V　三十七芯　2.5	km	83799
铜芯聚氯乙烯绝缘及护套铜带屏蔽阻燃控制电缆	ZR-KVVP2　500V　双芯　1.5	km	4557
铜芯聚氯乙烯绝缘及护套铜带屏蔽阻燃控制电缆	ZR-KVVP2　500V　双芯　2.5	km	5136
铜芯聚氯乙烯绝缘及护套铜带屏蔽阻燃控制电缆	ZR-KVVP2　500V　双芯　4	km	9242

续表

名　　　称	型　号、规　格	单位	价格
铜芯聚氯乙烯绝缘及护套铜带屏蔽阻燃控制电缆	ZR-KVVP2　500V　双芯　6	km	12763
铜芯聚氯乙烯绝缘及护套铜带屏蔽阻燃控制电缆	ZR-KVVP2　500V　双芯　10	km	19574
铜芯聚氯乙烯绝缘及护套铜带屏蔽阻燃控制电缆	ZR-KVVP2　500V　双芯　16	km	27336
铜芯聚氯乙烯绝缘及护套铜带屏蔽阻燃控制电缆	ZR-KVVP2　500V　三芯　1.5	km	6007
铜芯聚氯乙烯绝缘及护套铜带屏蔽阻燃控制电缆	ZR-KVVP2　500V　三芯　2.5	km	7007
铜芯聚氯乙烯绝缘及护套铜带屏蔽阻燃控制电缆	ZR-KVVP2　500V　三芯　4	km	12789
铜芯聚氯乙烯绝缘及护套铜带屏蔽阻燃控制电缆	ZR-KVVP2　500V　三芯　6	km	18007
铜芯聚氯乙烯绝缘及护套铜带屏蔽阻燃控制电缆	ZR-KVVP2　500V　三芯　10	km	28404
铜芯聚氯乙烯绝缘及护套铜带屏蔽阻燃控制电缆	ZR-KVVP2　500V　四芯　1.5	km	7597

续表

名　称	型号、规格	单位	价格
铜芯聚氯乙烯绝缘及护套铜带屏蔽阻燃控制电缆	ZR-KVVP2　500V　四芯 2.5	km	8972
铜芯聚氯乙烯绝缘及护套铜带屏蔽阻燃控制电缆	ZR-KVVP2　500V　四芯 4	km	16514
铜芯聚氯乙烯绝缘及护套铜带屏蔽阻燃控制电缆	ZR-KVVP2　500V　四芯 6	km	23203
铜芯聚氯乙烯绝缘及护套铜带屏蔽阻燃控制电缆	ZR-KVVP2　500V　四芯 10	km	38121
铜芯聚氯乙烯绝缘及护套铜带屏蔽阻燃控制电缆	ZR-KVVP2　500V　五芯 1.5	km	9045
铜芯聚氯乙烯绝缘及护套铜带屏蔽阻燃控制电缆	ZR-KVVP2　500V　五芯 2.5	km	13769
铜芯聚氯乙烯绝缘及护套铜带屏蔽阻燃控制电缆	ZR-KVVP2　500V　五芯 4	km	20313
铜芯聚氯乙烯绝缘及护套铜带屏蔽阻燃控制电缆	ZR-KVVP2　500V　五芯 6	km	27710
铜芯聚氯乙烯绝缘及护套铜带屏蔽阻燃控制电缆	ZR-KVVP2　500V　五芯 10	km	47037

名　　　称	型　号、规　格	单位	价格
铜芯聚氯乙烯绝缘及护套铜带屏蔽阻燃控制电缆	ZR-KVVP2　500V　六芯　1.5	km	10763
铜芯聚氯乙烯绝缘及护套铜带屏蔽阻燃控制电缆	ZR-KVVP2　500V　六芯　2.5	km	16496
铜芯聚氯乙烯绝缘及护套铜带屏蔽阻燃控制电缆	ZR-KVVP2　500V　六芯　4	km	24046
铜芯聚氯乙烯绝缘及护套铜带屏蔽阻燃控制电缆	ZR-KVVP2　500V　六芯　6	km	33188
铜芯聚氯乙烯绝缘及护套铜带屏蔽阻燃控制电缆	ZR-KVVP2　500V　六芯　10	km	53820
铜芯聚氯乙烯绝缘及护套铜带屏蔽阻燃控制电缆	ZR-KVVP2　500V　七芯　1.5	km	12017
铜芯聚氯乙烯绝缘及护套铜带屏蔽阻燃控制电缆	ZR-KVVP2　500V　七芯　2.5	km	18532
铜芯聚氯乙烯绝缘及护套铜带屏蔽阻燃控制电缆	ZR-KVVP2　500V　七芯　4	km	26020
铜芯聚氯乙烯绝缘及护套铜带屏蔽阻燃控制电缆	ZR-KVVP2　500V　七芯　6	km	37488

续表

名　称	型号、规格	单位	价格
铜芯聚氯乙烯绝缘及护套铜带屏蔽阻燃控制电缆	ZR-KVVP2　500V　七芯　10	km	64663
铜芯聚氯乙烯绝缘及护套铜带屏蔽阻燃控制电缆	ZR-KVVP2　500V　八芯　1.5	km	13501
铜芯聚氯乙烯绝缘及护套铜带屏蔽阻燃控制电缆	ZR-KVVP2　500V　八芯　2.5	km	20866
铜芯聚氯乙烯绝缘及护套铜带屏蔽阻燃控制电缆	ZR-KVVP2　500V　八芯　4	km	31181
铜芯聚氯乙烯绝缘及护套铜带屏蔽阻燃控制电缆	ZR-KVVP2　500V　八芯　6	km	42335
铜芯聚氯乙烯绝缘及护套铜带屏蔽阻燃控制电缆	ZR-KVVP2　500V　八芯　10	km	72569
铜芯聚氯乙烯绝缘及护套铜带屏蔽阻燃控制电缆	ZR-KVVP2　500V　十芯　1.5	km	16816
铜芯聚氯乙烯绝缘及护套铜带屏蔽阻燃控制电缆	ZR-KVVP2　500V　十芯　2.5	km	25897
铜芯聚氯乙烯绝缘及护套铜带屏蔽阻燃控制电缆	ZR-KVVP2　500V　十芯　4	km	38646

续表

名　　称	型 号、规 格	单位	价格
铜芯聚氯乙烯绝缘及护套铜带屏蔽阻燃控制电缆	ZR-KVVP2　500V　十芯　6	km	53877
铜芯聚氯乙烯绝缘及护套铜带屏蔽阻燃控制电缆	ZR-KVVP2　500V　十芯　10	km	90536
铜芯聚氯乙烯绝缘及护套铜带屏蔽阻燃控制电缆	ZR-KVVP2　500V　十二芯　1.5	km	19659
铜芯聚氯乙烯绝缘及护套铜带屏蔽阻燃控制电缆	ZR-KVVP2　500V　十二芯　2.5	km	29936
铜芯聚氯乙烯绝缘及护套铜带屏蔽阻燃控制电缆	ZR-KVVP2　500V　十二芯　4	km	45411
铜芯聚氯乙烯绝缘及护套铜带屏蔽阻燃控制电缆	ZR-KVVP2　500V　十四芯　1.5	km	20576
铜芯聚氯乙烯绝缘及护套铜带屏蔽阻燃控制电缆	ZR-KVVP2　500V　十四芯　2.5	km	32104
铜芯聚氯乙烯绝缘及护套铜带屏蔽阻燃控制电缆	ZR-KVVP2　500V　十四芯　4	km	52723
铜芯聚氯乙烯绝缘及护套铜带屏蔽阻燃控制电缆	ZR-KVVP2　500V　十六芯　1.5	km	22722

续表

名　　称	型 号、规 格	单位	价格
铜芯聚氯乙烯绝缘及护套铜带屏蔽阻燃控制电缆	ZR-KVVP2　500V　十六芯　2.5	km	36236
铜芯聚氯乙烯绝缘及护套铜带屏蔽阻燃控制电缆	ZR-KVVP2　500V　十六芯　4	km	73805
铜芯聚氯乙烯绝缘及护套铜带屏蔽阻燃控制电缆	ZR-KVVP2　500V　十七芯　1.5	km	23007
铜芯聚氯乙烯绝缘及护套铜带屏蔽阻燃控制电缆	ZR-KVVP2　500V　十七芯　2.5	km	36592
铜芯聚氯乙烯绝缘及护套铜带屏蔽阻燃控制电缆	ZR-KVVP2　500V　十九芯　1.5	km	29312
铜芯聚氯乙烯绝缘及护套铜带屏蔽阻燃控制电缆	ZR-KVVP2　500V　十九芯　2.5	km	46507
铜芯聚氯乙烯绝缘及护套铜带屏蔽阻燃控制电缆	ZR-KVVP2　500V　十九芯　4	km	129173
铜芯聚氯乙烯绝缘及护套铜带屏蔽阻燃控制电缆	ZR-KVVP2　500V　二十四芯　1.5	km	33380
铜芯聚氯乙烯绝缘及护套铜带屏蔽阻燃控制电缆	ZR-KVVP2　500V　二十四芯　2.5	km	58059

名　称	型　号、规　格	单位	价格
铜芯聚氯乙烯绝缘及护套铜带屏蔽阻燃控制电缆	ZR-KVVP2　500V　二十七芯　1.5	km	37462
铜芯聚氯乙烯绝缘及护套铜带屏蔽阻燃控制电缆	ZR-KVVP2　500V　二十七芯　2.5	km	63620
铜芯聚氯乙烯绝缘及护套铜带屏蔽阻燃控制电缆	ZR-KVVP2　500V　三十芯　1.5	km	48879
铜芯聚氯乙烯绝缘及护套铜带屏蔽阻燃控制电缆	ZR-KVVP2　500V　三十芯　2.5	km	71910
铜芯聚氯乙烯绝缘及护套铜带屏蔽阻燃控制电缆	ZR-KVVP2　500V　三十七芯　1.5	km	55570
铜芯聚氯乙烯绝缘及护套铜带屏蔽阻燃控制电缆	ZR-KVVP2　500V　三十七芯　2.5	km	87054
铜芯聚氯乙烯绝缘及护套铜带屏蔽阻燃控制电缆	ZR-KVVP22　500V　双芯　1.5	km	5272
铜芯聚氯乙烯绝缘及护套铜带屏蔽阻燃控制电缆	ZR-KVVP22　500V　双芯　2.5	km	5944
铜芯聚氯乙烯绝缘及护套铜带屏蔽阻燃控制电缆	ZR-KVVP22　500V　双芯　4	km	10709

续表

名　　　称	型　号、规　格	单位	价格
铜芯聚氯乙烯绝缘及护套铜带屏蔽阻燃控制电缆	ZR-KVVP22　500V　双芯　6	km	14745
铜芯聚氯乙烯绝缘及护套铜带屏蔽阻燃控制电缆	ZR-KVVP22　500V　双芯　10	km	22654
铜芯聚氯乙烯绝缘及护套铜带屏蔽阻燃控制电缆	ZR-KVVP22　500V　双芯　16	km	31646
铜芯聚氯乙烯绝缘及护套铜带屏蔽阻燃控制电缆	ZR-KVVP22　500V　三芯　1.5	km	6946
铜芯聚氯乙烯绝缘及护套铜带屏蔽阻燃控制电缆	ZR-KVVP22　500V　三芯　2.5	km	8126
铜芯聚氯乙烯绝缘及护套铜带屏蔽阻燃控制电缆	ZR-KVVP22　500V　三芯　4	km	14824
铜芯聚氯乙烯绝缘及护套铜带屏蔽阻燃控制电缆	ZR-KVVP22　500V　三芯　6	km	20870
铜芯聚氯乙烯绝缘及护套铜带屏蔽阻燃控制电缆	ZR-KVVP22　500V　三芯　10	km	32868
铜芯聚氯乙烯绝缘及护套铜带屏蔽阻燃控制电缆	ZR-KVVP22　500V　四芯　1.5	km	8803

续表

名　　　称	型　号、规　格	单位	价格
铜芯聚氯乙烯绝缘及护套铜带屏蔽阻燃控制电缆	ZR-KVVP22　500V　四芯　2.5	km	10360
铜芯聚氯乙烯绝缘及护套铜带屏蔽阻燃控制电缆	ZR-KVVP22　500V　四芯　4	km	19121
铜芯聚氯乙烯绝缘及护套铜带屏蔽阻燃控制电缆	ZR-KVVP22　500V　四芯　6	km	27413
铜芯聚氯乙烯绝缘及护套铜带屏蔽阻燃控制电缆	ZR-KVVP22　500V　四芯　10	km	44031
铜芯聚氯乙烯绝缘及护套铜带屏蔽阻燃控制电缆	ZR-KVVP22　500V　五芯　1.5	km	10463
铜芯聚氯乙烯绝缘及护套铜带屏蔽阻燃控制电缆	ZR-KVVP22　500V　五芯　2.5	km	15899
铜芯聚氯乙烯绝缘及护套铜带屏蔽阻燃控制电缆	ZR-KVVP22　500V　五芯　4	km	23487
铜芯聚氯乙烯绝缘及护套铜带屏蔽阻燃控制电缆	ZR-KVVP22　500V　五芯　6	km	33809
铜芯聚氯乙烯绝缘及护套铜带屏蔽阻燃控制电缆	ZR-KVVP22　500V　五芯　10	km	54746

续表

名　　称	型号、规格	单位	价格
铜芯聚氯乙烯绝缘及护套铜带屏蔽阻燃控制电缆	ZR-KVVP22　500V　六芯　1.5	km	12464
铜芯聚氯乙烯绝缘及护套铜带屏蔽阻燃控制电缆	ZR-KVVP22　500V　六芯　2.5	km	19127
铜芯聚氯乙烯绝缘及护套铜带屏蔽阻燃控制电缆	ZR-KVVP22　500V　六芯　4	km	27769
铜芯聚氯乙烯绝缘及护套铜带屏蔽阻燃控制电缆	ZR-KVVP22　500V　六芯　6	km	39771
铜芯聚氯乙烯绝缘及护套铜带屏蔽阻燃控制电缆	ZR-KVVP22　500V　六芯　10	km	65815
铜芯聚氯乙烯绝缘及护套铜带屏蔽阻燃控制电缆	ZR-KVVP22　500V　七芯　1.5	km	13922
铜芯聚氯乙烯绝缘及护套铜带屏蔽阻燃控制电缆	ZR-KVVP22　500V　七芯　2.5	km	21413
铜芯聚氯乙烯绝缘及护套铜带屏蔽阻燃控制电缆	ZR-KVVP22　500V　七芯　4	km	31512
铜芯聚氯乙烯绝缘及护套铜带屏蔽阻燃控制电缆	ZR-KVVP22　500V　七芯　6	km	45862

名　　称	型 号、规 格	单位	价格
铜芯聚氯乙烯绝缘及护套铜带屏蔽阻燃控制电缆	ZR-KVVP22　500V　七芯　10	km	74824
铜芯聚氯乙烯绝缘及护套铜带屏蔽阻燃控制电缆	ZR-KVVP22　500V　八芯　1.5	km	15632
铜芯聚氯乙烯绝缘及护套铜带屏蔽阻燃控制电缆	ZR-KVVP22　500V　八芯　2.5	km	24167
铜芯聚氯乙烯绝缘及护套铜带屏蔽阻燃控制电缆	ZR-KVVP22　500V　八芯　4	km	36173
铜芯聚氯乙烯绝缘及护套铜带屏蔽阻燃控制电缆	ZR-KVVP22　500V　八芯　6	km	51725
铜芯聚氯乙烯绝缘及护套铜带屏蔽阻燃控制电缆	ZR-KVVP22　500V　八芯　10	km	83910
铜芯聚氯乙烯绝缘及护套铜带屏蔽阻燃控制电缆	ZR-KVVP22　500V　十芯　1.5	km	19449
铜芯聚氯乙烯绝缘及护套铜带屏蔽阻燃控制电缆	ZR-KVVP22　500V　十芯　2.5	km	30062
铜芯聚氯乙烯绝缘及护套铜带屏蔽阻燃控制电缆	ZR-KVVP22　500V　十芯　4	km	44661

续表

名　　称	型　号、规　格	单位	价格
铜芯聚氯乙烯绝缘及护套铜带屏蔽阻燃控制电缆	ZR-KVVP22　500V　十芯　6	km	63616
铜芯聚氯乙烯绝缘及护套铜带屏蔽阻燃控制电缆	ZR-KVVP22　500V　十芯　10	km	104862
铜芯聚氯乙烯绝缘及护套铜带屏蔽阻燃控制电缆	ZR-KVVP22　500V　十二芯　1.5	km	22749
铜芯聚氯乙烯绝缘及护套铜带屏蔽阻燃控制电缆	ZR-KVVP22　500V　十二芯　2.5	km	34687
铜芯聚氯乙烯绝缘及护套铜带屏蔽阻燃控制电缆	ZR-KVVP22　500V　十二芯　4	km	52701
铜芯聚氯乙烯绝缘及护套铜带屏蔽阻燃控制电缆	ZR-KVVP22　500V　十四芯　1.5	km	23884
铜芯聚氯乙烯绝缘及护套铜带屏蔽阻燃控制电缆	ZR-KVVP22　500V　十四芯　2.5	km	37260
铜芯聚氯乙烯绝缘及护套铜带屏蔽阻燃控制电缆	ZR-KVVP22　500V　十四芯　4	km	61079
铜芯聚氯乙烯绝缘及护套铜带屏蔽阻燃控制电缆	ZR-KVVP22　500V　十六芯　1.5	km	26308

续表

名　　称	型号、规格	单位	价格
铜芯聚氯乙烯绝缘及护套铜带屏蔽阻燃控制电缆	ZR-KVVP22　500V　十六芯　2.5	km	42064
铜芯聚氯乙烯绝缘及护套铜带屏蔽阻燃控制电缆	ZR-KVVP22　500V　十六芯　4	km	85670
铜芯聚氯乙烯绝缘及护套铜带屏蔽阻燃控制电缆	ZR-KVVP22　500V　十七芯　1.5	km	26630
铜芯聚氯乙烯绝缘及护套铜带屏蔽阻燃控制电缆	ZR-KVVP22　500V　十七芯　2.5	km	42232
铜芯聚氯乙烯绝缘及护套铜带屏蔽阻燃控制电缆	ZR-KVVP22　500V　十九芯　1.5	km	33955
铜芯聚氯乙烯绝缘及护套铜带屏蔽阻燃控制电缆	ZR-KVVP22　500V　十九芯　2.5	km	53797
铜芯聚氯乙烯绝缘及护套铜带屏蔽阻燃控制电缆	ZR-KVVP22　500V　十九芯　4	km	149315
铜芯聚氯乙烯绝缘及护套铜带屏蔽阻燃控制电缆	ZR-KVVP22　500V　二十四芯　1.5	km	38755
铜芯聚氯乙烯绝缘及护套铜带屏蔽阻燃控制电缆	ZR-KVVP22　500V　二十四芯　2.5	km	67345

续表

名　　称	型　号、规　格	单位	价格
铜芯聚氯乙烯绝缘及护套铜带屏蔽阻燃控制电缆	ZR-KVVP22　500V　二十七芯　1.5	km	43355
铜芯聚氯乙烯绝缘及护套铜带屏蔽阻燃控制电缆	ZR-KVVP22　500V　二十七芯　2.5	km	72125
铜芯聚氯乙烯绝缘及护套铜带屏蔽阻燃控制电缆	ZR-KVVP22　500V　三十芯　1.5	km	48296
铜芯聚氯乙烯绝缘及护套铜带屏蔽阻燃控制电缆	ZR-KVVP22　500V　三十芯　2.5	km	84837
铜芯聚氯乙烯绝缘及护套铜带屏蔽阻燃控制电缆	ZR-KVVP22　500V　三十七芯　1.5	km	64303
铜芯聚氯乙烯绝缘及护套铜带屏蔽阻燃控制电缆	ZR-KVVP22　500V　三十七芯　2.5	km	100766
铜芯聚氯乙烯绝缘铜带屏蔽铠装阻燃控制电缆	ZR-KVVP2-22　500V　四芯　1.5	km	5296
铜芯聚氯乙烯绝缘铜带屏蔽铠装阻燃控制电缆	ZR-KVVP2-22　500V　四芯　2.5	km	6220
铜芯聚氯乙烯绝缘铜带屏蔽铠装阻燃控制电缆	ZR-KVVP2-22　500V　四芯　4	km	11474
铜芯聚氯乙烯绝缘铜带屏蔽铠装阻燃控制电缆	ZR-KVVP2-22　500V　四芯　6	km	16442
铜芯聚氯乙烯绝缘铜带屏蔽铠装阻燃控制电缆	ZR-KVVP2-22　500V　四芯　10	km	26431

续表

名　称	型　号、规　格	单位	价格
铜芯聚氯乙烯绝缘铜带屏蔽铠装阻燃控制电缆	ZR-KVVP2-22　500V　五芯　1.5	km	6292
铜芯聚氯乙烯绝缘铜带屏蔽铠装阻燃控制电缆	ZR-KVVP2-22　500V　五芯　2.5	km	9550
铜芯聚氯乙烯绝缘铜带屏蔽铠装阻燃控制电缆	ZR-KVVP2-22　500V　五芯　4	km	14097
铜芯聚氯乙烯绝缘铜带屏蔽铠装阻燃控制电缆	ZR-KVVP2-22　500V　五芯　6	km	20237
铜芯聚氯乙烯绝缘铜带屏蔽铠装阻燃控制电缆	ZR-KVVP2-22　500V　五芯　10	km	32733
铜芯聚氯乙烯绝缘铜带屏蔽铠装阻燃控制电缆	ZR-KVVP2-22　500V　六芯　1.5	km	7480
铜芯聚氯乙烯绝缘铜带屏蔽铠装阻燃控制电缆	ZR-KVVP2-22　500V　六芯　2.5	km	11458
铜芯聚氯乙烯绝缘铜带屏蔽铠装阻燃控制电缆	ZR-KVVP2-22　500V　六芯　4	km	16657
铜芯聚氯乙烯绝缘铜带屏蔽铠装阻燃控制电缆	ZR-KVVP2-22　500V　六芯　6	km	23871
铜芯聚氯乙烯绝缘铜带屏蔽铠装阻燃控制电缆	ZR-KVVP2-22　500V　六芯　10	km	39495
铜芯聚氯乙烯绝缘铜带屏蔽铠装阻燃控制电缆	ZR-KVVP2-22　500V　七芯　1.5	km	8333
铜芯聚氯乙烯绝缘铜带屏蔽铠装阻燃控制电缆	ZR-KVVP2-22　500V　七芯　2.5	km	12863
铜芯聚氯乙烯绝缘铜带屏蔽铠装阻燃控制电缆	ZR-KVVP2-22　500V　七芯　4	km	18884
铜芯聚氯乙烯绝缘铜带屏蔽铠装阻燃控制电缆	ZR-KVVP2-22　500V　七芯　6	km	27471

续表

名　称	型号、规格	单位	价格
铜芯聚氯乙烯绝缘铜带屏蔽铠装阻燃控制电缆	ZR-KVVP2-22　500V　八芯　1.5	km	9352
铜芯聚氯乙烯绝缘铜带屏蔽铠装阻燃控制电缆	ZR-KVVP2-22　500V　八芯　2.5	km	14485
铜芯聚氯乙烯绝缘铜带屏蔽铠装阻燃控制电缆	ZR-KVVP2-22　500V　八芯　4	km	21721
铜芯聚氯乙烯绝缘铜带屏蔽铠装阻燃控制电缆	ZR-KVVP2-22　500V　八芯　6	km	30985
铜芯聚氯乙烯绝缘铜带屏蔽铠装阻燃控制电缆	ZR-KVVP2-22　500V　八芯　10	km	50416
铜芯聚氯乙烯绝缘铜带屏蔽铠装阻燃控制电缆	ZR-KVVP2-22　500V　十芯　1.5	km	11694
铜芯聚氯乙烯绝缘铜带屏蔽铠装阻燃控制电缆	ZR-KVVP2-22　500V　十芯　2.5	km	18034
铜芯聚氯乙烯绝缘铜带屏蔽铠装阻燃控制电缆	ZR-KVVP2-22　500V　十芯　4	km	26821
铜芯聚氯乙烯绝缘铜带屏蔽铠装阻燃控制电缆	ZR-KVVP2-22　500V　十芯　6	km	38232
铜芯聚氯乙烯绝缘铜带屏蔽铠装阻燃控制电缆	ZR-KVVP2-22　500V　十芯　10	km	62883
铜芯聚氯乙烯绝缘铜带屏蔽铠装阻燃控制电缆	ZR-KVVP2-22　500V　十二芯　1.5	km	13661
铜芯聚氯乙烯绝缘铜带屏蔽铠装阻燃控制电缆	ZR-KVVP2-22　500V　十二芯　2.5	km	20860
铜芯聚氯乙烯绝缘铜带屏蔽铠装阻燃控制电缆	ZR-KVVP2-22　500V　十二芯　4	km	31548
铜芯聚氯乙烯绝缘铜带屏蔽铠装阻燃控制电缆	ZR-KVVP2-22　500V　十四芯　1.5	km	14351

续表

名　　称	型　号、规　格	单位	价格
铜芯聚氯乙烯绝缘铜带屏蔽铠装阻燃控制电缆	ZR-KVVP2-22　500V　十四芯　2.5	km	22321
铜芯聚氯乙烯绝缘铜带屏蔽铠装阻燃控制电缆	ZR-KVVP2-22　500V　十四芯　4	km	36624
铜芯聚氯乙烯绝缘铜带屏蔽铠装阻燃控制电缆	ZR-KVVP2-22　500V　十六芯　1.5	km	15774
铜芯聚氯乙烯绝缘铜带屏蔽铠装阻燃控制电缆	ZR-KVVP2-22　500V　十六芯　2.5	km	25228
铜芯聚氯乙烯绝缘铜带屏蔽铠装阻燃控制电缆	ZR-KVVP2-22　500V　十六芯　4	km	51272
铜芯聚氯乙烯绝缘铜带屏蔽铠装阻燃控制电缆	ZR-KVVP2-22　500V　十九芯　1.5	km	20363
铜芯聚氯乙烯绝缘铜带屏蔽铠装阻燃控制电缆	ZR-KVVP2-22　500V　十九芯　2.5	km	32266
铜芯聚氯乙烯绝缘铜带屏蔽铠装阻燃控制电缆	ZR-KVVP2-22　500V　十九芯　4	km	89832
铜芯聚氯乙烯绝缘铜带屏蔽铠装阻燃控制电缆	ZR-KVVP2-22　500V　二十四芯　1.5	km	23216
铜芯聚氯乙烯绝缘铜带屏蔽铠装阻燃控制电缆	ZR-KVVP2-22　500V　二十四芯　2.5	km	40345
铜芯聚氯乙烯绝缘铜带屏蔽铠装阻燃控制电缆	ZR-KVVP2-22　500V　三十芯　1.5	km	44153
铜芯聚氯乙烯绝缘铜带屏蔽铠装阻燃控制电缆	ZR-KVVP2-22　500V　三十芯　2.5	km	50959
铜芯聚氯乙烯绝缘控制电缆铜带屏蔽铠装阻燃	ZR-KVVP2-22　500V　三十七芯　1.5	km	38610
铜芯聚氯乙烯绝缘铜带屏蔽铠装阻燃控制电缆	ZR-KVVP2-22　500V　三十七芯　2.5	km	60589

续表

名　　称	型　号、规　格	单位	价格
铜芯聚氯乙烯绝缘及护套铜带屏蔽钢带铠装阻燃控制电缆	ZR-KVV22P2　500V　双芯　1.5	km	7054
铜芯聚氯乙烯绝缘及护套铜带屏蔽钢带铠装阻燃控制电缆	ZR-KVV22P2　500V　双芯　2.5	km	9260
铜芯聚氯乙烯绝缘及护套铜带屏蔽钢带铠装阻燃控制电缆	ZR-KVV22P2　500V　双芯　4	km	11775
铜芯聚氯乙烯绝缘及护套铜带屏蔽钢带铠装阻燃控制电缆	ZR-KVV22P2　500V　双芯　6	km	14799
铜芯聚氯乙烯绝缘及护套铜带屏蔽钢带铠装阻燃控制电缆	ZR-KVV22P2　500V　四芯　1.5	km	9808
铜芯聚氯乙烯绝缘及护套铜带屏蔽钢带铠装阻燃控制电缆	ZR-KVV22P2　500V　四芯　2.5	km	13453
铜芯聚氯乙烯绝缘及护套铜带屏蔽钢带铠装阻燃控制电缆	ZR-KVV22P2　500V　四芯　4	km	18093
铜芯聚氯乙烯绝缘及护套铜带屏蔽钢带铠装阻燃控制电缆	ZR-KVV22P2　500V　四芯　6	km	23618
铜芯聚氯乙烯绝缘及护套铜带屏蔽钢带铠装阻燃控制电缆	ZR-KVV22P2　500V　四芯　10	km	40052

名　　　称	型　号、规　格	单位	价格
铜芯聚氯乙烯绝缘及护套铜带屏蔽钢带铠装阻燃控制电缆	ZR-KVV22P2　500V　五芯　1.5	km	11679
铜芯聚氯乙烯绝缘及护套铜带屏蔽钢带铠装阻燃控制电缆	ZR-KVV22P2　500V　五芯　2.5	km	16513
铜芯聚氯乙烯绝缘及护套铜带屏蔽钢带铠装阻燃控制电缆	ZR-KVV22P2　500V　五芯　4	km	21661
铜芯聚氯乙烯绝缘及护套铜带屏蔽钢带铠装阻燃控制电缆	ZR-KVV22P2　500V　五芯　6	km	29119
铜芯聚氯乙烯绝缘及护套铜带屏蔽钢带铠装阻燃控制电缆	ZR-KVV22P2　500V　五芯　10	km	47394
铜芯聚氯乙烯绝缘及护套铜带屏蔽钢带铠装阻燃控制电缆	ZR-KVV22P2　500V　六芯　1.5	km	13071
铜芯聚氯乙烯绝缘及护套铜带屏蔽钢带铠装阻燃控制电缆	ZR-KVV22P2　500V　六芯　2.5	km	18742
铜芯聚氯乙烯绝缘及护套铜带屏蔽钢带铠装阻燃控制电缆	ZR-KVV22P2　500V　六芯　4	km	24219
铜芯聚氯乙烯绝缘及护套铜带屏蔽钢带铠装阻燃控制电缆	ZR-KVV22P2　500V　六芯　6	km	34413

续表

名　　称	型　号、规　格	单位	价格
铜芯聚氯乙烯绝缘及护套铜带屏蔽钢带铠装阻燃控制电缆	ZR-KVV22P2　500V　六芯　10	km	56807
铜芯聚氯乙烯绝缘及护套铜带屏蔽钢带铠装阻燃控制电缆	ZR-KVV22P2　500V　七芯　1.5	km	14217
铜芯聚氯乙烯绝缘及护套铜带屏蔽钢带铠装阻燃控制电缆	ZR-KVV22P2　500V　七芯　2.5	km	20631
铜芯聚氯乙烯绝缘及护套铜带屏蔽钢带铠装阻燃控制电缆	ZR-KVV22P2　500V　七芯　4	km	27107
铜芯聚氯乙烯绝缘及护套铜带屏蔽钢带铠装阻燃控制电缆	ZR-KVV22P2　500V　七芯　6	km	39622
铜芯聚氯乙烯绝缘及护套铜带屏蔽钢带铠装阻燃控制电缆	ZR-KVV22P2　500V　八芯　1.5	km	15777
铜芯聚氯乙烯绝缘及护套铜带屏蔽钢带铠装阻燃控制电缆	ZR-KVV22P2　500V　八芯　2.5	km	21249
铜芯聚氯乙烯绝缘及护套铜带屏蔽钢带铠装阻燃控制电缆	ZR-KVV22P2　500V　八芯　4	km	32142
铜芯聚氯乙烯绝缘及护套铜带屏蔽钢带铠装阻燃控制电缆	ZR-KVV22P2　500V　八芯　6	km	43827

续表

名　　称	型　号、规　格	单位	价格
铜芯聚氯乙烯绝缘及护套铜带屏蔽钢带铠装阻燃控制电缆	ZR-KVV22P2　500V　十芯　1.5	km	17856
铜芯聚氯乙烯绝缘及护套铜带屏蔽钢带铠装阻燃控制电缆	ZR-KVV22P2　500V　十芯　2.5	km	28888
铜芯聚氯乙烯绝缘及护套铜带屏蔽钢带铠装阻燃控制电缆	ZR-KVV22P2　500V　十芯　4	km	39582
铜芯聚氯乙烯绝缘及护套铜带屏蔽钢带铠装阻燃控制电缆	ZR-KVV22P2　500V　十芯　6	km	55044
铜芯聚氯乙烯绝缘及护套铜带屏蔽钢带铠装阻燃控制电缆	ZR-KVV22P2　500V　十二芯　1.5	km	22013
铜芯聚氯乙烯绝缘及护套铜带屏蔽钢带铠装阻燃控制电缆	ZR-KVV22P2　500V　十二芯　2.5	km	32971
铜芯聚氯乙烯绝缘及护套铜带屏蔽钢带铠装阻燃控制电缆	ZR-KVV22P2　500V　十二芯　4	km	45656
铜芯聚氯乙烯绝缘及护套铜带屏蔽钢带铠装阻燃控制电缆	ZR-KVV22P2　500V　十二芯　6	km	62909
铜芯聚氯乙烯绝缘及护套铜带屏蔽钢带铠装阻燃控制电缆	ZR-KVV22P2　500V　十四芯　1.5	km	24730

续表

名　　称	型　号、规　格	单位	价格
铜芯聚氯乙烯绝缘及护套铜带屏蔽钢带铠装阻燃控制电缆	ZR-KVV22P2　500V　十四芯　2.5	km	37684
铜芯聚氯乙烯绝缘及护套铜带屏蔽钢带铠装阻燃控制电缆	ZR-KVV22P2　500V　十四芯　4	km	52040
铜芯聚氯乙烯绝缘及护套铜带屏蔽钢带铠装阻燃控制电缆	ZR-KVV22P2　500V　十四芯　6	km	71166
铜芯聚氯乙烯绝缘及护套铜带屏蔽钢带铠装阻燃控制电缆	ZR-KVV22P2　500V　十六芯　1.5	km	29453
铜芯聚氯乙烯绝缘及护套铜带屏蔽钢带铠装阻燃控制电缆	ZR-KVV22P2　500V　十六芯　2.5	km	43594
铜芯聚氯乙烯绝缘及护套铜带屏蔽钢带铠装阻燃控制电缆	ZR-KVV22P2　500V　十七芯　1.5	km	28779
铜芯聚氯乙烯绝缘及护套铜带屏蔽钢带铠装阻燃控制电缆	ZR-KVV22P2　500V　十七芯　2.5	km	44801
铜芯聚氯乙烯绝缘及护套铜带屏蔽钢带铠装阻燃控制电缆	ZR-KVV22P2　500V　十九芯　1.5	km	31668
铜芯聚氯乙烯绝缘及护套铜带屏蔽钢带铠装阻燃控制电缆	ZR-KVV22P2　500V　十九芯　2.5	km	49030

名　称	型号、规格	单位	价格
铜芯聚氯乙烯绝缘及护套铜带屏蔽钢带铠装阻燃控制电缆	ZR-KVV22P2　500V　十九芯　4	km	77491
铜芯聚氯乙烯绝缘及护套铜带屏蔽钢带铠装阻燃控制电缆	ZR-KVV22P2　500V　二十四芯　1.5	km	39693
铜芯聚氯乙烯绝缘及护套铜带屏蔽钢带铠装阻燃控制电缆	ZR-KVV22P2　500V　二十四芯　2.5	km	59526
铜芯聚氯乙烯绝缘及护套铜带屏蔽钢带铠装阻燃控制电缆	ZR-KVV22P2　500V　三十芯　1.5	km	57369
铜芯聚氯乙烯绝缘及护套铜带屏蔽钢带铠装阻燃控制电缆	ZR-KVV22P2　500V　三十芯　2.5	km	73468
铜芯聚氯乙烯绝缘及护套铜带屏蔽钢带铠装阻燃控制电缆	ZR-KVV22P2　500V　三十七芯　1.5	km	62269
铜芯聚氯乙烯绝缘及护套铜带屏蔽钢带铠装阻燃控制电缆	ZR-KVV22P2　500V　三十七芯　2.5	km	88556
铜芯聚氯乙烯绝缘护套编织屏蔽软阻燃控制电缆	ZR-KVVRP　500V　4×0.5	km	4916
铜芯聚氯乙烯绝缘护套编织屏蔽软阻燃控制电缆	ZR-KVVRP　500V　5×0.5	km	5413

续表

名　称	型　号、规　格	单位	价格
铜芯聚氯乙烯绝缘护套编织屏蔽软阻燃控制电缆	ZR-KVVRP　500V　7×0.5	km	6420
铜芯聚氯乙烯绝缘护套编织屏蔽软阻燃控制电缆	ZR-KVVRP　500V　8×0.5	km	7147
铜芯聚氯乙烯绝缘护套编织屏蔽软阻燃控制电缆	ZR-KVVRP　500V　10×0.5	km	8425
铜芯聚氯乙烯绝缘护套编织屏蔽软阻燃控制电缆	ZR-KVVRP　500V　12×0.5	km	9596
铜芯聚氯乙烯绝缘护套编织屏蔽软阻燃控制电缆	ZR-KVVRP　500V　14×0.5	km	12398
铜芯聚氯乙烯绝缘护套编织屏蔽软阻燃控制电缆	ZR-KVVRP　500V　16×0.5	km	12773
铜芯聚氯乙烯绝缘护套编织屏蔽软阻燃控制电缆	ZR-KVVRP　500V　19×0.5	km	14920
铜芯聚氯乙烯绝缘护套编织屏蔽软阻燃控制电缆	ZR-KVVRP　500V　24×0.5	km	20435
铜芯聚氯乙烯绝缘护套编织屏蔽软阻燃控制电缆	ZR-KVVRP　500V　27×0.5	km	22336

名　　称	型号、规格	单位	价格
铜芯聚氯乙烯绝缘护套编织屏蔽软阻燃控制电缆	ZR-KVVRP　500V　30×0.5	km	24245
铜芯聚氯乙烯绝缘护套编织屏蔽软阻燃控制电缆	ZR-KVVRP　500V　37×0.5	km	29319
铜芯聚氯乙烯绝缘护套编织屏蔽软阻燃控制电缆	ZR-KVVRP　500V　4×1.0	km	8187
铜芯聚氯乙烯绝缘护套编织屏蔽软阻燃控制电缆	ZR-KVVRP　500V　5×1.0	km	9614
铜芯聚氯乙烯绝缘护套编织屏蔽软阻燃控制电缆	ZR-KVVRP　500V　7×1.0	km	12135
铜芯聚氯乙烯绝缘护套编织屏蔽软阻燃控制电缆	ZR-KVVRP　500V　8×1.0	km	13731
铜芯聚氯乙烯绝缘护套编织屏蔽软阻燃控制电缆	ZR-KVVRP　500V　10×1.0	km	18435
铜芯聚氯乙烯绝缘护套编织屏蔽软阻燃控制电缆	ZR-KVVRP　500V　12×1.0	km	21137
铜芯聚氯乙烯绝缘护套编织屏蔽软阻燃控制电缆	ZR-KVVRP　500V　14×1.0	km	21787

续表

名　称	型号、规格	单位	价格
铜芯聚氯乙烯绝缘护套编织屏蔽软阻燃控制电缆	ZR-KVVRP　500V　16×1.0	km	25172
铜芯聚氯乙烯绝缘护套编织屏蔽软阻燃控制电缆	ZR-KVVRP　500V　19×1.0	km	30207
铜芯聚氯乙烯绝缘护套编织屏蔽软阻燃控制电缆	ZR-KVVRP　500V　24×1.0	km	37505
铜芯聚氯乙烯绝缘护套编织屏蔽软阻燃控制电缆	ZR-KVVRP　500V　27×1.0	km	38951
铜芯聚氯乙烯绝缘护套编织屏蔽软阻燃控制电缆	ZR-KVVRP　500V　30×1.0	km	44641
铜芯聚氯乙烯绝缘护套编织屏蔽软阻燃控制电缆	ZR-KVVRP　500V　37×1.0	km	53387
铜芯聚氯乙烯绝缘护套编织屏蔽软阻燃控制电缆	ZR-KVVRP　500V　2×1.5	km	5150
铜芯聚氯乙烯绝缘护套编织屏蔽软阻燃控制电缆	ZR-KVVRP　500V　4×1.5	km	10743
铜芯聚氯乙烯绝缘护套编织屏蔽软阻燃控制电缆	ZR-KVVRP　500V　5×1.5	km	12771

续表

名　　称	型　号、规　格	单位	价格
铜芯聚氯乙烯绝缘护套编织屏蔽软阻燃控制电缆	ZR-KVVRP　500V　7×1.5	km	16240
铜芯聚氯乙烯绝缘护套编织屏蔽软阻燃控制电缆	ZR-KVVRP　500V　8×1.5	km	20372
铜芯聚氯乙烯绝缘护套编织屏蔽软阻燃控制电缆	ZR-KVVRP　500V　10×1.5	km	23459
铜芯聚氯乙烯绝缘护套编织屏蔽软阻燃控制电缆	ZR-KVVRP　500V　12×1.5	km	26891
铜芯聚氯乙烯绝缘护套编织屏蔽软阻燃控制电缆	ZR-KVVRP　500V　14×1.5	km	29032
铜芯聚氯乙烯绝缘护套编织屏蔽软阻燃控制电缆	ZR-KVVRP　500V　16×1.5	km	34631
铜芯聚氯乙烯绝缘护套编织屏蔽软阻燃控制电缆	ZR-KVVRP　500V　19×1.5	km	41415
铜芯聚氯乙烯绝缘护套编织屏蔽软阻燃控制电缆	ZR-KVVRP　500V　24×1.5	km	51118
铜芯聚氯乙烯绝缘护套编织屏蔽软阻燃控制电缆	ZR-KVVRP　500V　27×1.5	km	56085

续表

名　　　称	型　号、规　格	单位	价格
铜芯聚氯乙烯绝缘护套编织屏蔽软阻燃控制电缆	ZR-KVVRP　500V　30×1.5	km	58260
铜芯聚氯乙烯绝缘护套编织屏蔽软阻燃控制电缆	ZR-KVVRP　500V　37×1.5	km	73735
铜芯聚氯乙烯绝缘护套编织屏蔽软阻燃控制电缆	ZR-KVVRP　500V　2×2.5	km	7311
铜芯聚氯乙烯绝缘护套编织屏蔽软阻燃控制电缆	ZR-KVVRP　500V　4×2.5	km	15461
铜芯聚氯乙烯绝缘护套编织屏蔽软阻燃控制电缆	ZR-KVVRP　500V　5×2.5	km	18034
铜芯聚氯乙烯绝缘护套编织屏蔽软阻燃控制电缆	ZR-KVVRP　500V　7×2.5	km	26190
铜芯聚氯乙烯绝缘护套编织屏蔽软阻燃控制电缆	ZR-KVVRP　500V　8×2.5	km	29764
铜芯聚氯乙烯绝缘护套编织屏蔽软阻燃控制电缆	ZR-KVVRP　500V　10×2.5	km	36840
铜芯聚氯乙烯绝缘护套编织屏蔽软阻燃控制电缆	ZR-KVVRP　500V　12×2.5	km	41633

续表

名　　称	型　号、规　格	单位	价格
铜芯聚氯乙烯绝缘护套编织屏蔽软阻燃控制电缆	ZR-KVVRP　500V　14×2.5	km	46552
铜芯聚氯乙烯绝缘护套编织屏蔽软阻燃控制电缆	ZR-KVVRP　500V　16×2.5	km	51547
铜芯聚氯乙烯绝缘护套编织屏蔽软阻燃控制电缆	ZR-KVVRP　500V　24×2.5	km	80232
铜芯聚氯乙烯绝缘护套编织屏蔽软阻燃控制电缆	ZR-KVVRP　500V　27×2.5	km	99722
铜芯聚氯乙烯绝缘护套编织屏蔽软阻燃控制电缆	ZR-KVVRP　500V　30×2.5	km	103280
铜芯聚氯乙烯绝缘护套编织屏蔽软阻燃控制电缆	ZR-KVVRP　500V　37×2.5	km	107358
阻燃控制电缆	ZR-KYJV　双芯　1.5	km	3525
阻燃控制电缆	ZR-KYJV　双芯　2.5	km	7211
阻燃控制电缆	ZR-KYJV　双芯　4	km	7923
阻燃控制电缆	ZR-KYJV　四芯　1.5	km	6591
阻燃控制电缆	ZR-KYJV　四芯　2.5	km	9363

续表

名　称	型　号、规　格	单位	价格
阻燃控制电缆	ZR-KYJV　四芯　4	km	14340
阻燃控制电缆	ZR-KYJV　五芯　1.5	km	8045
阻燃控制电缆	ZR-KYJV　五芯　2.5	km	11372
阻燃控制电缆	ZR-KYJV　五芯　4	km	17965
阻燃控制电缆	ZR-KYJV　六芯　1.5	km	9179
阻燃控制电缆	ZR-KYJV　六芯　2.5	km	14256
阻燃控制电缆	ZR-KYJV　六芯　4	km	21192
阻燃控制电缆	ZR-KYJV　七芯　1.5	km	10826
阻燃控制电缆	ZR-KYJV　七芯　2.5	km	15497
阻燃控制电缆	ZR-KYJV　七芯　4	km	26148
阻燃控制电缆	ZR-KYJV　八芯　2.5	km	17994
阻燃控制电缆	ZR-KYJV　八芯　4	km	27782
阻燃控制电缆	ZR-KYJV　十芯　1.5	km	15727
阻燃控制电缆	ZR-KYJV　十芯　2.5	km	22645

续表

名　　称	型 号、规 格	单位	价格
阻燃控制电缆	ZR-KYJV　十芯　4	km	37226
阻燃控制电缆	ZR-KYJV　十二芯　1.5	km	18500
阻燃控制电缆	ZR-KYJV　十二芯　2.5	km	26537
阻燃控制电缆	ZR-KYJV　十二芯　4	km	40537
阻燃控制电缆	ZR-KYJV　十四芯　1.5	km	22008
阻燃控制电缆	ZR-KYJV　十四芯　2.5	km	30306
阻燃控制电缆	ZR-KYJV　十四芯　4	km	47435
阻燃控制电缆	ZR-KYJV　十六芯　1.5	km	22459
阻燃控制电缆	ZR-KYJV　十六芯　2.5	km	37154
阻燃控制电缆	ZR-KYJV　十六芯　4	km	64033
阻燃控制电缆	ZR-KYJV　十九芯　1.5	km	26469
阻燃控制电缆	ZR-KYJV　十九芯　2.5	km	41886
阻燃控制电缆	ZR-KYJV　十九芯　4	km	81049
阻燃控制电缆	ZR-KYJV　二十四芯　1.5	km	33651

续表

名　称	型号、规格	单位	价格
阻燃控制电缆	ZR-KYJV　二十四芯　2.5	km	52699
阻燃控制电缆	ZR-KYJV　二十七芯　1.5	km	39615
阻燃控制电缆	ZR-KYJV　二十七芯　2.5	km	62650
阻燃控制电缆	ZR-KYJV　三十芯　1.5	km	44755
阻燃控制电缆	ZR-KYJV　三十芯　2.5	km	66044
阻燃控制电缆	ZR-KYJV　三十七芯　1.5	km	50720
阻燃控制电缆	ZR-KYJV　三十七芯　2.5	km	84113
阻燃控制电缆	ZR-KYJV22　双芯　1.5	km	3694
阻燃控制电缆	ZR-KYJV22　双芯　2.5	km	7557
阻燃控制电缆	ZR-KYJV22　双芯　4	km	8304
阻燃控制电缆	ZR-KYJV22　四芯　1.5	km	6433
阻燃控制电缆	ZR-KYJV22　四芯　2.5	km	11305
阻燃控制电缆	ZR-KYJV22　四芯　4	km	15096
阻燃控制电缆	ZR-KYJV22　五芯　1.5	km	7876

续表

名　称	型　号、规　格	单位	价格
阻燃控制电缆	ZR-KYJV22　五芯　2.5	km	12498
阻燃控制电缆	ZR-KYJV22　五芯　4	km	18842
阻燃控制电缆	ZR-KYJV22　六芯　1.5	km	9637
阻燃控制电缆	ZR-KYJV22　六芯　2.5	km	14951
阻燃控制电缆	ZR-KYJV22　六芯　4	km	22255
阻燃控制电缆	ZR-KYJV22　七芯　1.5	km	10475
阻燃控制电缆	ZR-KYJV22　七芯　2.5	km	16828
阻燃控制电缆	ZR-KYJV22　七芯　4	km	27470
阻燃控制电缆	ZR-KYJV22　八芯　2.5	km	19393
阻燃控制电缆	ZR-KYJV22　八芯　4	km	29223
阻燃控制电缆	ZR-KYJV22　十芯　1.5	km	15442
阻燃控制电缆	ZR-KYJV22　十芯　2.5	km	26601
阻燃控制电缆	ZR-KYJV22　十芯　4	km	39001
阻燃控制电缆	ZR-KYJV　十二芯　1.5	km	18500

续表

名　　称	型　号、规　格	单位	价格
阻燃控制电缆	ZR-KYJV　十二芯　2.5	km	26537
阻燃控制电缆	ZR-KYJV　十二芯　4	km	40537
阻燃控制电缆	ZR-KYJV22　十四芯　1.5	km	23065
阻燃控制电缆	ZR-KYJV22　十四芯　2.5	km	31766
阻燃控制电缆	ZR-KYJV22　十四芯　4	km	49676
阻燃控制电缆	ZR-KYJV22　十六芯　1.5	km	23664
阻燃控制电缆	ZR-KYJV22　十六芯　2.5	km	38902
阻燃控制电缆	ZR-KYJ22V　十六芯　4	km	67193
阻燃控制电缆	ZR-KYJV22　十九芯　1.5	km	27811
阻燃控制电缆	ZR-KYJV22　十九芯　2.5	km	43877
阻燃控制电缆	ZR-KYJV22　十九芯　4	km	85148
阻燃控制电缆	ZR-KYJV22　二十四芯　1.5	km	35381
阻燃控制电缆	ZR-KYJV22　二十四芯　2.5	km	55438
阻燃控制电缆	ZR-KYJV22　二十七芯　1.5	km	41574

续表

名　称	型号、规格	单位	价格
阻燃控制电缆	ZR-KYJV22　二十七芯　2.5	km	65821
阻燃控制电缆	ZR-KYJV22　三十芯　1.5	km	46862
阻燃控制电缆	ZR-KYJV22　三十芯　2.5	km	69508
阻燃控制电缆	ZR-KYJV22　三十七芯　1.5	km	53296
阻燃控制电缆	ZR-KYJV22　三十七芯　2.5	km	88327
铜芯交联聚乙烯绝缘铜丝编织屏蔽钢带铠装控制电缆	KYJVP22　四芯　1.5	km	8566
铜芯交联聚乙烯绝缘铜丝编织屏蔽钢带铠装控制电缆	KYJVP22　四芯　2.5	km	12415
铜芯交联聚乙烯绝缘铜丝编织屏蔽钢带铠装控制电缆	KYJVP22　四芯　4	km	15159
铜芯交联聚乙烯绝缘铜丝编织屏蔽钢带铠装控制电缆	KYJVP22　六芯　1.5	km	10139
铜芯交联聚乙烯绝缘铜丝编织屏蔽钢带铠装控制电缆	KYJVP22　六芯　2.5	km	14857
铜芯交联聚乙烯绝缘铜丝编织屏蔽钢带铠装控制电缆	KYJVP22　六芯　4	km	17348

续表

名　称	型　号、规　格	单位	价格
铜芯交联聚乙烯绝缘铜丝编织屏蔽钢带铠装控制电缆	KYJVP22　七芯　1.5	km	12937
铜芯交联聚乙烯绝缘铜丝编织屏蔽钢带铠装控制电缆	KYJVP22　七芯　4	km	19685
铜芯交联聚乙烯绝缘铜丝编织屏蔽钢带铠装控制电缆	KYJVP22　八芯　1.5	km	14873
铜芯交联聚乙烯绝缘铜丝编织屏蔽钢带铠装控制电缆	KYJVP22　八芯　4	km	23621
铜芯交联聚乙烯绝缘铜丝编织屏蔽钢带铠装控制电缆	KYJVP22　十芯　1.5	km	19717
铜芯交联聚乙烯绝缘铜丝编织屏蔽钢带铠装控制电缆	KYJVP22　十芯　2.5	km	29136
铜芯交联聚乙烯绝缘铜丝编织屏蔽钢带铠装控制电缆	KYJVP22　十四芯　2.5	km	33490
铜芯交联聚乙烯绝缘铜丝编织屏蔽钢带铠装控制电缆	KYJVP22　十九芯　2.5	km	41828
铜芯聚氯乙烯绝缘及护套耐火控制电缆	NH-KVV　500V　四芯　0.75	km	6431
铜芯聚氯乙烯绝缘及护套耐火控制电缆	NH-KVV　500V　四芯　1	km	6977

续表

名　　称	型　号、规　格	单位	价格
铜芯聚氯乙烯绝缘及护套耐火控制电缆	NH-KVV　500V　四芯　1.5	km	9589
铜芯聚氯乙烯绝缘及护套耐火控制电缆	NH-KVV　500V　四芯　2.5	km	11728
铜芯聚氯乙烯绝缘及护套耐火控制电缆	NH-KVV　500V　四芯　4	km	17911
铜芯聚氯乙烯绝缘及护套耐火控制电缆	NH-KVV　500V　四芯　6	km	23423
铜芯聚氯乙烯绝缘及护套耐火控制电缆	NH-KVV　500V　四芯　10	km	40540
铜芯聚氯乙烯绝缘及护套耐火控制电缆	NH-KVV　500V　五芯　0.75	km	7904
铜芯聚氯乙烯绝缘及护套耐火控制电缆	NH-KVV　500V　五芯　1	km	8595
铜芯聚氯乙烯绝缘及护套耐火控制电缆	NH-KVV　500V　五芯　1.5	km	11720
铜芯聚氯乙烯绝缘及护套耐火控制电缆	NH-KVV　500V　五芯　2.5	km	14717
铜芯聚氯乙烯绝缘及护套耐火控制电缆	NH-KVV　500V　五芯　4	km	22186
铜芯聚氯乙烯绝缘及护套耐火控制电缆	NH-KVV　500V　五芯　6	km	28983
铜芯聚氯乙烯绝缘及护套耐火控制电缆	NH-KVV　500V　五芯　10	km	50671
铜芯聚氯乙烯绝缘及护套耐火控制电缆	NH-KVV　500V　七芯　0.75	km	11368
铜芯聚氯乙烯绝缘及护套耐火控制电缆	NH-KVV　500V　七芯　1	km	11659

续表

名　　称	型　号、规　格	单位	价格
铜芯聚氯乙烯绝缘及护套耐火控制电缆	NH-KVV　500V　七芯　1.5	km	16013
铜芯聚氯乙烯绝缘及护套耐火控制电缆	NH-KVV　500V　七芯　2.5	km	20158
铜芯聚氯乙烯绝缘及护套耐火控制电缆	NH-KVV　500V　七芯　4	km	30474
铜芯聚氯乙烯绝缘及护套耐火控制电缆	NH-KVV　500V　七芯　6	km	39972
铜芯聚氯乙烯绝缘及护套耐火控制电缆	NH-KVV　500V　七芯　10	km	70348
铜芯聚氯乙烯绝缘及护套耐火控制电缆	NH-KVV　500V　八芯　0.75	km	12912
铜芯聚氯乙烯绝缘及护套耐火控制电缆	NH-KVV　500V　八芯　1	km	13273
铜芯聚氯乙烯绝缘及护套耐火控制电缆	NH-KVV　500V　八芯　1.5	km	18554
铜芯聚氯乙烯绝缘及护套耐火控制电缆	NH-KVV　500V　八芯　2.5	km	22936
铜芯聚氯乙烯绝缘及护套耐火控制电缆	NH-KVV　500V　八芯　4	km	34711
铜芯聚氯乙烯绝缘及护套耐火控制电缆	NH-KVV　500V　八芯　6	km	45864
铜芯聚氯乙烯绝缘及护套耐火控制电缆	NH-KVV　500V　八芯　10	km	80184
铜芯聚氯乙烯绝缘及护套耐火控制电缆	NH-KVV　500V　十芯　1	km	16932
铜芯聚氯乙烯绝缘及护套耐火控制电缆	NH-KVV　500V　十芯　1.5	km	22743

续表

名　　　称	型　号、规　格	单位	价格
铜芯聚氯乙烯绝缘及护套耐火控制电缆	NH-KVV　500V　十芯　2.5	km	28274
铜芯聚氯乙烯绝缘及护套耐火控制电缆	NH-KVV　500V　十芯　4	km	43761
铜芯聚氯乙烯绝缘及护套耐火控制电缆	NH-KVV　500V　十芯　6	km	57274
铜芯聚氯乙烯绝缘及护套耐火控制电缆	NH-KVV　500V　十芯　10	km	100077
铜芯聚氯乙烯绝缘及护套耐火控制电缆	NH-KVV　500V　十二芯　1	km	17824
铜芯聚氯乙烯绝缘及护套耐火控制电缆	NH-KVV　500V　十二芯　1.5	km	23209
铜芯聚氯乙烯绝缘及护套耐火控制电缆	NH-KVV　500V　十二芯　2.5	km	31861
铜芯聚氯乙烯绝缘及护套耐火控制电缆	NH-KVV　500V　十二芯　4	km	48748
铜芯聚氯乙烯绝缘及护套耐火控制电缆	NH-KVV　500V　十四芯　1	km	23051
铜芯聚氯乙烯绝缘及护套耐火控制电缆	NH-KVV　500V　十四芯　1.5	km	31745
铜芯聚氯乙烯绝缘及护套耐火控制电缆	NH-KVV　500V　十四芯　2.5	km	39812
铜芯聚氯乙烯绝缘及护套耐火控制电缆	NH-KVV　500V　十四芯　4	km	60397
铜芯聚氯乙烯绝缘及护套耐火控制电缆	NH-KVV　500V　十六芯　1	km	25348
铜芯聚氯乙烯绝缘及护套耐火控制电缆	NH-KVV　500V　十六芯　1.5	km	36033

续表

名　　称	型 号、规 格	单位	价格
铜芯聚氯乙烯绝缘及护套耐火控制电缆	NH-KVV　500V　十六芯　2.5	km	44805
铜芯聚氯乙烯绝缘及护套耐火控制电缆	NH-KVV　500V　十九芯　1	km	30785
铜芯聚氯乙烯绝缘及护套耐火控制电缆	NH-KVV　500V　十九芯　1.5	km	42844
铜芯聚氯乙烯绝缘及护套耐火控制电缆	NH-KVV　500V　十九芯　2.5	km	66757
铜芯聚氯乙烯绝缘及护套耐火控制电缆	NH-KVV　500V　二十四芯　1	km	39051
铜芯聚氯乙烯绝缘及护套耐火控制电缆	NH-KVV　500V　二十四芯　1.5	km	53961
铜芯聚氯乙烯绝缘及护套耐火控制电缆	NH-KVV　500V　二十四芯　2.5	km	83816
铜芯聚氯乙烯绝缘及护套耐火控制电缆	NH-KVV　500V　三十芯　1	km	48226
铜芯聚氯乙烯绝缘及护套耐火控制电缆	NH-KVV　500V　三十芯　1.5	km	66744
铜芯聚氯乙烯绝缘及护套耐火控制电缆	NH-KVV　500V　三十芯　2.5	km	104193
铜芯聚氯乙烯绝缘及护套耐火控制电缆	NH-KVV　500V　三十七芯　1	km	59056
铜芯聚氯乙烯绝缘及护套耐火控制电缆	NH-KVV　500V　三十七芯　1.5	km	81542
铜芯聚氯乙烯绝缘及护套耐火控制电缆	NH-KVV　500V　三十七芯　2.5	km	128621
铜芯聚氯乙烯绝缘及护套钢带铠装耐火控制电缆	NH-KVV22　500V　四芯　0.75	km	6685

续表

名　　称	型 号、规 格	单位	价格
铜芯聚氯乙烯绝缘及护套钢带铠装耐火控制电缆	NH-KVV22　500V　四芯　1.0	km	7283
铜芯聚氯乙烯绝缘及护套钢带铠装耐火控制电缆	NH-KVV22　500V　四芯　1.5	km	9973
铜芯聚氯乙烯绝缘及护套钢带铠装耐火控制电缆	NH-KVV22　500V　四芯　2.5	km	12197
铜芯聚氯乙烯绝缘及护套钢带铠装耐火控制电缆	NH-KVV22　500V　四芯　4	km	18676
铜芯聚氯乙烯绝缘及护套钢带铠装耐火控制电缆	NH-KVV22　500V　四芯　6	km	24322
铜芯聚氯乙烯绝缘及护套钢带铠装耐火控制电缆	NH-KVV22　500V　四芯　10	km	42201
铜芯聚氯乙烯绝缘及护套钢带铠装耐火控制电缆	NH-KVV22　500V　五芯　0.75	km	8227
铜芯聚氯乙烯绝缘及护套钢带铠装耐火控制电缆	NH-KVV22　500V　五芯　1.0	km	8940
铜芯聚氯乙烯绝缘及护套钢带铠装耐火控制电缆	NH-KVV22　500V　五芯　1.5	km	12208

续表

名　　称	型　号、规　格	单位	价格
铜芯聚氯乙烯绝缘及护套钢带铠装耐火控制电缆	NH-KVV22　500V　五芯　2.5	km	15279
铜芯聚氯乙烯绝缘及护套钢带铠装耐火控制电缆	NH-KVV22　500V　五芯　4	km	23070
铜芯聚氯乙烯绝缘及护套钢带铠装耐火控制电缆	NH-KVV22　500V　五芯　6	km	30155
铜芯聚氯乙烯绝缘及护套钢带铠装耐火控制电缆	NH-KVV22　500V　五芯　10	km	52781
铜芯聚氯乙烯绝缘及护套钢带铠装耐火控制电缆	NH-KVV22　500V　七芯　0.75	km	11819
铜芯聚氯乙烯绝缘及护套钢带铠装耐火控制电缆	NH-KVV22　500V　七芯　1	km	12125
铜芯聚氯乙烯绝缘及护套钢带铠装耐火控制电缆	NH-KVV22　500V　七芯　1.5	km	16660
铜芯聚氯乙烯绝缘及护套钢带铠装耐火控制电缆	NH-KVV22　500V　七芯　2.5	km	20960
铜芯聚氯乙烯绝缘及护套钢带铠装耐火控制电缆	NH-KVV22　500V　七芯　4	km	31729

续表

名　　称	型　号、规　格	单位	价格
铜芯聚氯乙烯绝缘及护套钢带铠装耐火控制电缆	NH-KVV22　500V　七芯　6	km	41680
铜芯聚氯乙烯绝缘及护套钢带铠装耐火控制电缆	NH-KVV22　500V　七芯　10	km	73167
铜芯聚氯乙烯绝缘及护套钢带铠装耐火控制电缆	NH-KVV22　500V　八芯　0.75	km	13422
铜芯聚氯乙烯绝缘及护套钢带铠装耐火控制电缆	NH-KVV22　500V　八芯　1	km	13789
铜芯聚氯乙烯绝缘及护套钢带铠装耐火控制电缆	NH-KVV22　500V　八芯　1.5	km	19277
铜芯聚氯乙烯绝缘及护套钢带铠装耐火控制电缆	NH-KVV22　500V　八芯　2.5	km	23899
铜芯聚氯乙烯绝缘及护套钢带铠装耐火控制电缆	NH-KVV22　500V　八芯　4	km	36155
铜芯聚氯乙烯绝缘及护套钢带铠装耐火控制电缆	NH-KVV22　500V　八芯　6	km	47720
铜芯聚氯乙烯绝缘及护套钢带铠装耐火控制电缆	NH-KVV22　500V　八芯　10	km	83373

续表

名　　称	型 号、规 格	单位	价格
铜芯聚氯乙烯绝缘及护套钢带铠装耐火控制电缆	NH-KVV22　500V　十芯　1	km	17576
铜芯聚氯乙烯绝缘及护套钢带铠装耐火控制电缆	NH-KVV22　500V　十芯　1.5	km	23707
铜芯聚氯乙烯绝缘及护套钢带铠装耐火控制电缆	NH-KVV22　500V　十芯　2.5	km	29359
铜芯聚氯乙烯绝缘及护套钢带铠装耐火控制电缆	NH-KVV22　500V　十芯　4	km	45515
铜芯聚氯乙烯绝缘及护套钢带铠装耐火控制电缆	NH-KVV22　500V　十芯　6	km	59698
铜芯聚氯乙烯绝缘及护套钢带铠装耐火控制电缆	NH-KVV22　500V　十芯　10	km	104069
铜芯聚氯乙烯绝缘及护套钢带铠装耐火控制电缆	NH-KVV22　500V　十二芯　1	km	18547
铜芯聚氯乙烯绝缘及护套钢带铠装耐火控制电缆	NH-KVV22　500V　十二芯　1.5	km	24125
铜芯聚氯乙烯绝缘及护套钢带铠装耐火控制电缆	NH-KVV22　500V　十二芯　2.5	km	33117

续表

名　称	型　号、规　格	单位	价格
铜芯聚氯乙烯绝缘及护套钢带铠装耐火控制电缆	NH-KVV22　500V　十二芯　4	km	50681
铜芯聚氯乙烯绝缘及护套钢带铠装耐火控制电缆	NH-KVV22　500V　十四芯　1	km	23944
铜芯聚氯乙烯绝缘及护套钢带铠装耐火控制电缆	NH-KVV22　500V　十四芯　1.5	km	33112
铜芯聚氯乙烯绝缘及护套钢带铠装耐火控制电缆	NH-KVV22　500V　十四芯　2.5	km	41300
铜芯聚氯乙烯绝缘及护套钢带铠装耐火控制电缆	NH-KVV22　500V　十四芯　4	km	62925
铜芯聚氯乙烯绝缘及护套钢带铠装耐火控制电缆	NH-KVV22　500V　十六芯　1	km	26301
铜芯聚氯乙烯绝缘及护套钢带铠装耐火控制电缆	NH-KVV22　500V　十六芯　1.5	km	37440
铜芯聚氯乙烯绝缘及护套钢带铠装耐火控制电缆	NH-KVV22　500V　十六芯　2.5	km	46682
铜芯聚氯乙烯绝缘及护套钢带铠装耐火控制电缆	NH-KVV22　500V　十九芯　1	km	32040

续表

名　　称	型号、规格	单位	价格
铜芯聚氯乙烯绝缘及护套钢带铠装耐火控制电缆	NH-KVV22　500V　十九芯　1.5	km	44470
铜芯聚氯乙烯绝缘及护套钢带铠装耐火控制电缆	NH-KVV22　500V　十九芯　2.5	km	69312
铜芯聚氯乙烯绝缘及护套钢带铠装耐火控制电缆	NH-KVV22　500V　二十四芯　1	km	40680
铜芯聚氯乙烯绝缘及护套钢带铠装耐火控制电缆	NH-KVV22　500V　二十四芯　1.5	km	56013
铜芯聚氯乙烯绝缘及护套钢带铠装耐火控制电缆	NH-KVV22　500V　二十四芯　2.5	km	87466
铜芯聚氯乙烯绝缘及护套钢带铠装耐火控制电缆	NH-KVV22　500V　三十芯　1	km	50240
铜芯聚氯乙烯绝缘及护套钢带铠装耐火控制电缆	NH-KVV22　500V　三十芯　1.5	km	69362
铜芯聚氯乙烯绝缘及护套钢带铠装耐火控制电缆	NH-KVV22　500V　三十芯　2.5	km	108270
铜芯聚氯乙烯绝缘及护套钢带铠装耐火控制电缆	NH-KVV22　500V　三十七芯　1	km	61266

续表

名　　称	型 号、规 格	单位	价格
铜芯聚氯乙烯绝缘及护套钢带铠装耐火控制电缆	NH-KVV22　500V　三十七芯　1.5	km	84810
铜芯聚氯乙烯绝缘及护套钢带铠装耐火控制电缆	NH-KVV22　500V　三十七芯　2.5	km	133889
低烟无卤控制电缆	四芯　1.5	km	5154
低烟无卤控制电缆	四芯　2.5	km	6831
低烟无卤控制电缆	四芯　4	km	9879
低烟无卤控制电缆	六芯　1.5	km	7403
低烟无卤控制电缆	六芯　2.5	km	10748
低烟无卤控制电缆	六芯　4	km	16150
低烟无卤控制电缆	八芯　1.5	km	9020
低烟无卤控制电缆	八芯　2.5	km	12235
低烟无卤控制电缆	十芯　1.5	km	11986
低烟无卤控制电缆	十二芯　1.5	km	13286
低烟无卤控制电缆	十四芯　1.5	km	18066

续表

名　　称	型号、规格	单位	价格
低烟无卤控制电缆	十四芯　2.5	km	25863
低烟无卤控制电缆	十九芯　2.5	km	34378
计算机电缆			
计算机电缆	DJFPFP　4×2×1.0	km	5523
计算机电缆	DJFPFP　5×2×1.0	km	6506
阻燃计算机电缆	ZR-DJFPVP　2×2×1.0	km	3618
阻燃计算机电缆	ZR-DJFPVP　3×2×1.0	km	4684
阻燃计算机电缆	ZR-DJFPVP　4×2×1.0	km	5618
阻燃计算机电缆	ZR-DJFPVP　5×2×1.0	km	6634
阻燃计算机电缆	ZR-DJFPVP　6×2×1.0	km	7536
阻燃计算机电缆	ZR-DJFPVP　7×2×1.0	km	8525
阻燃计算机电缆	ZR-DJFPVP　8×2×1.0	km	9587
阻燃计算机电缆	ZR-DJFPVP　9×2×1.0	km	10397
阻燃计算机电缆	ZR-DJFPVP　12×2×1.0	km	11692

名　称	型号、规格	单位	价格
阻燃计算机电缆	ZR-DJFPVP　2×3×1.0	km	4536
阻燃计算机电缆	ZR-DJFPVP　3×3×1.0	km	5596
阻燃计算机电缆	ZR-DJFPVP　4×3×1.0	km	6536
阻燃计算机电缆	ZR-DJFPVP　6×3×1.0	km	8451
阻燃计算机电缆	ZR-DJYPVP　1×2×1	km	3242
阻燃计算机电缆	ZR-DJYPVP　2×2×1	km	4529
阻燃计算机电缆	ZR-DJYPVP　3×2×1	km	5882
阻燃计算机电缆	ZR-DJYPVP　4×2×1	km	7034
阻燃计算机电缆	ZR-DJYPVP　5×2×1	km	8281
阻燃计算机电缆	ZR-DJYPVP　6×2×1	km	9419
阻燃计算机电缆	ZR-DJYPVP　7×2×1	km	10680
阻燃计算机电缆	ZR-DJYPVP　8×2×1	km	11989
阻燃计算机电缆	ZR-DJYPVP　9×2×1	km	13017
阻燃计算机电缆	ZR-DJYPVP　10×2×1	km	14606

续表

名　　称	型 号、规 格	单位	价格
阻燃计算机电缆	ZR-DJYPVP　12×2×1	km	16737
阻燃计算机电缆	ZR-DJYPVP　1×3×1	km	4349
阻燃计算机电缆	ZR-DJYPVP　2×3×1	km	5674
阻燃计算机电缆	ZR-DJYPVP　3×3×1	km	7035
阻燃计算机电缆	ZR-DJYPVP　4×3×1	km	8167
阻燃计算机电缆	ZR-DJYPVP　5×3×1	km	9442
阻燃计算机电缆	ZR-DJYPVP　7×3×1	km	11823
阻燃计算机电缆	ZR-DJYPVP　8×3×1	km	13172
阻燃计算机电缆	ZR-DJYP2V　1×2×0.75	km	2798
阻燃计算机电缆	ZR-DJYP2V　2×2×0.75	km	3628
阻燃计算机电缆	ZR-DJYP2V　3×2×0.75	km	4456
阻燃计算机电缆	ZR-DJYP2V　4×2×0.75	km	5362
阻燃计算机电缆	ZR-DJYP2V　5×2×0.75	km	6511
阻燃计算机电缆	ZR-DJYP2V　7×2×0.75	km	8265

续表

名　称	型　号、规　格	单位	价格
阻燃计算机电缆	ZR-DJYP2V　8×2×0.75	km	9019
阻燃计算机电缆	ZR-DJYP2V　9×2×0.75	km	9991
阻燃计算机电缆	ZR-DJYP2V　10×2×0.75	km	10992
阻燃计算机电缆	ZR-DJYP2V　12×2×0.75	km	12543
阻燃计算机电缆	ZR-DJYP2V　14×2×0.75	km	14282
阻燃计算机电缆	ZR-DJYP2V　16×2×0.75	km	16268
阻燃计算机电缆	ZR-DJYP2V　19×2×0.75	km	18973
阻燃计算机电缆	ZR-DJYP2V　1×2×1.0	km	2820
阻燃计算机电缆	ZR-DJYP2V　2×2×1.0	km	4104
阻燃计算机电缆	ZR-DJYP2V　3×2×1.0	km	5451
阻燃计算机电缆	ZR-DJYP2V　4×2×1.0	km	6611
阻燃计算机电缆	ZR-DJYP2V　5×2×1.0	km	7873
阻燃计算机电缆	ZR-DJYP2V　7×2×1.0	km	10248
阻燃计算机电缆	ZR-DJYP2V　8×2×1.0	km	11569

续表

名　　称	型 号、规 格	单位	价格
阻燃计算机电缆	ZR-DJYP2V　9×2×1.0	km	12986
阻燃计算机电缆	ZR-DJYP2V　10×2×1.0	km	14167
阻燃计算机电缆	ZR-DJYP2V　12×2×1.0	km	16284
阻燃计算机电缆	ZR-DJYP2V　14×2×1.0	km	18802
阻燃计算机电缆	ZR-DJYP2V　16×2×1.0	km	21117
阻燃计算机电缆	ZR-DJYP2V　19×2×1.0	km	24033
阻燃计算机电缆	ZR-DJYP2V　1×2×1.5	km	4021
阻燃计算机电缆	ZR-DJYP2V　2×2×1.5	km	5711
阻燃计算机电缆	ZR-DJYP2V　3×2×1.5	km	7344
阻燃计算机电缆	ZR-DJYP2V　4×2×1.5	km	9179
阻燃计算机电缆	ZR-DJYP2V　5×2×1.5	km	10995
阻燃计算机电缆	ZR-DJYP2V　7×2×1.5	km	14424
阻燃计算机电缆	ZR-DJYP2V　8×2×1.5	km	16272
阻燃计算机电缆	ZR-DJYP2V　9×2×1.5	km	18030

续表

名　称	型号、规格	单位	价格
阻燃计算机电缆	ZR-DJYP2V　10×2×1.5	km	19994
阻燃计算机电缆	ZR-DJYP2V　12×2×1.5	km	23326
阻燃计算机电缆	ZR-DJYP2V　14×2×1.5	km	26538
阻燃计算机电缆	ZR-DJYP2V　16×2×1.5	km	29986
阻燃计算机电缆	ZR-DJYP2V　19×2×1.5	km	35205
阻燃计算机电缆	ZR-DJYP2V　1×2×2.5	km	5977
阻燃计算机电缆	ZR-DJYP2V　2×2×2.5	km	9512
阻燃计算机电缆	ZR-DJYP2V　3×2×2.5	km	12225
阻燃计算机电缆	ZR-DJYP2V　4×2×2.5	km	15281
阻燃计算机电缆	ZR-DJYP2V　5×2×2.5	km	18353
阻燃计算机电缆	ZR-DJYP2V　7×2×2.5	km	24037
阻燃计算机电缆	ZR-DJYP2V　8×2×2.5	km	27127
阻燃计算机电缆	ZR-DJYP2V　9×2×2.5	km	30122
阻燃计算机电缆	ZR-DJYP2V　10×2×2.5	km	33296

续表

名　称	型号、规格	单位	价格
阻燃计算机电缆	ZR-DJYP2V　12×2×2.5	km	38827
阻燃计算机电缆	ZR-DJYP2V　14×2×2.5	km	44259
阻燃计算机电缆	ZR-DJYP2V　16×2×2.5	km	47073
阻燃计算机电缆	ZR-DJYP2V　19×2×2.5	km	49263
阻燃计算机电缆	ZR-DJYP2VP2　3×2×0.75	km	5036
阻燃计算机电缆	ZR-DJYP2VP2　4×2×0.75	km	5937
阻燃计算机电缆	ZR-DJYP2VP2　5×2×0.75	km	7100
阻燃计算机电缆	ZR-DJYP2VP2　6×2×0.75	km	8038
阻燃计算机电缆	ZR-DJYP2VP2　7×2×0.75	km	8821
阻燃计算机电缆	ZR-DJYP2VP2　8×2×0.75	km	9594
阻燃计算机电缆	ZR-DJYP2VP2　10×2×0.75	km	11593
阻燃计算机电缆	ZR-DJYP2VP2　12×2×0.75	km	13136
阻燃计算机电缆	ZR-DJYP2VP2　14×2×0.75	km	14876
阻燃计算机电缆	ZR-DJYP2VP2　16×2×0.75	km	16823

续表

名　　称	型　号、规　格	单位	价格
阻燃计算机电缆	ZR-DJYP2VP2　19×2×0.75	km	19544
阻燃计算机电缆	ZR-DJYP2VP2　24×2×0.75	km	21463
阻燃计算机电缆	ZR-DJYP2VP2　30×2×0.75	km	26856
阻燃计算机电缆	ZR-DJYP2VP2　3×2×1.0	km	5883
阻燃计算机电缆	ZR-DJYP2VP2　4×2×1.0	km	7049
阻燃计算机电缆	ZR-DJYP2VP2　5×2×1.0	km	8288
阻燃计算机电缆	ZR-DJYP2VP2　6×2×1.0	km	9442
阻燃计算机电缆	ZR-DJYP2VP2　7×2×1.0	km	10656
阻燃计算机电缆	ZR-DJYP2VP2　8×2×1.0	km	12022
阻燃计算机电缆	ZR-DJYP2VP2　10×2×1.0	km	14647
阻燃计算机电缆	ZR-DJYP2VP2　12×2×1.0	km	16681
阻燃计算机电缆	ZR-DJYP2VP2　14×2×1.0	km	19207
阻燃计算机电缆	ZR-DJYP2VP2　16×2×1.0	km	21612
阻燃计算机电缆	ZR-DJYP2VP2　19×2×1.0	km	24414

续表

名　　称	型　号、规　格	单位	价格
阻燃计算机电缆	ZR-DJYP2VP2　24×2×1.0	km	30643
阻燃计算机电缆	ZR-DJYP2VP2　30×2×1.0	km	34627
阻燃计算机电缆	ZR-DJYP2VP2　2×2×1.5	km	6127
阻燃计算机电缆	ZR-DJYP2VP2　3×2×1.5	km	7748
阻燃计算机电缆	ZR-DJYP2VP2　4×2×1.5	km	9614
阻燃计算机电缆	ZR-DJYP2VP2　5×2×1.5	km	11407
阻燃计算机电缆	ZR-DJYP2VP2　6×2×1.5	km	12901
阻燃计算机电缆	ZR-DJYP2VP2　7×2×1.5	km	14889
阻燃计算机电缆	ZR-DJYP2VP2　8×2×1.5	km	16708
阻燃计算机电缆	ZR-DJYP2VP2　10×2×1.5	km	20440
阻燃计算机电缆	ZR-DJYP2VP2　12×2×1.5	km	23748
阻燃计算机电缆	ZR-DJYP2VP2　14×2×1.5	km	27005
阻燃计算机电缆	ZR-DJYP2VP2　16×2×1.5	km	30399
阻燃计算机电缆	ZR-DJYP2VP2　19×2×1.5	km	35611

续表

名　　称	型　号、规　格	单位	价格
阻燃计算机电缆	ZR-DJYP2VP2　24×2×1.5	km	37054
阻燃计算机电缆	ZR-DJYP2VP2　30×2×1.5	km	41088
阻燃计算机电缆	ZR-DJYP3V　1×2×1	km	2092
阻燃计算机电缆	ZR-DJYP3V　2×2×1	km	4043
阻燃计算机电缆	ZR-DJYP3V　3×2×1	km	4896
阻燃计算机电缆	ZR-DJYP3V　5×2×1	km	7521
阻燃计算机电缆	ZR-DJYP3V　7×2×1	km	9709
阻燃计算机电缆	ZR-DJYP3V 10×2×1	km	13392
阻燃计算机电缆	ZR-DJYP3VP3　2×2×0.75	km	3773
阻燃计算机电缆	ZR-DJYP3VP3　3×2×0.75	km	4229
阻燃计算机电缆	ZR-DJYP3VP3　4×2×0.75	km	5509
阻燃计算机电缆	ZR-DJYP3VP3　5×2×0.75	km	6657
阻燃计算机电缆	ZR-DJYP3VP3　7×2×0.75	km	8382
阻燃计算机电缆	ZR-DJYP3VP3　8×2×0.75	km	9174

续表

名　称	型号、规格	单位	价格
阻燃计算机电缆	ZR-DJYP3VP3　10×2×0.75	km	11133
阻燃计算机电缆	ZR-DJYP3VP3　12×2×0.75	km	12727
阻燃计算机电缆	ZR-DJYP3VP3　14×2×0.75	km	14439
阻燃计算机电缆	ZR-DJYP3VP3　16×2×0.75	km	16391
阻燃计算机电缆	ZR-DJYP3VP3　19×2×0.75	km	19076
阻燃计算机电缆	ZR-DJYP3VP3　2×2×1.0	km	4250
阻燃计算机电缆	ZR-DJYP3VP3　3×2×1.0	km	5585
阻燃计算机电缆	ZR-DJYP3VP3　4×2×1.0	km	6754
阻燃计算机电缆	ZR-DJYP3VP3　5×2×1.0	km	8015
阻燃计算机电缆	ZR-DJYP3VP3　7×2×1.0	km	10378
阻燃计算机电缆	ZR-DJYP3VP3　8×2×1.0	km	11736
阻燃计算机电缆	ZR-DJYP3VP3　10×2×1.0	km	14343
阻燃计算机电缆	ZR-DJYP3VP3　12×2×1.0	km	16443
阻燃计算机电缆	ZR-DJYP3VP3　14×2×1.0	km	18938

名　称	型　号、规　格	单位	价格
阻燃计算机电缆	ZR-DJYP3VP3　16×2×1.0	km	21282
阻燃计算机电缆	ZR-DJYP3VP3　19×2×1.0	km	24130
阻燃计算机电缆	ZR-DJYP3VP3　2×2×1.5	km	5851
阻燃计算机电缆	ZR-DJYP3VP3　3×2×1.5	km	7484
阻燃计算机电缆	ZR-DJYP3VP3　4×2×1.5	km	9301
阻燃计算机电缆	ZR-DJYP3VP3　5×2×1.5	km	11131
阻燃计算机电缆	ZR-DJYP3VP3　7×2×1.5	km	14563
阻燃计算机电缆	ZR-DJYP3VP3　8×2×1.5	km	16424
阻燃计算机电缆	ZR-DJYP3VP3　10×2×1.5	km	20086
阻燃计算机电缆	ZR-DJYP3VP3　12×2×1.5	km	23484
阻燃计算机电缆	ZR-DJYP3VP3　14×2×1.5	km	26731
阻燃计算机电缆	ZR-DJYP3VP3　16×2×1.5	km	30133
阻燃计算机电缆	ZR-DJYP3VP3　19×2×1.5	km	35344
阻燃计算机电缆	ZR-DJYPV　2×2×0.75	km	2902

续表

名　　称	型　号、规　格	单位	价格
阻燃计算机电缆	ZR-DJYPV　3×2×0.75	km	3556
阻燃计算机电缆	ZR-DJYPV　4×2×0.75	km	4284
阻燃计算机电缆	ZR-DJYPV　5×2×0.75	km	5207
阻燃计算机电缆	ZR-DJYPV　7×2×0.75	km	6594
阻燃计算机电缆	ZR-DJYPV　8×2×0.75	km	7206
阻燃计算机电缆	ZR-DJYPV　10×2×0.75	km	8771
阻燃计算机电缆	ZR-DJYPV　12×2×0.75	km	10031
阻燃计算机电缆	ZR-DJYPV　14×2×0.75	km	11417
阻燃计算机电缆	ZR-DJYPV　16×2×0.75	km	12967
阻燃计算机电缆	ZR-DJYPV　19×2×0.75	km	15172
阻燃计算机电缆	ZR-DJYPV　2×2×1.0	km	3272
阻燃计算机电缆	ZR-DJYPV　3×2×1.0	km	4354
阻燃计算机电缆	ZR-DJYPV　4×2×1.0	km	5276
阻燃计算机电缆	ZR-DJYPV　5×2×1.0	km	6289

续表

名　　称	型　号、规　格	单位	价格
阻燃计算机电缆	ZR-DJYPV　7×2×1.0	km	8189
阻燃计算机电缆	ZR-DJYPV　8×2×1.0	km	9228
阻燃计算机电缆	ZR-DJYPV　10×2×1.0	km	11349
阻燃计算机电缆	ZR-DJYPV　12×2×1.0	km	13009
阻燃计算机电缆	ZR-DJYPV　14×2×1.0	km	15006
阻燃计算机电缆	ZR-DJYPV　16×2×1.0	km	16947
阻燃计算机电缆	ZR-DJYPV　19×2×1.0	km	19731
阻燃计算机电缆	ZR-DJYPV　2×2×1.5	km	4566
阻燃计算机电缆	ZR-DJYPV　3×2×1.5	km	5863
阻燃计算机电缆	ZR-DJYPV　4×2×1.5	km	7318
阻燃计算机电缆	ZR-DJYPV　5×2×1.5	km	8765
阻燃计算机电缆	ZR-DJYPV　7×2×1.5	km	11530
阻燃计算机电缆	ZR-DJYPV　8×2×1.5	km	13006
阻燃计算机电缆	ZR-DJYPV　10×2×1.5	km	15968

续表

名　　称	型号、规格	单位	价格
阻燃计算机电缆	ZR-DJYPV　12×2×1.5	km	18592
阻燃计算机电缆	ZR-DJYPV　14×2×1.5	km	21172
阻燃计算机电缆	ZR-DJYPV　16×2×1.5	km	23950
阻燃计算机电缆	ZR-DJYPV　19×2×1.5	km	28044
阻燃计算机电缆	ZR-DJYVP　1×2×1	km	2131
阻燃计算机电缆	ZR-DJYVP　2×2×1	km	2820
阻燃计算机电缆	ZR-DJYVP　3×2×1	km	3888
阻燃计算机电缆	ZR-DJYVP　4×2×1	km	4809
阻燃计算机电缆	ZR-DJYVP　5×2×1	km	5818
阻燃计算机电缆	ZR-DJYVP　6×2×1	km	6742
阻燃计算机电缆	ZR-DJYVP　7×2×1	km	7712
阻燃计算机电缆	ZR-DJYVP　8×2×1	km	8797
阻燃计算机电缆	ZR-DJYVP　9×2×1	km	9585
阻燃计算机电缆	ZR-DJYVP　10×2×1	km	10857

续表

名　　称	型　号、规　格	单位	价格
阻燃计算机电缆	ZR-DJYVP　12×2×1	km	12515
阻燃计算机电缆	ZR-DJYVP　14×2×1	km	14525
阻燃计算机电缆	ZR-DJYVP　16×2×1	km	16425
阻燃计算机电缆	ZR-DJYVP　1×2×1.5	km	3160
阻燃计算机电缆	ZR-DJYVP　2×2×1.5	km	4093
阻燃计算机电缆	ZR-DJYVP　3×2×1.5	km	5404
阻燃计算机电缆	ZR-DJYVP　4×2×1.5	km	6873
阻燃计算机电缆	ZR-DJYVP　5×2×1.5	km	8312
阻燃计算机电缆	ZR-DJYVP　1×3×1.5	km	4305
阻燃计算机电缆	ZR-DJYVP　3×3×1.5	km	6510
阻燃计算机电缆	ZR-DJYVP　4×3×1.5	km	7516
阻燃计算机电缆	ZR-DJYVP　5×3×1.5	km	8700
阻燃计算机电缆	ZR-DJYVP　6×3×1.5	km	9815
阻燃计算机电缆	ZR-DJYVP　7×3×1.5	km	10997

续表

名　　称	型　号、规　格	单位	价格
阻燃计算机电缆	ZR-DJYVP　1×4×1.5	km	5368
阻燃计算机电缆	ZR-DJYVP　3×4×1.5	km	7674
阻燃计算机电缆	ZR-DJYVP2　2×2×0.75	km	2216
阻燃计算机电缆	ZR-DJYVP2　3×2×0.75	km	2878
阻燃计算机电缆	ZR-DJYVP2　4×2×0.75	km	3587
阻燃计算机电缆	ZR-DJYVP2　5×2×0.75	km	4515
阻燃计算机电缆	ZR-DJYVP2　7×2×0.75	km	5895
阻燃计算机电缆	ZR-DJYVP2　8×2×0.75	km	6529
阻燃计算机电缆	ZR-DJYVP2　10×2×0.75	km	8111
阻燃计算机电缆	ZR-DJYVP2　12×2×0.75	km	9330
阻燃计算机电缆	ZR-DJYVP2　14×2×0.75	km	10737
阻燃计算机电缆	ZR-DJYVP2　16×2×0.75	km	12280
阻燃计算机电缆	ZR-DJYVP2　19×2×0.75	km	14436
阻燃计算机电缆	ZR-DJYVP2　2×2×1.0	km	2587

续表

名　　称	型号、规格	单位	价格
阻燃计算机电缆	ZR-DJYVP2　3×2×1.0	km	3668
阻燃计算机电缆	ZR-DJYVP2　4×2×1.0	km	4593
阻燃计算机电缆	ZR-DJYVP2　5×2×1.0	km	5584
阻燃计算机电缆	ZR-DJYVP2　7×2×1.0	km	7478
阻燃计算机电缆	ZR-DJYVP2　8×2×1.0	km	8547
阻燃计算机电缆	ZR-DJYVP2　10×2×1.0	km	10649
阻燃计算机电缆	ZR-DJYVP2　12×2×1.0	km	12324
阻燃计算机电缆	ZR-DJYVP2　14×2×1.0	km	14304
阻燃计算机电缆	ZR-DJYVP2　16×2×1.0	km	16181
阻燃计算机电缆	ZR-DJYVP2　19×2×1.0	km	18483
阻燃计算机电缆	ZR-DJYVP2　2×2×1.5	km	3870
阻燃计算机电缆	ZR-DJYVP2　3×2×1.5	km	5177
阻燃计算机电缆	ZR-DJYVP2　4×2×1.5	km	6626
阻燃计算机电缆	ZR-DJYVP2　5×2×1.5	km	8077

续表

名　　称	型　号、规　格	单位	价格
阻燃计算机电缆	ZR-DJYVP2　7×2×1.5	km	10835
阻燃计算机电缆	ZR-DJYVP2　8×2×1.5	km	12313
阻燃计算机电缆	ZR-DJYVP2　10×2×1.5	km	15273
阻燃计算机电缆	ZR-DJYVP2　12×2×1.5	km	17947
阻燃计算机电缆	ZR-DJYVP2　14×2×1.5	km	20531
阻燃计算机电缆	ZR-DJYVP2　16×2×1.5	km	23239
阻燃计算机电缆	ZR-DJYVP2　19×2×1.5	km	27409
阻燃计算机电缆	ZR-DJYVP3　2×2×0.75	km	1985
阻燃计算机电缆	ZR-DJYVP3　3×2×0.75	km	2649
阻燃计算机电缆	ZR-DJYVP3　4×2×0.75	km	3371
阻燃计算机电缆	ZR-DJYVP3　5×2×0.75	km	4288
阻燃计算机电缆	ZR-DJYVP3　7×2×0.75	km	5683
阻燃计算机电缆	ZR-DJYVP3　8×2×0.75	km	6297
阻燃计算机电缆	ZR-DJYVP3　10×2×0.75	km	7874

续表

名　　称	型　号、规　格	单位	价格
阻燃计算机电缆	ZR-DJYVP3　12×2×0.75	km	9114
阻燃计算机电缆	ZR-DJYVP3　14×2×0.75	km	10487
阻燃计算机电缆	ZR-DJYVP3　16×2×0.75	km	12095
阻燃计算机电缆	ZR-DJYVP3　19×2×0.75	km	14213
阻燃计算机电缆	ZR-DJYVP3　2×2×1.0	km	2360
阻燃计算机电缆	ZR-DJYVP3　3×2×1.0	km	3428
阻燃计算机电缆	ZR-DJYVP3　4×2×1.0	km	4369
阻燃计算机电缆	ZR-DJYVP3　5×2×1.0	km	5363
阻燃计算机电缆	ZR-DJYVP3　7×2×1.0	km	7265
阻燃计算机电缆	ZR-DJYVP3　8×2×1.0	km	8324
阻燃计算机电缆	ZR-DJYVP3　10×2×1.0	km	10397
阻燃计算机电缆	ZR-DJYVP3　12×2×1.0	km	12080
阻燃计算机电缆	ZR-DJYVP3　14×2×1.0	km	14065
阻燃计算机电缆	ZR-DJYVP3　16×2×1.0	km	16004

续表

名　称	型　号、规　格	单位	价格
阻燃计算机电缆	ZR-DJYVP3　19×2×1.0	km	18275
阻燃计算机电缆	ZR-DJYVP3　2×2×1.5	km	3649
阻燃计算机电缆	ZR-DJYVP3　3×2×1.5	km	4947
阻燃计算机电缆	ZR-DJYVP3　4×2×1.5	km	6411
阻燃计算机电缆	ZR-DJYVP3　5×2×1.5	km	7861
阻燃计算机电缆	ZR-DJYVP3　7×2×1.5	km	10602
阻燃计算机电缆	ZR-DJYVP3　8×2×1.5	km	12076
阻燃计算机电缆	ZR-DJYVP3　10×2×1.5	km	15063
阻燃计算机电缆	ZR-DJYVP3　12×2×1.5	km	17741
阻燃计算机电缆	ZR-DJYVP3　14×2×1.5	km	20266
阻燃计算机电缆	ZR-DJYVP3　16×2×1.5	km	23011
阻燃计算机电缆	ZR-DJYVP3　19×2×1.5	km	27178
阻燃计算机软电缆	ZR-DJVPVPR　2×2×1.0	km	3783
阻燃计算机软电缆	ZR-DJVPVPR　3×2×1.0	km	4862

续表

名　称	型　号、规　格	单位	价格
阻燃计算机软电缆	ZR-DJVPVPR　4×2×1.0	km	5787
阻燃计算机软电缆	ZR-DJVPVPR　5×2×1.0	km	6803
阻燃计算机软电缆	ZR-DJVPVPR　7×2×1.0	km	8697
阻燃计算机软电缆	ZR-DJVPVPR　10×2×1.0	km	9758
阻燃计算机软电缆	ZR-DJVPVPR　2×3×1.0	km	4696
阻燃计算机软电缆	ZR-DJVPVPR　3×3×1.0	km	5789
阻燃计算机软电缆	ZR-DJVPVPR　5×3×1.0	km	7715
阻燃计算机软电缆	ZR-DJVPVPR　7×3×1.0	km	9615
通信电缆			
全塑市内通信电缆	HYA　2×2×0.7	km	2053
全塑市内通信电缆	HYA　5×2×0.5	km	2757
全塑市内通信电缆	HYA　5×2×0.6	km	3655
全塑市内通信电缆	HYA　5×2×0.7	km	5892
全塑市内通信电缆	HYA　10×2×0.5	km	4884

续表

名　　称	型　号、规　格	单位	价格
全塑市内通信电缆	HYA　10×2×0.7	km	9620
全塑市内通信电缆	HYA　20×2×0.5	km	7156
全塑市内通信电缆	HYA　30×2×0.5	km	10391
全塑市内通信电缆	HYA　30×2×0.7	km	16638
全塑市内通信电缆	HYA　50×2×0.5	km	16680
全塑市内通信电缆	HYA　50×2×0.7	km	24572
全塑市内通信电缆	HYA　100×2×0.5	km	32386
全塑市内通信电缆	HYA　200×2×0.5	km	63367
全塑市内通信电缆	HYA　300×2×0.5	km	93908
全塑市内通信电缆	HYA　10×2×0.6	km	4790
全塑市内通信电缆	HYA　20×2×0.6	km	8922
全塑市内通信电缆	HYA　30×2×0.6	km	11827
全塑市内通信电缆	HYA　50×2×0.6	km	19011
全塑市内通信电缆	HYA　100×2×0.6	km	34771

续表

名　　称	型　号、规　格	单位	价格
全塑市内通信电缆	HYA　200×2×0.6	km	58032
全塑市内通信电缆	HYA　300×2×0.6	km	94617
全塑市内通信电缆	HYA　10×2×0.9	km	8416
全塑市内通信电缆	HYA　20×2×0.9	km	13559
全塑市内通信电缆	HYA　30×2×0.9	km	19355
全塑市内通信电缆	HYA　50×2×0.9	km	29247
全塑市内通信电缆	HYA　100×2×0.9	km	53954
全塑市内通信电缆	HYA　200×2×0.9	km	100604
全塑市内通信电缆	HYA　300×2×0.9	km	132579
全塑市内通信电缆	HYAC　10×2×0.4	km	6415
全塑市内通信电缆	HYAC　20×2×0.4	km	10095
全塑市内通信电缆	HYAC　30×2×0.4	km	12587
全塑市内通信电缆	HYAC　50×2×0.4	km	16775
全塑市内通信电缆	HYAC　100×2×0.4	km	30574

续表

名　　称	型 号、规 格	单位	价格
全塑市内通信电缆	HYAC　10×2×0.7	km	7666
全塑市内通信电缆	HYAC　20×2×0.7	km	11854
全塑市内通信电缆	HYAC　30×2×0.7	km	16267
全塑市内通信电缆	HYAC　50×2×0.7	km	22656
全塑市内通信电缆	HYAC　10×2×0.9	km	9921
全塑市内通信电缆	HYAC　20×2×0.9	km	17257
全塑市内通信电缆	HYAC　30×2×0.9	km	22095
全塑市内通信电缆	HYAC　50×2×0.9	km	33658
全塑市内通信电缆	HYAT　10×2×0.5	km	5638
全塑市内通信电缆	HYAT　20×2×0.5	km	8577
全塑市内通信电缆	HYAT　30×2×0.5	km	13623
全塑市内通信电缆	HYAT　50×2×0.5	km	20752
全塑市内通信电缆	HYAT　100×2×0.5	km	35430
全塑市内通信电缆	HYAT　200×2×0.5	km	63422

续表

名　　称	型 号、规 格	单位	价格
全塑市内通信电缆	HYAT　300×2×0.5	km	89564
全塑市内通信电缆	HYAT　10×2×0.6	km	6901
全塑市内通信电缆	HYAT　20×2×0.6	km	10794
全塑市内通信电缆	HYAT　30×2×0.6	km	17387
全塑市内通信电缆	HYAT　50×2×0.6	km	26676
全塑市内通信电缆	HYAT　100×2×0.6	km	46999
全塑市内通信电缆	HYAT　200×2×0.6	km	85826
全塑市内通信电缆	HYAT　300×2×0.6	km	123056
全塑市内通信电缆	HYAT　10×2×0.9	km	11790
全塑市内通信电缆	HYAT　20×2×0.9	km	21048
全塑市内通信电缆	HYAT　30×2×0.9	km	34113
全塑市内通信电缆	HYAT　50×2×0.9	km	49223
全塑市内通信电缆	HYAT　100×2×0.9	km	98962
全塑市内通信电缆	HYAT　200×2×0.9	km	185131

续表

名　　称	型　号、规　格	单位	价格
全塑市内通信电缆	HYAT　300×2×0.9	km	282197
全塑市内通信电缆	HYV　5×0.5	km	2624
全塑市内通信电缆	HYV　10×0.5	km	3643
全塑市内通信电缆	HYV　15×0.5	km	5557
全塑市内通信电缆	HYV　20×0.5	km	6624
全塑市内通信电缆	HYV　25×0.5	km	8417
全塑市内通信电缆	HYV　30×0.5	km	9803
全塑市内通信电缆	HYV　40×0.5	km	12637
全塑市内通信电缆	HYV　50×0.5	km	15950
全塑市内通信电缆	HYV　80×0.5	km	26110
全塑市内通信电缆	HYV　100×0.5	km	31948
全塑市内通信电缆	HYV　150×0.5	km	51134
全塑市内通信电缆	HYV　200×0.5	km	66439
全塑市内通信电缆	HYV　300×0.5	km	96068

续表

名　称	型　号、规　格	单位	价格
全塑市内通信电缆	HYV　400×0.5	km	124878
全塑市内通信电缆	HYV　5×0.6	km	3041
全塑市内通信电缆	HYV　10×0.6	km	4476
全塑市内通信电缆	HYV　15×0.6	km	7115
全塑市内通信电缆	HYV　20×0.6	km	8618
全塑市内通信电缆	HYV　25×0.6	km	11003
全塑市内通信电缆	HYV　30×0.6	km	12845
全塑市内通信电缆	HYV　40×0.6	km	17358
全塑市内通信电缆	HYV　50×0.6	km	20931
全塑市内通信电缆	HYV　80×0.6	km	34541
全塑市内通信电缆	HYV　100×0.6	km	43432
全塑市内通信电缆	HYV　150×0.6	km	67060
全塑市内通信电缆	HYV　200×0.6	km	88508
全塑市内通信电缆	HYV　300×0.6	km	129947

续表

名　　称	型　号、规　格	单位	价格
全塑市内通信电缆	HYV　400×0.6	km	179278
全塑市内通信电缆	HYV　5×0.7	km	3445
全塑市内通信电缆	HYV　10×0.7	km	5529
全塑市内通信电缆	HYV　15×0.7	km	8931
全塑市内通信电缆	HYV　20×0.7	km	10907
全塑市内通信电缆	HYV　25×0.7	km	14522
全塑市内通信电缆	HYV　30×0.7	km	17236
全塑市内通信电缆	HYV　40×0.7	km	22077
全塑市内通信电缆	HYV　50×0.7	km	26719
全塑市内通信电缆	HYV　80×0.7	km	30500
全塑市内通信电缆	HYV　100×0.7	km	59123
全塑市内通信电缆	HYV　150×0.7	km	88232
全塑市内通信电缆	HYV　200×0.7	km	136893
全塑市内通信电缆	HYV　300×0.7	km	170947

续表

名　　称	型　号、规　格	单位	价格
同轴射频电缆	SYV　50-2-1	km	861
同轴射频电缆	SYV　50-2-2	km	1158
同轴射频电缆	SYV　50-3	km	2403
同轴射频电缆	SYV　50-5-1	km	2125
同轴射频电缆	SYV　50-5-2	km	3071
同轴射频电缆	SYV　50-7-1	km	4673
同轴射频电缆	SYV　50-7-2	km	6823
同轴射频电缆	SYV　50-9	km	6690
同轴射频电缆	SYV　50-12	km	9053
同轴射频电缆	SYV　50-15	km	12635
同轴射频电缆	SYV　50-17	km	18275
同轴射频电缆	SYV　50-23-1	km	29113
同轴射频电缆	SYV　50-28-1	km	39786
同轴射频电缆	SYV　75-1-8	km	8289

续表

名　　称	型 号、规 格	单位	价格
同轴射频电缆	SYV　75-2-2	km	2014
同轴射频电缆	SYV　75-2-3	km	4409
同轴射频电缆	SYV　75-5-1	km	1797
同轴射频电缆	SYV　75-5-2	km	1878
同轴射频电缆	SYV　75-5-4	km	1997
同轴射频电缆	SYV　75-6	km	4152
同轴射频电缆	SYV　75-7	km	3953
同轴射频电缆	SYV　75-9	km	5145
同轴射频电缆	SYV　75-9-GL	km	6292
同轴射频电缆	SYV　75-9-GLY	km	5427
同轴射频电缆	SYV　75-12	km	7859
同轴射频电缆	SYV　75-15	km	10471
同轴射频电缆	SYV　75-17	km	14834
同轴射频电缆	SYV　75-23-1	km	23748

续表

名　　称	型　号、规　格	单位	价格
同轴射频电缆	SYV　75-28-1	km	32223
同轴射频电缆	SYV　100-7	km	46860
光缆、网线、尾纤			
OPGW 光缆	72 芯，150	km	16197
OPGW 光缆	72 芯，120	km	13667
OPGW 光缆	48 芯，150	km	14930
OPGW 光缆	48 芯，120	km	11688
OPGW 光缆	48 芯，90	km	11481
OPGW 光缆	48 芯，70	km	8985
OPGW 光缆	36 芯，150	km	13847
OPGW 光缆	36 芯，140	km	13120
OPGW 光缆	36 芯，130	km	12641
OPGW 光缆	36 芯，120	km	12524
OPGW 光缆	36 芯，90	km	8578

续表

名　　称	型　号、规　格	单位	价格
OPGW 光缆	36 芯，70	km	7238
OPGW 光缆	24 芯，150	km	13326
OPGW 光缆	24 芯，140	km	12958
OPGW 光缆	24 芯，130	km	11152
OPGW 光缆	24 芯，120	km	11498
OPGW 光缆	24 芯，110	km	10937
OPGW 光缆	24 芯，100	km	10015
OPGW 光缆	24 芯，90	km	9625
OPGW 光缆	24 芯，70	km	7410
OPGW 光缆	24 芯，50	km	6161
OPGW 光缆	24 芯，40	km	5483
OPGW 光缆	12 芯，100	km	8033
OPGW 光缆	12 芯，90	km	9466
OPGW 光缆	12 芯，50	km	5587

名　　称	型　号、规　格	单位	价格
OPGW 光缆	12 芯，40	km	5509
ADSS 自承式光缆	96 芯	km	13579
ADSS 自承式光缆	72 芯	km	10538
ADSS 自承式光缆	48 芯	km	8375
ADSS 自承式光缆	36 芯	km	8781
ADSS 自承式光缆	24 芯	km	6854
ADSS 自承式光缆	16 芯	km	5166
管道光缆	12 芯 GYFTY	km	2116
管道光缆	24 芯 GYFTY	km	2775
管道光缆	36 芯 GYFTY	km	3103
管道光缆	48 芯 GYFTY	km	3416
管道光缆	72 芯 GYFTY	km	3891
管道光缆	96 芯 GYFTY	km	4745
管道光缆	12 芯 GYFTZY	km	2752

续表

名　　称	型 号、规 格	单位	价格
管道光缆	24 芯 GYFTZY	km	3223
管道光缆	36 芯 GYFTZY	km	3606
管道光缆	48 芯 GYFTZY	km	4175
管道光缆	72 芯 GYFTZY	km	5219
管道光缆	96 芯 GYFTZY	km	6121
管道光缆	12 芯 GYFTY63	km	2847
管道光缆	24 芯 GYFTY63	km	3824
管道光缆	36 芯 GYFTY63	km	4270
管道光缆	48 芯 GYFTY63	km	4745
管道光缆	72 芯 GYFTY63	km	5219
管道光缆	96 芯 GYFTY63	km	6073
管道光缆	12 芯 GYFTZY63	km	3680
管道光缆	24 芯 GYFTZY63	km	4371
管道光缆	36 芯 GYFTZY63	km	4602

续表

名　　称	型号、规格	单位	价格
管道光缆	48 芯 GYFTZY63	km	5174
管道光缆	72 芯 GYFTZY63	km	6026
管道光缆	96 芯 GYFTZY63	km	7164
OPPC 复合光缆	24B1-120/20	km	17867
OPPC 复合光缆	24B1-120/25	km	18551
OPPC 复合光缆	24B1-185/30	km	19829
OPPC 复合光缆	24B1-185/40	km	19856
以太网线	综合	m	5
尾纤	双头	m	8
电缆端子			
10kV 电缆终端	1×800	套	619
10kV 电缆终端	1×630	套	259
10kV 电缆终端	3×400	套	473
10kV 电缆终端	1×400	套	145

续表

名　称	型　号、规　格	单位	价格
10kV 电缆终端	3×300	套	473
10kV 电缆终端	3×240	套	398
10kV 电缆终端	1×240	套	134
10kV 电缆终端	3×185	套	366
10kV 电缆终端	3×150	套	346
10kV 电缆终端	3×120	套	339
10kV 电缆终端	1×120	套	105
10kV 电缆终端	3×95	套	321
10kV 电缆终端	3×70	套	312
10kV 电缆终端	1×70	套	103
10kV 电缆终端	3×50	套	261
10kV 电缆终端	3×35	套	237
35kV 电缆终端	1×630	套	675
35kV 电缆终端	1×500	套	591

续表

名　　称	型 号 、规 格	单位	价格
35kV 电缆终端	3×400	套	1553
35kV 电缆终端	1×400	套	509
35kV 电缆终端	3×300	套	1547
35kV 电缆终端	1×300	套	460
35kV 电缆终端	3×240	套	1327
35kV 电缆终端	1×240	套	411
35kV 电缆终端	3×185	套	1282
35kV 电缆终端	1×185	套	392
35kV 电缆终端	3×150	套	1165
66kV 电缆终端	1×1200	套	14388
66kV 电缆终端	1×1000	套	13749
66kV 电缆终端	1×630	套	13703
66kV 电缆终端	1×500	套	13507
66kV 电缆终端	1×400	套	13410

续表

名　　称	型　号、规　格	单位	价格
66kV 电缆终端	1×300	套	13410
110kV 电缆终端	1×1600	套	16458
110kV 电缆终端	1×1200	套	15325
110kV 电缆终端	1×1000	套	14983
110kV 电缆终端	1×800	套	14934
110kV 电缆终端	1×630	套	14934
110kV 电缆终端	1×500	套	14934
110kV 电缆终端	1×400	套	14836
220kV 电缆终端	1×2500	套	69484
220kV 电缆终端	1×2000	套	68946
220kV 电缆终端	1×1600	套	68652
220kV 电缆终端	1×1200	套	68299
220kV 电缆终端	1×1000	套	68212
220kV 电缆终端	1×800	套	67576

续表

名　　称	型 号、规 格	单位	价格
220kV 电缆终端	1×630	套	67331
10kV 电缆中间头	3×400	套	1161
10kV 电缆中间头	1×400	套	369
10kV 电缆中间头	3×300	套	1161
10kV 电缆中间头	3×240	套	1065
10kV 电缆中间头	3×185	套	1133
10kV 电缆中间头	3×150	套	1283
10kV 电缆中间头	3×120	套	996
10kV 电缆中间头	3×95	套	917
10kV 电缆中间头	3×70	套	896
35kV 电缆中间接头	1×630	套	1439
35kV 电缆中间接头	1×500	套	1158
35kV 电缆中间接头	3×400	套	3122
35kV 电缆中间接头	1×400	套	1204

续表

名　称	型　号、规　格	单位	价格
35kV 电缆中间接头	3×300	套	3008
35kV 电缆中间接头	1×300	套	1116
35kV 电缆中间接头	3×240	套	2799
35kV 电缆中间接头	1×240	套	1018
35kV 电缆中间接头	3×185	套	2724
35kV 电缆中间接头	1×185	套	969
35kV 电缆中间接头	3×150	套	2555
66kV 电缆中间接头	1×1600	套	14878
66kV 电缆中间接头	1×1200	套	13997
66kV 电缆中间接头	1×800	套	13801
66kV 电缆中间接头	1×630	套	13801
66kV 电缆中间接头	1×500	套	13605
66kV 电缆中间接头	1×400	套	13312
66kV 电缆中间接头	1×300	套	13116

续表

名　　称	型　号、规　格	单位	价格
110kV 电缆中间接头	1×1600	套	15835
110kV 电缆中间接头	1×1200	套	15444
110kV 电缆中间接头	1×1000	套	15346
110kV 电缆中间接头	1×800	套	15248
110kV 电缆中间接头	1×630	套	15199
110kV 电缆中间接头	1×400	套	15150
220kV 电缆中间接头	1×2500	套	67516
220kV 电缆中间接头	1×2000	套	67271
220kV 电缆中间接头	1×1600	套	67076
220kV 电缆中间接头	1×1000	套	67027
220kV 电缆中间接头	1×1200	套	65901
220kV 电缆中间接头	1×800	套	65831
220kV 电缆中间接头	1×630	套	63894
补偿电缆			
一般阻燃屏蔽补偿电缆	ZR-TX-GV2　1×2×1.5	km	4348

续表

名　　称	型　号、规　格	单位	价格
一般阻燃屏蔽补偿电缆	ZR-TX-GV2　2×2×1.5	km	8907
一般阻燃屏蔽补偿电缆	ZR-TX-GV2　4×2×1.5	km	18476
一般阻燃屏蔽补偿电缆	ZR-TX-GV2　6×2×1.5	km	24583
一般阻燃屏蔽补偿电缆	ZR-TX-GV2　8×2×1.5	km	34338
一般阻燃屏蔽补偿电缆	ZR-TX-GV2　10×2×1.5	km	42997
一般阻燃屏蔽补偿电缆	ZR-TX-GV2　12×2×1.5	km	53478
一般阻燃屏蔽补偿电缆	ZR-TX-GV2　1×2×2.5	km	5996
一般阻燃屏蔽补偿电缆	ZR-TX-GV2　2×2×2.5	km	12729
一般阻燃屏蔽补偿电缆	ZR-TX-GV2　4×2×2.5	km	26299
一般阻燃屏蔽补偿电缆	ZR-TX-GV2　6×2×2.5	km	40419
一般阻燃屏蔽补偿电缆	ZR-TX-GV2　8×2×2.5	km	56197
一般阻燃屏蔽补偿电缆	ZR-TX-GV2　10×2×2.5	km	69327
一般阻燃屏蔽补偿电缆	ZR-TX-GV2　12×2×2.5	km	86855
一般阻燃屏蔽补偿电缆	ZR-TX-GVPV　1×2×1.5	km	4874

续表

名　　称	型　号、规　格	单位	价格
一般阻燃屏蔽补偿电缆	ZR-TX-GVPV　2×2×1.5	km	10032
一般阻燃屏蔽补偿电缆	ZR-TX-GVPV　4×2×1.5	km	19999
一般阻燃屏蔽补偿电缆	ZR-TX-GVPV　6×2×1.5	km	31448
一般阻燃屏蔽补偿电缆	ZR-TX-GVPV　8×2×1.5	km	43777
一般阻燃屏蔽补偿电缆	ZR-TX-GVPV　10×2×1.5	km	54837
一般阻燃屏蔽补偿电缆	ZR-TX-GVPV　12×2×1.5	km	68014
一般阻燃屏蔽补偿电缆	ZR-TX-GVPV　1×2×2.5	km	7425
一般阻燃屏蔽补偿电缆	ZR-TX-GVPV　2×2×2.5	km	15624
一般阻燃屏蔽补偿电缆	ZR-TX-GVPV　4×2×2.5	km	32226
一般阻燃屏蔽补偿电缆	ZR-TX-GVPV　6×2×2.5	km	49955
一般阻燃屏蔽补偿电缆	ZR-TX-GVPV　8×2×2.5	km	69230
一般阻燃屏蔽补偿电缆	ZR-TX-GVPV　10×2×2.5	km	85693
一般阻燃屏蔽补偿电缆	ZR-TX-GVPV　12×2×2.5	km	107418
一般阻燃屏蔽补偿电缆	ZR-TX-GVVP　2×2×1.5	km	9504

续表

名　　称	型 号、规 格	单位	价格
一般阻燃屏蔽补偿电缆	ZR-TX-GVVP　4×2×1.5	km	19620
一般阻燃屏蔽补偿电缆	ZR-TX-GVVP　6×2×1.5	km	29265
一般阻燃屏蔽补偿电缆	ZR-TX-GVVP　8×2×1.5	km	41525
一般阻燃屏蔽补偿电缆	ZR-TX-GVVP　10×2×1.5	km	51836
一般阻燃屏蔽补偿电缆	ZR-TX-GVVP　12×2×1.5	km	64581
一般阻燃屏蔽补偿电缆	ZR-TX-GVVP　2×2×2.5	km	10856
一般阻燃屏蔽补偿电缆	ZR-TX-GVVP　4×2×2.5	km	22395
一般阻燃屏蔽补偿电缆	ZR-TX-GVVP　6×2×2.5	km	34637
一般阻燃屏蔽补偿电缆	ZR-TX-GVVP　8×2×2.5	km	48164
一般阻燃屏蔽补偿电缆	ZR-TX-GVVP　10×2×2.5	km	59341
一般阻燃屏蔽补偿电缆	ZR-TX-GVVP　12×2×2.5	km	74426
一般阻燃屏蔽补偿电缆	ZR-TX-GVPVP　2×2×1.5	km	11583
一般阻燃屏蔽补偿电缆	ZR-TX-GVPVP　4×2×1.5	km	24052
一般阻燃屏蔽补偿电缆	ZR-TX-GVPVP　6×2×1.5	km	35689

续表

名　　称	型　号、规　格	单位	价格
一般阻燃屏蔽补偿电缆	ZR-TX-GVPVP　8×2×1.5	km	50859
一般阻燃屏蔽补偿电缆	ZR-TX-GVPVP　10×2×1.5	km	63434
一般阻燃屏蔽补偿电缆	ZR-TX-GVPVP　12×2×1.5	km	78937
一般阻燃屏蔽补偿电缆	ZR-TX-GVPVP　2×2×2.5	km	17292
一般阻燃屏蔽补偿电缆	ZR-TX-GVPVP　4×2×2.5	km	35381
一般阻燃屏蔽补偿电缆	ZR-TX-GVPVP　6×2×2.5	km	55009
一般阻燃屏蔽补偿电缆	ZR-TX-GVPVP　8×2×2.5	km	76174
一般阻燃屏蔽补偿电缆	ZR-TX-GVPVP　10×2×2.5	km	94115
一般阻燃屏蔽补偿电缆	ZR-TX-GVPVP　12×2×2.5	km	118431
一般阻燃屏蔽补偿电缆	ZR-KX-GV2　1×2×1.5	km	6408
一般阻燃屏蔽补偿电缆	ZR-KX-GV2　2×2×1.5	km	13080
一般阻燃屏蔽补偿电缆	ZR-KX-GV2　3×2×1.5	km	18952
一般阻燃屏蔽补偿电缆	ZR-KX-GV2　4×2×1.5	km	25193
一般阻燃屏蔽补偿电缆	ZR-KX-GV2　5×2×1.5	km	30117

续表

名　　称	型　号、规　格	单位	价格
一般阻燃屏蔽补偿电缆	ZR-KX-GV2　6×2×1.5	km	36026
一般阻燃屏蔽补偿电缆	ZR-KX-GV2　7×2×1.5	km	41616
一般阻燃屏蔽补偿电缆	ZR-KX-GV2　8×2×1.5	km	47559
一般阻燃屏蔽补偿电缆	ZR-KX-GV2　10×2×1.5	km	59474
一般阻燃屏蔽补偿电缆	ZR-KX-GV2　12×2×1.5	km	70692
一般阻燃屏蔽补偿电缆	ZR-KX-GV2　1×2×2.5	km	8110
一般阻燃屏蔽补偿电缆	ZR-KX-GV2　2×2×2.5	km	21023
一般阻燃屏蔽补偿电缆	ZR-KX-GV2　4×2×2.5	km	39043
一般阻燃屏蔽补偿电缆	ZR-KX-GV2　6×2×2.5	km	58368
一般阻燃屏蔽补偿电缆	ZR-KX-GV2　8×2×2.5	km	77601
一般阻燃屏蔽补偿电缆	ZR-KX-GV2　10×2×2.5	km	83562
一般阻燃屏蔽补偿电缆	ZR-KX-GV2　12×2×2.5	km	99646
一般阻燃屏蔽补偿电缆	ZR-KX-GVPV　1×2×1.5	km	3986
一般阻燃屏蔽补偿电缆	ZR-KX-GVPV　2×2×1.5	km	15349

续表

名　　　称	型　号、规　格	单位	价格
一般阻燃屏蔽补偿电缆	ZR-KX-GVPV　4×2×1.5	km	29505
一般阻燃屏蔽补偿电缆	ZR-KX-GVPV　6×2×1.5	km	43506
一般阻燃屏蔽补偿电缆	ZR-KX-GVPV　8×2×1.5	km	56897
一般阻燃屏蔽补偿电缆	ZR-KX-GVPV　10×2×1.5	km	71859
一般阻燃屏蔽补偿电缆	ZR-KX-GVPV　12×2×1.5	km	84948
一般阻燃屏蔽补偿电缆	ZR-KX-GVPV　1×2×2.5	km	9917
一般阻燃屏蔽补偿电缆	ZR-KX-GVPV　2×2×2.5	km	24313
一般阻燃屏蔽补偿电缆	ZR-KX-GVPV　4×2×2.5	km	46112
一般阻燃屏蔽补偿电缆	ZR-KX-GVPV　6×2×2.5	km	68213
一般阻燃屏蔽补偿电缆	ZR-KX-GVPV　8×2×2.5	km	90688
一般阻燃屏蔽补偿电缆	ZR-KX-GVPV　10×2×2.5	km	113309
一般阻燃屏蔽补偿电缆	ZR-KX-GVPV　12×2×2.5	km	134426
一般阻燃屏蔽补偿电缆	ZR-KX-GVVP　2×2×1.5	km	15678
一般阻燃屏蔽补偿电缆	ZR-KX-GVVP　4×2×1.5	km	27378

续表

名　　称	型　号、规　格	单位	价格
一般阻燃屏蔽补偿电缆	ZR-KX-GVVP　6×2×1.5	km	39702
一般阻燃屏蔽补偿电缆	ZR-KX-GVVP　8×2×1.5	km	51513
一般阻燃屏蔽补偿电缆	ZR-KX-GVVP　10×2×1.5	km	64161
一般阻燃屏蔽补偿电缆	ZR-KX-GVVP　12×2×1.5	km	75120
一般阻燃屏蔽补偿电缆	ZR-KX-GVVP　2×2×2.5	km	24620
一般阻燃屏蔽补偿电缆	ZR-KX-GVVP　4×2×2.5	km	45550
一般阻燃屏蔽补偿电缆	ZR-KX-GVVP　6×2×2.5	km	66782
一般阻燃屏蔽补偿电缆	ZR-KX-GVVP　8×2×2.5	km	86895
一般阻燃屏蔽补偿电缆	ZR-KX-GVVP　10×2×2.5	km	110282
一般阻燃屏蔽补偿电缆	ZR-KX-GVVP　12×2×2.5	km	130054
一般阻燃屏蔽补偿电缆	ZR-KX-GVPVP　2×2×1.5	km	17957
一般阻燃屏蔽补偿电缆	ZR-KX-GVPVP　4×2×1.5	km	31776
一般阻燃屏蔽补偿电缆	ZR-KX-GVPVP　6×2×1.5	km	46249
一般阻燃屏蔽补偿电缆	ZR-KX-GVPVP　8×2×1.5	km	59906

续表

名　　称	型　号、规　格	单位	价格
一般阻燃屏蔽补偿电缆	ZR-KX-GVPVP　10×2×1.5	km	76281
一般阻燃屏蔽补偿电缆	ZR-KX-GVPVP　12×2×1.5	km	89906
一般阻燃屏蔽补偿电缆	ZR-KX-GVPVP　2×2×2.5	km	25518
一般阻燃屏蔽补偿电缆	ZR-KX-GVPVP　4×2×2.5	km	46760
一般阻燃屏蔽补偿电缆	ZR-KX-GVPVP　6×2×2.5	km	68119
一般阻燃屏蔽补偿电缆	ZR-KX-GVPVP　8×2×2.5	km	90602
一般阻燃屏蔽补偿电缆	ZR-KX-GVPVP　10×2×2.5	km	112906
一般阻燃屏蔽补偿电缆	ZR-KX-GVPVP　12×2×2.5	km	133057
一般阻燃屏蔽补偿电缆	ZR-EX-GV2　1×2×1.5	km	5623
一般阻燃屏蔽补偿电缆	ZR-EX-GV2　2×2×1.5	km	10707
一般阻燃屏蔽补偿电缆	ZR-EX-GV2　4×2×1.5	km	19594
一般阻燃屏蔽补偿电缆	ZR-EX-GV2　6×2×1.5	km	29126
一般阻燃屏蔽补偿电缆	ZR-EX-GV2　8×2×1.5	km	38585
一般阻燃屏蔽补偿电缆	ZR-EX-GV2　10×2×1.5	km	48197

续表

名　　称	型 号、规 格	单位	价格
一般阻燃屏蔽补偿电缆	ZR-EX-GV2　12×2×1.5	km	57169
一般阻燃屏蔽补偿电缆	ZR-EX-GV2　1×2×2.5	km	6091
一般阻燃屏蔽补偿电缆	ZR-EX-GV2　2×2×2.5	km	17221
一般阻燃屏蔽补偿电缆	ZR-EX-GV2　4×2×2.5	km	31685
一般阻燃屏蔽补偿电缆	ZR-EX-GV2　6×2×2.5	km	47258
一般阻燃屏蔽补偿电缆	ZR-EX-GV2　8×2×2.5	km	62534
一般阻燃屏蔽补偿电缆	ZR-EX-GV2　10×2×2.5	km	78164
一般阻燃屏蔽补偿电缆	ZR-EX-GV2　12×2×2.5	km	92962
一般阻燃屏蔽补偿电缆	ZR-EX-GVPV　1×2×1.5	km	6898
一般阻燃屏蔽补偿电缆	ZR-EX-GVPV　2×2×1.5	km	13016
一般阻燃屏蔽补偿电缆	ZR-EX-GVPV　4×2×1.5	km	24179
一般阻燃屏蔽补偿电缆	ZR-EX-GVPV　6×2×1.5	km	36237
一般阻燃屏蔽补偿电缆	ZR-EX-GVPV　8×2×1.5	km	47730
一般阻燃屏蔽补偿电缆	ZR-EX-GVPV　10×2×1.5	km	59718

续表

名 称	型 号、规 格	单位	价格
一般阻燃屏蔽补偿电缆	ZR-EX-GVPV 12×2×1.5	km	71089
一般阻燃屏蔽补偿电缆	ZR-EX-GVPV 1×2×2.5	km	7824
一般阻燃屏蔽补偿电缆	ZR-EX-GVPV 2×2×2.5	km	20562
一般阻燃屏蔽补偿电缆	ZR-EX-GVPV 4×2×2.5	km	39780
一般阻燃屏蔽补偿电缆	ZR-EX-GVPV 6×2×2.5	km	59646
一般阻燃屏蔽补偿电缆	ZR-EX-GVPV 8×2×2.5	km	78762
一般阻燃屏蔽补偿电缆	ZR-EX-GVPV 10×2×2.5	km	98954
一般阻燃屏蔽补偿电缆	ZR-EX-GVPV 12×2×2.5	km	117454
一般阻燃屏蔽补偿电缆	ZR-EX-GVVP 2×2×1.5	km	13389
一般阻燃屏蔽补偿电缆	ZR-EX-GVVP 4×2×1.5	km	24895
一般阻燃屏蔽补偿电缆	ZR-EX-GVVP 6×2×1.5	km	35757
一般阻燃屏蔽补偿电缆	ZR-EX-GVVP 8×2×1.5	km	46164
一般阻燃屏蔽补偿电缆	ZR-EX-GVVP 10×2×1.5	km	57541
一般阻燃屏蔽补偿电缆	ZR-EX-GVVP 12×2×1.5	km	67284

续表

名　　称	型　号、规　格	单位	价格
一般阻燃屏蔽补偿电缆	ZR-EX-GVVP　2×2×2.5	km	20670
一般阻燃屏蔽补偿电缆	ZR-EX-GVVP　4×2×2.5	km	37061
一般阻燃屏蔽补偿电缆	ZR-EX-GVVP　6×2×2.5	km	54125
一般阻燃屏蔽补偿电缆	ZR-EX-GVVP　8×2×2.5	km	70209
一般阻燃屏蔽补偿电缆	ZR-EX-GVVP　10×2×2.5	km	89378
一般阻燃屏蔽补偿电缆	ZR-EX-GVVP　12×2×2.5	km	104724
一般阻燃屏蔽补偿电缆	ZR-EX-GVPVP　2×2×1.5	km	15608
一般阻燃屏蔽补偿电缆	ZR-EX-GVPVP　4×2×1.5	km	27206
一般阻燃屏蔽补偿电缆	ZR-EX-GVPVP　6×2×1.5	km	39532
一般阻燃屏蔽补偿电缆	ZR-EX-GVPVP　8×2×1.5	km	50792
一般阻燃屏蔽补偿电缆	ZR-EX-GVPVP　10×2×1.5	km	65139
一般阻燃屏蔽补偿电缆	ZR-EX-GVPVP　12×2×1.5	km	76201
一般阻燃屏蔽补偿电缆	ZR-EX-GVPVP　2×2×2.5	km	21754
一般阻燃屏蔽补偿电缆	ZR-EX-GVPVP　4×2×2.5	km	39380

续表

名　　称	型 号、规 格	单位	价格
一般阻燃屏蔽补偿电缆	ZR-EX-GVPVP　6×2×2.5	km	57114
一般阻燃屏蔽补偿电缆	ZR-EX-GVPVP　8×2×2.5	km	75795
一般阻燃屏蔽补偿电缆	ZR-EX-GVPVP　10×2×2.5	km	94603
一般阻燃屏蔽补偿电缆	ZR-EX-GVPVP　12×2×2.5	km	111126
阻燃耐高温屏蔽补偿电缆	ZR-TX-HF4V　1×2×1.5	km	5803
阻燃耐高温屏蔽补偿电缆	ZR-TX-HF4V　2×2×1.5	km	12158
阻燃耐高温屏蔽补偿电缆	ZR-TX-HF4V　4×2×1.5	km	19450
阻燃耐高温屏蔽补偿电缆	ZR-TX-HF4V　6×2×1.5	km	31760
阻燃耐高温屏蔽补偿电缆	ZR-TX-HF4V　8×2×1.5	km	43458
阻燃耐高温屏蔽补偿电缆	ZR-TX-HF4V　10×2×1.5	km	54766
阻燃耐高温屏蔽补偿电缆	ZR-TX-HF4V　12×2×1.5	km	68087
阻燃耐高温屏蔽补偿电缆	ZR-TX-HF4V　1×2×2.5	km	9259
阻燃耐高温屏蔽补偿电缆	ZR-TX-HF4V　2×2×2.5	km	19282
阻燃耐高温屏蔽补偿电缆	ZR-TX-HF4V　4×2×2.5	km	32694

续表

名　称	型　号、规　格	单位	价格
阻燃耐高温屏蔽补偿电缆	ZR-TX-HF4V　6×2×2.5	km	50940
阻燃耐高温屏蔽补偿电缆	ZR-TX-HF4V　8×2×2.5	km	70627
阻燃耐高温屏蔽补偿电缆	ZR-TX-HF4V　10×2×2.5	km	88294
阻燃耐高温屏蔽补偿电缆	ZR-TX-HF4V　12×2×2.5	km	110181
阻燃耐高温屏蔽补偿电缆	ZR-TX-HF4PV　1×2×1.5	km	7185
阻燃耐高温屏蔽补偿电缆	ZR-TX-HF4PV　2×2×1.5	km	14352
阻燃耐高温屏蔽补偿电缆	ZR-TX-HF4PV　4×2×1.5	km	29029
阻燃耐高温屏蔽补偿电缆	ZR-TX-HF4PV　6×2×1.5	km	45919
阻燃耐高温屏蔽补偿电缆	ZR-TX-HF4PV　8×2×1.5	km	62661
阻燃耐高温屏蔽补偿电缆	ZR-TX-HF4PV　10×2×1.5	km	78828
阻燃耐高温屏蔽补偿电缆	ZR-TX-HF4PV　12×2×1.5	km	98245
阻燃耐高温屏蔽补偿电缆	ZR-TX-HF4PV　1×2×2.5	km	8825
阻燃耐高温屏蔽补偿电缆	ZR-TX-HF4PV　2×2×2.5	km	18300
阻燃耐高温屏蔽补偿电缆	ZR-TX-HF4PV　4×2×2.5	km	37642

续表

名　　称	型号、规格	单位	价格
阻燃耐高温屏蔽补偿电缆	ZR-TX-HF4PV　6×2×2.5	km	58758
阻燃耐高温屏蔽补偿电缆	ZR-TX-HF4PV　8×2×2.5	km	81192
阻燃耐高温屏蔽补偿电缆	ZR-TX-HF4PV　10×2×2.5	km	101625
阻燃耐高温屏蔽补偿电缆	ZR-TX-HF4PV　12×2×2.5	km	126858
阻燃耐高温屏蔽补偿电缆	ZR-TX-HF4VP　2×2×1.5	km	14764
阻燃耐高温屏蔽补偿电缆	ZR-TX-HF4VP　4×2×1.5	km	29879
阻燃耐高温屏蔽补偿电缆	ZR-TX-HF4VP　6×2×1.5	km	47238
阻燃耐高温屏蔽补偿电缆	ZR-TX-HF4VP　8×2×1.5	km	64391
阻燃耐高温屏蔽补偿电缆	ZR-TX-HF4VP　10×2×1.5	km	81030
阻燃耐高温屏蔽补偿电缆	ZR-TX-HF4VP　12×2×1.5	km	101152
阻燃耐高温屏蔽补偿电缆	ZR-TX-HF4VP　2×2×2.5	km	18819
阻燃耐高温屏蔽补偿电缆	ZR-TX-HF4VP　4×2×2.5	km	38802
阻燃耐高温屏蔽补偿电缆	ZR-TX-HF4VP　6×2×2.5	km	60273
阻燃耐高温屏蔽补偿电缆	ZR-TX-HF4VP　8×2×2.5	km	83544

续表

名　称	型号、规格	单位	价格
阻燃耐高温屏蔽补偿电缆	ZR-TX-HF4VP　10×2×2.5	km	104738
阻燃耐高温屏蔽补偿电缆	ZR-TX-HF4VP　12×2×2.5	km	130614
阻燃耐高温屏蔽补偿电缆	ZR-TX-HF4PVP　2×2×1.5	km	16895
阻燃耐高温屏蔽补偿电缆	ZR-TX-HF4PVP　4×2×1.5	km	34193
阻燃耐高温屏蔽补偿电缆	ZR-TX-HF4PVP　6×2×1.5	km	54098
阻燃耐高温屏蔽补偿电缆	ZR-TX-HF4PVP　8×2×1.5	km	73978
阻燃耐高温屏蔽补偿电缆	ZR-TX-HF4PVP　10×2×1.5	km	93091
阻燃耐高温屏蔽补偿电缆	ZR-TX-HF4PVP　12×2×1.5	km	115955
阻燃耐高温屏蔽补偿电缆	ZR-TX-HF4PVP　2×2×2.5	km	21574
阻燃耐高温屏蔽补偿电缆	ZR-TX-HF4PVP　4×2×2.5	km	44349
阻燃耐高温屏蔽补偿电缆	ZR-TX-HF4PVP　6×2×2.5	km	69234
阻燃耐高温屏蔽补偿电缆	ZR-TX-HF4PVP　8×2×2.5	km	95704
阻燃耐高温屏蔽补偿电缆	ZR-TX-HF4PVP　10×2×2.5	km	119829
阻燃耐高温屏蔽补偿电缆	ZR-TX-HF4PVP　12×2×2.5	km	149801

续表

名　　　称	型　号、规　格	单位	价格
阻燃耐高温屏蔽补偿电缆	ZR-KX-HF4V　1×2×1.5	km	7272
阻燃耐高温屏蔽补偿电缆	ZR-KX-HF4V　2×2×1.5	km	15497
阻燃耐高温屏蔽补偿电缆	ZR-KX-HF4V　3×2×1.5	km	19004
阻燃耐高温屏蔽补偿电缆	ZR-KX-HF4V　4×2×1.5	km	25577
阻燃耐高温屏蔽补偿电缆	ZR-KX-HF4V　5×2×1.5	km	32899
阻燃耐高温屏蔽补偿电缆	ZR-KX-HF4V　6×2×1.5	km	40228
阻燃耐高温屏蔽补偿电缆	ZR-KX-HF4V　7×2×1.5	km	48231
阻燃耐高温屏蔽补偿电缆	ZR-KX-HF4V　8×2×1.5	km	56415
阻燃耐高温屏蔽补偿电缆	ZR-KX-HF4V　10×2×1.5	km	69351
阻燃耐高温屏蔽补偿电缆	ZR-KX-HF4V　12×2×1.5	km	87814
阻燃耐高温屏蔽补偿电缆	ZR-KX-HF4V　1×2×2.5	km	11794
阻燃耐高温屏蔽补偿电缆	ZR-KX-HF4V　2×2×2.5	km	24910
阻燃耐高温屏蔽补偿电缆	ZR-KX-HF4V　4×2×2.5	km	52250
阻燃耐高温屏蔽补偿电缆	ZR-KX-HF4V　6×2×2.5	km	81409

续表

名　　称	型号、规格	单位	价格
阻燃耐高温屏蔽补偿电缆	ZR-KX-HF4V　8×2×2.5	km	113130
阻燃耐高温屏蔽补偿电缆	ZR-KX-HF4V　10×2×2.5	km	141501
阻燃耐高温屏蔽补偿电缆	ZR-KX-HF4V　12×2×2.5	km	177436
阻燃耐高温屏蔽补偿电缆	ZR-KX-HF4PV　1×2×1.5	km	8412
阻燃耐高温屏蔽补偿电缆	ZR-KX-HF4PV　2×2×1.5	km	17869
阻燃耐高温屏蔽补偿电缆	ZR-KX-HF4PV　4×2×1.5	km	36755
阻燃耐高温屏蔽补偿电缆	ZR-KX-HF4PV　6×2×1.5	km	57839
阻燃耐高温屏蔽补偿电缆	ZR-KX-HF4PV　8×2×1.5	km	80755
阻燃耐高温屏蔽补偿电缆	ZR-KX-HF4PV　10×2×1.5	km	99850
阻燃耐高温屏蔽补偿电缆	ZR-KX-HF4PV　12×2×1.5	km	125958
阻燃耐高温屏蔽补偿电缆	ZR-KX-HF4PV　1×2×2.5	km	9975
阻燃耐高温屏蔽补偿电缆	ZR-KX-HF4PV　2×2×2.5	km	21000
阻燃耐高温屏蔽补偿电缆	ZR-KX-HF4PV　4×2×2.5	km	44117
阻燃耐高温屏蔽补偿电缆	ZR-KX-HF4PV　6×2×2.5	km	68582

续表

名　　称	型　号、规　格	单位	价格
阻燃耐高温屏蔽补偿电缆	ZR-KX-HF4PV　8×2×2.5	km	95373
阻燃耐高温屏蔽补偿电缆	ZR-KX-HF4PV　10×2×2.5	km	119443
阻燃耐高温屏蔽补偿电缆	ZR-KX-HF4PV　12×2×2.5	km	149244
阻燃耐高温屏蔽补偿电缆	ZR-KX-HF4VP　2×2×1.5	km	18034
阻燃耐高温屏蔽补偿电缆	ZR-KX-HF4VP　4×2×1.5	km	37229
阻燃耐高温屏蔽补偿电缆	ZR-KX-HF4VP　6×2×1.5	km	58423
阻燃耐高温屏蔽补偿电缆	ZR-KX-HF4VP　8×2×1.5	km	81745
阻燃耐高温屏蔽补偿电缆	ZR-KX-HF4VP　10×2×1.5	km	100854
阻燃耐高温屏蔽补偿电缆	ZR-KX-HF4VP　12×2×1.5	km	127387
阻燃耐高温屏蔽补偿电缆	ZR-KX-HF4VP　2×2×2.5	km	21199
阻燃耐高温屏蔽补偿电缆	ZR-KX-HF4VP　4×2×2.5	km	44479
阻燃耐高温屏蔽补偿电缆	ZR-KX-HF4VP　6×2×2.5	km	69458
阻燃耐高温屏蔽补偿电缆	ZR-KX-HF4VP　8×2×2.5	km	96436
阻燃耐高温屏蔽补偿电缆	ZR-KX-HF4VP　10×2×2.5	km	121028

续表

名　　称	型　号、规　格	单位	价格
阻燃耐高温屏蔽补偿电缆	ZR-KX-HF4VP　12×2×2.5	km	151327
阻燃耐高温屏蔽补偿电缆	ZR-KX-HF4PVP　2×2×1.5	km	20419
阻燃耐高温屏蔽补偿电缆	ZR-KX-HF4PVP　4×2×1.5	km	42042
阻燃耐高温屏蔽补偿电缆	ZR-KX-HF4PVP　6×2×1.5	km	65995
阻燃耐高温屏蔽补偿电缆	ZR-KX-HF4PVP　8×2×1.5	km	92581
阻燃耐高温屏蔽补偿电缆	ZR-KX-HF4PVP　10×2×1.5	km	114279
阻燃耐高温屏蔽补偿电缆	ZR-KX-HF4PVP　12×2×1.5	km	144355
阻燃耐高温屏蔽补偿电缆	ZR-KX-HF4PVP　2×2×2.5	km	24023
阻燃耐高温屏蔽补偿电缆	ZR-KX-HF4PVP　4×2×2.5	km	50389
阻燃耐高温屏蔽补偿电缆	ZR-KX-HF4PVP　6×2×2.5	km	78555
阻燃耐高温屏蔽补偿电缆	ZR-KX-HF4PVP　8×2×2.5	km	109301
阻燃耐高温屏蔽补偿电缆	ZR-KX-HF4PVP　10×2×2.5	km	137078
阻燃耐高温屏蔽补偿电缆	ZR-KX-HF4PVP　12×2×2.5	km	171211
阻燃耐高温屏蔽补偿电缆	ZR-EX-HF4V　1×2×1.5	km	6344

名　　　称	型 号、规 格	单位	价格
阻燃耐高温屏蔽补偿电缆	ZR-EX-HF4V　2×2×1.5	km	13083
阻燃耐高温屏蔽补偿电缆	ZR-EX-HF4V　3×2×1.5	km	16136
阻燃耐高温屏蔽补偿电缆	ZR-EX-HF4V　4×2×1.5	km	21693
阻燃耐高温屏蔽补偿电缆	ZR-EX-HF4V　5×2×1.5	km	27772
阻燃耐高温屏蔽补偿电缆	ZR-EX-HF4V　6×2×1.5	km	33896
阻燃耐高温屏蔽补偿电缆	ZR-EX-HF4V　7×2×1.5	km	40588
阻燃耐高温屏蔽补偿电缆	ZR-EX-HF4V　8×2×1.5	km	47339
阻燃耐高温屏蔽补偿电缆	ZR-EX-HF4V　10×2×1.5	km	59249
阻燃耐高温屏蔽补偿电缆	ZR-EX-HF4V　12×2×1.5	km	74056
阻燃耐高温屏蔽补偿电缆	ZR-EX-HF4V　1×2×2.5	km	10226
阻燃耐高温屏蔽补偿电缆	ZR-EX-HF4V　2×2×2.5	km	21084
阻燃耐高温屏蔽补偿电缆	ZR-EX-HF4V　4×2×2.5	km	35353
阻燃耐高温屏蔽补偿电缆	ZR-EX-HF4V　6×2×2.5	km	55176
阻燃耐高温屏蔽补偿电缆	ZR-EX-HF4V　8×2×2.5	km	77002

续表

名　　称	型号、规格	单位	价格
阻燃耐高温屏蔽补偿电缆	ZR-EX-HF4V　10×2×2.5	km	96260
阻燃耐高温屏蔽补偿电缆	ZR-EX-HF4V　12×2×2.5	km	120272
阻燃耐高温屏蔽补偿电缆	ZR-EX-HF4PV　1×2×1.5	km	2530
阻燃耐高温屏蔽补偿电缆	ZR-EX-HF4PV　2×2×1.5	km	15453
阻燃耐高温屏蔽补偿电缆	ZR-EX-HF4PV　4×2×1.5	km	31926
阻燃耐高温屏蔽补偿电缆	ZR-EX-HF4PV　6×2×1.5	km	49867
阻燃耐高温屏蔽补偿电缆	ZR-EX-HF4PV　8×2×1.5	km	69580
阻燃耐高温屏蔽补偿电缆	ZR-EX-HF4PV　10×2×1.5	km	87012
阻燃耐高温屏蔽补偿电缆	ZR-EX-HF4PV　12×2×1.5	km	108676
阻燃耐高温屏蔽补偿电缆	ZR-EX-HF4PV　1×2×2.5	km	8053
阻燃耐高温屏蔽补偿电缆	ZR-EX-HF4PV　2×2×2.5	km	16582
阻燃耐高温屏蔽补偿电缆	ZR-EX-HF4PV　4×2×2.5	km	34451
阻燃耐高温屏蔽补偿电缆	ZR-EX-HF4PV　6×2×2.5	km	53792
阻燃耐高温屏蔽补偿电缆	ZR-EX-HF4PV　8×2×2.5	km	74833

续表

名　　　称	型　号、规　格	单位	价格
阻燃耐高温屏蔽补偿电缆	ZR-EX-HF4PV　10×2×2.5	km	93666
阻燃耐高温屏蔽补偿电缆	ZR-EX-HF4PV　12×2×2.5	km	117115
阻燃耐高温屏蔽补偿电缆	ZR-EX-HF4VP　2×2×1.5	km	15651
阻燃耐高温屏蔽补偿电缆	ZR-EX-HF4VP　4×2×1.5	km	32334
阻燃耐高温屏蔽补偿电缆	ZR-EX-HF4VP　6×2×1.5	km	50426
阻燃耐高温屏蔽补偿电缆	ZR-EX-HF4VP　8×2×1.5	km	70699
阻燃耐高温屏蔽补偿电缆	ZR-EX-HF4VP　10×2×1.5	km	88210
阻燃耐高温屏蔽补偿电缆	ZR-EX-HF4VP　12×2×1.5	km	110029
阻燃耐高温屏蔽补偿电缆	ZR-EX-HF4VP　2×2×2.5	km	16807
阻燃耐高温屏蔽补偿电缆	ZR-EX-HF4VP　4×2×2.5	km	34967
阻燃耐高温屏蔽补偿电缆	ZR-EX-HF4VP　6×2×2.5	km	54582
阻燃耐高温屏蔽补偿电缆	ZR-EX-HF4VP　8×2×2.5	km	75966
阻燃耐高温屏蔽补偿电缆	ZR-EX-HF4VP　10×2×2.5	km	95157
阻燃耐高温屏蔽补偿电缆	ZR-EX-HF4VP　12×2×2.5	km	118692

续表

名　　称	型　号、规　格	单位	价格
阻燃耐高温屏蔽补偿电缆	ZR-EX-HF4PVP　2×2×1.5	km	17967
阻燃耐高温屏蔽补偿电缆	ZR-EX-HF4PVP　4×2×1.5	km	37083
阻燃耐高温屏蔽补偿电缆	ZR-EX-HF4PVP　6×2×1.5	km	57859
阻燃耐高温屏蔽补偿电缆	ZR-EX-HF4PVP　8×2×1.5	km	80697
阻燃耐高温屏蔽补偿电缆	ZR-EX-HF4PVP　10×2×1.5	km	100969
阻燃耐高温屏蔽补偿电缆	ZR-EX-HF4PVP　12×2×1.5	km	126378
阻燃耐高温屏蔽补偿电缆	ZR-EX-HF4PVP　2×2×2.5	km	19243
阻燃耐高温屏蔽补偿电缆	ZR-EX-HF4PVP　4×2×2.5	km	40017
阻燃耐高温屏蔽补偿电缆	ZR-EX-HF4PVP　6×2×2.5	km	62401
阻燃耐高温屏蔽补偿电缆	ZR-EX-HF4PVP　8×2×2.8	km	86854
阻燃耐高温屏蔽补偿电缆	ZR-EX-HF4PVP　10×2×2.5	km	109032
阻燃耐高温屏蔽补偿电缆	ZR-EX-HF4PVP　12×2×2.5	km	136217
阻燃高温补偿电缆 T 型	ZR-TX-HA-FPVP　4×2×1.5	km	30340
阻燃高温补偿电缆 T 型	ZR-TX-HA-FPVP　6×2×1.5	km	45985

续表

名　称	型号、规格	单位	价格
阻燃高温补偿电缆 E 型	ZR-EX-HA-FPVP　2×2×1.5	km	25220
阻燃高温补偿电缆 E 型	ZR-EX-HA-FPVP　4×2×1.5	km	33391
阻燃高温补偿电缆 E 型	ZR-EX-HA-FPVP　6×2×1.5	km	50364
阻燃高温补偿电缆 K 型	ZR-KX-HA-FPVP　8×2×1.5	km	78308
阻燃高温补偿电缆 K 型	ZR-KX-HA-FPVP　10×2×1.5	km	97342
补偿电缆	ZRA-KXFS　6×2×1.5	km	52424
补偿电缆	ZRA-KXFS　3×2×1.5	km	31143
补偿电缆	ZRA-KXFS　2×2×1.5	km	21157
补偿电缆	ZRA-KXFS　1×1×1.5	km	8989
补偿电缆	ZRA-EX-HBJP　2×2×1.5	km	25168
补偿电缆	ZR-KFPV　5×48/0.2	km	13195
补偿电缆	ZR-JVPV-105-4A　4A　6×10	km	45743
电缆桥架			
电缆桥架	镀锌　各种规格（含附件）	t	9283

续表

名　　称	型　号、规　格	单位	价格
铝合金电缆桥架	各种规格（含附件）	t	23507
不锈钢电缆桥架	各种规格（含附件）	t	28957
玻璃钢电缆桥架	300×100（3mm 厚）	m	48
玻璃钢电缆桥架	400×150（3mm 厚）	m	82
玻璃钢电缆桥架	600×200（3mm 厚）	m	157
玻璃纤维增强塑料复合电缆沟支架	综合　螺栓式	套	23
玻璃纤维增强塑料复合电缆沟支架	350×80×70（螺栓式）	套	28
玻璃纤维增强塑料复合电缆沟支架	490×60×70（预埋式）	套	22
玻璃纤维增强塑料复合电缆沟支架	530×80×70（螺栓式）	套	33
玻璃纤维增强塑料复合电缆沟支架	670×80×70（预埋式）	套	22
玻璃钢支架	SMC　预埋式 Y-250	套	34
玻璃钢支架	SMC　预埋式 Y-300	套	37
玻璃钢支架	SMC　预埋式 Y-350	套	43
玻璃钢支架	SMC　预埋式 Y-500	套	64

续表

名　称	型　号、规　格	单位	价格
玻璃钢支架	SMC　组合式 Z-250	套	46
玻璃钢支架	SMC　组合式 Z-300	套	52
玻璃钢支架	SMC　组合式 Z-350	套	57
玻璃钢支架	SMC　组合式 Z-500	套	80
玻璃钢支架	SMC　螺钉式 L-250	套	30
玻璃钢支架	SMC　螺钉式 L-300	套	35
玻璃钢支架	SMC　螺钉式 L-350	套	41
玻璃钢支架	SMC　螺钉式 L-500	套	60

六、导 线

名　　称	型　号、规　格	单位	价格
圆铜单线			
圆铜单线	TY　0.1～0.3	t	48896
圆铜单线	TY　0.31～0.5	t	48186
圆铜单线	TY　0.51～0.7	t	47475
圆铜单线	TY　0.71～1.4	t	46766
圆铜单线	TY　1.41～2.99	t	46065
圆铜单线	TY　3.0 及以上	t	45355
扁铜线			
扁铜线	综合	t	46330
铜母线			
铜材	综合	t	53195
裸铜绞线			
裸铜绞线	TJ　6-70	t	48034
裸铜绞线	TJ　100-400	t	47378

续表

名 称	型 号、规 格	单位	价格
铜编织线			
铜编织线	TZ（TZX） 各种规格	t	68296
铝镁合金线	$1.8mm^2$	t	11583
铝线			
铝线	综合	t	18343
铝材			
铝材	综合	t	18584
铝绞线			
铝绞线	LJ 16	t	16167
铝绞线	LJ 25	t	16167
铝绞线	LJ 35	t	16273
铝绞线	LJ 50	t	16341
铝绞线	LJ 70	t	16344
铝绞线	LJ 95	t	16458

续表

名　　称	型　号、规　格	单位	价格
铝绞线	LJ　120	t	16467
铝绞线	LJ　150	t	18632
铝绞线	LJ　185	t	18215
铝绞线	LJ　210	t	17134
铝绞线	LJ　240	t	17160
铝绞线	LJ　300	t	17168
铝绞线	LJ　400	t	19154
铝绞线	LJ　500	t	19162
铝绞线	LJ　630	t	19327
稀土铝绞线	LJX　综合	t	16900
铝镁合金管			
铝镁合金管	LDRE　综合	t	31646
钢芯铝绞线			
钢芯铝绞线	LGJ　16/3	t	14767

续表

名　　称	型号、规格	单位	价格
钢芯铝绞线	LGJ　25/4	t	14654
钢芯铝绞线	LGJ　35/6	t	14686
钢芯铝绞线	LGJ　50/8	t	14736
钢芯铝绞线	LGJ　50/30	t	12976
钢芯铝绞线	LGJ　70/10	t	15229
钢芯铝绞线	LGJ　70/40	t	14807
钢芯铝绞线	LGJ　95/15	t	16136
钢芯铝绞线	LGJ　95/20	t	15703
钢芯铝绞线	LGJ　95/55	t	13992
钢芯铝绞线	LGJ　120/20	t	17207
钢芯铝绞线	LGJ　120/25	t	17064
钢芯铝绞线	LGJ　120/70	t	14330
钢芯铝绞线	LGJ　150/8	t	18234
钢芯铝绞线	LGJ　150/20	t	17922

续表

名　　称	型　号、规　格	单位	价格
钢芯铝绞线	LGJ　150/25	t	17223
钢芯铝绞线	LGJ　150/35	t	17203
钢芯铝绞线	LGJ　185/10	t	18292
钢芯铝绞线	LGJ　185/25	t	17861
钢芯铝绞线	LGJ　185/30	t	17392
钢芯铝绞线	LGJ　185/45	t	15272
钢芯铝绞线	LGJ　210/10	t	18837
钢芯铝绞线	LGJ　210/25	t	16945
钢芯铝绞线	LGJ　210/35	t	16651
钢芯铝绞线	LGJ　210/50	t	15524
钢芯铝绞线	LGJ　240/30	t	17529
钢芯铝绞线	LGJ　240/40	t	17059
钢芯铝绞线	LGJ　240/55	t	17187
钢芯铝绞线	LGJ　300/15	t	19216

续表

名　　称	型　号、规　格	单位	价格
钢芯铝绞线	LGJ　300/20	t	18955
钢芯铝绞线	LGJ　300/25	t	18259
钢芯铝绞线	LGJ　300/40	t	17841
钢芯铝绞线	LGJ　300/50	t	16692
钢芯铝绞线	LGJ　300/70	t	15849
钢芯铝绞线	LGJ　400/20	t	18246
钢芯铝绞线	LGJ　400/25	t	17573
钢芯铝绞线	LGJ　400/35	t	18629
钢芯铝绞线	LGJ　400/50	t	17898
钢芯铝绞线	LGJ　400/65	t	16160
钢芯铝绞线	LGJ　400/95	t	15635
钢芯铝绞线	LGJ　500/35	t	17923
钢芯铝绞线	LGJ　500/45	t	18814
钢芯铝绞线	LGJ　500/65	t	18486

续表

名　　称	型　号、规　格	单位	价格
钢芯铝绞线	LGJ　630/45	t	18565
钢芯铝绞线	LGJ　630/55	t	18615
钢芯铝绞线	LGJ　720/50	t	19530
钢芯铝绞线	LGJ　800/55	t	20157
钢芯铝绞线	LGJ　1400/135	t	17944
钢芯铝绞线	LGJ　1000/45	t	18096
钢芯铝绞线	ACSR　综合	t	18584
钢芯铝绞线	GTACSR　240	t	25018
钢芯铝绞线	KTACSR407	t	30973
轻型钢芯铝绞线	LGJQ　50	t	17057
轻型钢芯铝绞线	LGJQ　150	t	17678
轻型钢芯铝绞线	LGJQ　185	t	18826
轻型钢芯铝绞线	LGJQ　240	t	18830
轻型钢芯铝绞线	LGJQ　300	t	19420

续表

名　　称	型　号、规　格	单位	价格
轻型钢芯铝绞线	LGJQ　400	t	19475
轻型钢芯铝绞线	LGJQ　500	t	19490
轻型钢芯铝绞线	LGJQ　600	t	19526
轻型钢芯铝绞线	LGJQ　700	t	19653
轻型钢芯铝绞线	LGJQ　1400	t	19657
防腐型钢芯铝绞线	LGJF　50/30	t	13825
防腐型钢芯铝绞线	LGJF　70/10	t	16816
防腐型钢芯铝绞线	LGJF　70/40	t	13825
防腐型钢芯铝绞线	LGJF　95/15	t	16315
防腐型钢芯铝绞线	LGJF　95/20	t	16040
防腐型钢芯铝绞线	LGJF　95/55	t	13825
防腐型钢芯铝绞线	LGJF　120/7	t	18044
防腐型钢芯铝绞线	LGJF　120/20	t	17615
防腐型钢芯铝绞线	LGJF　120/25	t	16587

续表

名　　称	型　号、规　格	单位	价格
防腐型钢芯铝绞线	LGJF　120/70	t	13825
防腐型钢芯铝绞线	LGJF　150/8	t	18137
防腐型钢芯铝绞线	LGJF　150/20	t	17226
防腐型钢芯铝绞线	LGJF　150/25	t	17134
防腐型钢芯铝绞线	LGJF　150/35	t	16223
防腐型钢芯铝绞线	LGJF　185/10	t	18320
防腐型钢芯铝绞线	LGJF　185/25	t	17498
防腐型钢芯铝绞线	LGJF　185/30	t	17226
防腐型钢芯铝绞线	LGJF　185/45	t	16315
防腐型钢芯铝绞线	LGJF　210/10	t	18500
防腐型钢芯铝绞线	LGJF　210/25	t	17407
防腐型钢芯铝绞线	LGJF　210/35	t	17226
防腐型钢芯铝绞线	LGJF　210/50	t	16860
防腐型钢芯铝绞线	LGJF　240/30	t	18320

续表

名　　称	型　号、规　格	单位	价格
防腐型钢芯铝绞线	LGJF　240/40	t	17498
防腐型钢芯铝绞线	LGJF　240/55	t	16223
防腐型钢芯铝绞线	LGJF　300/15	t	18409
防腐型钢芯铝绞线	LGJF　300/20	t	18320
防腐型钢芯铝绞线	LGJF　300/25	t	18044
防腐型钢芯铝绞线	LGJF　300/40	t	17791
防腐型钢芯铝绞线	LGJF　300/50	t	16860
防腐型钢芯铝绞线	LGJF　300/70	t	16315
防腐型钢芯铝绞线	LGJF　400/20	t	19140
防腐型钢芯铝绞线	LGJF　400/25	t	18683
防腐型钢芯铝绞线	LGJF　400/35	t	18320
防腐型钢芯铝绞线	LGJF　400/50	t	17498
防腐型钢芯铝绞线	LGJF　400/65	t	17134
防腐型钢芯铝绞线	LGJF　400/95	t	16327

续表

名　　称	型 号、规 格	单位	价格
防腐型钢芯铝绞线	LGJF　500/35	t	20873
扩径钢芯铝绞线	KKZ	t	37504
扩径钢芯铝绞线	LGKK	t	19660
高导电率钢芯铝绞线	JL3/G1A，800/55	t	18900
高导电率钢芯铝绞线	JL3/G1A，630/45	t	19500
高导电率钢芯铝绞线	JL3/G1A，400/50	t	18400
高导电率钢芯铝绞线	JL3/G1A，400/35	t	19100
高导电率钢芯铝绞线	JL3/G1A，300/40	t	18300
高导电率钢芯铝绞线	JL3/G1A，300/25	t	19200
高导电率钢芯铝绞线	JL3/G1A，245/30	t	18200
高导电率钢芯铝绞线	JL3/G1A，240/40	t	18100
镀锌钢绞线			
钢绞线	150	t	8791
钢绞线	120	t	8665

续表

名　　称	型 号、规 格	单位	价格
钢绞线	100	t	8579
钢绞线	80	t	8389
钢绞线	50	t	8199
钢绞线	35	t	8209
铝包钢芯铝绞线	630/45	t	19610
铝包钢芯铝绞线	500/45	t	20131
铝包钢芯铝绞线	300/40	t	19058
铝包钢芯铝绞线	300/25	t	17265
铝包钢芯铝绞线	240/30	t	18963
铝包钢芯铝绞线	185/30	t	20402
铝包钢芯铝绞线	150/35	t	18448
铝包钢芯铝绞线	95/55	t	17124
铝包钢芯铝绞线	70/40	t	16672
铝包钢绞线	300	t	15298

续表

名　称	型　号、规　格	单位	价格
铝包钢绞线	210	t	13572
铝包钢绞线	185	t	14082
铝包钢绞线	170	t	15157
铝包钢绞线	150	t	16082
铝包钢绞线	120	t	16357
铝包钢绞线	100	t	16148
铝包钢绞线	80	t	14690
铝包钢绞线	50	t	11818
钢芯铝合金绞线	JLHA1/G1A-290/45	t	17590
钢芯铝合金绞线	JLHA1/G1A-365/60	t	17948
钢芯铝合金绞线	JLHA1/G1A-460/60	t	19854
钢芯铝合金绞线	JLHA1/G1A-575/40	t	18928
稀土钢芯铝绞线	LGJX　16/3	t	22121
稀土钢芯铝绞线	LGJX　25/4	t	22256

续表

名 称	型 号、规 格	单位	价格
稀土钢芯铝绞线	LGJX 35/6	t	22302
稀土钢芯铝绞线	LGJX 50/8	t	22254
稀土钢芯铝绞线	LGJX 50/30	t	18188
稀土钢芯铝绞线	LGJX 70/10	t	21763
稀土钢芯铝绞线	LGJX 70/40	t	18215
稀土钢芯铝绞线	LGJX 70/50	t	18159
稀土钢芯铝绞线	LGJX 95/15	t	22200
稀土钢芯铝绞线	LGJX 95/20	t	21809
稀土钢芯铝绞线	LGJX 95/55	t	18485
稀土钢芯铝绞线	LGJX 120/7	t	24353
稀土钢芯铝绞线	LGJX 120/20	t	22384
稀土钢芯铝绞线	LGJX 120/25	t	21627
稀土钢芯铝绞线	LGJX 120/70	t	18399
稀土钢芯铝绞线	LGJX 150/8	t	24427

续表

名　　称	型号、规格	单位	价格
稀土钢芯铝绞线	LGJX　150/20	t	23192
稀土钢芯铝绞线	LGJX　150/25	t	21978
稀土钢芯铝绞线	LGJX　150/35	t	21268
稀土钢芯铝绞线	LGJX　185/10	t	24690
稀土钢芯铝绞线	LGJX　185/25	t	23031
稀土钢芯铝绞线	LGJX　185/30	t	22569
稀土钢芯铝绞线	LGJX　185/45	t	21239
稀土钢芯铝绞线	LGJX　210/10	t	24179
稀土钢芯铝绞线	LGJX　210/25	t	23101
稀土钢芯铝绞线	LGJX　210/35	t	22127
稀土钢芯铝绞线	LGJX　210/50	t	21539
稀土钢芯铝绞线	LGJX　240/30	t	22939
稀土钢芯铝绞线	LGJX　240/40	t	22190
稀土钢芯铝绞线	LGJX　240/55	t	21326

续表

名　　称	型　号、规　格	单位	价格
稀土钢芯铝绞线	LGJX　300/15	t	24810
稀土钢芯铝绞线	LGJX　300/20	t	24333
稀土钢芯铝绞线	LGJX　300/25	t	23612
稀土钢芯铝绞线	LGJX　300/40	t	22438
稀土钢芯铝绞线	LGJX　300/50	t	22590
稀土钢芯铝绞线	LGJX　300/70	t	21044
稀土钢芯铝绞线	LGJX　400/20	t	25040
稀土钢芯铝绞线	LGJX　400/25	t	24080
稀土钢芯铝绞线	LGJX　400/35	t	23741
稀土钢芯铝绞线	LGJX　400/50	t	22992
稀土钢芯铝绞线	LGJX　400/65	t	22140
稀土钢芯铝绞线	LGJX　400/95	t	21410
稀土钢芯铝绞线	LGJX　500/35	t	23979
稀土钢芯铝绞线	LGJX　500/45	t	23672

续表

名　　　称	型　号、规　格	单位	价格
稀土钢芯铝绞线	LGJX　500/65	t	22765
耐热钢芯铝绞线	NAHLGJQ　500/35	t	19254
耐热钢芯铝绞线	NAHLGJQ　1400	t	20588
耐热钢芯铝绞线	NAHLGJQ　1440	t	20547
耐热铝合金导线	NRLH58GJ　300/35	t	18899
耐热铝合金导线	NRLH58GJ　400/35	t	18899
耐热铝合金导线	NRLH58GJ　630/45	t	18899
耐热铝合金导线	NRLH58GJ　800/55	t	19256
耐热铝合金导线	NRLH58GJ　1400/120	t	21958
耐热铝合金导线	NRLH58GJ　1600	t	24252
耐热铝合金导线	NRLH60/G1A　500/45	t	16959
耐热铝合金导线	NRLH60/LB14　630/45	t	17367
耐热铝合金导线	JNRLH60/LB1A　240/40	t	16767
耐热铝合金导线	JNRLH60/G2A　400/50	t	17243

续表

名　　称	型　号、规　格	单位	价格
碳纤维复合芯导线	JLRX/F1A，450/50	km	48802
碳纤维复合芯导线	JLRX/F1A，400/50	km	46578
碳纤维复合芯导线	JLRX/F1A，400/45	km	41769
碳纤维复合芯导线	JLRX/F1A，300/35	km	33091
碳纤维复合芯导线	JLRX/F2B，500/50	km	119008
碳纤维复合芯导线	JLRX/F2B，450/50	km	53330
碳纤维复合芯导线	JLRX/F2B，400/45	km	111814
碳纤维复合芯导线	JLRX/F2B，300/50	km	90765
碳纤维复合芯导线	JLRX/F2B，300/35	km	34480
碳纤维复合芯导线	JLRX/F2B，240/40	km	85892
碳纤维复合芯导线	JLRX/F1B，500/50	km	57681
碳纤维复合芯导线	JLRX/F1B，450/50	km	57274
碳纤维复合芯导线	JLRX/F1B，400/50	km	50947
碳纤维复合芯导线	JLRX/F1B，400/45	km	40344

续表

名　　称	型号、规格	单位	价格
碳纤维复合芯导线	JLRX/F1B，300/35	km	32894
碳纤维复合芯导线	JLRX/F1B，240/40	km	39048
碳纤维复合芯导线	JNRLH1/F1B，305/35	km	36702
碳纤维复合芯导线	JRLX/T，400	km	69559
碳纤维复合芯导线	JRLX/T，310	km	44910
碳纤维复合芯导线	JRLX/T，300	km	43614
碳纤维复合芯导线	JRLX/T，240	km	33772
碳纤维复合芯导线	JRLX/T，185	km	30536
碳纤维复合芯导线	JRLX/T，150	km	25844
补偿导线、电线			
补偿导线	KX-HF4　2×0.5	km	3735
补偿导线	KX-HF4　2×1.0	km	5009
补偿导线	KX-HF4　2×1.5	km	6119
补偿导线	KX-HF4　2×2.5	km	7512

续表

名　　称	型　号、规　格	单位	价格
补偿导线	KX-HF4P　2×0.5	km	4482
补偿导线	KX-HF4P　2×1.0	km	6022
补偿导线	KX-HF4P　2×1.5	km	7447
补偿导线	KX-HF4P　2×2.5	km	9000
补偿导线	KX-HF4R　2×0.5	km	3075
补偿导线	KX-HF4R　2×1.0	km	4129
补偿导线	KX-HF4R　2×1.5	km	5086
补偿导线	KX-HF4R　2×2.5	km	6178
补偿导线	KX-HF4RP　2×0.5	km	3591
补偿导线	KX-HF4RP　2×1.0	km	4836
补偿导线	KX-HF4RP　2×1.5	km	6141
补偿导线	KX-HF4RP　2×2.5	km	7244
耐高温导线	KHFF　2×1.0	km	4112
耐高温导线	KFF　1×1	km	2994

续表

名　　称	型　号、规　格	单位	价格
耐高温导线	KFF　2×1.5	km	5515
耐油导线	ARF　250　1×1.0	km	5144
耐油导线	AF　100　1×2.5	km	5382
耐油导线	AF　150　1×2.5	km	5692
聚氯乙烯绝缘电线	BV　1.5	km	999
聚氯乙烯绝缘电线	BV　2.5	km	1732
聚氯乙烯绝缘电线	BV　4	km	2791
聚氯乙烯绝缘电线	BV　6	km	4092
聚氯乙烯绝缘电线	BV　10	km	6875
聚氯乙烯绝缘电线	BV　16	km	10803
聚氯乙烯绝缘电线	BV　25	km	16791
聚氯乙烯绝缘电线	BV　35	km	23536
聚氯乙烯绝缘电线	BV　50	km	33082
聚氯乙烯绝缘电线	BV　70	km	55619

续表

名　称	型　号、规　格	单位	价格
聚氯乙烯绝缘电线	BV　95	km	63170
聚氯乙烯绝缘电线	BV　120	km	79813
聚氯乙烯绝缘电线	BLV　1.5	km	217
聚氯乙烯绝缘电线	BLV　2.5	km	261
聚氯乙烯绝缘电线	BLV　4	km	304
聚氯乙烯绝缘电线	BLV　16	km	1232
聚氯乙烯绝缘电线	BLV　25	km	1921
聚氯乙烯绝缘电线	BLV　35	km	2602
聚氯乙烯绝缘电线	BLV　50	km	3618
户外聚氯乙烯绝缘电线	BLVW　1×4	km	255
户外聚氯乙烯绝缘电线	BLVW　1×6	km	349
户外聚氯乙烯绝缘电线	BLVW　1×10	km	589
户外聚氯乙烯绝缘电线	BLVW　1×16	km	860
户外聚氯乙烯绝缘电线	BLVW　1×25	km	1843

续表

名　　称	型　号、规　格	单位	价格
户外聚氯乙烯绝缘电线	BLVW　1×35	km	2300
户外聚氯乙烯绝缘电线	BLVW　1×70	km	4357
户外聚氯乙烯绝缘电线	BLVW　1×95	km	5926
户外聚氯乙烯绝缘电线	BLVW　2×4	km	523
户外聚氯乙烯绝缘电线	BLVW　2×6	km	680
户外聚氯乙烯绝缘电线	BLVW　2×10	km	1118
户外聚氯乙烯绝缘电线	BLVW　2×16	km	1689
户外聚氯乙烯绝缘电线	BLVW　2×25	km	3731
户外聚氯乙烯绝缘电线	BLVW　2×35	km	4601
聚氯乙烯绝缘软线	BVP　2.5	km	1425
聚氯乙烯绝缘软线	BVP　4	km	2091
聚氯乙烯绝缘软线	BVP　6	km	2998
聚氯乙烯绝缘软线	BVP　10	km	5309
聚氯乙烯绝缘软线	BVR　1	km	575

续表

名　　称	型　号、规　格	单位	价格
聚氯乙烯绝缘软线	BVR　1.5	km	1208
聚氯乙烯绝缘软线	BVR　2.5	km	1675
聚氯乙烯绝缘软线	BVR　4	km	2721
聚氯乙烯绝缘软线	BVR　6	km	3829
聚氯乙烯绝缘软线	BVR　10	km	6778
聚氯乙烯绝缘软线	BVR　16	km	10028
聚氯乙烯绝缘软线	BVR　25	km	16002
聚氯乙烯绝缘软线	BVR　35	km	21606
聚氯乙烯绝缘软线	BVR　50	km	25777
聚氯乙烯绝缘软线	BVR　120	km	70990
聚氯乙烯绝缘、护套电线	BVV　1×1	km	919
聚氯乙烯绝缘、护套电线	BVV　1×2.5	km	2067
聚氯乙烯绝缘、护套电线	BVV　1×4	km	3225
聚氯乙烯绝缘、护套电线	BVV　1×6	km	4161

续表

名　　称	型　号、规　格	单位	价格
聚氯乙烯绝缘、护套电线	BVV　1×10	km	6817
聚氯乙烯绝缘、护套电线	BVV　2×1	km	2680
聚氯乙烯绝缘、护套电线	BVV　2×1.5	km	3006
聚氯乙烯绝缘、护套电线	BVV　2×2.5	km	5006
聚氯乙烯绝缘、护套电线	BVV　2×4	km	6877
聚氯乙烯绝缘、护套电线	BVV　2×6	km	10205
聚氯乙烯绝缘、护套电线	BVV　2×10	km	14991
聚氯乙烯绝缘、护套电线	BVV　3×1	km	3346
聚氯乙烯绝缘、护套电线	BVV　3×2.5	km	6631
聚氯乙烯绝缘、护套电线	BVV　3×4	km	10076
聚氯乙烯绝缘、护套电线	BVV　3×6	km	14759
聚氯乙烯绝缘、护套电线	BVV　3×10	km	24326
聚氯乙烯绝缘、护套电线	BLVV　1×1.5	km	366
聚氯乙烯绝缘、护套电线	BLVV　1×2.5	km	431

续表

名　　称	型　号、规　格	单位	价格
聚氯乙烯绝缘、护套电线	BLVV　1×4	km	587
聚氯乙烯绝缘、护套电线	BLVV　1×6	km	760
聚氯乙烯绝缘、护套电线	BLVV　1×10	km	1199
聚氯乙烯绝缘、护套电线	BLVV　2×1.5	km	987
聚氯乙烯绝缘、护套电线	BLVV　2×2.5	km	1272
聚氯乙烯绝缘、护套电线	BLVV　2×4	km	1645
聚氯乙烯绝缘、护套电线	BLVV　2×6	km	2030
聚氯乙烯绝缘、护套电线	BLVV　2×10	km	2808
聚氯乙烯绝缘、护套电线	BLVV　3×1.5	km	1228
聚氯乙烯绝缘、护套电线	BLVV　3×2.5	km	1580
聚氯乙烯绝缘、护套电线	BLVV　3×4	km	2039
聚氯乙烯绝缘、护套电线	BLVV　3×6	km	2653
聚氯乙烯绝缘、护套电线	BLVV　3×10	km	3860
聚氯乙烯绝缘、护套软线	RVV　3×1	km	3386

续表

名　　称	型号、规格	单位	价格
聚氯乙烯绝缘、护套软线	RVV　3×1.5	km	3920
聚氯乙烯绝缘、护套软线	RVV　3×2.5	km	6266
聚氯乙烯绝缘、护套软线	RVVP　3×0.5	km	3175
聚氯乙烯绝缘、护套软线	RVVP　3×0.75	km	3966
聚氯乙烯绝缘、护套软线	RVVP　3×1	km	4987
聚氯乙烯绝缘、护套软线	RVVP　3×1.5	km	6965
铜芯橡皮线	BX　1×1.0	km	945
铜芯橡皮线	BX　1×1.5	km	1298
铜芯橡皮线	BX　1×2.5	km	1931
铜芯橡皮线	BX　1×4	km	3025
铜芯橡皮线	BX　1×6	km	4367
铜芯橡皮线	BX　1×10	km	6970
铜芯橡皮线	BX　1×16	km	10881
铜芯橡皮线	BX　1×25	km	16934

续表

名　称	型 号、规 格	单位	价格
铜芯橡皮线	BX　1×35	km	23605
铜芯橡皮线	BX　1×50	km	32246
铜芯橡皮线	BX　1×70	km	45494
铜芯橡皮线	BX　1×95	km	63498
铜芯橡皮线	BX　1×120	km	80674
铜芯橡皮线	BX　1×150	km	100260
铜芯橡皮线	BX　1×185	km	123370
铜芯橡皮线	BX　1×240	km	165660
铜芯橡皮线	BX　1×400	km	273544
铜芯橡皮线	BX　2×1.0	km	1273
铜芯橡皮线	BX　2×1.5	km	1594
铜芯橡皮线	BX　2×2.5	km	2299
铜芯橡皮线	BX　2×4	km	4166
铜芯橡皮线	BX　2×6	km	5306

续表

名　　称	型号、规格	单位	价格
铜芯橡皮线	BX　2×10	km	9192
铜芯橡皮线	BX　2×50	km	73806
铜芯橡皮线	BX　2×70	km	115286
铜芯橡皮线	BX　3×1.0	km	1843
铜芯橡皮线	BX　3×1.5	km	2292
铜芯橡皮线	BX　3×2.5	km	3316
铜芯橡皮线	BX　3×4	km	5582
铜芯橡皮线	BX　3×6	km	7492
铜芯橡皮线	BX　3×10	km	11463
铜芯橡皮线	BX　3×70	km	119559
铜芯橡皮线	BX　3×95	km	166116
铝芯橡皮线	BLX　1×2.5	km	385
铝芯橡皮线	BLX　1×4	km	493
铝芯橡皮线	BLX　1×6	km	641

续表

名　　称	型号、规格	单位	价格
铝芯橡皮线	BLX　1×10	km	1046
铝芯橡皮线	BLX　1×16	km	1463
铝芯橡皮线	BLX　1×25	km	2359
铝芯橡皮线	BLX　1×35	km	3057
铝芯橡皮线	BLX　1×50	km	4218
铝芯橡皮线	BLX　1×70	km	5638
铝芯橡皮线	BLX　1×95	km	7605
铝芯橡皮线	BLX　1×120	km	9373
铝芯橡皮线	BLX　1×150	km	11476
铝芯橡皮线	BLX　1×185	km	14175
铝芯橡皮线	BLX　1×240	km	18201
铝芯橡皮线	BLX　1×300	km	19626
铝芯橡皮线	BLX　1×400	km	23702
铝芯橡皮线	BLX　3×2.5	km	1813

名　　称	型　号、规　格	单位	价格
铝芯橡皮线	BLX　3×4	km	3307
铝芯橡皮线	BLX　3×6	km	3621
铝芯橡皮线	BLX　3×10	km	3935
铝芯橡皮线	BLX　3×35	km	13253
铝芯橡皮线	BLX　3×70	km	24481
铝芯橡皮线	BLX　3×120	km	39755
铝、铜芯交联聚乙烯绝缘架空线			
铝芯交联聚乙烯绝缘架空线	JKLYJ　1kV　单芯　10	km	1844
铝芯交联聚乙烯绝缘架空线	JKLYJ　1kV　单芯　16	km	2135
铝芯交联聚乙烯绝缘架空线	JKLYJ　1kV　单芯　25	km	2686
铝芯交联聚乙烯绝缘架空线	JKLYJ　1kV　单芯　35	km	2920
铝芯交联聚乙烯绝缘架空线	JKLYJ　1kV　单芯　50	km	3765
铝芯交联聚乙烯绝缘架空线	JKLYJ　1kV　单芯　70	km	5257
铝芯交联聚乙烯绝缘架空线	JKLYJ　1kV　单芯　95	km	7593

续表

名　　称	型 号、规 格	单位	价格
铝芯交联聚乙烯绝缘架空线	JKLYJ　1kV　单芯　120	km	8888
铝芯交联聚乙烯绝缘架空线	JKLYJ　1kV　单芯　150	km	10111
铝芯交联聚乙烯绝缘架空线	JKLYJ　1kV　单芯　185	km	13789
铝芯交联聚乙烯绝缘架空线	JKLYJ　1kV　单芯　240	km	17722
铝芯交联聚乙烯绝缘架空线	JKLYJ　10kV　单芯　25	km	4121
铝芯交联聚乙烯绝缘架空线	JKLYJ　10kV　单芯　35	km	4445
铝芯交联聚乙烯绝缘架空线	JKLYJ　10kV　单芯　50	km	5683
铝芯交联聚乙烯绝缘架空线	JKLYJ　10kV　单芯　70	km	7311
铝芯交联聚乙烯绝缘架空线	JKLYJ　10kV　单芯　95	km	8745
铝芯交联聚乙烯绝缘架空线	JKLYJ　10kV　单芯　120	km	11170
铝芯交联聚乙烯绝缘架空线	JKLYJ　10kV　单芯　150	km	13283
铝芯交联聚乙烯绝缘架空线	JKLYJ　10kV　单芯　185	km	17489
铝芯交联聚乙烯绝缘架空线	JKLYJ　10kV　单芯　240	km	20020
铝芯交联聚乙烯绝缘架空线	JKLGYJ　10kV　单芯　95	km	4255

续表

名　　称	型　号、规　格	单位	价格
铝芯交联聚乙烯绝缘架空线	JKLGYJ　10kV　单芯　185	km	4433
铝芯交联聚乙烯绝缘架空线	JKLGYJ　10kV　单芯　240	km	5358
铜芯交联聚乙烯绝缘架空线	JKYJ　1kV　单芯　10	km	7518
铜芯交联聚乙烯绝缘架空线	JKYJ　1kV　单芯　16	km	7631
铜芯交联聚乙烯绝缘架空线	JKYJ　1kV　单芯　25	km	12494
铜芯交联聚乙烯绝缘架空线	JKYJ　1kV　单芯　35	km	16864
铜芯交联聚乙烯绝缘架空线	JKYJ　1kV　单芯　50	km	24057
铜芯交联聚乙烯绝缘架空线	JKYJ　1kV　单芯　70	km	42320
铜芯交联聚乙烯绝缘架空线	JKYJ　1kV　单芯　95	km	39417
铜芯交联聚乙烯绝缘架空线	JKYJ　1kV　单芯　120	km	64495
铜芯交联聚乙烯绝缘架空线	JKYJ　1kV　单芯　150	km	70214
铜芯交联聚乙烯绝缘架空线	JKYJ　1kV　单芯　185	km	100002
铜芯交联聚乙烯绝缘架空线	JKYJ　1kV　单芯　240	km	129287
铜芯交联聚乙烯绝缘架空线	JKYJ　10kV　单芯　25	km	21876

续表

名　　称	型　号、规　格	单位	价格
铜芯交联聚乙烯绝缘架空线	JKYJ　10kV　单芯　35	km	26048
铜芯交联聚乙烯绝缘架空线	JKYJ　10kV　单芯　50	km	30220
铜芯交联聚乙烯绝缘架空线	JKYJ　10kV　单芯　70	km	54418
铜芯交联聚乙烯绝缘架空线	JKYJ　10kV　单芯　95	km	67860
铜芯交联聚乙烯绝缘架空线	JKYJ　10kV　单芯　120	km	93487
铜芯交联聚乙烯绝缘架空线	JKYJ　10kV　单芯　150	km	115064
铜芯交联聚乙烯绝缘架空线	JKYJ　10kV　单芯　185	km	143241
铜芯交联聚乙烯绝缘架空线	JKYJ　10kV　单芯　240	km	186984
铜芯聚乙烯绝缘架空线	JKV　1kV　单芯　10	km	9411
铜芯聚乙烯绝缘架空线	JKV　1kV　单芯　16	km	14751
铜芯聚乙烯绝缘架空线	JKV　1kV　单芯　25	km	23418
铜芯聚乙烯绝缘架空线	JKV　1kV　单芯　35	km	32089
铜芯聚乙烯绝缘架空线	JKV　1kV　单芯　50	km	43333
铜芯聚乙烯绝缘架空线	JKV　1kV　单芯　70	km	61937

续表

名　　称	型　号、规　格	单位	价格
铜芯聚乙烯绝缘架空线	JKV　1kV　单芯　95	km	86934
铜芯聚乙烯绝缘架空线	JKV　1kV　单芯　120	km	110081
铜芯聚乙烯绝缘架空线	JKV　1kV　单芯　150	km	134387
铜芯聚乙烯绝缘架空线	JKV　1kV　单芯　185	km	169008
铜芯聚乙烯绝缘架空线	JKV　1kV　单芯　240	km	221059
铜管母线			
铜管母线	10kV 半屏蔽绝缘　4000A	m	2788
铜管母线	10kV 全屏蔽绝缘　4000A	m	3367
铜管母线	10kV 半屏蔽绝缘　3150A	m	2210
铜管母线	10kV 全屏蔽绝缘　3150A	m	2727
铜管母线	35kV 半屏蔽绝缘　2500A	m	2104
铜管母线	35kV 全屏蔽绝缘　3150A	m	3595

DIANLIJIANSHEGONGCHENG
CHANGYONGSHEBEI CAILIAO JIAGE XINXI

电力建设工程
常用设备材料价格信息

（2022年） 下册

电力工程造价与定额管理总站 发布

中国电力出版社
CHINA ELECTRIC POWER PRESS

图书在版编目（CIP）数据

电力建设工程常用设备材料价格信息. 2022 年：全 2 册/电力工程造价
与定额管理总站发布. —北京：中国电力出版社，2023.6
ISBN 978-7-5198-7806-1

Ⅰ. ①电… Ⅱ. ①电… Ⅲ. ①电力工程－电气设备－价格－中国－
2022②电力工程－电工材料－价格－中国－2022 Ⅳ. ①F724.745

中国国家版本馆 CIP 数据核字（2023）第 079561 号

出版发行：	中国电力出版社	印　　刷：	三河市百盛印装有限公司
地　　址：	北京市东城区北京站西街 19 号	版　　次：	2023 年 6 月第一版
邮政编码：	100005	印　　次：	2023 年 6 月北京第一次印刷
网　　址：	http://www.cepp.sgcc.com.cn	开　　本：	850 毫米×1188 毫米　32 开本
责任编辑：	高　芬（010-63412717）	印　　张：	26.625
责任校对：	黄　蓓　朱丽芳　常燕昆	字　　数：	668 千字
装帧设计：	张俊霞　赵姗姗	印　　数：	001—500 册
责任印制：	石　雷	定　　价：	220.00 元（上、下册）

电力工程造价与定额管理总站
关于发布《电力建设工程常用设备材料
价格信息（2022 年）》的通知

定额〔2023〕24 号

各有关单位：

在电力建设各参与方的广泛参与和大力支持下，电力工程造价与定额管理总站开展价格数据的信息收集与统计分析工作，编制完成了 2022 年度《电力建设工程常用设备材料价格信息》，现予以发布。

本价格信息由中国电力出版社出版发行，可作为编制电力工程建设预算和结算时的参考依据，在使用过程中如发现不当之处，请及时反馈我站。

附件：《电力建设工程常用设备材料价格信息（2022 年）》（另发）

电力工程造价与定额管理总站

2023 年 6 月 5 日

编 制 说 明

　　本信息价格包括火力发电工程和电网工程的主要设备和材料，分为阀门、管件、黑色金属、耐火保温材料、电缆、导线、塑料及橡胶制品、塔材及混凝土制品、电瓷及金具、300MW 机组设备、600MW 机组设备、1000MW 机组设备、燃气—蒸汽联合循环电站设备、变电设备、通信设备共计 15 章。

　　1．本册中各项材料所给出的价格信息为 2022 年度施工现场出库价格，其中卸车、仓储、保管及检验费用，材料占税前单价的 2%。

　　2．本册中各项设备所给出的价格信息为 2022 年度出厂价格，运杂费、卸车保管费依据预规另行计算。

　　3．本设备材料信息价为税前单价。

　　4．本信息价格以"元"为单位。

　　5．本信息价格可作为编制电力建设工程投资估算、初步设计概算、施工图预算、招标控制价的依据，电力建设工程投标报价和工程结算时参考使用。

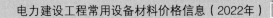 

目　　录

编制说明

上　　册

七、塑料及橡胶制品

名　　称	型　号、规　格	单位	价格
塑料板、橡胶板			
聚氯乙烯塑料板	$\delta=2\sim10\text{mm}$	kg	13.57
聚氯乙烯塑料板	$\delta=20\text{mm}$	kg	12.62
聚氯乙烯塑料板	$\delta=40\text{mm}$	kg	9.85
聚四氟乙烯板	$\delta=0.8\sim10\text{mm}$	kg	27.90
聚四氟乙烯板	$\delta=11\sim40\text{mm}$	kg	26.14
高压石棉橡胶板	$\delta=0.4\sim0.7\text{mm}$	kg	18.29
高压石棉橡胶板	$\delta=0.8\sim2\text{mm}$	kg	18.20
高压石棉橡胶板	$\delta=2\text{mm 以上}$	kg	16.30
中压石棉橡胶板	$\delta=0.4\sim0.7\text{mm}$	kg	13.40
中压石棉橡胶板	$\delta=0.8\sim2\text{mm}$	kg	11.46
中压石棉橡胶板	$\delta=2\text{mm 以上}$	kg	10.78
低压石棉橡胶板	$\delta=0.4\sim0.7\text{mm}$	kg	7.68
低压石棉橡胶板	$\delta=0.8\sim2\text{mm}$	kg	6.48
低压石棉橡胶板	$\delta=2\text{mm 以上}$	kg	6.45

续表

名　　称	型　号、规　格	单位	价格
耐油石棉橡胶板	NY400　$\delta=0.4\sim0.7$mm	kg	32.43
耐油石棉橡胶板	NY400　$\delta=0.8\sim1$mm	kg	30.94
耐油石棉橡胶板	NY400　$\delta=1.1\sim2$mm	kg	29.48
耐油石棉橡胶板	NY400　$\delta=2$mm 以上	kg	26.06
耐油石棉橡胶板	NY300　$\delta=0.4\sim0.7$mm	kg	17.02
耐油石棉橡胶板	NY300　$\delta=0.8\sim1$mm	kg	14.60
耐油石棉橡胶板	NY300　$\delta=1.1\sim2$mm	kg	12.16
耐油石棉橡胶板	NY300　$\delta=2$mm 以上	kg	8.47
耐油石棉橡胶板	NY150　$\delta=0.4\sim0.7$mm	kg	15.24
耐油石棉橡胶板	NY150　$\delta=0.8\sim1$mm	kg	11.35
耐油石棉橡胶板	NY150　$\delta=1.1\sim2$mm	kg	6.05
耐油石棉橡胶板	NY150　$\delta=2$mm 以上	kg	9.34
氯丁胶板	$\delta=2$mm 以上	kg	10.08
丁腈胶板	$\delta=30$mm 以上	kg	9.02

续表

名　　称	型　号、规　格	单位	价格
夹布橡胶平板	各种	kg	9.84
环氧玻璃丝布板	$\delta=1mm$ 及以下	kg	24.01
环氧玻璃丝布板	$\delta=2mm$ 及以下	kg	22.09
环氧玻璃丝布板	$\delta=5mm$ 及以下	kg	18.26
环氧玻璃丝布板	$\delta=10mm$ 及以下	kg	17.43
环氧玻璃丝布板	$\delta=10mm$ 以上	kg	16.58
有机玻璃平板	$\delta=1\sim1.5mm$	kg	33.66
有机玻璃平板	$\delta=2mm$	kg	29.53
有机玻璃平板	$\delta=3\sim8mm$	kg	26.48
有机玻璃平板	$\delta=10\sim30mm$	kg	22.84
有机玻璃平板	$\delta=35\sim55mm$	kg	19.78
有机玻璃平板	$\delta=60\sim100mm$	kg	18.99
环氧玻璃丝棒	$f2.5mm$ 及以下	kg	25.98
环氧玻璃丝棒	$f2.5mm$ 以上	kg	22.04

续表

名　　称	型　号、规　格	单位	价格
有机玻璃棒	$f\,10\sim30$mm	kg	34.63
有机玻璃棒	$f\,30\sim55$mm	kg	33.84
有机玻璃棒	$f\,55\sim100$mm	kg	32.27
聚氯乙烯管			
硬聚氯乙烯管	DN15～25mm	kg	8.05
硬聚氯乙烯管	DN32～100mm	kg	7.05
硬聚氯乙烯管	DN125～300mm	kg	6.62
软聚氯乙烯管	$\phi\,3\sim10$mm	kg	17.34
软聚氯乙烯管	$\phi\,11\sim32$mm	kg	11.02
软聚氯乙烯管	$\phi\,33\sim50$mm	kg	10.25
硬聚氯乙烯电线管	$\phi\,3\sim10$mm	kg	8.38
硬聚氯乙烯电线管	$\phi\,11\sim32$mm	kg	7.75
硬聚氯乙烯电线管	$\phi\,33\sim50$mm	kg	7.75
硬聚氯乙烯电线管	$\phi\,51\sim100$mm	kg	6.93

续表

名　　称	型　号、规　格	单位	价格
软聚氯乙烯绝缘管	$\phi 1 \sim 10mm$	kg	9.94
软聚氯乙烯绝缘管	$\phi 11 \sim 25mm$	kg	9.94
ABS 塑料管			
ABS 塑料管	DN10～25	kg	10.10
ABS 塑料管	DN25～32	kg	9.70
ABS 塑料管	DN32～50	kg	9.70
ABS 塑料管	DN50～100	kg	9.70
ABS 塑料管	DN100～150	kg	8.32
ABS 塑料管	DN150～210	kg	8.32
金属软管			
金属软管	DN15	m	2.76
金属软管	DN18	m	2.96
金属软管	DN20	m	4.32
金属软管	DN22	m	4.33

续表

名　称	型号、规格	单位	价格
金属软管	DN25	m	4.82
金属软管	DN28	m	5.21
金属软管	DN30	m	6.15
金属软管	DN32	m	6.30
金属软管	DN38	m	6.93
金属软管	DN40	m	8.45
金属软管	DN42	m	8.97
金属软管	DN45	m	10.14
金属软管	DN50	m	13.60
金属软管	DN54	m	14.89
金属软管	DN65	m	17.90
金属软管	DN70	m	19.12
金属软管	DN75	m	25.02
金属软管	DN80	m	29.93

续表

名　　称	型　号、规　格	单位	价格
金属软管	DN100	m	34.41
金属软管	DN125	m	41.15
金属软管	DN150	m	49.64
金属软管	DN200	m	60.32
金属软管	DN250	m	79.44
金属软管接头	DN10～25（含10）	只	5.19
金属软管接头	DN25～40（含25）	只	7.03
金属软管接头	DN40～65（含40）	只	9.72
金属软管接头	DN65～90（含65）	只	16.18
金属软管接头	DN90～120（含90）	只	24.82
金属软管接头	DN120～150（含120）	只	36.67
金属软管接头	DN150～200（含150）	只	53.61
阻燃金属软管	ZNG型　DN15	m	3.29
阻燃金属软管	ZNG型　DN20	m	4.35

续表

名　　称	型　号、规　格	单位	价格
阻燃金属软管	ZNG 型　DN25	m	6.70
阻燃金属软管	ZNG 型　DN32	m	10.91
阻燃金属软管	ZNG 型　DN40	m	17.41
阻燃金属软管	ZNG 型　DN50	m	26.90
阻燃金属软管	ZNG 型　DN70	m	47.77
阻燃金属软管	ZNG 型　DN80	m	94.04
阻燃金属软管	ZNG 型　DN100	m	105.60
阻燃金属软管	ZNG 型　DN125	m	138.28
阻燃金属软管接头	ZNG-A 型　M16	只	2.82
阻燃金属软管接头	ZNG-A 型　M20	只	3.77
阻燃金属软管接头	ZNG-A 型　M25	只	5.35
阻燃金属软管接头	ZNG-A 型　M32	只	8.49
阻燃金属软管接头	ZNG-A 型　M48	只	10.41
阻燃金属软管接头	ZNG-A 型　M60	只	15.09

续表

名　称	型号、规格	单位	价格
P3 型包塑镀锌软管	JSHRG 型　DN15	m	11.94
P3 型包塑镀锌软管	JSHRG 型　DN20	m	13.94
P3 型包塑镀锌软管	JSHRG 型　DN25	m	15.67
P3 型包塑镀锌软管	JSHRG 型　DN32	m	17.63
P3 型包塑镀锌软管	JSHRG 型　DN40	m	17.63
P3 型包塑镀锌软管	JSHRG 型　DN50	m	20.00
P3 型包塑镀锌软管	JSHRG 型　DN65	m	26.55
P3 型包塑镀锌软管	JSHRG 型　DN75	m	39.51
P3 型包塑镀锌软管	JSHRG 型　DN100	m	55.58
P3 型包塑镀锌软管	JSHRG 型　DN125	m	77.35
不锈钢金属软管	DN20	m	20.34
不锈钢金属软管	DN25	m	21.79
不锈钢金属软管	DN50	m	47.45
不锈钢金属软管	DN100	m	175.26

续表

名　　称	型号、规格	单位	价格
不锈钢金属软管	DN150	m	196.00
不锈钢金属软管	DN250	m	296.37
阻燃型全塑软管			
阻燃型全塑软管	ZC89-1 型　DN10	m	3.42
阻燃型全塑软管	ZC89-1 型　DN16	m	4.21
阻燃型全塑软管	ZC89-1 型　DN20	m	4.64
阻燃型全塑软管	ZC89-1 型　DN32	m	9.59
阻燃型全塑软管	ZC89-1 型　DN50	m	14.53
阻燃型全塑软管	ZC89-1 型　DN65	m	29.35
阻燃型全塑软管	ZC89-1 型　DN80	m	52.27
阻燃型全塑软管	ZC89-1 型　DN100	m	68.98
软管接头	D96-5 型　DN14	只	2.31
软管接头	D96-5 型　DN16	只	2.55
软管接头	D96-5 型　DN18	只	3.07

名　　　称	型　号、规　格	单位	价格
软管接头	D96-5 型　DN20	只	3.32
软管接头	D96-5 型　DN22	只	3.52
软管接头	D96-5 型　DN24	只	3.81
软管接头	D96-5 型　DN28	只	3.68
软管接头	D96-5 型　DN32	只	4.57
软管接头	D96-5 型　DN36	只	5.63
软管接头	D96-5 型　DN48	只	6.70
软管接头	D96-5 型　DN56	只	7.83
软管接头	D96-5 型　DN65	只	9.83
蛇皮管	1/2″	m	4.73
蛇皮管	3/4″	m	5.63
蛇皮管	3/2″	m	12.04
聚四氟乙烯套管			
聚四氟乙烯套管	$f100$ 及以下	kg	91.41

续表

名　称	型号、规格	单位	价格
聚四氟乙烯套管	ƒ100 以上	kg	77.01
有机玻璃管			
有机玻璃管	ƒ10～30×1.5～5	kg	26.04
有机玻璃管	ƒ31～50×3～5	kg	26.32
有机玻璃管	ƒ51～70×3～6	kg	18.17
有机玻璃管	ƒ71～100×4～6	kg	18.13
普通橡胶管			
普通橡胶管	ƒ4～6mm	m	3.17
普通橡胶管	ƒ6～8mm	m	3.60
普通橡胶管	ƒ9～12mm	m	4.39
普通夹布橡胶管	DN1/2″三层布	m	4.82
普通夹布橡胶管	DN3/4″三层布	m	5.20
普通夹布橡胶管	DN1″三层布	m	7.66
普通夹布橡胶管	DN5/4″三层布	m	7.93

续表

名　　称	型号、规格	单位	价格
普通夹布橡胶管	DN3/2″三层布	m	9.89
普通夹布橡胶管	DN2″三层布	m	12.11
普通夹布橡胶管	DN3″三层布	m	16.22
普通夹布橡胶管	DN4″三层布	m	17.92
耐酸胶管	DN1/2-7/8″布线一层	m	19.52
耐酸胶管	DN1/2-7/8″布线二层	m	23.50
耐酸胶管	DN1-3/2″布线一层	m	23.50
耐酸胶管	DN1-3/2″布线二层	m	28.79
耐油胶管	DN1/2-7/8″布线一层	m	10.34
耐油胶管	DN1/2-7/8″布线二层	m	11.19
耐油胶管	DN1-3/2″布线一层	m	11.19
耐油胶管	DN1-3/2″布线二层	m	13.74
耐油胶管	DN3″布线一层	m	36.67
耐油胶管	10kV 电缆用 f27mm	m	20.53

续表

名　称	型号、规格	单位	价格
耐压橡胶软管	PN3.2　DN25	m	34.97
耐压橡胶软管	PN3.2　DN30	m	46.87
钢丝编织橡胶管	$f16$	m	15.43
钢丝编织橡胶管	$f20$	m	16.34
编织气压胶管	各种规格	m	13.41
氧气乙炔胶管	$f5$	m	3.16
氧气乙炔胶管	$f6$	m	3.96
氧气乙炔胶管	$f8$	m	4.79
全胶管	综合规格	m	5.23
聚乙烯树脂玻璃钢管			
聚乙烯树脂玻璃钢管	$f40×5$	m	8.72
聚乙烯树脂玻璃钢管	$f50×5$	m	12.61
聚乙烯树脂玻璃钢管	$f65×5$	m	14.37
聚乙烯树脂玻璃钢管	$f76×6$	m	19.71

续表

名　　称	型　号、规　格	单位	价格
聚乙烯树脂玻璃钢管	$f100\times6$	m	25.94
聚乙烯树脂玻璃钢管	$f125\times7$	m	36.59
聚乙烯树脂玻璃钢管	$f150\times7$	m	44.59
聚乙烯树脂玻璃钢管	$f200\times8$	m	57.04
聚乙烯树脂玻璃钢管	$f250\times9$	m	91.67
聚乙烯树脂玻璃钢管	$f300\times10$	m	106.78
聚乙烯树脂玻璃钢管	$f350\times11$	m	136.10
聚乙烯树脂玻璃钢管	$f400\times11$	m	154.75
聚乙烯树脂玻璃钢管	$f450\times12$	m	189.39
聚乙烯树脂玻璃钢管	$f500\times12$	m	209.84
环氧树脂玻璃钢管	$f40\times5$	m	14.18
环氧树脂玻璃钢管	$f50\times5$	m	18.55
环氧树脂玻璃钢管	$f65\times5$	m	22.05
环氧树脂玻璃钢管	$f76\times6$	m	29.93

续表

名　称	型　号、规　格	单位	价格
环氧树脂玻璃钢管	$f100×6$	m	40.44
环氧树脂玻璃钢管	$f125×7$	m	57.06
环氧树脂玻璃钢管	$f150×7$	m	67.56
环氧树脂玻璃钢管	$f200×8$	m	93.86
环氧树脂玻璃钢管	$f250×9$	m	104.12
环氧树脂玻璃钢管	$f300×10$	m	156.61
环氧树脂玻璃钢管	$f350×11$	m	210.16
环氧树脂玻璃钢管	$f400×11$	m	240.79
环氧树脂玻璃钢管	$f450×12$	m	267.05
环氧树脂玻璃钢管	$f500×12$	m	325.66
环氧酚醛复合玻璃钢管	$f40×5$	m	14.18
环氧酚醛复合玻璃钢管	$f50×5$	m	18.55
环氧酚醛复合玻璃钢管	$f65×5$	m	22.05
环氧酚醛复合玻璃钢管	$f76×6$	m	29.93

续表

名　　称	型　号、规　格	单位	价格
环氧酚醛复合玻璃钢管	$f100×6$	m	39.55
环氧酚醛复合玻璃钢管	$f125×7$	m	56.18
环氧酚醛复合玻璃钢管	$f150×7$	m	67.56
环氧酚醛复合玻璃钢管	$f200×8$	m	67.56
环氧酚醛复合玻璃钢管	$f250×9$	m	123.55
环氧酚醛复合玻璃钢管	$f300×10$	m	162.92
环氧酚醛复合玻璃钢管	$f350×11$	m	208.42
环氧酚醛复合玻璃钢管	$f400×11$	m	237.30
环氧酚醛复合玻璃钢管	$f450×12$	m	291.53
环氧酚醛复合玻璃钢管	$f500×12$	m	323.05
玻璃钢管	不饱和聚酯	kg	35.43
玻璃钢管	不饱和聚酯夹砂	kg	21.68
聚氯乙烯阀门			
聚氯乙烯截止阀	DN25	只	35.19

续表

名　　称	型　号、规　格	单位	价格
聚氯乙烯截止阀	DN32	只	54.19
聚氯乙烯截止阀	DN40	只	69.83
聚氯乙烯截止阀	DN50	只	84.80
聚氯乙烯截止阀	DN65	只	112.12
聚氯乙烯隔膜阀	DN25	只	68.69
聚氯乙烯隔膜阀	DN50	只	121.99
聚氯乙烯隔膜阀	DN65	只	146.73
聚氯乙烯隔膜阀	DN80	只	152.44
聚氯乙烯止回阀	DN40	只	147.96
聚氯乙烯止回阀	DN50	只	209.43
聚氯乙烯球阀	DN15	只	33.98
聚氯乙烯球阀	DN25	只	55.49
聚氯乙烯法兰			
聚氯乙烯法兰（焊接式）	DN25	只	2.41

续表

名　　称	型号、规格	单位	价格
聚氯乙烯法兰（焊接式）	DN32	只	2.87
聚氯乙烯法兰（焊接式）	DN40	只	3.44
聚氯乙烯法兰（焊接式）	DN50	只	3.87
聚氯乙烯法兰（焊接式）	DN65	只	4.14
聚氯乙烯法兰（焊接式）	DN80	只	5.30
聚氯乙烯法兰（焊接式）	DN100	只	7.04
聚氯乙烯法兰（焊接式）	DN150	只	8.31
聚氯乙烯法兰（焊接式）	DN200	只	23.85
聚氯乙烯法兰（螺纹式）	DN25	只	2.59
聚氯乙烯法兰（螺纹式）	DN32	只	3.33
聚氯乙烯法兰（螺纹式）	DN40	只	3.41
聚氯乙烯法兰（螺纹式）	DN50	只	3.66
聚氯乙烯法兰（螺纹式）	DN65	只	4.00
聚氯乙烯三通（螺纹式）	DN25	只	5.82

续表

名　　称	型 号、规 格	单位	价格
聚氯乙烯三通（螺纹式）	DN32	只	8.40
聚氯乙烯三通（螺纹式）	DN40	只	15.59
聚氯乙烯三通（螺纹式）	DN50	只	22.47
聚氯乙烯三通（螺纹式）	DN65	只	26.76
聚氯乙烯三通（承插式）	DN50	只	6.96
聚氯乙烯三通（承插式）	DN80	只	7.93
聚氯乙烯三通（承插式）	DN100	只	13.88
聚氯乙烯三通	DN20	只	0.60
聚氯乙烯三通	DN32	只	1.52
聚氯乙烯三通	DN75	只	11.46
聚氯乙烯三通	DN110	只	16.05
聚氯乙烯弯头（螺纹式）	DN25	只	4.22
聚氯乙烯弯头（螺纹式）	DN32	只	5.98
聚氯乙烯弯头（螺纹式）	DN40	只	9.37

续表

名　　称	型　号、规　格	单位	价格
聚氯乙烯弯头（螺纹式）	DN50	只	13.88
聚氯乙烯弯头（螺纹式）	DN65	只	21.61
聚氯乙烯弯头（承插式）	DN80	只	5.98
聚氯乙烯弯头（承插式）	DN100	只	12.16
聚氯乙烯弯头（承插式）	DN110	只	14.62
聚氯乙烯弯头（承插式）	DN125	只	27.21
聚氯乙烯弯头（承插式）	DN160	只	20.71
聚氯乙烯弯头（承插式）	DN200	只	21.19
聚丙烯弯头	DN50	只	9.27
聚丙烯弯头	DN160	只	13.72
聚丙烯弯头	DN200	只	33.31
聚氯乙烯大小头	DN40×25	只	2.67
聚氯乙烯大小头	DN80×25	只	4.90
聚氯乙烯大小头	DN80×40	只	5.72

续表

名　　称	型号、规格	单位	价格
塑料管件			
塑料法兰	ABS　DN25	只	3.61
塑料法兰	ABS　DN32	只	4.33
塑料法兰	ABS　DN40	只	8.66
塑料法兰	ABS　DN50	只	15.48
塑料法兰	ABS　DN65	只	22.70
塑料法兰	ABS　DN80	只	26.82
塑料法兰	ABS　DN100	只	34.05
塑料法兰	ABS　DN150	只	58.17
塑料弯头	ABS　DN15	只	0.95
塑料弯头	ABS　DN20	只	1.40
塑料弯头	ABS　DN25	只	1.87
塑料弯头	ABS　DN32	只	3.74
塑料弯头	ABS　DN40	只	5.41

续表

名　　称	型 号、规 格	单位	价格
塑料弯头	ABS　DN50	只	7.81
塑料弯头	ABS　DN65	只	11.71
塑料弯头	ABS　DN80	只	25.77
塑料弯头	ABS　DN100	只	32.00
塑料弯头	ABS　DN150	只	93.67
塑料三通	ABS　DN15	只	1.22
塑料三通	ABS　DN20	只	1.87
塑料三通	ABS　DN25	只	2.34
塑料三通	ABS　DN32	只	3.20
塑料三通	ABS　DN40	只	6.12
塑料三通	ABS　DN50	只	10.71
塑料三通	ABS　DN65	只	14.05
塑料三通	ABS　DN80	只	35.12
塑料三通	ABS　DN100	只	46.84

续表

名　　称	型　号、规　格	单位	价　格
塑料三通	ABS　DN150	只	116.36
塑料大小头	ABS　DN32×25	只	3.05
塑料大小头	ABS　DN40×32	只	3.25
塑料大小头	ABS　DN50×40	只	4.79
塑料管夹	ABS　DN15	只	0.71
塑料管夹	ABS　DN20	只	0.82
塑料管夹	ABS　DN25	只	1.03
塑料管夹	ABS　DN32	只	1.33
塑料管夹	ABS　DN40	只	2.34
塑料管夹	ABS　DN50	只	3.87
塑料管夹	ABS　DN65	只	6.43
塑料管夹	ABS　DN80	只	7.66
塑料管夹	ABS　DN100	只	9.17
塑料管夹	ABS　DN150	只	48.95

名　称	型　号、规　格	单位	价格
塑料法兰	ABS　DN200	只	170.69
环氧树脂玻璃钢材			
环氧树脂玻璃钢法兰	DN40	只	23.37
环氧树脂玻璃钢法兰	DN50	只	29.45
环氧树脂玻璃钢法兰	DN65	只	44.57
环氧树脂玻璃钢法兰	DN80	只	57.53
环氧树脂玻璃钢法兰	DN100	只	62.10
环氧树脂玻璃钢法兰	DN125	只	81.58
环氧树脂玻璃钢法兰	DN150	只	107.24
环氧树脂玻璃钢法兰	DN200	只	141.77
环氧树脂玻璃钢法兰	DN250	只	196.66
环氧树脂玻璃钢法兰	DN300	只	253.31
环氧树脂玻璃钢法兰	DN350	只	304.66
环氧树脂玻璃钢法兰	DN400	只	369.29

续表

名　　称	型　号、规　格	单位	价格
环氧树脂玻璃钢法兰	DN450	只	463.12
环氧树脂玻璃钢法兰	DN500	只	539.26
环氧树脂玻璃钢弯头	DN65	只	87.75
环氧树脂玻璃钢弯头	DN80	只	110.12
环氧树脂玻璃钢弯头	DN100	只	117.26
环氧树脂玻璃钢弯头	DN125	只	207.58
环氧树脂玻璃钢弯头	DN150	只	290.74
环氧树脂玻璃钢弯头	DN200	只	344.39
环氧树脂玻璃钢弯头	DN250	只	505.61
环氧树脂玻璃钢弯头	DN300	只	677.03
环氧树脂玻璃钢弯头	DN350	只	1385.55
环氧树脂玻璃钢弯头	DN400	只	1540.49
环氧树脂玻璃钢弯头	DN450	只	1923.81
环氧树脂玻璃钢弯头	DN500	只	2231.87

续表

名　　称	型号、规格	单位	价格
环氧树脂玻璃钢三通	DN40	只	88.92
环氧树脂玻璃钢三通	DN50	只	118.16
环氧树脂玻璃钢三通	DN65	只	153.39
环氧树脂玻璃钢三通	DN80	只	178.97
环氧树脂玻璃钢三通	DN100	只	219.19
环氧树脂玻璃钢三通	DN125	只	256.31
环氧树脂玻璃钢三通	DN150	只	280.90
环氧树脂玻璃钢三通	DN200	只	740.21
环氧树脂玻璃钢三通	DN250	只	1050.06
环氧树脂玻璃钢三通	DN300	只	1336.87
环氧树脂玻璃钢三通	DN350	只	1750.30
环氧树脂玻璃钢三通	DN400	只	2000.82
环氧树脂玻璃钢三通	DN450	只	2334.56
环氧树脂玻璃钢三通	DN500	只	2667.43

续表

名　　称	型　号、规　格	单位	价格
电缆保护管			
电缆保护管	护套管　C-PVC　ƒ50	m	9.71
电缆保护管	护套管　C-PVC　ƒ90	m	19.65
电缆保护管	护套管　C-PVC　ƒ100	m	29.23
电缆保护管	护套管　C-PVC　ƒ110	m	32.85
电缆保护管	护套管　C-PVC　ƒ150	m	46.24
电缆保护管	护套管　C-PVC　ƒ175	m	98.51
电缆保护管	护套管　C-PVC　ƒ200	m	129.26
电缆保护管	护套管　HDPE　ƒ50	m	6.67
电缆保护管	护套管　HDPE　ƒ90	m	14.01
电缆保护管	护套管　HDPE　ƒ100	m	15.83
电缆保护管	护套管　HDPE　ƒ110	m	21.15
电缆保护管	护套管　HDPE　ƒ150	m	46.56
电缆保护管	护套管　HDPE　ƒ175	m	65.89

续表

名　称	型号、规格	单位	价格
电缆保护管	护套管　HDPE　ƒ200	m	74.76
电缆保护管	护套管　DBD　ƒ150×5.0	m	45.45
电缆保护管	护套管　DBD　ƒ150×8.0	m	70.10
电缆保护管	护套管　PE　ƒ75×6.8	m	64.58
电缆保护管	护套管　PE　ƒ180×≥12	m	112.37
电缆保护管	护套管　PE　ƒ200×4.5	m	132.28
电缆保护管	护套管　PE　ƒ200×14	m	164.14
电缆保护管	护套管（顶管）PE　ƒ100×2.2	m	94.76
电缆保护管	护套管（顶管）PE　ƒ150×12	m	110.55
电缆保护管	护套管（顶管）PE　ƒ160×5.0	m	114.49
电缆保护管	护套管（顶管）PE　ƒ160×10	m	124.36
电缆保护管	护套管（顶管）PE　ƒ200×8.0	m	128.29
电缆保护管	护套管　PP-R　ƒ20×3.2	m	7.28
电缆保护管	护套管　PP-R　ƒ40×3.2	m	16.92

续表

名　　称	型　号、规　格	单位	价格
电缆保护管	护套管　PP-R　$f50\times3.2$	m	22.92
电缆保护管	护套管　M-PP　$f200\times13$	m	139.74
电缆保护管	护套管　M-PP　$f225\times13$	m	172.18
电缆保护管	护套管　M-PP　$f250\times16$	m	217.16
电缆保护管	护套管　M-PP　$f275\times10$	m	162.03
电缆保护管	护套管　M-PP　$f275\times13$	m	185.01
电缆保护管	护套管　M-PP　$f330\times15$	m	241.37
电缆保护管	护套管　M-PP　$f330\times20$	m	374.26
电缆保护管	护套管　M-PP　$f330\times25$	m	425.17
电缆保护管	护套管（顶管）　M-PP　$f110\times13.5$	m	115.99
电缆保护管	护套管（顶管）　M-PP　$f225\times13$	m	330.91
电缆保护管	非开挖套管　M-PP　$f160\times8.0$	m	87.94
电缆保护管	非开挖套管　M-PP　$f200\times12.0$	m	205.14
电缆保护管管件			
电缆保护管管件	弯头　C-PVC　90°　$f16$	只	0.35

续表

名　　称	型　号、规　格	单位	价格
电缆保护管管件	弯头　C-PVC　90°　$f20$	只	0.39
电缆保护管管件	弯头　C-PVC　90°　$f25$	只	0.53
电缆保护管管件	弯头　C-PVC　90°　$f32$	只	0.74
电缆保护管管件	弯头　C-PVC　90°　$f40$	只	1.60
电缆保护管管件	弯头　C-PVC　90°　$f50$	只	2.05
电缆保护管管件	弯头　C-PVC　90°　$f65$	只	3.59
电缆保护管管件	弯头　C-PVC　90°　$f75$	只	4.11
电缆保护管管件	弯头　C-PVC　90°　$f110$	只	8.43
电缆保护管管件	弯头　C-PVC　90°　$f160$	只	26.40
电缆保护管管件	弯头　C-PVC　90°　$f200$	只	49.69
电缆保护管管件	直接头　C-PVC　$f20$	只	0.22
电缆保护管管件	直接头　C-PVC　$f25$	只	0.27
电缆保护管管件	直接头　C-PVC　$f32$	只	0.52
电缆保护管管件	直接头　C-PVC　$f40$	只	0.78

续表

名　　称	型　号、规　格	单位	价　格
电缆保护管管件	直接头　C-PVC　$f50$	只	1.05
电缆保护管管件	直接头　C-PVC　$f63$	只	1.65
电缆保护管管件	直接头　C-PVC　$f75$	只	1.85
电缆保护管管件	直接头　C-PVC　$f110$	只	7.27
电缆保护管管件	直接头　C-PVC　$f160$	只	9.03
电缆保护管管件	直接头　C-PVC　$f200$	只	30.85
电缆保护管管件	引线口　C-PVC　$f75$	只	3.03
电缆保护管管件	引线口　C-PVC　$f110$	只	5.96
电缆保护管管件	引线口　C-PVC　$f160$	只	16.27
电缆保护管管件	引线口　C-PVC　$f200$	只	30.45
电缆保护管管件	管堵　C-PVC　$f75$	只	24.37
电缆保护管管件	管堵　C-PVC　$f110$	只	26.40
电缆保护管管件	管堵　C-PVC　$f160$	只	29.43
电缆保护管管件	管卡　C-PVC　$f15$	只	0.16

续表

名　　称	型　号、规　格	单位	价格
电缆保护管管件	管卡　C-PVC　$f25$	只	0.20
电缆保护管管件	管卡　C-PVC　$f32$	只	0.47
电缆保护管管件	管卡　C-PVC　$f40$	只	0.64
电缆保护管管件	管卡　C-PVC　$f50$	只	1.55
电缆保护管管件	管卡　C-PVC　$f65$	只	2.86
七彩通信管			
七彩通信管		m	7.56

八、塔材及混凝土制品

名　　　称	型　号、规　格	单位	价格
塔材			
塔材	钢管杆　Q460	t	7884
塔材	钢管杆　Q420	t	7498
塔材	钢管杆　Q345	t	7584
塔材	钢管杆　Q235	t	7104
塔材	角钢塔　Q420	t	7446
塔材	角钢塔　Q345	t	7578
混凝土杆			
混凝土杆　普通混凝土电杆（等径）	400-9　24f16	根	3299
混凝土杆　普通混凝土电杆（等径）	400-9　22f16	根	3120
混凝土杆　普通混凝土电杆（等径）	400-9　20f16	根	2874
混凝土杆　普通混凝土电杆（等径）	400-9　18f18	根	3196
混凝土杆　普通混凝土电杆（等径）	400-9　18f16	根	2701
混凝土杆　普通混凝土电杆（等径）	400-9　18f14	根	1892
混凝土杆　普通混凝土电杆（等径）	400-9　16f18	根	2981

续表

名　　称	型号、规格	单位	价格
混凝土杆　普通混凝土电杆（等径）	400-9　16f16	根	2549
混凝土杆　普通混凝土电杆（等径）	400-9　16f14	根	1866
混凝土杆　普通混凝土电杆（等径）	400-9　16f12	根	1599
混凝土杆　普通混凝土电杆（等径）	400-9　14f16	根	2357
混凝土杆　普通混凝土电杆（等径）	400-9　14f14	根	1721
混凝土杆　普通混凝土电杆（等径）	400-9　14f12	根	1515
混凝土杆　普通混凝土电杆（等径）	400-9　12f16	根	2060
混凝土杆　普通混凝土电杆（等径）	400-9　12f14	根	1681
混凝土杆　普通混凝土电杆（等径）	400-9　12f12	根	1341
混凝土杆　普通混凝土电杆（等径）	400-9　12f10	根	1261
混凝土杆　普通混凝土电杆（等径）	400-9　10f12	根	1325
混凝土杆　普通混凝土电杆（等径）	400-6　24f16	根	2462
混凝土杆　普通混凝土电杆（等径）	400-6　22f16	根	2234
混凝土杆　普通混凝土电杆（等径）	400-6　20f16	根	2097

续表

名　　称	型号、规格	单位	价格
混凝土杆　普通混凝土电杆（等径）	400-6　20f14	根	1826
混凝土杆　普通混凝土电杆（等径）	400-6　18f18	根	2251
混凝土杆　普通混凝土电杆（等径）	400-6　18f16	根	1999
混凝土杆　普通混凝土电杆（等径）	400-6　18f14	根	1691
混凝土杆　普通混凝土电杆（等径）	400-6　18f12	根	1114
混凝土杆　普通混凝土电杆（等径）	400-6　16f18	根	2127
混凝土杆　普通混凝土电杆（等径）	400-6　16f16	根	1879
混凝土杆　普通混凝土电杆（等径）	400-6　16f14	根	1407
混凝土杆　普通混凝土电杆（等径）	400-6　16f12	根	1094
混凝土杆　普通混凝土电杆（等径）	400-6　14f16	根	1716
混凝土杆　普通混凝土电杆（等径）	400-6　14f14	根	1259
混凝土杆　普通混凝土电杆（等径）	400-6　14f12	根	1067
混凝土杆　普通混凝土电杆（等径）	400-6　12f16	根	1473
混凝土杆　普通混凝土电杆（等径）	400-6　12f14	根	1183

续表

名　称	型号、规格	单位	价格
混凝土杆　普通混凝土电杆（等径）	400-6　12f12	根	1027
混凝土杆　普通混凝土电杆（等径）	400-6　12f10	根	965
混凝土杆　普通混凝土电杆（等径）	400-6　10f12	根	1005
混凝土杆　普通混凝土电杆（等径）	400-4.5　24f16	根	1833
混凝土杆　普通混凝土电杆（等径）	400-4.5　22f16	根	1676
混凝土杆　普通混凝土电杆（等径）	400-4.5　20f16	根	1497
混凝土杆　普通混凝土电杆（等径）	400-4.5　20f14	根	1356
混凝土杆　普通混凝土电杆（等径）	400-4.5　18f18	根	1716
混凝土杆　普通混凝土电杆（等径）	400-4.5　18f16	根	1449
混凝土杆　普通混凝土电杆（等径）	400-4.5　18f14	根	1230
混凝土杆　普通混凝土电杆（等径）	400-4.5　16f18	根	1572
混凝土杆　普通混凝土电杆（等径）	400-4.5　16f16	根	1309
混凝土杆　普通混凝土电杆（等径）	400-4.5　16f14	根	1083
混凝土杆　普通混凝土电杆（等径）	400-4.5　16f12	根	867

续表

名　　称	型 号、规 格	单位	价格
混凝土杆　普通混凝土电杆（等径）	400-4.5　16f10	根	875
混凝土杆　普通混凝土电杆（等径）	400-4.5　14f16	根	1281
混凝土杆　普通混凝土电杆（等径）	400-4.5　14f14	根	932
混凝土杆　普通混凝土电杆（等径）	400-4.5　14f12	根	832
混凝土杆　普通混凝土电杆（等径）	400-4.5　12f16	根	1055
混凝土杆　普通混凝土电杆（等径）	400-4.5　12f14	根	895
混凝土杆　普通混凝土电杆（等径）	400-4.5　12f12	根	763
混凝土杆　普通混凝土电杆（等径）	400-4.5　12f10	根	710
混凝土杆　普通混凝土电杆（等径）	400-4.5　10f12	根	755
混凝土杆　普通混凝土电杆（等径）	400-3　22f16	根	1310
混凝土杆　普通混凝土电杆（等径）	400-3　20f16	根	1189
混凝土杆　普通混凝土电杆（等径）	400-3　18f18	根	1345
混凝土杆　普通混凝土电杆（等径）	400-3　18f16	根	1104
混凝土杆　普通混凝土电杆（等径）	400-3　16f18	根	1280

续表

名　称	型 号、规 格	单位	价 格
混凝土杆　普通混凝土电杆（等径）	400-3　16f16	根	930
混凝土杆　普通混凝土电杆（等径）	400-3　16f14	根	873
混凝土杆　普通混凝土电杆（等径）	400-3　16f12	根	826
混凝土杆　普通混凝土电杆（等径）	400-3　16f10	根	770
混凝土杆　普通混凝土电杆（等径）	400-3　14f16	根	989
混凝土杆　普通混凝土电杆（等径）	400-3　14f14	根	842
混凝土杆　普通混凝土电杆（等径）	400-3　14f12	根	802
混凝土杆　普通混凝土电杆（等径）	400-3　12f16	根	903
混凝土杆　普通混凝土电杆（等径）	400-3　12f14	根	806
混凝土杆　普通混凝土电杆（等径）	400-3　12f12	根	794
混凝土杆　普通混凝土电杆（等径）	400-3　12f10	根	763
混凝土杆　普通混凝土电杆（等径）	400-3　10f12	根	771
混凝土杆　普通混凝土电杆（等径）	300-9　18f16	根	2852
混凝土杆　普通混凝土电杆（等径）	300-9　16f16	根	2460

名　　称	型　号、规　格	单位	价格
混凝土杆　普通混凝土电杆（等径）	300-9　16f14	根	1871
混凝土杆　普通混凝土电杆（等径）	300-9　16f12	根	1698
混凝土杆　普通混凝土电杆（等径）	300-9　14f16	根	2392
混凝土杆　普通混凝土电杆（等径）	300-9　14f14	根	2185
混凝土杆　普通混凝土电杆（等径）	300-9　14f12	根	1568
混凝土杆　普通混凝土电杆（等径）	300-9　12f16	根	2203
混凝土杆　普通混凝土电杆（等径）	300-9　12f14	根	1933
混凝土杆　普通混凝土电杆（等径）	300-9　12f12	根	1747
混凝土杆　普通混凝土电杆（等径）	300-9　12f10	根	1091
混凝土杆　普通混凝土电杆（等径）	300-9　10f16	根	1513
混凝土杆　普通混凝土电杆（等径）	300-9　10f12	根	1177
混凝土杆　普通混凝土电杆（等径）	300-6　20f16	根	1971
混凝土杆　普通混凝土电杆（等径）	300-6　18f16	根	2173
混凝土杆　普通混凝土电杆（等径）	300-6　18f14	根	2135

续表

名　　称	型 号、规 格	单位	价格
混凝土杆　普通混凝土电杆（等径）	300-6　16f16	根	2029
混凝土杆　普通混凝土电杆（等径）	300-6　16f14	根	1840
混凝土杆　普通混凝土电杆（等径）	300-6　16f12	根	1472
混凝土杆　普通混凝土电杆（等径）	300-6　14f16	根	1873
混凝土杆　普通混凝土电杆（等径）	300-6　14f14	根	1723
混凝土杆　普通混凝土电杆（等径）	300-6　14f12	根	1420
混凝土杆　普通混凝土电杆（等径）	300-6　12f16	根	1420
混凝土杆　普通混凝土电杆（等径）	300-6　12f14	根	1583
混凝土杆　普通混凝土电杆（等径）	300-6　12f12	根	1295
混凝土杆　普通混凝土电杆（等径）	300-6　12f10	根	937
混凝土杆　普通混凝土电杆（等径）	300-6　10f12	根	948
混凝土杆　普通混凝土电杆（等径）	300-4.5　18f16	根	1278
混凝土杆　普通混凝土电杆（等径）	300-4.5　16f16	根	1278
混凝土杆　普通混凝土电杆（等径）	300-4.5　16f14	根	1167

名　　称	型 号、规 格	单位	价格
混凝土杆　普通混凝土电杆（等径）	300-4.5　16f12	根	1046
混凝土杆　普通混凝土电杆（等径）	300-4.5　14f16	根	1202
混凝土杆　普通混凝土电杆（等径）	300-4.5　14f14	根	1037
混凝土杆　普通混凝土电杆（等径）	300-4.5　14f12	根	831
混凝土杆　普通混凝土电杆（等径）	300-4.5　12f16	根	1018
混凝土杆　普通混凝土电杆（等径）	300-4.5　12f14	根	916
混凝土杆　普通混凝土电杆（等径）	300-4.5　12f12	根	831
混凝土杆　普通混凝土电杆（等径）	300-4.5　12f10	根	753
混凝土杆　普通混凝土电杆（等径）	300-4.5　10f12	根	784
混凝土杆　普通混凝土电杆（等径）	300-4.5　10f10	根	722
混凝土杆　普通混凝土电杆（等径）	300-4　16f16	根	1104
混凝土杆　普通混凝土电杆（等径）	300-3.5　16f16	根	1019
混凝土杆　普通混凝土电杆（等径）	300-3.5　12f12	根	575
混凝土杆　普通混凝土电杆（等径）	300-3.5　10f10	根	559

续表

名　称	型 号、规 格	单位	价格
混凝土杆　普通混凝土电杆（等径）	300-3　16f16	根	875
混凝土杆　普通混凝土电杆（等径）	300-3　16f14	根	862
混凝土杆　普通混凝土电杆（等径）	300-3　16f12	根	770
混凝土杆　普通混凝土电杆（等径）	300-3　14f16	根	820
混凝土杆　普通混凝土电杆（等径）	300-3　14f14	根	819
混凝土杆　普通混凝土电杆（等径）	300-3　14f12	根	754
混凝土杆　普通混凝土电杆（等径）	300-3　12f16	根	907
混凝土杆　普通混凝土电杆（等径）	300-3　12f14	根	787
混凝土杆　普通混凝土电杆（等径）	300-3　12f12	根	738
混凝土杆　普通混凝土电杆（等径）	300-3　12f10	根	571
混凝土杆　普通混凝土电杆（等径）	300-3　10f12	根	721
混凝土杆　普通混凝土电杆（等径）	300-3　10f10	根	703
混凝土杆　普通混凝土锥形杆	f150-8　8f12	根	588
混凝土杆　普通混凝土锥形杆	f150-9　24f5.5	根	699

续表

名　　称	型号、规格	单位	价格
混凝土杆　普通混凝土锥形杆	f150-9　10f12	根	790
混凝土杆　普通混凝土锥形杆	f150-10　24f5.5	根	783
混凝土杆　普通混凝土锥形杆	f150-10　28f5.5	根	897
混凝土杆　普通混凝土锥形杆	f190-9　10f12	根	901
混凝土杆　普通混凝土锥形杆	f190-9　12f12	根	1247
混凝土杆　普通混凝土锥形杆	f190-9　12f14	根	1323
混凝土杆　普通混凝土锥形杆	f190-9　14f14	根	1628
混凝土杆　普通混凝土锥形杆	f190-9　12f16	根	1480
混凝土杆　普通混凝土锥形杆	f190-10　10f12	根	1009
混凝土杆　普通混凝土锥形杆	f190-10　12f12	根	1283
混凝土杆　普通混凝土锥形杆	f190-10　12f16	根	1494
混凝土杆　普通混凝土锥形杆	f190-12　10f12	根	1587
混凝土杆　普通混凝土锥形杆	f190-12　12f12	根	1822
混凝土杆　普通混凝土锥形杆	f190-12　12f14	根	1938

续表

名　　称	型 号、规 格	单位	价格
混凝土杆　普通混凝土锥形杆	f190-12　12f16	根	2149
混凝土杆　普通混凝土锥形杆	f190-12　14f16	根	2397
混凝土杆　普通混凝土锥形杆	f190-12　16f16	根	2538
混凝土杆　普通混凝土锥形杆	f190-15　12f13	根	2825
混凝土杆　普通混凝土锥形杆	f190-18　12f13	根	2931
预应力混凝土杆			
混凝土杆　预应力混凝土杆	300-3　24f6	根	646
混凝土杆　预应力混凝土杆	300-4.5　20f5	根	843
混凝土杆　预应力混凝土杆	300-4.5　20f6	根	880
混凝土杆　预应力混凝土杆	300-4.5　20f8	根	884
混凝土杆　预应力混凝土杆	300-4.5　22f8	根	893
混凝土杆　预应力混凝土杆	300-4.5　24f6	根	893
混凝土杆　预应力混凝土杆	300-4.5　26f8	根	908
混凝土杆　预应力混凝土杆	300-4.5　28f6	根	929

名　　称	型　号、规　格	单位	价　格
混凝土杆　预应力混凝土杆	300-4.5　32f6	根	941
混凝土杆　预应力混凝土杆	300-4.5　40f6	根	1000
混凝土杆　预应力混凝土杆	300-6　18f5	根	847
混凝土杆　预应力混凝土杆	300-6　20f6	根	1013
混凝土杆　预应力混凝土杆	300-6　20f8	根	1031
混凝土杆　预应力混凝土杆	300-6　22f8	根	1103
混凝土杆　预应力混凝土杆	300-6　24f6	根	1044
混凝土杆　预应力混凝土杆	300-6　24f8	根	1063
混凝土杆　预应力混凝土杆	300-6　26f8	根	1135
混凝土杆　预应力混凝土杆	300-6　28f6	根	1070
混凝土杆　预应力混凝土杆	300-6　32f6	根	1097
混凝土杆　预应力混凝土杆	300-6　40f6	根	1386
混凝土杆　预应力混凝土杆	300-9　20f5	根	1198
混凝土杆　预应力混凝土杆	300-9　20f8	根	1491

续表

名　　称	型号、规格	单位	价格
混凝土杆　预应力混凝土杆	300-9　22f8	根	1535
混凝土杆　预应力混凝土杆	300-9　24f6	根	1408
混凝土杆　预应力混凝土杆	300-9　26f8	根	1578
混凝土杆　预应力混凝土杆	300-9　28f6	根	1434
混凝土杆　预应力混凝土杆	300-9　32f5	根	1475
混凝土杆　预应力混凝土杆	300-9　40f6	根	1619
混凝土杆　预应力混凝土杆	400-3　20f8	根	726
混凝土杆　预应力混凝土杆	400-3　28f8	根	753
混凝土杆　预应力混凝土杆	400-3　36f8	根	779
混凝土杆　预应力混凝土杆	400-4.5　14f8	根	1008
混凝土杆　预应力混凝土杆	400-4.5　16f8	根	1019
混凝土杆　预应力混凝土杆	400-4.5　20f8	根	1042
混凝土杆　预应力混凝土杆	400-4.5　28f8	根	1060
混凝土杆　预应力混凝土杆	400-4.5　32f5	根	1058

续表

名　　称	型　号、规　格	单位	价格
混凝土杆　预应力混凝土杆	400-4.5　36f8	根	1116
混凝土杆　预应力混凝土杆	400-6　28f5	根	1239
混凝土杆　预应力混凝土杆	400-6　32f5	根	1330
混凝土杆　预应力混凝土杆	400-6　36f5	根	1402
混凝土杆　预应力锥形混凝土杆	f150-7　6f5	根	300
混凝土杆　预应力锥形混凝土杆	f150-8　7f5	根	353
混凝土杆　预应力锥形混凝土杆	f150-9　8f5	根	422
混凝土杆　预应力锥形混凝土杆	f150-10　10f5	根	494
混凝土杆　预应力锥形混凝土杆	f190-10　14f5	根	704
混凝土杆　预应力锥形混凝土杆	f190-12　14f5	根	880
混凝土杆　预应力锥形混凝土杆	f190-12　16f5	根	956
预制品			
预制品　混凝土底盘	D0.6×0.6×0.18	块	201
预制品　混凝土底盘	D0.8×0.8×0.18	块	233

续表

名　　称	型 号、规 格	单位	价格
预制品　混凝土底盘	D1.0×1.0×0.18	块	292
预制品　混凝土底盘	D1.2×1.2×0.18	块	449
预制品　混凝土底盘	D1.4×1.4×0.18	块	747
预制品　混凝土底盘	D2.5×1.0×0.20	块	888
预制品　混凝土底盘	D1.2×1.2×0.21	块	323
预制品　混凝土底盘	D1.4×1.4×0.21	块	824
预制品　混凝土底盘	D1.6×1.6×0.21	块	1004
预制品　混凝土底盘	D2.5×1.2×0.22	块	1130
预制品　混凝土底盘	D1.6×1.6×0.25	块	1057
预制品　混凝土底盘	D1.8×1.8×0.25	块	1119
预制品　混凝土底盘	D2.0×2.0×0.25	块	1167
预制品　混凝土拉盘	L1.5×0.5×0.18	块	349
预制品　混凝土拉盘	L1.8×0.6×0.18	块	514
预制品　混凝土拉盘	L2.4×0.8×0.18	块	903
预制品　混凝土拉盘	L0.6×0.3×0.20	块	134

名　　称	型号、规格	单位	价格
预制品　混凝土拉盘	L0.8×0.4×0.20	块	229
预制品　混凝土拉盘	L1.0×0.5×0.20	块	257
预制品　混凝土拉盘	L1.2×0.6×0.20	块	267
预制品　混凝土拉盘	L1.4×0.7×0.20	块	328
预制品　混凝土拉盘	L1.6×0.8×0.20	块	585
预制品　混凝土拉盘	L1.8×0.9×0.20	块	932
预制品　混凝土拉盘	L2.0×1.0×0.22	块	1006
预制品　混凝土拉盘	L2.0×1.0×0.25	块	1082
预制品　混凝土卡盘	K0.6×0.3×0.23	块	168
预制品　混凝土卡盘	K0.8×0.3×0.23	块	260
预制品　混凝土卡盘	K1.0×0.3×0.23	块	213
预制品　混凝土卡盘	K1.2×0.3×0.23	块	303
预制品　混凝土卡盘	K1.4×0.3×0.23	块	329
预制品　混凝土卡盘	K1.6×0.3×0.25	块	429
预制品　混凝土卡盘	K1.8×0.3×0.25	块	483

九、电瓷及金具

名　　称	型　号、规　格	单位	价格
线路电瓷			
合成绝缘子	HG-10	只	67.63
合成绝缘子	HW-10	只	87.45
合成绝缘子	HDG-220/120	只	781.24
合成绝缘子	HDG-500/120	只	1705.90
合成绝缘子	HHD-10	只	204.06
合成绝缘子	HHD-35	只	286.84
合成绝缘子	XSH-220/100	只	602.84
合成绝缘子	XSH-500/100	只	1315.28
合成绝缘子	XSH-500/160	只	1550.82
合成绝缘子	XSH-500/210	只	1792.19
合成绝缘子	XSH-500/240	只	1881.97
合成绝缘子	HXS2-35/70	只	251.86
合成绝缘子	HXS2-66/70	只	256.53
合成绝缘子	HXS2-110/70	只	310.16

续表

名　称	型号、规格	单位	价格
合成绝缘子	HXS2-110/100	只	320.66
合成绝缘子	HXS2-220/100	只	522.38
合成绝缘子	HXS2-220/120	只	594.68
合成绝缘子	HXS2-220/160	只	742.76
合成绝缘子	HXS2-330/160	只	1283.80
合成绝缘子	HXS2-500/100	只	1398.07
合成绝缘子	HXS2-500/180	只	1613.79
合成绝缘子	HXS2-500/210	只	1846.99
合成绝缘子	HXS2-500/240	只	2074.37
合成绝缘子	HXS2-500/300	只	2566.43
合成绝缘子	FXB-35/100	只	149.25
合成绝缘子	FXB-66/100	只	183.07
合成绝缘子	FXB-110/100	只	241.37
合成绝缘子	FXB-220/100	只	363.80

续表

名　称	型号、规格	单位	价格
合成绝缘子	FXB-220/160	只	461.75
合成绝缘子	FXB-220/210	只	545.70
合成绝缘子	FXB-500/100	只	1139.21
合成绝缘子	FXB-500/160	只	1345.60
合成绝缘子	FXB-500/180	只	1477.36
合成绝缘子	FXB-500/210	只	1609.12
合成绝缘子	FXB-500/300	只	1836.50
合成绝缘子	FXB1-110/100	只	444.26
合成绝缘子	FXB1-220/100	只	377.79
合成绝缘子	FXB2-35/70	只	176.07
合成绝缘子	FXB2-35/100	只	150.42
合成绝缘子	FXB2-110/70	只	236.70
合成绝缘子	FXB2-110/100	只	244.87
合成绝缘子	FXB2-500/160	只	1253.48

续表

名　　称	型　号、规　格	单位	价格
合成绝缘子	FXB3-110/70	只	297.34
合成绝缘子	FXB3-110/100	只	248.36
合成绝缘子	FXB3-220/100	只	366.13
合成绝缘子	FXB3-220/160	只	471.08
合成绝缘子	FXB4-500/160	只	1284.97
合成绝缘子	FXBW-10/3	只	45.74
合成绝缘子	FXBW-10/70	只	47.85
合成绝缘子	FXBW-35/70	只	79.74
合成绝缘子	FXBW-35/100	只	109.37
合成绝缘子	FXBW-66/120	只	86.71
合成绝缘子	FXBW-66/70	只	96.68
合成绝缘子	FXBW-110/70	只	130.60
合成绝缘子	FXBW-110/100	只	168.86
合成绝缘子	FXBW-110/120	只	137.59

续表

名　　称	型　号、规　格	单位	价　格
合成绝缘子	FXBW-110/160	只	131.76
合成绝缘子	FXBW-220/100	只	203.42
合成绝缘子	FXBW-220/120	只	226.21
合成绝缘子	FXBW-220/160	只	309.00
合成绝缘子	FXBW-220/210	只	328.82
合成绝缘子	FXBW-330/100	只	386.92
合成绝缘子	FXBW-330/120	只	412.68
合成绝缘子	FXBW-330/160	只	454.98
合成绝缘子	FXBW-330/210	只	485.85
合成绝缘子	FXBW-500/100	只	561.70
合成绝缘子	FXBW-500/120	只	584.16
合成绝缘子	FXBW-500/160	只	603.59
合成绝缘子	FXBW-500/180	只	608.79
合成绝缘子	FXBW-500/210	只	648.18

续表

名　　称	型 号、规 格	单位	价格
合成绝缘子	FXBW-500/240	只	707.07
合成绝缘子	FXBW-500/300	只	813.89
合成绝缘子	FXBW-500/420	只	1085.57
合成绝缘子	FXBW-750/120	只	892.01
合成绝缘子	FXBW-750/160	只	945.07
合成绝缘子	FXBW-750/210	只	998.12
合成绝缘子	FXBW-750/300	只	1096.07
合成绝缘子	FXBW-750/420	只	1353.76
合成绝缘子	FXBW-±800/160	只	3833.50
合成绝缘子	FXBW-±800/210	只	4002.47
合成绝缘子	FXBW-±800/300	只	4995.17
合成绝缘子	FXBW-±800/420	只	5195.82
合成绝缘子	FXBW-±800/550	只	6468.39
合成绝缘子	FXBW-1000/100	只	2640.15

续表

名　称	型　号、规　格	单位	价格
合成绝缘子	FXBW-1000/180	只	2904.17
合成绝缘子	FXBW-1000/210	只	3162.90
合成绝缘子	FXBW-1000/300	只	3690.95
合成绝缘子	FXBW-1000/420	只	4747.00
合成绝缘子	FXBW-1000/550	只	6336.37
合成绝缘子	FXBW1-110/70	只	141.51
合成绝缘子	FXBW1-110/100	只	185.34
合成绝缘子	FXBW1-220/100	只	280.91
合成绝缘子	FXBW1-220/120	只	311.54
合成绝缘子	FXBW2-110/70	只	141.51
合成绝缘子	FXBW2-110/100	只	183.23
合成绝缘子	FXBW2-220/100	只	284.08
合成绝缘子	FXBW2-220/120	只	311.54
合成绝缘子	FXBW2-220/160	只	365.93

续表

名　称	型号、规格	单位	价格
合成绝缘子	FXBW3-35/70	只	107.19
合成绝缘子	FXBW3-35/100	只	109.82
合成绝缘子	FXBW3-110/70	只	141.51
合成绝缘子	FXBW3-110/100	只	144.68
合成绝缘子	FXBW3-220/100	只	280.91
合成绝缘子	FXBW3-220/120	只	311.54
合成绝缘子	FXBW3-220/160	只	365.93
合成绝缘子	FXBW4-10/50	只	31.25
合成绝缘子	FXBW4-10/70	只	34.73
合成绝缘子	FXBW4-10/100	只	41.23
合成绝缘子	FXBW4-35/50	只	76.82
合成绝缘子	FXBW4-35/70	只	87.24
合成绝缘子	FXBW4-35/100	只	90.28
合成绝缘子	FXBW4-110/70	只	116.32

续表

名　　　称	型　号、规　格	单位	价格
合成绝缘子	FXBW4-110/100	只	216.71
合成绝缘子	FXBW4-220/100	只	286.76
合成绝缘子	FXBW4-220/120	只	318.03
合成绝缘子	FXBW4-220/160	只	336.48
合成绝缘子	FXBW4-220/180	只	384.17
合成绝缘子	FXBW4-330/100	只	427.02
合成绝缘子	FXBW4-330/160	只	512.55
合成绝缘子	FXBW4-500/100	只	1023.53
合成绝缘子	FXBW4-500/160	只	1055.95
合成绝缘子	FXBW4-500/180	只	1098.30
合成绝缘子	FXBW4-500/210	只	1112.46
合成绝缘子	FXBW4-500/240	只	1152.32
合成绝缘子	FXBW4-500/300	只	1294.60
合成绝缘子	FXBW4-500/420	只	1514.62

续表

名　　称	型　号、规　格	单位	价格
合成绝缘子	FXBW4X-110/100	只	255.36
合成绝缘子	FXBW4X-220/100	只	359.14
合成绝缘子	FXBW4X-500/100	只	1363.09
合成绝缘子	FXWP-100	只	120.10
合成绝缘子	FS-10/3	只	66.46
合成绝缘子	FS-10/7	只	71.13
合成绝缘子	FS-10/50	只	64.13
合成绝缘子	FS-110/100-0.4	只	538.17
合成绝缘子	FS-220/100-0.8	只	931.83
合成绝缘子	SGX-35/70	只	174.90
合成绝缘子	SGX-110/70	只	260.02
合成绝缘子	SGX-220/70	只	346.31
合成绝缘子	SGX-220/100	只	497.90
合成绝缘子	SGX1-220/100	只	599.34

续表

名　　称	型　号、规　格	单位	价格
合成绝缘子	SGX2-220/70	只	348.64
合成绝缘子	SGX2-220/100	只	600.51
合成绝缘子	SGX3-220/100	只	631.99
合成绝缘子	破坏强度（kN）100　750kV 线路用	只	2975.71
合成绝缘子	破坏强度（kN）210　750kV 线路用	只	4051.96
合成绝缘子	破坏强度（kN）300　750kV 线路用	只	4813.38
合成绝缘子	破坏强度（kN）400　750kV 线路用	只	5598.12
长棒型瓷绝缘子	16t-2.5	只	1758.76
长棒型瓷绝缘子	16t-2.8	只	1869.92
长棒型瓷绝缘子	21t	只	2595.13
长棒型瓷绝缘子	30t	只	2955.08
悬式绝缘子（盘型）	X-2	只	13.94
悬式绝缘子（盘型）	X-2C	只	13.94
悬式绝缘子（盘型）	X-3	只	32.05

续表

名　　称	型　号、规　格	单位	价格
悬式绝缘子（盘型）	X-3C	只	34.48
悬式绝缘子（盘型）	X-4.5	只	35.46
悬式绝缘子（盘型）	X-4.5C	只	43.20
悬式绝缘子（盘型）	X-21	只	171.42
悬式绝缘子（盘型）	X-30	只	236.92
悬式绝缘子（盘型）	X1-4.5	只	12.54
悬式绝缘子（盘型）	X1-4.5C	只	18.12
悬式绝缘子（盘型）	X1-7	只	27.87
悬式绝缘子（盘型）	XP-4	只	26.48
悬式绝缘子（盘型）	XP-4C	只	26.48
悬式绝缘子（盘型）	XP-4T	只	33.45
悬式绝缘子（盘型）	XP-6	只	30.66
悬式绝缘子（盘型）	XP-6C	只	32.05
悬式绝缘子（盘型）	XP-7	只	30.66

续表

名　　称	型　号、规　格	单位	价格
悬式绝缘子（盘型）	XP-7C	只	33.45
悬式绝缘子（盘型）	XP-70T	只	43.34
悬式绝缘子（盘型）	XP-8.2	只	43.20
悬式绝缘子（盘型）	XP-100	只	58.12
悬式绝缘子（盘型）	XP-10C	只	55.75
悬式绝缘子（盘型）	XP-12	只	90.59
悬式绝缘子（盘型）	XP-12.7	只	90.59
悬式绝缘子（盘型）	XP-16	只	94.77
悬式绝缘子（盘型）	XP-16C	只	80.83
悬式绝缘子（盘型）	XP-16D	只	98.95
悬式绝缘子（盘型）	XP-21	只	199.29
悬式绝缘子（盘型）	XP-21C	只	199.29
悬式绝缘子（盘型）	XP-21D	只	213.23
悬式绝缘子（盘型）	XP-240	只	167.24

续表

名　　称	型　号、规　格	单位	价格
悬式绝缘子（盘型）	XP-30	只	257.83
悬式绝缘子（盘型）	XP-30D	只	263.40
悬式绝缘子（盘型）	XP-400	只	292.67
悬式绝缘子（盘型）	XP-420	只	408.34
悬式绝缘子（盘型）	XP-550	只	440.40
悬式绝缘子（盘型）	XP1-160	只	78.04
悬式绝缘子（盘型）	XP2-70	只	68.29
悬式绝缘子（盘型）	XP2-100	只	80.83
悬式绝缘子（盘型）	XP2-210	只	124.04
悬式绝缘子（盘型）	XP2-400	只	235.53
悬式绝缘子（盘型）	XP3-16	只	118.46
悬式绝缘子（盘型）	XP3-16D	只	147.73
悬式绝缘子（盘型）	XP3-21	只	164.45
悬式绝缘子（盘型）	XP7-7	只	39.02

续表

名　称	型　号、规　格	单位	价格
悬式绝缘子（盘型）	XP12-160	只	122.64
悬式绝缘子（棒式）	XB-60	只	273.16
悬式绝缘子（棒式）	XB-110	只	370.71
悬式绝缘子（棒式）	XB1-60	只	289.88
悬式绝缘子（棒式）	XB1-110	只	589.52
悬式绝缘子	破坏强度（kN）100　750kV 用	只	179.98
悬式绝缘子	破坏强度（kN）210　750kV 用	只	263.35
悬式绝缘子	破坏强度（kN）300　750kV 用	只	205.12
悬式绝缘子	破坏强度（kN）420　750kV 用	只	288.49
悬式绝缘子	破坏强度（kN）530　750kV 用	只	395.69
针式绝缘子	P-6T	只	12.81
针式绝缘子	P-10T	只	14.41
针式绝缘子	P-15T	只	19.70
针式绝缘子	P-15M	只	17.73

续表

名　　称	型　号、规　格	单位	价格
针式绝缘子	P-20T	只	34.60
针式绝缘子	P-35T	只	39.63
针式绝缘子	PD-1M	只	9.85
针式绝缘子	PD-1T	只	10.84
针式绝缘子	PQ-15T	只	21.67
针式绝缘子	PQ2-15T	只	24.47
针式绝缘子	PQ2-20T	只	40.78
针式绝缘子	PS-15T	只	43.13
针式绝缘子	PS-15M	只	40.98
针式绝缘子	PS-20	只	47.94
针式绝缘子	PS3-15	只	29.02
悬式玻璃绝缘子（盘式）	LXAP-70	只	90.62
悬式玻璃绝缘子（盘式）	LXAY-100	只	94.56
悬式玻璃绝缘子（盘式）	LXY-70	只	50.09

续表

名　　称	型　号、规　格	单位	价格
悬式玻璃绝缘子（盘式）	LXY-100	只	52.87
悬式玻璃绝缘子（盘式）	LXY-120	只	55.66
悬式玻璃绝缘子（盘式）	LXY-160	只	76.80
悬式玻璃绝缘子（盘式）	LXY-210	只	97.50
悬式玻璃绝缘子（盘式）	LXY-240	只	125.10
悬式玻璃绝缘子（盘式）	LXY-240D	只	139.21
悬式玻璃绝缘子（盘式）	LXY-300	只	155.64
悬式玻璃绝缘子（盘式）	LXY1-70	只	50.09
悬式玻璃绝缘子（盘式）	LXY2-240	只	125.10
悬式玻璃绝缘子（盘式）	LXY3-12W	只	67.39
悬式玻璃绝缘子（盘式）	LXY3-160	只	81.26
悬式玻璃绝缘子（盘式）	LXY3-210	只	97.50
悬式玻璃绝缘子（盘式）	LXY3-300	只	155.64
悬式玻璃绝缘子（盘式）	LXY4-210	只	103.54

续表

名　　称	型　号、规　格	单位	价格
悬式玻璃绝缘子（盘式）	LXP-4.5	只	15.13
悬式玻璃绝缘子（盘式）	LXP-4.5C	只	15.13
悬式玻璃绝缘子（盘式）	LXP-6	只	19.25
悬式玻璃绝缘子（盘式）	LXP-6C	只	19.25
悬式玻璃绝缘子（盘式）	LXP-7	只	38.51
悬式玻璃绝缘子（盘式）	LXP-7C	只	30.26
悬式玻璃绝缘子（盘式）	LXP-10	只	42.64
悬式玻璃绝缘子（盘式）	LXP-12	只	41.26
悬式玻璃绝缘子（盘式）	LXP-16	只	74.20
悬式玻璃绝缘子（盘式）	LXP-16D	只	48.14
悬式玻璃绝缘子（盘式）	LXP-21	只	76.80
悬式玻璃绝缘子（盘式）	LXP-240	只	125.10
悬式玻璃绝缘子（盘式）	LXP-30	只	133.57
悬式玻璃绝缘子（盘式）	LXP3-16	只	81.26

续表

名　称	型 号、规 格	单位	价格
悬式玻璃绝缘子（盘式）	LXP3-12W	只	46.76
悬式玻璃绝缘子（盘式）	LXHP2-240	只	103.14
悬式玻璃绝缘子（盘式）	LXHP4-100	只	87.86
悬式玻璃绝缘子（盘式）	LXHP4-120	只	70.36
悬式玻璃绝缘子（盘式）	LXHP6-70	只	55.66
悬式玻璃绝缘子（盘式）	LXHY-100	只	50.60
悬式玻璃绝缘子（盘式）	LXHY-120	只	55.66
悬式玻璃绝缘子（盘式）	LXHY3-40	只	66.02
悬式玻璃绝缘子（盘式）	LXHY3-160	只	81.26
悬式玻璃绝缘子（盘式）	LXHY3-210	只	118.21
悬式玻璃绝缘子（盘式）	LXHY4-70	只	50.09
悬式玻璃绝缘子（盘式）	LXHY4-100	只	55.66
悬式玻璃绝缘子（盘式）	LXHY4-120	只	68.65
悬式玻璃绝缘子（盘式）	LXHY4-160	只	81.26

续表

名　称	型号、规格	单位	价格
悬式玻璃绝缘子（盘式）	LXHY4-210	只	118.21
悬式玻璃绝缘子（盘式）	LXHY5-70	只	50.09
悬式玻璃绝缘子（盘式）	LXHY5-100	只	73.49
悬式玻璃绝缘子（盘式）	LXHY5-120	只	94.56
悬式玻璃绝缘子（盘式）	LXHY5-160	只	108.60
悬式玻璃绝缘子（盘式）	LXHY6-70	只	90.62
悬式玻璃绝缘子（盘式）	LXHY6-160	只	135.94
悬式玻璃绝缘子（盘式）	LXWP3-100	只	55.66
悬式玻璃绝缘子（盘式）	LXWP3-120	只	76.80
悬式玻璃绝缘子（盘式）	LXWP3-160	只	94.56
悬式玻璃绝缘子（盘式）	LXWP3-210	只	108.60
悬式玻璃绝缘子（盘式）	LXWP4-70	只	55.66
悬式玻璃绝缘子（盘式）	LXWP4-100	只	70.36
悬式玻璃绝缘子（盘式）	LXWP4-120	只	94.56

续表

名　　称	型 号、规 格	单位	价格
悬式玻璃绝缘子（盘式）	LXWP5-70	只	81.31
悬式玻璃绝缘子（盘式）	LXWP5-100	只	70.36
悬式玻璃绝缘子（盘式）	LXWP5-120	只	94.56
悬式玻璃绝缘子（盘式）	LXWP6-70	只	90.62
悬式玻璃绝缘子（盘式）	LXWP6-160	只	108.60
玻璃绝缘子	FC-70	只	67.49
玻璃绝缘子	FC-70/146	只	67.49
玻璃绝缘子	FC-100	只	72.07
玻璃绝缘子	FC-100/146	只	73.37
玻璃绝缘子	FC-120	只	80.71
玻璃绝缘子	FC-160	只	105.15
玻璃绝缘子	FC-160/155	只	107.10
玻璃绝缘子	FC-210	只	115.20
玻璃绝缘子	FC-210/170	只	118.21

續表

名　称	型　号、规　格	单位	价格
玻璃绝缘子	FC-240	只	125.10
玻璃绝缘子	FC-240/170	只	125.10
玻璃绝缘子	FC-300	只	175.01
玻璃绝缘子	FC-300/146	只	155.64
玻璃绝缘子	FC-300/195	只	175.01
玻璃绝缘子	FC-400	只	244.29
玻璃绝缘子	FC-400/205	只	185.19
玻璃绝缘子	FC-70C	只	83.80
玻璃绝缘子	FC-70C/200	只	95.16
玻璃绝缘子	FC-70D	只	90.62
玻璃绝缘子	FC-100D	只	94.56
玻璃绝缘子	FC-120D	只	99.29
玻璃绝缘子	FC-160D	只	118.21
玻璃绝缘子	FC-210D	只	125.10

名　　称	型　号、规　格	单位	价格
玻璃绝缘子	FC-240D	只	135.94
玻璃绝缘子	FC-7P	只	56.81
玻璃绝缘子	FC-8P	只	56.81
玻璃绝缘子	FC-10P	只	63.91
玻璃绝缘子	FC-12P	只	65.33
玻璃绝缘子	FC-16P	只	65.33
玻璃绝缘子	FC-21P	只	65.33
玻璃绝缘子	FC-24P	只	65.33
玻璃绝缘子	FC-70P	只	77.14
玻璃绝缘子	FC-70P/146	只	77.14
玻璃绝缘子	FC-100P	只	75.97
玻璃绝缘子	FC-100P/146	只	75.97
玻璃绝缘子	FC-120P	只	77.94
玻璃绝缘子	FC-120P/146	只	79.90

续表

名　　称	型　号、规　格	单位	价格
玻璃绝缘子	FC-160P	只	119.50
玻璃绝缘子	FC-160P/155	只	119.50
玻璃绝缘子	FC-160P/170	只	150.81
玻璃绝缘子	FC-210P	只	118.21
玻璃绝缘子	FC-210P/170	只	118.21
玻璃绝缘子	FC-240P	只	125.10
玻璃绝缘子	FC-240P/170	只	125.10
玻璃绝缘子	FC-300P	只	188.05
玻璃绝缘子	FC-300P/170	只	186.10
玻璃绝缘子	FC-300P/195	只	188.05
玻璃绝缘子	FC-400P	只	289.78
玻璃绝缘子	FC-120PH	只	107.93
玻璃绝缘子	FC-160PH	只	121.45
玻璃绝缘子	FC-210PH	只	133.14

续表

名　称	型号、规格	单位	价格
玻璃绝缘子	FC-70PL	只	82.49
玻璃绝缘子	FC-70PL/146	只	82.49
玻璃绝缘子	FC-100PL	只	84.46
玻璃绝缘子	FC-120PL	只	78.11
玻璃绝缘子	U70B	只	64.88
玻璃绝缘子	U70B/146	只	62.92
玻璃绝缘子	U70BP	只	75.88
玻璃绝缘子	U70BP/146D	只	74.30
玻璃绝缘子	U70BP/146M	只	69.10
玻璃绝缘子	U70BP/160T	只	72.12
玻璃绝缘子	U70BP1	只	64.73
玻璃绝缘子	U70BP2	只	71.58
玻璃绝缘子	U100B	只	63.76
玻璃绝缘子	U100BP	只	79.41

续表

名　　称	型号、规格	单位	价格
玻璃绝缘子	U100BP/146D	只	77.45
玻璃绝缘子	U100BP/146M	只	81.37
玻璃绝缘子	U120B	只	59.65
玻璃绝缘子	U120BP	只	79.61
玻璃绝缘子	U120BP/146D	只	76.48
玻璃绝缘子	U120BP/160D	只	80.95
玻璃绝缘子	U160B	只	83.28
玻璃绝缘子	U160B/155	只	92.05
玻璃绝缘子	U160BP	只	94.10
玻璃绝缘子	U160BP/155D	只	100.42
玻璃绝缘子	U210B	只	107.75
玻璃绝缘子	U210BP	只	118.21
玻璃绝缘子	U210BP/170D	只	97.50
玻璃绝缘子	U300BP/195	只	144.60

续表

名　　称	型 号、规 格	单位	价 格
玻璃绝缘子	U420B/205D	只	202.90
防污绝缘子	XW-4.5	只	43.67
防污绝缘子	XW-4.5C	只	46.32
防污绝缘子	XW1-4.5	只	43.67
防污绝缘子	XW1-4.5C	只	46.32
防污绝缘子	XW2-4.5	只	44.99
防污绝缘子	XW2-4.5C	只	46.32
防污绝缘子	XWP-6	只	51.61
防污绝缘子	XWP-6C	只	51.61
防污绝缘子	XWP-7	只	47.64
防污绝缘子	XWP-7C	只	47.64
防污绝缘子	XWP-7P	只	51.61
防污绝缘子	XWP-10	只	64.85
防污绝缘子	XWP-10C	只	64.85

续表

名　　称	型　号、规　格	单位	价格
防污绝缘子	XWP-10P	只	64.85
防污绝缘子	XWP-10PP	只	71.46
防污绝缘子	XWP-12	只	71.46
防污绝缘子	XWP-12P	只	71.46
防污绝缘子	XWP-12PP	只	75.43
防污绝缘子	XWP-160	只	92.64
防污绝缘子	XWP-16C	只	92.64
防污绝缘子	XWP-16-D	只	92.64
防污绝缘子	XWP-16P	只	92.64
防污绝缘子	XWP-16PP	只	96.61
防污绝缘子	XWP-210	只	138.95
防污绝缘子	XWP-21C	只	138.95
防污绝缘子	XWP-21P	只	138.95
防污绝缘子	XWP-21PP	只	146.89

名　　称	型　号、规　格	单位	价格
防污绝缘子	XWP-30	只	189.24
防污绝缘子	XWP1-6	只	48.96
防污绝缘子	XWP1-7	只	48.96
防污绝缘子	XWP1-70C	只	47.64
防污绝缘子	XWP1-100	只	64.85
防污绝缘子	XWP1-120	只	71.46
防污绝缘子	XWP1-160	只	80.73
防污绝缘子	XWP1-210	只	133.66
防污绝缘子	XWP1-240	只	144.25
防污绝缘子	XWP2-6	只	58.23
防污绝缘子	XWP2-6C	只	59.55
防污绝缘子	XWP2-7	只	47.64
防污绝缘子	XWP2-7C	只	47.64
防污绝缘子	XWP2-7T	只	47.64

续表

名　　称	型　号、规　格	单位	价格
防污绝缘子	XWP2-10	只	67.49
防污绝缘子	XWP2-12	只	79.40
防污绝缘子	XWP2-16	只	101.90
防污绝缘子	XWP2-21	只	141.60
防污绝缘子	XWP2-24	只	145.57
防污绝缘子	XWP3-60	只	68.82
防污绝缘子	XWP3-70	只	54.26
防污绝缘子	XWP3-100	只	68.82
防污绝缘子	XWP3-120	只	80.73
防污绝缘子	XWP3-160	只	112.49
防污绝缘子	XWP3-210	只	142.92
防污绝缘子	XWP3-240	只	154.83
防污绝缘子	XWP3-300	只	181.30
防污绝缘子	XWP4-100	只	84.70

续表

名　　称	型　号、规　格	单位	价格
防污绝缘子	XWP4-160	只	120.43
防污绝缘子	XWP5-100	只	64.85
防污绝缘子	XWP5-160	只	91.31
防污绝缘子	XWP6-70	只	63.52
防污绝缘子	XWP6-100	只	80.73
防污绝缘子	XWP6-160	只	120.43
防污绝缘子	XWP7-160	只	104.55
防污绝缘子	XWP8-70	只	51.61
防污绝缘子	XSP-100	只	84.70
防污绝缘子	XSP-160	只	131.01
防污绝缘子	XSP-210	只	161.45
防污绝缘子	XSP-300	只	189.24
防污绝缘子	XSP2-70	只	75.43
防污绝缘子	XSP3-100	只	78.08

续表

名　　称	型　号、规　格	单位	价格
防污绝缘子	XMP-100	只	75.43
防污绝缘子	XMP3-100	只	70.14
蝶式绝缘子	XH-4.5	只	48.96
蝶式绝缘子	XHP-6	只	48.96
蝶式绝缘子	XHP-7	只	48.96
蝶式绝缘子	XHP-7C	只	48.96
蝶式绝缘子	XHP-10	只	56.90
蝶式绝缘子	XHP-10C	只	64.85
蝶式绝缘子	XHP-16	只	75.43
蝶式绝缘子	XHP-16C	只	83.37
蝶式绝缘子	XHP-16D	只	83.37
蝶式绝缘子	XHP-21	只	107.19
蝶式绝缘子	XHP-21C	只	107.19
蝶式绝缘子	XHP-300（白）	只	145.57

续表

名　　称	型　号、规　格	单位	价格
蝶式绝缘子	XHP-300（棕）	只	148.22
蝶式绝缘子	XHP1-4.5	只	26.47
蝶式绝缘子	XHP1-4.5C	只	47.64
蝶式绝缘子	XHP1-6	只	26.47
蝶式绝缘子	XHP1-7	只	26.47
蝶式绝缘子	XHP1-10	只	37.05
蝶式绝缘子	XHP1-16	只	52.93
蝶式绝缘子	XHP2-4.5	只	43.67
蝶式绝缘子	XHP2-100	只	96.61
蝶式绝缘子	XHP2-160	只	223.65
蝶式绝缘子	XHP2-210	只	238.21
蝶式绝缘子	XHP2-300	只	345.40
蝶式绝缘子	XZP-70	只	68.82
蝶式绝缘子	ED-1	只	5.23

续表

名　　称	型　号、规　格	单位	价格
蝶式绝缘子	ED-2	只	4.78
蝶式绝缘子	ED-3	只	4.12
蝶式绝缘子	NF-4.5	只	22.50
蝶式绝缘子	NF-4.5C	只	23.82
蝶式绝缘子	XF-4.5	只	29.11
蝶式绝缘子	XF-4.5C	只	22.50
避雷线用悬式绝缘子	XD-4C	只	23.82
避雷线用悬式绝缘子	XD-4.5C	只	23.82
避雷线用悬式绝缘子	XD6-7C-D	只	70.14
避雷线用悬式绝缘子	XDP-60C	只	38.38
避雷线用悬式绝缘子	XDP-70C	只	87.34
避雷线用悬式绝缘子	XDP-70CN	只	87.34
避雷线用悬式绝缘子	XDP-100C	只	88.67
避雷线用悬式绝缘子	XDP-100CN	只	91.31

续表

名　　称	型　号、规　格	单位	价格
避雷线用悬式绝缘子	XDP1-7	只	71.46
避雷线用悬式绝缘子	XDP1-7C	只	71.46
避雷线用悬式绝缘子	XDP2-10C	只	78.08
避雷线用悬式绝缘子	XDP5-7	只	82.05
避雷线用悬式绝缘子	XDP5-7C	只	82.05
避雷线用悬式绝缘子	XDP5-70CN	只	82.05
避雷线用悬式绝缘子	XDP5-70N	只	82.05
避雷线用悬式绝缘子	XDP5-100C	只	83.37
避雷线用悬式绝缘子	XDP5-100N	只	83.37
避雷线用悬式绝缘子	XDP6-7C	只	116.46
地线绝缘子	BXP-10CB	只	99.25
地线绝缘子	破坏强度（kN）70　750kV 用	只	149.54
拉紧绝缘子	J-2	只	2.49
拉紧绝缘子	J-4.5	只	2.62

续表

名　　称	型　号、规　格	单位	价格
拉紧绝缘子	J-6	只	4.53
拉紧绝缘子	J-7	只	6.79
拉紧绝缘子	J-7-9	只	6.79
拉紧绝缘子	J-9	只	9.13
电站电瓷			
高压户内外胶装支柱绝缘子	ZA-6Y	只	39.12
高压户内外胶装支柱绝缘子	ZA-6T	只	39.12
高压户内外胶装支柱绝缘子	ZA-10Y	只	46.94
高压户内外胶装支柱绝缘子	ZA-10T	只	46.94
高压户内外胶装支柱绝缘子	ZA-10Q	只	46.94
高压户内外胶装支柱绝缘子	ZA-10T	只	51.63
高压户内外胶装支柱绝缘子	ZA-20Y	只	71.97
高压户内外胶装支柱绝缘子	ZA-35Y	只	75.10
高压户内外胶装支柱绝缘子	ZA-35T	只	76.67

续表

名　称	型　号、规　格	单位	价格
高压户内外胶装支柱绝缘子	ZA-35F	只	95.44
高压户内外胶装支柱绝缘子	ZB-6Y	只	40.68
高压户内外胶装支柱绝缘子	ZB-6T	只	42.25
高压户内外胶装支柱绝缘子	ZB-10Y	只	51.63
高压户内外胶装支柱绝缘子	ZB-10T	只	51.63
高压户内外胶装支柱绝缘子	ZB-35F	只	86.06
高压户内外胶装支柱绝缘子	ZC-10F	只	57.89
高压户内外胶装支柱绝缘子	ZD-10F	只	73.54
高压户内外胶装支柱绝缘子	ZD-20F	只	107.96
高压户内外胶装支柱绝缘子	ZD-35Y	只	139.25
高压户内外胶装支柱绝缘子	ZD-35T	只	201.84
高压户内内胶装支柱绝缘子	ZNA-6	只	20.34
高压户内内胶装支柱绝缘子	ZNA-10	只	25.03
高压户内内胶装支柱绝缘子	ZNA-6MM	只	23.47

续表

名　　称	型　号、规　格	单位	价格
高压户内内胶装支柱绝缘子	ZNA-10MM	只	29.73
高压户内内胶装支柱绝缘子	ZNA-35MM	只	56.33
高压户内内胶装支柱绝缘子	ZNA2-10MM	只	25.03
高压户内内胶装支柱绝缘子	ZNA3-10MM	只	25.03
高压户内内胶装支柱绝缘子	ZNB-10	只	31.29
高压户内内胶装支柱绝缘子	ZNB-10MM	只	39.12
高压户内内胶装支柱绝缘子	ZNB1-10MM	只	57.89
高压户内内胶装支柱绝缘子	ZNB2-10MM	只	51.63
高压户内内胶装支柱绝缘子	ZNC2-10MM	只	67.28
高压户内内胶装支柱绝缘子	ZND1-10MM	只	168.98
高压户内内胶装支柱绝缘子	ZND2-10MM	只	164.29
高压户内内胶装支柱绝缘子	ZNE-20MM	只	265.99
高压户内内胶装支柱绝缘子	ZLA-6MM	只	29.73
高压户内内胶装支柱绝缘子	ZLA-10MM	只	39.12

续表

名　　称	型 号、规 格	单位	价格
高压户内内胶装支柱绝缘子	ZLA-35GY	只	198.71
高压户内内胶装支柱绝缘子	ZLA1-35T	只	167.42
高压户内内胶装支柱绝缘子	ZLB-10MM	只	31.29
高压户内内胶装支柱绝缘子	ZLB-35GY	只	237.83
高压户内内胶装支柱绝缘子	ZLD-10F	只	136.12
高压户内内胶装支柱绝缘子	ZLD-20F	只	190.89
高压棒式支柱绝缘子	ZS-12/5	只	75.10
高压棒式支柱绝缘子	ZS-20/30	只	513.20
高压棒式支柱绝缘子	ZS-35/4	只	544.50
高压棒式支柱绝缘子	ZS-35/8	只	578.92
高压棒式支柱绝缘子	ZS-35/16	只	736.95
高压棒式支柱绝缘子	ZS-66/4	只	974.77
高压棒式支柱绝缘子	ZS-66/8	只	1073.34
高压棒式支柱绝缘子	ZS-66/15	只	1398.79

续表

名　　称	型　号、规　格	单位	价格
高压棒式支柱绝缘子	ZS-110/10	只	1749.27
高压棒式支柱绝缘子	ZS2-12/5L	只	179.93
高压棒式支柱绝缘子	ZS2-20/16	只	394.29
高压棒式支柱绝缘子	ZS2-20/10	只	386.47
高压棒式支柱绝缘子	ZSW-10/4	只	137.69
高压棒式支柱绝缘子	ZSW-10/5	只	148.64
高压棒式支柱绝缘子	ZSW-20/30	只	217.49
高压棒式支柱绝缘子	ZSW-24/10	只	264.42
高压棒式支柱绝缘子	ZSW-35/8	只	430.28
高压棒式支柱绝缘子	ZSW-35/10	只	491.30
高压棒式支柱绝缘子	ZSW-35/12	只	539.80
高压棒式支柱绝缘子	ZSW-38/8	只	464.70
高压棒式支柱绝缘子	ZSW-35/4	只	306.67
高压棒式支柱绝缘子	ZSW-35/6	只	359.87

名　　称	型 号、规 格	单位	价格
高压棒式支柱绝缘子	ZSW-66/4	只	668.10
高压棒式支柱绝缘子	ZSW-66/5L	只	682.18
高压棒式支柱绝缘子	ZSW-110/8.5	只	1276.75
高压棒式支柱绝缘子	ZSW-110/10	只	1419.13
高压棒式支柱绝缘子	ZSW-110/12	只	1575.59
高压棒式支柱绝缘子	ZSW-110/16	只	1761.79
高压棒式支柱绝缘子	ZSW-110/18	只	1755.53
高压棒式支柱绝缘子	ZSW-110/26	只	2181.11
高压棒式支柱绝缘子	ZSW-110/4	只	863.68
高压棒式支柱绝缘子	ZSW-110/14	只	1738.32
高压棒式支柱绝缘子	ZSW-220/4	只	2326.62
高压棒式支柱绝缘子	ZSW-220/10	只	4607.87
高压棒式支柱绝缘子	ZSW-220/12	只	5169.58
高压棒式支柱绝缘子	ZSW-220/12.5	只	5180.53

续表

名　　称	型　号、规　格	单位	价格
高压棒式支柱绝缘子	ZSW-220/14	只	5488.76
高压棒式支柱绝缘子	ZSW-220/16	只	6027.00
高压棒式支柱绝缘子	ZSW-220/6	只	2864.86
高压棒式支柱绝缘子	ZSW-220/8	只	3678.47
高压棒式支柱绝缘子	ZSW-220/10	只	4578.14
高压棒式支柱绝缘子	ZSW-220/14	只	5388.63
高压棒式支柱绝缘子	ZSW-220/16K	只	6131.83
高压棒式支柱绝缘子	ZSW-500/12.5	只	13850.21
高压棒式支柱绝缘子	ZSW-500/14	只	14390.01
高压棒式支柱绝缘子	ZSW-500/16	只	15987.51
高压棒式支柱绝缘子	ZSW-800/12	只	93779.94
高压棒式支柱绝缘子	ZSW1-24/16	只	261.30
高压棒式支柱绝缘子	ZSW1-35/4	只	323.88
高压棒式支柱绝缘子	ZSW1-35/10	只	502.25

续表

名　　称	型 号、规 格	单位	价 格
高压棒式支柱绝缘子	ZSW1-110/8.5	只	1347.16
高压棒式支柱绝缘子	ZSW1-110/4	只	905.93
高压棒式支柱绝缘子	ZSW1-110/8.5	只	1347.16
高压棒式支柱绝缘子	ZSW2-110/8.5	只	1406.61
高压棒式支柱绝缘子	ZSW3-35/8	只	417.76
高压棒式支柱绝缘子	ZSW3-66/8	只	779.19
高压棒式支柱绝缘子	ZSW3-500/12.5	只	12934.89
高压棒式支柱绝缘子	ZSW4-110/8K	只	1318.99
高压棒式支柱绝缘子	ZSW4-110/16K	只	1872.88
高压棒式支柱绝缘子	ZSW4-220/8	只	3980.45
高压棒式支柱绝缘子	ZSW5-35/4	只	369.26
高压棒式支柱绝缘子	ZSW9-500/8	只	12795.64
高压棒式支柱绝缘子	ZSW9-500/12.5	只	13424.63
高压棒式支柱绝缘子	ZSW10-110/6	只	1178.18

续表

名　　称	型　号、规　格	单位	价格
高压棒式支柱绝缘子	ZSW12-110/8.5	只	1326.82
高压棒式支柱绝缘子	ZSW16-110/8	只	1326.82
高压棒式支柱绝缘子	ZSX-15/4	只	57.89
高压棒式支柱绝缘子	ZSX-24/10	只	369.26
高压棒式支柱绝缘子	ZSQ1-66/10	只	991.98
合成高压棒式支柱绝缘子	FZSW2-10/4	只	352.04
合成高压棒式支柱绝缘子	FZSW2-35/6L	只	449.05
合成高压棒式支柱绝缘子	FZSW8-110/10	只	1714.85
合成高压棒式支柱绝缘子	FZSW8-110/12.5	只	1811.86
户内铜导体穿墙套管	C-10/250	只	116.26
户内铜导体穿墙套管	C-10/400	只	138.56
户内铜导体穿墙套管	C-10/630	只	159.26
户内铜导体穿墙套管	CA-6/200	只	54.15
户内铜导体穿墙套管	CA-6/400	只	62.11

续表

名　　称	型 号、规 格	单位	价格
户内铜导体穿墙套管	CB-6/400	只	76.44
户内铜导体穿墙套管	CB-6/600	只	116.26
户内铜导体穿墙套管	CB-6/1000	只	226.15
户内铜导体穿墙套管	CB-6/1500	只	336.04
户内铜导体穿墙套管	CB-10/200	只	121.04
户内铜导体穿墙套管	CB-10/400	只	127.41
户内铜导体穿墙套管	CB-10/600	只	138.56
户内铜导体穿墙套管	CB-10/1000	只	336.04
户内铜导体穿墙套管	CB-10/1500	只	344.00
户内铜导体穿墙套管	CB-10/250	只	555.81
户内铜导体穿墙套管	CB-35/400	只	592.44
户内铜导体穿墙套管	CB-35/600	只	681.63
户内铜导体穿墙套管	CB-35/1000	只	1094.11
户内铜导体穿墙套管	CB-35/1500	只	1549.59

续表

名　称	型　号、规格	单位	价格
户内铜导体穿墙套管	CB-35/2000	只	1786.89
户内铜导体穿墙套管	CC-6/1000	只	302.59
户内铜导体穿墙套管	CC-6/1500	只	401.33
户内铜导体穿墙套管	CC-6/2000	只	544.67
户内铜导体穿墙套管	CC-6/2000	只	648.18
户内铜导体穿墙套管	CC-10/1000	只	401.33
户内铜导体穿墙套管	CC-10/1500	只	619.52
户内铜导体穿墙套管	CC-10/2000	只	785.15
户内外母线穿墙套管	CG1-110/1250	只	17872.05
户内外母线穿墙套管	CG2-35/1600	只	6419.73
户内铜导体穿墙套管	CG2-110/1250A	只	19063.31
户外铜导体穿墙套管	CWB-6/400	只	222.96
户外铜导体穿墙套管	CWB-6/600	只	194.30
户外铜导体穿墙套管	CWB-6/1000	只	281.89

续表

名　　称	型　号、规　格	单位	价格
户外铜导体穿墙套管	CWB-6/1500	只	390.18
户外铜导体穿墙套管	CWB-10/400	只	332.85
户外铜导体穿墙套管	CWB-10/600	只	420.44
户外铜导体穿墙套管	CWB-10/1000	只	629.07
户外铜导体穿墙套管	CWB-10/1500	只	587.67
户外铜导体穿墙套管	CWB-35/400	只	684.81
户外铜导体穿墙套管	CWB-35/600	只	823.37
户外铜导体穿墙套管	CWB-35/1000	只	1067.04
户外铜导体穿墙套管	CWB-35/1500	只	1414.22
户外铜导体穿墙套管	CWB-35/2000	只	3309.40
户外铜导体穿墙套管	CWB1-35/600	只	471.41
户外铜导体穿墙套管	CWB2-6/400	只	117.85
户外铜导体穿墙套管	CWB2-6/600	只	179.96
户外铜导体穿墙套管	CWB2-6/1000	只	265.96

续表

名　　称	型　号、规　格	单位	价格
户外铜导体穿墙套管	CWB2-6/1500	只	353.56
户外铜导体穿墙套管	CWB2-10/1500	只	423.63
户外铜导体穿墙套管	CWB2-35/1500	只	1506.59
户外铜导体穿墙套管	CWBQ-35/600	只	1014.48
户外铜导体穿墙套管	CWBQ-35/1000	只	1258.15
户外铜导体穿墙套管	CWBQ2-35/600	只	1686.55
户外铜导体穿墙套管	CWBQ2-35/2000	只	3096.00
户外铜导体穿墙套管	CWC-10/1000	只	700.74
户外铜导体穿墙套管	CWC-10/1500	只	910.96
户外铜导体穿墙套管	CWC-10/2000	只	1200.00
户外铜导体穿墙套管	CWC-20/500	只	1543.07
户外铜导体穿墙套管	CWC-20/1500	只	1794.06
户外铜导体穿墙套管	CWC-20/2000	只	1800.00
户外铜导体穿墙套管	CWC-20/2500	只	1950.00

续表

名　　称	型　号、规　格	单位	价格
户外铜导体穿墙套管	CWC-20/3000	只	2600.00
户外铜导体穿墙套管	CWC-20/4000	只	3400.00
户外铜导体穿墙套管	CWC-20/1250A	只	1560.00
户外铜导体穿墙套管	CWC-20/3150	只	2600.00
户外铜导体穿墙套管	CWC-20/3150A	只	2600.00
户外铜导体穿墙套管	CWC-20/4000	只	3400.00
户外铜导体穿墙套管	CWC-35/400	只	385.41
户外铜导体穿墙套管	CWC-35/600	只	490.52
户外铜导体穿墙套管	CWC-35/1000	只	611.55
户外铜导体穿墙套管	CWC-35/1500	只	764.44
户外铜导体穿墙套管	CWC-35/1600	只	953.96
户外铜导体穿墙套管	CWC-35/2000	只	1482.14
户外铜导体穿墙套管	CWC2-20/3150	只	2600.00
户内铝导体穿墙套管	CL-6/200	只	87.84

续表

名　　　称	型 号、规 格	单位	价格
户内铝导体穿墙套管	CL-6/400	只	105.41
户内铝导体穿墙套管	CL-6/600	只	136.16
户内铝导体穿墙套管	CL-10/200	只	111.27
户内铝导体穿墙套管	CL-10/400	只	134.69
户内铝导体穿墙套管	CL-10/600	只	190.32
户内铝导体穿墙套管	CL-10/1000	只	308.91
户外铝导体穿墙套管	CLB-6/250	只	68.81
户外铝导体穿墙套管	CLB-6/400	只	73.20
户外铝导体穿墙套管	CLB-6/600	只	101.02
户外铝导体穿墙套管	CLB-10/250	只	87.84
户外铝导体穿墙套管	CLB-10/400	只	105.41
户外铝导体穿墙套管	CLB-10/600	只	131.76
户外铝导体穿墙套管	CLB-10/1000	只	330.87
户外铝导体穿墙套管	CLB-10/1500	只	543.16

续表

名　称	型　号、规　格	单位	价格
户外铝导体穿墙套管	CLB-35/250	只	399.68
户外铝导体穿墙套管	CLB-35/400	只	431.89
户外铝导体穿墙套管	CLB-35/600	只	480.20
户外铝导体穿墙套管	CLB-35/1000	只	505.09
户外铝导体穿墙套管	CLB-35/1500	只	699.81
户外铝导体穿墙套管	CLC-10/2000	只	699.81
户外铝导体穿墙套管	CLC-10/3000	只	890.13
户外铝导体穿墙套管	CLC-10/4000	只	1207.83
户外铝导体穿墙套管	CWL-6/200	只	142.01
户外铝导体穿墙套管	CWL-6/400	只	168.36
户外铝导体穿墙套管	CWL-6/600	只	178.61
户外铝导体穿墙套管	CWL-10/200	只	190.32
户外铝导体穿墙套管	CWL-10/400	只	216.68
户外铝导体穿墙套管	CWL-10/600	只	282.56

续表

名　　称	型　号、规　格	单位	价格
户外铝导体穿墙套管	CWL-10/1000	只	480.20
户外铝导体穿墙套管	CWL-10/1500	只	664.67
户外铝导体穿墙套管	CWL-10/2000	只	1007.25
户外铝导体穿墙套管	CWL-10/3000	只	1270.78
户外铝导体穿墙套管	CWL-10/4000	只	2957.35
户外铝导体穿墙套管	CWL-12/1000	只	1005.79
户外铝导体穿墙套管	CWL-20/2000	只	1453.78
户外铝导体穿墙套管	CWL-20/3000	只	1982.30
户外铝导体穿墙套管	CWL-35/200	只	849.14
户外铝导体穿墙套管	CWL-35/400	只	915.02
户外铝导体穿墙套管	CWL-35/600	只	1020.43
户外铝导体穿墙套管	CWL-35/1000	只	1242.96
户外铝导体穿墙套管	CWL-35/1500	只	1534.31
户外铝导体穿墙套管	CWL-35/2000	只	2522.53

续表

名　　称	型　号、规　格	单位	价格
户外铝导体穿墙套管	CWL-35/1000A	只	1256.14
户外铝导体穿墙套管	CWL-35/1250A	只	1505.03
户外铝导体穿墙套管	CWL-10/200GY	只	405.54
户外铝导体穿墙套管	CWL-10/400GY	只	487.52
户外铝导体穿墙套管	CWL-10/600GY	只	967.73
户外铝导体穿墙套管	CWL-35/200GY	只	843.28
户外铝导体穿墙套管	CWL-35/400GY	只	1021.89
户外铝导体穿墙套管	CWL-35/600GY	只	1146.34
户外铝导体穿墙套管	CWL-35/1000GY	只	1771.48
户外铝导体穿墙套管	CWL2-20/1250	只	3339.46
户外铝导体穿墙套管	CWL2-20/3150	只	5005.53
户内外穿墙套管	CWLB-10/250	只	147.87
户内外穿墙套管	CWLB-10/400	只	174.22
户内外穿墙套管	CWLB-10/600	只	194.72

续表

名　　　称	型　号、规　格	单位	价格
户内外穿墙套管	CWLB-10/1000	只	313.30
户内外穿墙套管	CWLB-10/1500	只	399.68
户内外穿墙套管	CWLB-10/2000	只	699.81
户内外穿墙套管	CWLB-35/200	只	458.24
户内外穿墙套管	CWLB-35/250	只	513.88
户内外穿墙套管	CWLB-35/400	只	890.13
户内外穿墙套管	CWLB-35/600	只	985.29
户内外穿墙套管	CWLB-35/1000	只	1080.46
户内外穿墙套管	CWLB-35/1500	只	1207.83
户内外穿墙套管	CWLB2-10/200	只	131.76
户内外穿墙套管	CWLB2-10/400	只	178.61
户内外穿墙套管	CWLB2-10/600	只	194.72
户内外穿墙套管	CWLB2-10/1000	只	320.62
户内外穿墙套管	CWLB2-10/1500	只	385.04

续表

名　　称	型　号、规　格	单位	价格
户内外穿墙套管	CWLB2-20/2000	只	1671.93
户内外穿墙套管	CWLB2-35/400	只	890.13
户内外穿墙套管	CWLB2-35/600	只	985.29
户内外穿墙套管	CWLB2-35/1000	只	1080.46
户内外穿墙套管	CWLB2-35/1500	只	1143.41
户内外穿墙套管	CWLB2-35/400Q	只	985.29
户内外穿墙套管	CWLB2-35/600Q	只	1080.46
户内外穿墙套管	CWLB2-35/1000Q	只	1207.83
户内外穿墙套管	CWLC-10/2000	只	699.81
户内外穿墙套管	CWLC-10/2500	只	789.11
户内外穿墙套管	CWLC-10/3000	只	890.13
户内外穿墙套管	CWLC-20/2000	只	1270.78
户内外穿墙套管	CWLC-20/3000	只	1587.01
户内外穿墙套管	CWLC2-10/2000	只	699.81

续表

名　　称	型号、规格	单位	价格
户内外穿墙套管	CWLC2-10/3000	只	890.13
户内外穿墙套管	CWLC2-20/2000	只	1270.78
户内外穿墙套管	CWLC2-20/3000	只	1587.01
户内外母线穿墙套管	CM-10-90	只	273.77
户内外母线穿墙套管	CM-10-160	只	367.47
户内外母线穿墙套管	CM1-10-160	只	222.53
户内外母线穿墙套管	CMD-10	只	191.79
户内外母线穿墙套管	CMD-20	只	471.42
户内外母线穿墙套管	CME-10	只	336.73
户内外母线穿墙套管	CME1-10	只	149.33
户内外母线穿墙套管	CMF1-20	只	2077.46
户内外母线穿墙套管	CMF2-20	只	357.22
户内外母线穿墙套管	CMW-10-180	只	462.63
户内外母线穿墙套管	CMW-20-180	只	1040.93

续表

名　　称	型　号、规　格	单位	价格
户内外母线穿墙套管	CMW-20-270	只	1248.82
户内外母线穿墙套管	CMW-20-330	只	1497.71
户内外母线穿墙套管	CMW-24-180	只	1589.94
户内外母线穿墙套管	CMWD-20/600	只	1149.27
户内外母线穿墙套管	CMWD-20/3000	只	1380.58
户内外母线穿墙套管	CMWD-20/4000	只	1630.93
户内外母线穿墙套管	CMWF1-20	只	2181.41
户内外母线穿墙套管	CMWF1-35	只	2493.25
户内外母线穿墙套管	CMWF2-20	只	426.03
线路金具			
线路　悬垂线夹	XGU-1	件	17.70
线路　悬垂线夹	XGU-2	件	23.01
线路　悬垂线夹	XGU-3	件	27.43
线路　悬垂线夹	XGU-4	件	28.24

续表

名　称	型号、规格	单位	价格
线路　悬垂线夹	XGU-5	件	36.44
线路　悬垂线夹	XGU-1F	件	31.86
线路　悬垂线夹	XGU-2F	件	32.80
线路　悬垂线夹	XGU-3F	件	40.71
线路　悬垂线夹	XGU-4F	件	45.13
线路　悬垂线夹	XGU-5F	件	52.21
线路　悬垂线夹	XGU-6F	件	78.76
线路　悬垂线夹	XGU-5A 带碗头挂板	件	43.73
线路　悬垂线夹	XGU-6A 带碗头挂板	件	44.64
线路　悬垂线夹	XGU-5B 带 U 型挂板	件	41.00
线路　悬垂线夹	XGU-6B 带 U 型挂板	件	49.14
线路　悬垂线夹	XGU-7B 带 U 型挂板	件	51.65
线路　悬垂线夹	XGJ-2 加强型	件	78.76
线路　悬垂线夹	XGJ-3	件	81.08

续表

名　　称	型　号、规　格	单位	价格
线路　悬垂线夹	XGJ-4	件	96.57
线路　悬垂线夹	XGJ-5 加强型	件	112.97
线路　悬垂线夹	XGJ-5Z	件	112.97
线路　悬垂线夹	XGJ-7	件	148.36
线路　悬垂线夹	XGH-3	件	40.66
线路　悬垂线夹	XGH-3A	件	51.65
线路　悬垂线夹	XGH-4A	件	70.33
线路　悬垂线夹	XGH-5	件	83.52
线路　悬垂线夹	XGH-6	件	114.29
线路　悬垂线夹	XGHL-6	件	94.51
线路　悬垂线夹	XGH-8	件	134.07
线路　悬垂线夹	XGH-51	件	141.76
线路　悬垂线夹	XGT-1	件	34.07
线路　悬垂线夹	XGT-2	件	49.45

名　　称	型　号、规　格	单位	价格
线路　悬垂线夹	XGT-3	件	63.74
线路　悬垂线夹	XGT-4	件	76.93
线路　悬垂线夹	XGT-5	件	83.52
线路　悬垂线夹	XGT-6	件	94.51
线路　悬垂线夹	XCS-4 双线夹垂直排列	件	133.02
线路　悬垂线夹	XCS-5 双线夹垂直排列	件	145.77
线路　悬垂线夹	XCS-6 双线夹垂直排列	件	147.59
线路　悬垂线夹	XLU-2	件	137.37
线路　悬垂线夹	XLU-3	件	163.74
线路　悬垂线夹	XLU-3	件	167.04
线路　悬垂线夹	XLU-4	件	176.93
线路　悬垂线夹	XTJ4-300	件	177.66
线路　悬垂线夹	XTJ4-400	件	177.66
线路　悬垂线夹	XTJ4-500	件	177.66

续表

名　　称	型　号、规　格	单位	价格
线路　悬垂线夹	XTJ4-630	件	177.66
线路　悬垂线夹	XTJ4-720	件	181.30
线路　悬垂线夹	CF-3608C	件	108.80
线路　悬垂线夹	CF-3608K	件	117.59
线路　悬垂线夹	CF-4008C	件	106.60
线路　悬垂线夹	CF-4008K	件	118.69
线路　悬垂线夹	CF-4010C	件	115.39
线路　悬垂线夹	CF-6038	件	171.44
线路　悬垂线夹	CF-10048	件	177.66
线路　悬垂线夹	CF-10054	件	187.68
线路　悬垂线夹	CF-16054	件	202.26
线路　悬垂线夹	CGB-5	件	159.35
线路　悬垂线夹	CGF-5	件	110.99
线路　悬垂线夹	CGF-5C	件	72.86

续表

名　　称	型 号、规 格	单位	价格
线路　悬垂线夹	CGF-5K	件	61.27
线路　悬垂线夹	CGF-6C	件	81.70
线路　悬垂线夹	CGF-10T	件	285.36
线路　悬垂线夹	CGF-240-300	件	85.56
线路　悬垂线夹	CGF-300-400	件	120.32
线路　悬垂线夹	CGF-500-630	件	134.69
线路　悬垂线夹	CGF-7034L	件	147.93
线路　悬垂线夹	CGF-10034L	件	167.80
线路　悬垂线夹	CGF-10038	件	123.90
线路　悬垂线夹	CGF-10038TG/24	件	463.93
线路　悬垂线夹	CGF-10038TG/32	件	463.93
线路　悬垂线夹	CGF-10040TG/28	件	310.27
线路　悬垂线夹	CGF-10040TG/32	件	288.68
线路　悬垂线夹	CGF-10047	件	139.37

名　　称	型　号、规　格	单位	价格
线路　悬垂线夹	CGF-100-54	件	425.03
线路　悬垂线夹	CGF-10054TG/28	件	310.27
线路　悬垂线夹	CGF-10054TG/32	件	322.19
线路　悬垂线夹	CGF-10060	件	146.68
线路　悬垂线夹	CGF-120-46	件	425.03
线路　悬垂线夹	CGF-15038TG	件	463.93
线路　悬垂线夹	CGF-15040TG/36	件	331.18
线路　悬垂线夹	CGF-15040TG/40	件	342.23
线路　悬垂线夹	CGF-15047	件	184.03
线路　悬垂线夹	CGF-15054	件	190.70
线路　悬垂线夹	CGF-15054TG	件	483.80
线路　悬垂线夹	CGF-15054TG/36	件	393.73
线路　悬垂线夹	CGF-15054TG/40	件	483.80
线路　悬垂线夹	CGF-15060	件	187.68

续表

名　　称	型 号、规 格	单位	价格
线路　悬垂线夹	CGF-20047	件	198.99
线路　悬垂线夹	CGF-20060	件	202.95
线路　悬垂线夹	CGF-21040TG/40	件	342.23
线路　悬垂线夹	CGF-21040TG/46	件	342.23
线路　悬垂线夹	CGF-21054TG/40	件	438.36
线路　悬垂线夹	CGF-21060	件	190.41
线路　悬垂线夹	CGF-21TGZ	件	561.72
线路　悬垂线夹	CGF-25060	件	206.81
线路　悬垂线夹	CGF-60-36	件	364.30
线路　悬垂线夹	CGF-7032TG	件	185.74
线路　悬垂线夹	CGF-80-46	件	364.30
线路　悬垂线夹	CGJ-25054	件	3527.64
线路　悬垂线夹	CGJ-30050	件	5305.75
线路　悬垂线夹	CGJ-55054	件	11829.13

续表

名　　称	型　号、规　格	单位	价　格
线路　悬垂线夹	CGJ-72062	件	12385.20
线路　悬垂线夹	XDU-170	件	57.15
线路　悬垂线夹	XFZ-10054	件	174.92
线路　悬垂线夹	XGF-1600K	件	507.72
线路　悬垂线夹	CGH-4	件	157.15
线路　悬垂线夹	CGJ-42066	件	4961.77
线路　悬垂线夹	CGJ-30044A1	件	3229.82
线路　悬垂线夹	CGU-2	件	15.39
线路　悬垂线夹	CGU-2A	件	17.58
线路　悬垂线夹	CGU-4	件	19.78
线路　悬垂线夹	CJF-703BL	件	173.63
线路　悬垂线夹	CJF-7034L	件	158.25
线路　悬垂线夹	CJF-10034L	件	185.72
线路　悬垂线夹	CTS-3	件	105.50

续表

名　　称	型号、规格	单位	价格
线路　悬垂线夹	GAX-20	件	234.08
线路　悬垂线夹	GAX-30	件	234.08
线路　悬垂线夹	GOSX2	件	397.82
线路　悬垂线夹	HS-280	件	137.37
线路　悬垂线夹	HS-330	件	202.55
线路　悬垂线夹	HS-480	件	296.29
线路　悬垂线夹	HSS-566	件	337.38
线路　悬垂线夹	SGOX1	件	415.40
线路　悬垂线夹	SGOX2	件	404.41
线路　悬垂线夹	CL-185-30	件	144.86
线路　悬垂线夹	CL-185-30S	件	176.75
线路　悬垂线夹	CL-240-30	件	150.33
线路　悬垂线夹	CL-240-30S	件	322.52
线路　悬垂线夹	CL-240-40	件	154.88

续表

名　称	型号、规格	单位	价格
线路　悬垂线夹	CL-240-40S	件	351.67
线路　悬垂线夹	CL-300-40	件	221.39
线路　悬垂线夹	CL-300-40S	件	353.49
线路　悬垂线夹	CL-400-35	件	266.94
线路　悬垂线夹	CL-400-35S	件	394.49
线路　悬垂线夹	CL-400-50	件	286.07
线路　悬垂线夹	CL-400-50S	件	441.87
线路　悬垂线夹	CCS-10038/500	件	361.30
线路　悬垂线夹	CCS-10054/500	件	184.96
线路　悬垂线夹	CCS-10054/600G	件	309.69
线路　悬垂线夹	CCS-16054/500	件	289.90
线路　悬垂线夹	CCS-16054/600	件	296.78
线路　悬垂线夹	CCS-7038/500	件	289.90
线路　悬垂线夹	XTS-1	件	70.54

续表

名　　称	型号、规格	单位	价格
线路　悬垂线夹	XTS-6	件	148.82
线路　预绞丝式悬垂线夹	破坏强度（kN）70	件	565.92
线路　预绞丝式悬垂线夹	破坏强度（kN）100	件	603.74
线路　防晕线夹（500kV 线路用）	XGF-6	件	148.22
线路　防晕线夹（500kV 线路用）	XGF-7	件	154.30
线路　防晕线夹（500kV 线路用）	XGF-53	件	213.21
线路　防晕线夹（500kV 线路用）	XGF-300	件	103.27
线路　防晕线夹（500kV 线路用）	XGF-400A	件	117.85
线路　防晕线夹（500kV 线路用）	XGF-1400	件	151.87
线路　防晕线夹（500kV 线路用）	XGF-8032	件	142.15
线路　防晕线夹（500kV 线路用）	XGF-8034	件	147.01
线路　防晕线夹（500kV 线路用）	XGF-8038	件	160.37
线路　防晕线夹（500kV 线路用）	XGF-10038	件	132.43
线路　防晕线夹（500kV 线路用）	XGF-4X	件	87.23

名　　称	型　号、规　格	单位	价格
线路　防晕线夹（500kV 线路用）	XGF-5B	件	114.75
线路　防晕线夹（500kV 线路用）	XGF-5K	件	112.14
线路　防晕线夹（500kV 线路用）	XGF-5KB	件	116.81
线路　防晕线夹（500kV 线路用）	XGF-5X	件	115.43
线路　防晕线夹（500kV 线路用）	XGF-5XB	件	116.81
线路　防晕线夹（500kV 线路用）	XGF-6X	件	140.18
线路　防晕线夹（500kV 线路用）	XGF-7X	件	149.11
线路　防晕线夹（500kV 线路用）	XGF-7X/GH	件	144.98
线路　防晕线夹（500kV 线路用）	XGF-9X	件	162.85
线路　防晕线夹（500kV 线路用）	XGF-9X/GH	件	152.55
线路　防晕线夹（500kV 线路用）	XGF-12X	件	181.41
线路　防晕线夹（500kV 线路用）	XGF-12X/GH	件	172.48
线路　防晕线夹（500kV 线路用）	XF-3410QW	件	190.75
线路　防晕线夹（500kV 线路用）	XF-10038	件	137.29

续表

名　　称	型　号、规　格	单位	价格
线路　防晕线夹（500kV 线路用）	XF-15054	件	320.75
线路　防晕线夹（500kV 线路用）	XFK-8038	件	159.16
线路　防晕线夹（500kV 线路用）	XTS-1 铸钢	件	77.76
线路　防晕线夹（500kV 线路用）	XTS-1 玛铁	件	48.60
线路　防晕线夹（500kV 线路用）	XTS-2	件	95.54
线路　防晕线夹（500kV 线路用）	XTS-2B	件	94.49
线路　防晕线夹（500kV 线路用）	XTS-2C	件	99.69
线路　防晕线夹（500kV 线路用）	XTS-4	件	110.56
线路　防晕线夹（500kV 线路用）	XTS-5	件	105.92
线路　耐线线夹	NY-640H/290E1A	件	2434.54
线路　耐线线夹	NY-640H/290E1B	件	2434.54
线路　耐张线夹	NY-1600K	件	1375.04
线路　耐张线夹	NY-180BG	件	351.92
线路　耐张线夹	NY-210BG	件	388.51

续表

名　　称	型　号、规　格	单位	价格
线路　耐张线夹	NY-240BG-20	件	754.37
线路　耐张线夹	NY-500/230H2A	件	1266.43
线路　耐张线夹	NY-500/230H2B	件	1266.43
线路　耐张线夹	NY-651/45HT（AB）	件	398.15
线路　耐张线夹	NYJI-400/35A	件	130.40
线路　耐张线夹	NYJI-400/35B	件	130.40
线路　耐张线夹	NYS-630/45BG	件	220.37
线路　耐张线夹（螺栓型）	NL-95	件	95.14
线路　耐张线夹（螺栓型）	NLD-1	件	14.48
线路　耐张线夹（螺栓型）	NLD-2	件	25.63
线路　耐张线夹（螺栓型）	NLD-3	件	53.50
线路　耐张线夹（螺栓型）	NLD-4	件	77.46
线路　耐张线夹（螺栓型）	NLL-1	件	13.13
线路　耐张线夹（螺栓型）	NLL-2	件	34.44

续表

名　称	型号、规格	单位	价格
线路　耐张线夹（螺栓型）	NLL-3	件	49.27
线路　耐张线夹（螺栓型）	NLL-4	件	86.93
线路　耐张线夹（螺栓型）	NLL-5	件	119.03
线路　耐张线夹（螺栓型）	NLL-16	件	24.52
线路　耐张线夹（螺栓型）	NLL-19	件	24.52
线路　耐张线夹（螺栓型）	NLL-22	件	37.89
线路　耐张线夹（螺栓型）	NLL-29	件	45.69
线路　耐张线夹（螺栓型）	NLL-300	件	48.06
线路　耐张线夹（螺栓型）	NLL-400	件	64.18
线路　耐张线夹（螺栓型）	NLL-630	件	114.92
线路　耐张线夹（螺栓型）	ND-201	件	10.65
线路　耐张线夹（螺栓型）	ND-202	件	13.88
线路　耐张线夹（螺栓型）	ND-203	件	27.77
线路　耐张线夹（螺栓型）	ND-204	件	36.09

续表

名　　称	型号、规格	单位	价格
线路　耐张线夹（压缩式）	NY-185（NB-185）	件	87.23
线路　耐张线夹（压缩式）	NY-185B	件	87.23
线路　耐张线夹（压缩式）	NY-240（NB-240）	件	133.24
线路　耐张线夹（压缩式）	NY-240B	件	133.24
线路　耐张线夹（压缩式）	NY-300（NB-300）	件	146.17
线路　耐张线夹（压缩式）	NY-300B	件	146.17
线路　耐张线夹（压缩式）	NY-400（NB-400）	件	213.19
线路　耐张线夹（压缩式）	NY-400B	件	213.19
线路　耐张线夹（压缩式）	NY-185J（NB-185J）	件	86.08
线路　耐张线夹（压缩式）	NY-185JB	件	86.08
线路　耐张线夹（压缩式）	NY-240J（NB-240J）	件	135.16
线路　耐张线夹（压缩式）	NY-240JB	件	135.16
线路　耐张线夹（压缩式）	NY-300J（NB-300J）	件	151.58
线路　耐张线夹（压缩式）	NY-300JB	件	151.58

续表

名　称	型号、规格	单位	价格
线路　耐张线夹（压缩式）	NY-400J（NB-400J）	件	213.19
线路　耐张线夹（压缩式）	NY-400JB	件	213.19
线路　耐张线夹（压缩式）	NY-600K	件	455.04
线路　耐张线夹（压缩式）	NY-240Q	件	133.24
线路　耐张线夹（压缩式）	NY-240QB	件	133.24
线路　耐张线夹（压缩式）	NY-300Q（NB-300Q）	件	143.09
线路　耐张线夹（压缩式）	NY-300QB	件	143.09
线路　耐张线夹（压缩式）	NY-400Q（NB-400Q）	件	167.13
线路　耐张线夹（压缩式）	NY-400QA	件	167.13
线路　耐张线夹（压缩式）	NY-400QB	件	167.13
线路　耐张线夹（压缩式）	NY-500Q（NB-500Q）	件	188.96
线路　耐张线夹（压缩式）	NY-600Q（NB-600Q）	件	236.21
线路　耐张线夹（压缩式）	NY-700Q（NB-700Q）	件	313.65
线路　耐张线夹（压缩式）	NY-170BG	件	271.71

续表

名　　称	型　号、规　格	单位	价格
线路　耐张线夹（压缩式）	NY-500/35.1	件	266.03
线路　耐张线夹（压缩式）	NY-500/35.1B1	件	266.03
线路　耐张线夹（压缩式）	NY-500/35.1B2	件	266.03
线路　耐张线夹（压缩式）	NY-630/45.1	件	314.32
线路　耐张线夹（压缩式）	NY-630/45.1B1	件	314.32
线路　耐张线夹（压缩式）	NY-630/45.1B2	件	314.32
线路　耐张线夹（压缩式）	NY-720/50A	件	359.87
线路　耐张线夹（压缩式）	NY-720/50B1	件	359.87
线路　耐张线夹（压缩式）	NY-720/50B2	件	359.87
线路　耐张线夹（压缩式）	NYH-600K	件	391.16
线路　耐张线夹（压缩式）	NYH-640/290H	件	413.69
线路　耐张线夹（压缩式）	NYH-900K	件	507.05
线路　耐张线夹（压缩式）	NYH-1400	件	539.25
线路　耐张线夹（压缩式）	NYH-1440N（耐热）	件	516.71

续表

名　称	型号、规格	单位	价格
线路　耐张线夹（压缩式）	NYH-720H/50	件	455.54
线路　耐张线夹（压缩式）	NYH-720H/50B1	件	455.54
线路　耐张线夹（压缩式）	NYH-720H/50B2	件	455.54
线路　耐张线夹（压缩式）	NYZ-587K	件	336.43
线路　耐张线夹（压缩式）	NYZ-600K	件	405.64
线路　耐张线夹（压缩式）	NYZ-800N/800N（耐热）	件	421.74
线路　耐张线夹（压缩式）	NYZ-1400	件	424.96
线路　耐张线夹（压缩式）	NYZ-1440N/120（耐热）	件	433.01
线路　耐张线夹（压缩式）	NYZ-1440N/600K（耐热）	件	561.78
线路　耐张线夹（压缩式）	NYZ-1440N/1440N（耐热）	件	577.88
线路　耐张线夹（压缩式）	NY-70/40	件	74.49
线路　耐张线夹（压缩式）	NY-70/40BG	件	82.33
线路　耐张线夹（压缩式）	NY-70/40H	件	94.77
线路　耐张线夹（压缩式）	NY-80/47BG	件	104.77

续表

名　　称	型号、规格	单位	价格
线路　耐张线夹（压缩式）	NY-95/20	件	89.80
线路　耐张线夹（压缩式）	NY-95/55A.B	件	105.10
线路　耐张线夹（压缩式）	NY-95/55BG	件	138.72
线路　耐张线夹（压缩式）	NY-95/55HG	件	89.91
线路　耐张线夹（压缩式）	NY-120/7A.B	件	89.80
线路　耐张线夹（压缩式）	NY-150/20A.B	件	89.80
线路　耐张线夹（压缩式）	NY-150/25	件	86.70
线路　耐张线夹（压缩式）	NY-185/25	件	106.59
线路　耐张线夹（压缩式）	NY-185/30	件	106.59
线路　耐张线夹（压缩式）	NY-240/30（NYG1）	件	142.84
线路　耐张线夹（压缩式）	NY-240/40（NYG1）	件	142.84
线路　耐张线夹（压缩式）	NY-240/55（NYG1）	件	159.17
线路　耐张线夹（压缩式）	NY-300/15（NYG1）	件	146.35
线路　耐张线夹（压缩式）	NY-300/20（NYG1）	件	146.35

续表

名　　称	型号、规格	单位	价格
线路　耐张线夹（压缩式）	NY-300/25A.B	件	146.35
线路　耐张线夹（压缩式）	NY-300/40（NYG1）	件	155.82
线路　耐张线夹（压缩式）	NY-300/40N（耐热）	件	207.56
线路　耐张线夹（压缩式）	NY-300/50（NYG1）	件	191.32
线路　耐张线夹（压缩式）	NY-300/70（NYG1）	件	193.86
线路　耐张线夹（压缩式）	NY-400/20（NYG1）	件	193.86
线路　耐张线夹（压缩式）	NY-400/25（NYG1）	件	193.86
线路　耐张线夹（压缩式）	NY-400/35（NYG1）	件	213.19
线路　耐张线夹（压缩式）	NY-400/35BG	件	213.19
线路　耐张线夹（压缩式）	NY-400/50（NYG1）	件	213.19
线路　耐张线夹（压缩式）	NY-400/50BG	件	213.19
线路　耐张线夹（压缩式）	NY-400/65（NYG1）	件	240.78
线路　耐张线夹（压缩式）	NY-400/95（NYG1）	件	307.11
线路　耐张线夹（压缩式）	NY-400/95HT	件	265.54

续表

名　　称	型　号、规　格	单位	价格
线路　耐张线夹（压缩式）	NY-400/150H1A	件	629.38
线路　耐张线夹（压缩式）	NY-500/35	件	241.43
线路　耐张线夹（压缩式）	NY-500/45	件	241.43
线路　耐张线夹（压缩式）	NY-500/45N（耐热）	件	241.43
线路　耐张线夹（压缩式）	NY-500/65（NYG1）	件	266.03
线路　耐张线夹（压缩式）	NY-500/230H1A	件	651.23
线路　耐张线夹（压缩式）	NY-630/45（NYG1）	件	314.32
线路　耐张线夹（液压型）	NY-500/65BG	件	266.03
线路　耐张线夹（液压型）	NY-630/45BG	件	314.32
线路　耐张线夹（压缩式）	NY-630/45LJB	件	314.32
线路　耐张线夹（压缩式）	NY-630/45N（耐热）	件	314.32
线路　耐张线夹（压缩式）	NY-630/45NRA（耐热）	件	314.32
线路　耐张线夹（压缩式）	NY-630/48	件	314.32
线路　耐张线夹（压缩式）	NY-630/55	件	316.14

续表

名　　称	型　号、规　格	单位	价格
线路　耐张线夹（压缩式）	NY-630/80	件	421.38
线路　耐张线夹（压缩式）	NY-630/80N（耐热）	件	468.24
线路　耐张线夹（压缩式）	NY-720/50BG	件	359.87
线路　耐张线夹（压缩式）	NY-800/55（NYG1）	件	466.26
线路　耐张线夹（压缩式）	NY-800/55N（耐热）	件	360.49
线路　耐张线夹（压缩式）	NY-800/70（NYG1）	件	492.79
线路　耐张线夹（压缩式）	NY-800/100（NYG1）	件	551.97
线路　耐张线夹（压缩式）	NY-1440N/120（耐热）	件	517.61
线路　耐张线夹（压缩式）	NY-1440N/135（耐热）	件	517.61
线路　耐张线夹（压缩式）	NY-35G	件	17.22
线路　耐张线夹（压缩式）	NY-50BG	件	75.62
线路　耐张线夹（压缩式）	NY-50G	件	19.27
线路　耐张线夹（压缩式）	NY-55BG	件	96.94
线路　耐张线夹（压缩式）	NY-55G	件	19.27

续表

名　　称	型　号、规　格	单位	价格
线路　耐张线夹（压缩式）	NY-65BG	件	93.52
线路　耐张线夹（压缩式）	NY-70BG	件	95.81
线路　耐张线夹（压缩式）	NY-70G	件	24.33
线路　耐张线夹（压缩式）	NY-80	件	84.68
线路　耐张线夹（压缩式）	NY-80G	件	27.36
线路　耐张线夹（压缩式）	NY-80BG	件	94.75
线路　耐张线夹（压缩式）	NY-90BG	件	95.30
线路　耐张线夹（压缩式）	NY-95BG	件	102.39
线路　耐张线夹（压缩式）	NY-95G	件	23.32
线路　耐张线夹（压缩式）	NY-100BG	件	104.77
线路　耐张线夹（压缩式）	NY-100G	件	30.41
线路　耐张线夹（压缩式）	NY-100GC	件	36.49
线路　耐张线夹（压缩式）	NY-120	件	66.03
线路　耐张线夹（压缩式）	NY-120BG	件	120.26

续表

名 称	型 号、规 格	单位	价格
线路　耐张线夹（压缩式）	NY-120G（120）	件	36.49
线路　耐张线夹（压缩式）	NY-125GC	件	44.60
线路　耐张线夹（压缩式）	NY-135G（135）	件	43.59
线路　耐张线夹（压缩式）	NY-150BG	件	133.02
线路　耐张线夹（压缩式）	NY-150G	件	74.51
线路　耐张线夹（压缩式）	NY-150GC	件	79.18
线路　耐张线夹（压缩式）	NY-185BG-14AC	件	201.75
线路　耐张线夹（压缩式）	NY-210BG-14AC	件	235.21
线路　耐张线夹（压缩式）	NY-240BG-14	件	261.56
线路　耐张线夹（压缩式）	NY-1000/125N（耐热）	件	560.13
线路　耐张线夹（压缩式）	NY-1400	件	483.62
线路　耐张线夹（铝包钢芯铝绞线）	NY-185/30BG	件	106.59
线路　耐张线夹（铝包钢芯铝绞线）	NY-185/45BG	件	106.59
线路　耐张线夹（铝包钢芯铝绞线）	NY-240/30BG	件	188.59

续表

名　　称	型　号、规　格	单位	价格
线路　耐张线夹（铝包钢芯铝绞线）	NY-240/40BG	件	188.59
线路　耐张线夹（铝包钢芯铝绞线）	NY-300/40BG	件	191.32
线路　耐张线夹（铝包钢芯铝绞线）	NY-300/50BG	件	191.32
线路　耐张线夹（铝包钢芯铝绞线）	NY-500/45BG	件	241.43
线路　绝缘导线铝耐张线夹	JNXLH-70	件	196.90
线路　绝缘导线铝耐张线夹	JNXLH-120	件	228.19
线路　绝缘导线马铁耐张线夹	JNXQ1 铜 70-95	件	168.21
线路　绝缘导线马铁耐张线夹	JNXQ2 铝 70-95	件	168.21
线路　绝缘导线马铁耐张线夹	JNXQ3 铜 120-150	件	168.21
线路　绝缘导线马铁耐张线夹	JNXQ4 铝 120-150	件	168.21
线路　交叉阻尼线夹	ZL-70	件	230.80
线路　交叉阻尼线夹	ZL-180	件	275.14
线路　交叉阻尼线夹	ZL-300/70A	件	302.52
线路　交叉阻尼线夹	ZL-300/70B	件	302.52

续表

名　　称	型　号、规　格	单位	价格
线路　交叉阻尼线夹	ZL-400/95A	件	359.90
线路　交叉阻尼线夹	ZL-400/95B	件	359.90
线路　交叉阻尼线夹	ZL-640/290A	件	413.36
线路　交叉阻尼线夹	ZL-640/290B	件	413.36
线路　阻尼线夹	FZ（100）-56/19	件	83.45
线路　阻尼线夹	FZ（100）-56/28	件	83.45
线路　阻尼线夹	FZ（100）-56/37	件	83.45
线路　阻尼线夹	FZ-51/26	件	215.15
线路　阻尼线夹	FZ-51/34	件	206.03
线路　阻尼线夹	FZG-30/16	件	153.87
线路　阻尼线夹	FZG-30/22	件	146.04
线路　阻尼线夹	FZG-30/28	件	144.74
线路　阻尼线夹	FZG-33/16	件	63.89
线路　阻尼线夹	FZG-33/22	件	63.89

续表

名　　称	型　号、规　格	单位	价格
线路　阻尼线夹	FZG-33/28	件	63.89
线路　悬垂吊架	DJ-1839（BD-1839）	件	37.82
线路　悬垂吊架	DJ-2244（BD-2244）	件	44.33
线路　悬垂吊架	DJ-2451（BD-2451）	件	44.33
线路　悬垂吊架	DJ-2762（BD-2762）	件	56.07
线路　防振锤	FDN-1/2	件	54.00
线路　防振锤	FDN-1/G	件	46.00
线路　防振锤	FDN-2/3	件	51.00
线路　防振锤	FDN-3/4	件	80.00
线路　防振锤	FDN-4/5	件	97.00
线路　防振锤	FDN-4/6	件	97.00
线路　防振锤	FDNJ-1/2	件	54.00
线路　防振锤	FDNJ-3/G	件	64.00
线路　防振锤	FDNJ-2/3	件	75.00

续表

名　　称	型　号、规　格	单位	价格
线路　防振锤	FDNJ-3/4	件	93.00
线路　防振锤	FDNJ-4/5	件	110.00
线路　防振锤	FDNJ-4/6	件	120.00
线路　防振锤	FDY-2/3	件	50.00
线路　防振锤	FDY-2	件	51.00
线路　防振锤	FDY-3/4	件	87.00
线路　防振锤	FDY-3/5	件	88.00
线路　防振锤	FDY-5	件	180.00
线路　防振锤	FDYJ-1/2	件	61.00
线路　防振锤	FDYJ-1/3	件	61.00
线路　防振锤	FDYJ-2/4	件	91.00
线路　防振锤	FDYJ-3/G	件	82.00
线路　防振锤	FDYJ-2/G	件	53.00
线路　防振锤	FDYJ-1/G	件	43.00

续表

名　　称	型　号、规　格	单位	价格
线路　防振锤	FDYJ-3/5	件	110.00
线路　防振锤	FDYJ-4/5	件	120.00
线路　防振锤	FDYJ-4/6	件	180.00
线路　防振锤	FRY-1/2A	件	62.00
线路　防振锤	FRY-1/2B	件	59.00
线路　防振锤	FRY-1/2C	件	47.00
线路　防振锤	FRY-1/2	件	66.00
线路　防振锤	FRY-2/3A	件	49.00
线路　防振锤	FRY-2/3C	件	63.00
线路　防振锤	FRY-2/G	件	50.00
线路　防振锤	FRY-2A	件	61.00
线路　防振锤	FRY-2/3	件	62.00
线路　防振锤	FRY-3/4	件	92.00
线路　防振锤	FRY-3/5A	件	97.00

续表

名　　称	型 号、规 格	单位	价格
线路　防振锤	FRY-4/5A	件	150.00
线路　防振锤	FRY-4/5	件	140.00
线路　防振锤	FRY-4/6A	件	130.00
线路　防振锤	FRY-4/6	件	130.00
线路　防振锤	FRY-4/7A	件	150.00
线路　防振锤	FRY-4/7B	件	170.00
线路　间隔棒	FJG-220/22	件	38.00
线路　间隔棒	FJG-220/24	件	46.00
线路　间隔棒	FJG-220/27	件	50.00
线路　间隔棒	FJZ-240/22	件	130.00
线路　间隔棒	FJZ-240/24	件	130.00
线路　间隔棒	FJZ-240/27	件	130.00
线路　间隔棒	FJZ-240/28	件	130.00
线路　间隔棒	FJZ-250/30	件	220.00

续表

名　称	型号、规格	单位	价格
线路　间隔棒	FJZ-250/34	件	160.00
线路　间隔棒	FJZ-260/34	件	240.00
线路　间隔棒	FJZ-445/24B	件	250.00
线路　间隔棒	FJZ-445/27	件	250.00
线路　间隔棒	FJZ-445/27B	件	290.00
线路　间隔棒	FJZ-445/30B	件	280.00
线路　间隔棒	FJZ-445/30C	件	290.00
线路　间隔棒	FJZ-445/34B	件	280.00
线路　间隔棒	FJZ-450/34B	件	320.00
线路　间隔棒	FJZ-450/36B	件	300.00
线路　间隔棒	FJZ-640/28Y	件	490.00
线路　间隔棒	FJZ-840/31D	件	990.00
线路　间隔棒	FJZ-840/34D	件	940.00
线路　间隔棒	FJZ-840/41D	件	980.00

续表

名　　称	型 号、规 格	单位	价格
线路　间隔棒	FJZD-445/30B	件	230.00
线路　间隔棒	FJZD-450/34B	件	400.00
线路　间隔棒	FJZF-640/25	件	400.00
线路　间隔棒	FJZF-640/28	件	420.00
线路　间隔棒	FJZF-640/30	件	460.00
线路　间隔棒	FJZH-840/34D	件	400.00
线路　间隔棒	FJZH2-400/300	件	210.00
线路　间隔棒	FJZH2-400/400	件	200.00
线路　间隔棒	FJZH2-500/630WY	件	270.00
线路　间隔棒	FJZH4-450/400A	件	410.00
线路　间隔棒	FJZH4-500/630A	件	490.00
线路　间隔棒	FJZH6-400/400A	件	280.00
线路　间隔棒	FJZS-445/27B	件	300.00
线路　间隔棒	FJZS-445/27	件	280.00

续表

名　　称	型号、规格	单位	价格
线路　间隔棒	FJZS-445/30B	件	290.00
线路　间隔棒	FJZS-445/34B	件	310.00
线路　间隔棒	FJZS-450/34B	件	350.00
线路　间隔棒	FJZS-450/36B	件	330.00
线路　间隔棒	FJZ-250/27	件	347.29
线路　间隔棒	FJZD-445/34B	件	347.97
线路　间隔棒	SHB2-500/400-500	件	355.75
线路　楔型线夹	NX-1	件	20.04
线路　楔型线夹	NX-2	件	22.82
线路　楔型线夹	NX-1（铸钢）	件	24.90
线路　楔型线夹	NX-2（铸钢）	件	36.44
线路　楔型线夹	NX-3	件	41.00
线路　楔型线夹	NX-4	件	50.11
线路　楔型线夹	NXJ-1	件	38.39

续表

名　　称	型　号、规　格	单位	价格
线路　楔型线夹	NXJ-2	件	65.36
线路　楔型线夹	NXJ-3	件	70.54
线路　楔型线夹	NE-1	件	11.41
线路　楔型线夹	NE-2	件	20.75
线路　楔型线夹	NE-3	件	75.74
线路　楔型线夹	NE-4	件	114.10
线路　UT型线夹	NU-3	件	38.78
线路　UT型线夹	NU-4	件	46.71
线路　UT型线夹	NUT-1（UT-1）	件	27.33
线路　UT型线夹	NUT-2（UT-2）	件	34.62
线路　UT型线夹	NUT-3（UT-3）	件	60.13
线路　UT型线夹	NUT-4（UT-4）	件	67.42
线路　UT型线夹	NUF-1	件	22.03
线路　UT型线夹	NUF-2	件	34.37

名　　称	型　号、规　格	单位	价格
线路　并沟线夹	JBB-1（BB-1）	件	7.70
线路　并沟线夹	JBB-2（BB-2）	件	9.92
线路　并沟线夹	JBB-3（BB-3）	件	15.83
线路　并沟线夹	JBB-4	件	27.87
线路　并沟线夹	JBG-2	件	7.50
线路　并沟线夹	JB-0（B-0）	件	7.40
线路　并沟线夹	JB-1（B-1）	件	12.59
线路　并沟线夹	JB-2（B-2）	件	21.66
线路　并沟线夹	JB-3（B-3）	件	29.39
线路　并沟线夹	JB-4（B-4）	件	28.16
线路　并沟线夹	JB-5	件	68.83
线路　并沟线夹	JB-6	件	131.16
线路　并沟线夹	JB-21	件	19.44
线路　并沟线夹	JB-31	件	24.29

续表

名　称	型　号、规　格	单位	价格
线路　并沟线夹	JB-240N 耐热铅合金	件	13.76
线路　并沟线夹	JB-400N 耐热铅合金	件	20.25
线路　并沟线夹	JBL-1A	件	6.47
线路　并沟线夹	JBL-2	件	23.48
线路　并沟线夹	JBL-3（50-240）	件	28.34
线路　并沟线夹	JBL116-70	件	8.91
线路　并沟线夹	JBL235-120	件	21.04
线路　并沟线夹	JBL395-240	件	36.45
线路　并沟线夹	JBY-70	件	7.29
线路　并沟线夹	JBY-120	件	8.09
线路　并沟线夹	JBY-185	件	10.52
线路　并沟线夹	JBY-240	件	17.81
线路　并沟线夹	JBY-240-3	件	1.30
线路　并沟线夹	JBY-TL-10	件	48.59

续表

名　称	型号、规格	单位	价格
线路　并沟线夹	JBY-TL-50	件	40.49
线路　跳线线夹（压缩型）	JYT-35/6	件	18.26
线路　跳线线夹（压缩型）	JYT-50/8	件	18.26
线路　跳线线夹（压缩型）	JYT-70/10	件	20.86
线路　跳线线夹（压缩型）	JYT-95/55（YJ-95）	件	22.17
线路　跳线线夹（压缩型）	JYT-120/7	件	22.17
线路　跳线线夹（压缩型）	JYT-120/20（YJ-120）	件	22.17
线路　跳线线夹（压缩型）	JYT-120BG	件	41.73
线路　跳线线夹（压缩型）	JYT-150/8	件	41.73
线路　跳线线夹（压缩型）	JYT-150/20（YJ-150）	件	41.73
线路　跳线线夹（压缩型）	JYT-150/25	件	49.55
线路　跳线线夹（压缩型）	JYT-185/10	件	49.55
线路　跳线线夹（压缩型）	JYT-185/25	件	46.94
线路　跳线线夹（压缩型）	JYT-185/30	件	46.94

续表

名　称	型号、规格	单位	价格
线路　跳线线夹（压缩型）	JYT-210/10	件	56.07
线路　跳线线夹（压缩型）	JYT-210/25	件	56.07
线路　调距线夹	TXJ-80/34	件	388.58
线路　调距线夹	TXJ-80/34-100	件	388.58
线路　调距线夹	TXJ-80/34A	件	388.58
线路　调距线夹	TXJ-500-120	件	131.70
线路　调距线夹	TXJ-720-120	件	119.97
线路　刚性跳线	外角侧　750kV 线路用	件	10626.04
线路　刚性跳线	内角侧（跳串）　750kV 线路用	件	10626.04
线路　刚性跳线	内角侧（拉杆）　750kV 线路用	件	11427.98
线路　刚性跳线	中相　750kV 线路用	件	10626.04
线路　钢线卡子	JK-1（GQ-3）	件	3.85
线路　钢线卡子	JK-2（GQ-4）	件	5.02
线路　钢线卡子	JK-3	件	6.92

续表

名　称	型号、规格	单位	价格
线路　均压屏蔽环	FJP-330-N	件	70.14
线路　均压屏蔽环	FJP-330-NB	件	59.97
线路　均压屏蔽环	FJP-330-X	件	65.86
线路　均压屏蔽环	FJP-500B1	件	127.43
线路　均压屏蔽环	FJP-500B2	件	114.06
线路　均压屏蔽环	FJP-500B3	件	136.01
线路　均压屏蔽环	FJP-500B4	件	119.94
线路　均压屏蔽环	FJP-500B6	件	234.53
线路　均压屏蔽环	FJP-500N	件	208.83
线路　均压屏蔽环	FJP-500N/6	件	259.69
线路　均压屏蔽环	FJP-500ND	件	190.08
线路　均压屏蔽环	FJP-500NL	件	191.90
线路　均压屏蔽环	FJP-500NL1	件	190.63
线路　均压屏蔽环	FJP-500NL2	件	190.22

续表

名　　称	型　号、规　格	单位	价格
线路　均压屏蔽环	FJP-500NL3	件	177.22
线路　均压屏蔽环	FJP-500NL4	件	202.94
线路　均压屏蔽环	FJP-500X3L	件	254.01
线路　均压屏蔽环	FJP-500XL	件	173.45
线路　均压屏蔽环	FJP-500XSL	件	165.70
线路　均压屏蔽环	FJP-500XSL1	件	161.75
线路　均压屏蔽环	FJP-500XSL2	件	139.30
线路　均压屏蔽环	FJP-500XSL3	件	135.65
线路　均压屏蔽环	FJP-500XV3	件	239.44
线路　均压屏蔽环	FJP-500XS	件	163.88
线路　均压屏蔽环	FJP-500XD	件	115.02
线路　均压屏蔽环	FJP-500XDL1	件	109.18
线路　均压屏蔽环	FJP-1000HX-210	件	38.24
线路　均压屏蔽环	FJP-1000HX-300	件	38.24

续表

名　　称	型　号、规　格	单位	价格
线路　均压屏蔽环	FJP-1000HX-420	件	81.03
线路　均压屏蔽环	FJP-1000HZ-210	件	135.65
线路　均压屏蔽环	FJP-1000HZ-300	件	143.85
线路　均压屏蔽环	FJP-1000HZ-420	件	201.21
线路　均压屏蔽环	FJP-1000L1	件	1952.88
线路　均压屏蔽环	FJP-1000L2	件	1171.73
线路　均压屏蔽环	FJP-1000N-1200/550	件	1980.20
线路　均压屏蔽环	FJP-1000N-600/550	件	1819.05
线路　均压屏蔽环	FJP-1000T-300/550	件	1212.70
线路　均压屏蔽环	FJP-1000X-600/400	件	1293.73
线路　均压屏蔽环	FJP-1000X-600/500	件	1495.85
线路　均压屏蔽环	FJ-500XDL	件	83.76
线路　均压屏蔽环	FJ-500XSL	件	128.37
线路　均压屏蔽环	FJ-500XSL1	件	146.58

续表

名　　称	型　号、规　格	单位	价格
线路　均压屏蔽环	FJ-500XSL2	件	136.57
线路　均压屏蔽环	FJP-500XSL4	件	172.98
线路　均压屏蔽环	FJP-600NS	件	560.83
线路　均压屏蔽环	FJ-500XSLG	件	136.57
线路　均压屏蔽环	FJ-660	件	142.03
线路　均压屏蔽环	FJ-660CD01-210	件	366.00
线路　均压屏蔽环	FJ-660CD01-320	件	396.95
线路　均压屏蔽环	FJ-660CD01-420	件	396.95
线路　均压屏蔽环	FJ-660CD02	件	453.40
线路　均压屏蔽环	FJ-750N/ϕ120	件	832.14
线路　均压屏蔽环	FJ-750X/ϕ100	件	580.86
线路　均压屏蔽环	FJ-750XDH	件	163.88
线路　均压屏蔽环	FJ-750XSH	件	203.03
线路　均压屏蔽环	FJ-800N1-650	件	1321.04

续表

名　　称	型　号、规　格	单位	价格
线路　均压屏蔽环	FJ-800N2-1000	件	1059.75
线路　均压屏蔽环	FJ-800N2-650	件	1382.04
线路　均压屏蔽环	FJ-800N3-1200	件	1285.54
线路　均压屏蔽环	FJ-800VD	件	1152.61
线路　均压屏蔽环	FJ-800XS-1000	件	1058.84
线路　均压屏蔽环	FJ-800XS-600	件	857.63
线路　均压屏蔽环	FJ-800XS-650	件	1006.03
线路　均压屏蔽环	FJ-800XS-800	件	922.27
线路　均压屏蔽环	FJ-750DA	件	303.18
线路　均压屏蔽环	FJ-750DB	件	303.18
线路　均压屏蔽环	FJ-750VS	件	355.07
线路　均压屏蔽环	FJ-750XS	件	418.80
线路　均压屏蔽环	FJ-750N	件	293.16
线路　均压屏蔽环	FJ-750XD	件	280.41

续表

名　　称	型　号、规　格	单位	价格
线路　均压屏蔽环	FJ-750VD	件	289.52
线路　均压屏蔽环	FJP6-1000NL1	件	1152.61
线路　均压屏蔽环	FJP6-1000NL2	件	1134.40
线路　均压屏蔽环	FJP-750CDL	件	302.26
线路　均压屏蔽环	FJP-750N/ϕ120	件	848.53
线路　均压屏蔽环	FJP-750X/ϕ100	件	597.25
线路　均压屏蔽环	FJP-800NL1	件	875.84
线路　均压屏蔽环	FJP-800NL2	件	971.43
线路　均压屏蔽环	FJP-800T	件	559.01
线路　均压屏蔽环	FP-1000N-500	件	1091.61
线路　均压屏蔽环	FP-1000N-630	件	1131.67
线路　均压屏蔽环	FP-660×660	件	172.07
线路　均压屏蔽环	FP-820×660S	件	228.52
线路　均压屏蔽环	FP-1060×660	件	181.18

续表

名　称	型　号、规　格	单位	价格
线路　均压屏蔽环	FP-1060×660D	件	194.83
线路　均压屏蔽环	FP-1060×660S	件	198.47
线路　均压屏蔽环	FP-1060×660SP	件	256.74
线路　均压屏蔽环	J-330N	件	59.18
线路　均压屏蔽环	J-500NSL	件	86.49
线路　均压屏蔽环	J-500X2	件	132.92
线路　均压屏蔽环	JL-500XD	件	118.36
线路　均压屏蔽环	JL-500XS	件	186.64
线路　均压屏蔽环	JL-500XSL/1200	件	172.98
线路　均压屏蔽环	JPL-500N	件	190.28
线路　均压屏蔽环	JPL-1200×860	件	291.34
线路　均压屏蔽环	JPL-1500×1200	件	314.10
线路　均压屏蔽环	JPL-1550×860	件	373.28
线路　均压屏蔽环	JPL-1550×960	件	378.74

续表

名　　称	型号、规格	单位	价格
线路　均压屏蔽环	JPL-1600×1200	件	394.22
线路　均压屏蔽环	P-330X	件	71.01
线路　均压屏蔽环	P-500S2	件	412.43
线路　均压屏蔽环	PFJ-300-NBLH-200	件	65.55
线路　均压屏蔽环	PFJ-300-XLH-201	件	70.10
线路　均压屏蔽环	PL-600×660	件	125.64
线路　均压屏蔽环	PL-1060×660	件	134.74
线路　均压屏蔽环	PL-500X	件	136.57
线路　均压屏蔽环	PL1-1060×660	件	162.06
线路　均压屏蔽环	PPL-500X	件	132.01
线路　均压屏蔽环	LJ1-500X	件	120.33
线路　均压屏蔽环	LJ2-500XS	件	121.11
线路　均压屏蔽环	LJP2-500N	件	258.95
线路　预绞丝护线条	FYH-35BG	件	34.54

续表

名　　称	型号、规格	单位	价格
线路　预绞丝护线条	FYH-50BG	件	40.33
线路　预绞丝护线条	FYH-70BG	件	46.72
线路　预绞丝护线条	FYH-80BG	件	48.64
线路　预绞丝护线条	FYH-95BG	件	59.85
线路　预绞丝护线条	FYH-100BG	件	71.06
线路　预绞丝护线条	FYH-120BG	件	73.80
线路　预绞丝护线条	FYH-150BG	件	76.53
线路　预绞丝护线条	FYH-185BG	件	114.79
线路　预绞丝护线条	FYH-240BG	件	129.02
线路　预绞丝护线条	FYH-300BG	件	199.12
线路　预绞丝护线条	FYH-400BG	件	233.66
线路　预绞丝修补条	FYB-50（YJB-50）	件	14.03
线路　预绞丝修补条	FYB-70（YJB-70）	件	14.03
线路　预绞丝修补条	FYB-95（YJB-95）	件	21.06

续表

名　　称	型　号、规　格	单位	价格
线路　预绞丝修补条	FYB-120（YJB-120）	件	23.05
线路　预绞丝修补条	FYB-150（YJB-150）	件	23.05
线路　预绞丝修补条	FYB-185（YJB-185）	件	28.07
线路　预绞丝修补条	FYB-240（YJB-240）	件	45.11
线路　预绞丝修补条	YBJ-35	件	17.04
线路　预绞丝修补条	YBJ-50	件	19.04
线路　预绞丝修补条	YBJ-70	件	20.05
线路　预绞丝修补条	YBJ-95	件	28.07
线路　预绞丝修补条	YBJ-120	件	28.07
线路　预绞丝修补条	YBJ-150	件	28.07
线路　预绞丝修补条	YBJ-185	件	33.07
线路　预绞丝修补条	YBJ-240	件	50.12
线路　预绞丝修补条	YBJ-300	件	61.14
线路　预绞丝修补条	YBJ-400	件	77.17

续表

名　　称	型　号、规　格	单位	价格
线路　预绞丝修补条	YJH-35	件	28.07
线路　预绞丝修补条	YJH-50	件	34.09
线路　预绞丝修补条	YJH-70	件	42.10
线路　预绞丝修补条	YJH-95	件	55.14
线路　预绞丝修补条	YJH-120	件	60.15
线路　预绞丝修补条	YJH-150	件	70.17
线路　预绞丝修补条	YJH-185	件	104.25
线路　预绞丝修补条	YJH-240	件	132.31
线路　预绞丝修补条	YJH-300	件	195.47
线路　预绞丝修补条	YJH-400	件	225.53
线路　预绞丝修补条	YJH-500	件	281.67
线路　接续管（钢绞线用）	JY-25G（YG-25）	件	6.88
线路　接续管（钢绞线用）	JY-35G（YG-35）	件	8.25
线路　接续管（钢绞线用）	JY-50G（YG-50）	件	8.96

续表

名　称	型号、规格	单位	价格
线路　接续管（钢绞线用）	JY-70G（YG-70）	件	11.91
线路　接续管（钢绞线用）	JY-80G（YG-80）	件	14.44
线路　接续管（钢绞线用）	JY-100G（YG-100）	件	16.09
线路　接续管（钢绞线用）	JY-95/20	件	12.59
线路　接续管（钢绞线用）	JY-120/20	件	13.64
线路　接续管（钢绞线用）	JY-150/25	件	18.88
线路　接续管（钢绞线用）	JY-185/30	件	22.03
线路　接续管（钢绞线用）	JY-240/30	件	23.89
线路　接续管（钢绞线用）	JY-300（YLG-300）	件	76.99
线路　接续管（钢绞线用）	JY-400（YLG-400）	件	91.15
线路　接续管（钢绞线用）	JY-300/40BG	件	28.32
线路　接续管（钢绞线用）	JY-400/50BG	件	32.74
线路　接续管（钢绞线用）	JY-775	件	157.52
线路　接续管（铝绞线用）	JY-150L	件	15.36

名　　称	型　号、规　格	单位	价格
线路　接续管（铝绞线用）	JY-185L	件	19.54
线路　接续管（铝绞线用）	JY-210L	件	24.44
线路　接续管（铝绞线用）	JY-240L	件	30.72
线路　接续管（铝绞线用）	JY-300L	件	39.08
线路　接续管（铝绞线用）	JY-400L	件	60.73
线路　接续管（铝绞线用）	JY-500L	件	83.05
线路　接续管（铝绞线用）	JY-630L	件	109.58
线路　接续管（铝绞线用）	JY-800L	件	189.85
线路　接续管（钢绞线用）	JY-50BG-20	件	20.35
线路　接续管（钢绞线用）	JY-80BG-20	件	29.20
线路　接续管（钢绞线用）	JY-100BG-20	件	62.83
线路　接续管（钢绞线用）	JY-120BG-20	件	64.60
线路　接续管（钢绞线用）	JY-150BG-20	件	76.51
线路　接续管（钢绞线用）	JY-180BG	件	127.04

续表

名　　称	型　号、规　格	单位	价格
线路　接续管（钢绞线用）	JY-210BG	件	128.78
线路　接续管（钢芯铝绞线用）	JYD-150/25	件	16.64
线路　接续管（钢芯铝绞线用）	JYD-300/40（BY-300Q）	件	31.35
线路　接续管（钢芯铝绞线用）	JYD-400/50（BY-400Q）	件	42.64
线路　接续管（钢芯铝绞线用）	JYD-500/45（BY-500Q）	件	67.03
线路　接续管（钢芯铝绞线用）	JYD-300/50（BY-300）	件	32.85
线路　接续管（钢芯铝绞线用）	JYD-400/65（BY-400）	件	54.24
线路　接续管（钢芯铝绞线用）	JYD-185（BY-185J）	件	17.31
线路　接续管（钢芯铝绞线用）	JYD-240/55（BY-240J）	件	34.62
线路　接续管（钢芯铝绞线用）	JYD-300/70（BY-300J）	件	37.51
线路　接续管（钢芯铝绞线用）	JYD-400（BY-400J）	件	61.74
线路　接续管（钢芯铝绞线用）	JYD-630/45	件	106.92
线路　接续管（钢芯铝绞线用）	JYD-720/50	件	92.55
线路　钳接管	JT-16L（QL-16）	件	3.46

续表

名　　称	型　号、规　格	单位	价格
线路　钳接管	JT-25L（QL-25）	件	3.46
线路　钳接管	JT-35L（QL-35）	件	4.35
线路　钳接管	JT-50L（QL-50）	件	4.35
线路　钳接管	JT-70L（QL-70）	件	5.20
线路　钳接管	JT-95L（QL-95）	件	6.94
线路　钳接管	JT-120L（QL-120）	件	11.74
线路　钳接管	JT-150L（QL-150）	件	11.74
线路　钳接管	JT-185L（QL-185）	件	15.65
线路　钳接管	JT-25/4（QLG-25）	件	11.74
线路　钳接管	JT-35/6（QLG-35）	件	14.34
线路　钳接管	JT-50/8（QLG-50）	件	18.26
线路　钳接管	JT-70/10（QLG-70）	件	23.47
线路　钳接管	JT-95/15（QLG-95）	件	33.90
线路　钳接管	JT-120/20（QLG-120）	件	59.98

续表

名　　称	型号、规格	单位	价格
线路　钳接管	JT-150/20（QLG-150）	件	73.62
线路　钳接管	JT-185/25（QLG-185）	件	91.28
线路　钳接管	JT-240/30（QLG-240）	件	104.83
线路　修补管	JX-185	件	8.37
线路　修补管	JX-185/10（JX-185）	件	9.51
线路　修补管	JX-240	件	11.89
线路　修补管	JX-240/55（JX-240）	件	12.35
线路　修补管	JX-300/15（JX-300）	件	13.78
线路　修补管	JX-300/40	件	17.89
线路　修补管	JX-400/20（JX-400）	件	18.60
线路　修补管	JX-400/50	件	19.47
线路　修补管	JX-500（JX-500）	件	29.90
线路　修补管	JX-630/45	件	59.85
线路　修补管	JX-651/45H	件	84.64

续表

名　　称	型　号、规　格	单位	价格
线路　修补管	JX-720/50	件	59.90
线路　修补管	JX-720/50BG	件	63.77
线路　修补管	JX-775	件	76.53
线路　修补管	JX-35G	件	3.61
线路　修补管	JX-50G	件	4.83
线路　修补管	JX-70G	件	9.07
线路　修补管	JX-80G	件	13.38
线路　修补管	JX-100G	件	13.38
线路　修补管	JX-80BG	件	22.78
线路　修补管	JX-180BG	件	44.38
线路　修补管	JX-210BG	件	52.95
线路　封端盖	MGF-180	件	15.65
线路　封端球	MGF-130	件	23.47
线路　联板	综合（L、LS、LL 等类型）	t	15062.55

续表

名　　称	型 号 、 规 格	单位	价格
线路　挂环	综合（Q、QP、QH、U 等类型）	t	29666.11
线路　挂板	综合（W、WS、P、Z 等类型）	t	23834.68
线路　鼠笼箍架	TGJ-660Y	套	4274.41
线路　鼠笼箍架	TGJ-750（11）	套	6715.44
线路　鼠笼箍架	TGJ-750（12）	套	6715.44
线路　鼠笼箍架	TGJ-750（13）	套	6715.44
线路　支撑架	ZCJ-45	套	142.66
线路　支撑架	ZCJ-50S	套	172.75
线路　支撑架	ZCJ-45T	套	249.06
线路　支撑架	ZCJ-HHK001	套	1779.92
线路　支撑架	ZCJ-HHK003	套	828.02
线路　支撑架	ZCJ-HHK004	套	455.09
线路　支撑架	ZCJ-HHK005	套	1919.44
线路　支撑架	ZCJ-HHK006	套	1919.44

续表

名　称	型　号、规　格	单位	价格
线路　支撑架	ZCJ-HHK007	套	1919.44
光缆金具及附件　耐张金具	耐张金具	件	491.60
光缆金具及附件　悬垂金具	悬垂金具	件	393.80
光缆金具及附件　防震器	防震器	件	73.02
光缆金具及附件　引下金具	引下金具	件	70.41
光缆金具及附件　接头盒　金属帽式	接头盒　金属帽式	件	1223.12
光缆金具及附件　接头盒　卧式	接头盒　卧式	件	612.87
变电金具			
变电　T型线夹（螺栓型）	TL-11（TL-1）	件	23.48
变电　T型线夹（螺栓型）	TL-21（TL-2）	件	24.72
变电　T型线夹（螺栓型）	TL-22（TL-3）	件	24.72
变电　T型线夹（螺栓型）	TL-31（TL-4）	件	33.37
变电　T型线夹（螺栓型）	TL-32（TL-5）	件	33.37
变电　T型线夹（螺栓型）	TL-33（TL-6）	件	33.37

续表

名　称	型　号、规　格	单位	价格
变电　T 型线夹（螺栓型）	TL-41（TL-7）	件	34.21
变电　T 型线夹（螺栓型）	TL-42（TL-8）	件	34.21
变电　T 型线夹（螺栓型）	TL-43（TL-9）	件	34.61
变电　T 型线夹（螺栓型）	TL-44（TL-10）	件	34.61
变电　T 型线夹（螺栓型）	TL-55	件	37.08
变电　T 型线夹（螺栓型）	TL-66	件	37.08
变电　T 型线夹（螺栓型）	TL-240	件	70.45
变电　T 型线夹（螺栓型）	TL-240B-100×75	件	72.93
变电　T 型线夹（螺栓型）	TL-300/630	件	100.12
变电　T 型线夹（螺栓型）	TL-400A	件	111.24
变电　T 型线夹（螺栓型）	TL-400/120	件	87.76
变电　T 型线夹（螺栓型）	TL-400C-80×70	件	82.81
变电　T 型线夹（螺栓型）	TL-400C-100×75	件	87.76
变电　T 型线夹（螺栓型）	TL-600K	件	124.84

名　　称	型　号、规　格	单位	价格
变电　T型线夹（螺栓型）	TL-600KA-125×125	件	142.14
变电　T型线夹（螺栓型）	TL-630	件	153.27
变电　T型线夹（螺栓型）	TL-630N（耐热）	件	159.45
变电　T型线夹（螺栓型）	TL-800N（耐热）	件	185.40
变电　T型线夹（螺栓型）	TL-800NB（耐热）	件	245.97
变电　T型线夹（螺栓型）	TL-900K	件	199.00
变电　T型线夹（螺栓型）	TL-900K/120	件	180.46
变电　T型线夹（螺栓型）	TL-1400	件	218.78
变电　T型线夹（螺栓型）	TL-1400/630	件	263.27
变电　T型线夹（螺栓型）	TL-1440N（耐热）	件	226.19
变电　T型线夹（螺栓型）	TL-1440N/200（耐热）	件	280.58
变电　T型线夹（螺栓型）	TL-1440N/600K（耐热）	件	290.46
变电　T型线夹（螺栓型）	TL-1440N/1440N（耐热）	件	336.20
变电　T型线夹（螺栓型）	TL1-1440N（耐热）	件	215.07

续表

名　　称	型 号、规 格	单位	价格
变电　T 型线夹（螺栓型）	TL-185-240/185/240	件	80.34
变电　T 型线夹（螺栓型）	TL-300-400/120-150	件	80.34
变电　T 型线夹（螺栓型）	TL-300-400/185-240	件	82.81
变电　T 型线夹（螺栓型）	TL-300-400/300-400	件	96.41
变电　T 型线夹（螺栓型）	TL-500-600/500-600	件	114.95
变电　T 型线夹（螺栓型）	TL-2（300-400）/185-240	件	80.34
变电　T 型线夹（螺栓型）	TL-2（300-400）/300-400	件	96.41
变电　T 型线夹（螺栓型）	TL-2×300/185-240	件	138.43
变电　T 型线夹（螺栓型）	TL-2×300/630	件	137.20
变电　T 型线夹（螺栓型）	TL-2×400/185-240	件	131.02
变电　T 型线夹（螺栓型）	TL-2×400/400	件	129.78
变电　T 型线夹（螺栓型）	TL-2×400/630	件	133.49
变电　T 型线夹（螺栓型）	TL-2×500/300	件	135.96
变电　T 型线夹（螺栓型）	TL-2×630/630	件	161.92

续表

名　　称	型　号、规　格	单位	价格
变电　T型线夹（螺栓型）	TL-2×800N/300（耐热）	件	191.58
变电　T型线夹（螺栓型）	TL-2×900K/200	件	229.90
变电　T型线夹（螺栓型）	TL-2×1400/200	件	443.73
变电　T型线夹（螺栓型）	TL-2×1440N/200（耐热）	件	295.41
变电　T型线夹（螺栓型）	TL-2×1440/400	件	326.31
变电　T型线夹（螺栓型）	TL-2×600	件	249.68
变电　T型线夹（螺栓型）	TLD-120/120	件	58.09
变电　T型线夹（螺栓型）	TLD-150/300	件	75.40
变电　T型线夹（螺栓型）	TLD-240/240	件	49.44
变电　T型线夹（螺栓型）	TLD-240/300	件	87.76
变电　T型线夹（螺栓型）	TLD-300/300	件	93.94
变电　T型线夹（螺栓型）	TLD-2×400/200	件	210.12
变电　T型线夹（螺栓型）	TLL-95	件	46.97
变电　T型线夹（螺栓型）	TLL-120	件	73.22

续表

名　称	型号、规格	单位	价格
变电　T 型线夹（螺栓型）	TLL-300	件	82.81
变电　T 型线夹（螺栓型）	TLL-300-80×70	件	81.58
变电　T 型线夹（螺栓型）	TLL-400	件	103.83
变电　T 型线夹（螺栓型）	TLL-630	件	124.84
变电　T 型线夹（螺栓型）	TLL-800	件	140.91
变电　T 型线夹（螺栓型）	TLL-1400	件	177.99
变电　T 型线夹（螺栓型）	TLL-1440N（耐热）	件	208.89
变电　T 型线夹（螺栓型）	TLS-53	件	88.99
变电　T 型线夹（螺栓型）	TLS-55	件	101.35
变电　T 型线夹（螺栓型）	TLS-56	件	111.24
变电　T 型线夹（螺栓型）	TLS-66/200	件	127.31
变电　T 型线夹（螺栓型）	TLS-300/200	件	98.88
变电　T 型线夹（螺栓型）	TLS-300/200-50×50	件	85.29
变电　T 型线夹（螺栓型）	TLS-400/120	件	145.41

名　　称	型 号、规 格	单位	价格
变电　T型线夹（螺栓型）	TLS-400/200	件	151.47
变电　T型线夹（螺栓型）	TLS-400/200-50×50	件	135.96
变电　T型线夹（螺栓型）	TLS-400/400	件	139.36
变电　T型线夹（螺栓型）	TLS-500/120	件	144.61
变电　T型线夹（螺栓型）	TLS-600/200-50×50	件	150.79
变电　T型线夹（螺栓型）	TLS-600K/400	件	271.92
变电　T型线夹（螺栓型）	TLS-630/200	件	163.59
变电　T型线夹（螺栓型）	TLS-630N/200（耐热）	件	221.25
变电　T型线夹（螺栓型）	TLS-800/200	件	180.56
变电　T型线夹（螺栓型）	TLS-800N/200（耐热）	件	236.08
变电　T型线夹（螺栓型）	TLS-1400/200	件	197.76
变电　T型线夹（螺栓型）	TLS-1400/200-100×75	件	260.80
变电　T型线夹（螺栓型）	TLS-1400/400	件	294.17
变电　T型线夹（螺栓型）	TLS-1400/400-125×125	件	142.14

续表

名　称	型 号、规 格	单位	价格
变电　T型线夹（螺栓型）	TLS-1400/400-175×150	件	294.17
变电　T型线夹（螺栓型）	TLS-1440N/200（耐热）	件	292.94
变电　T型线夹（螺栓型）	TLS-1440N/400-200（耐热）	件	484.52
变电　T型线夹（螺栓型）	TLS-2×300/200	件	144.61
变电　T型线夹（螺栓型）	TLS-2×300/400Q-450	件	155.74
变电　T型线夹（螺栓型）	TLS-2×600K/400	件	181.70
变电　T型线夹（螺栓型）	TLS-2×630/200	件	196.53
变电　T型线夹（螺栓型）	TLS-2×630/500	件	206.42
变电　T型线夹（螺栓型）	TLS-2×1400/200	件	711.95
变电　T型线夹（压缩型）	TY-95/20	件	24.72
变电　T型线夹（压缩型）	TY-120/7	件	32.14
变电　T型线夹（压缩型）	TY-150/8	件	33.37
变电　T型线夹（压缩型）	TY-150/20	件	34.61
变电　T型线夹（压缩型）	TY-185/10～25	件	37.08

续表

名　称	型号、规格	单位	价格
变电　T型线夹（压缩型）	TY-210/10～25	件	42.02
变电　T型线夹（压缩型）	TY-240/30	件	46.97
变电　T型线夹（压缩型）	TY-300/15～20	件	50.68
变电　T型线夹（压缩型）	TY-300/25～45	件	49.44
变电　T型线夹（压缩型）	TY-400/20～50	件	63.04
变电　T型线夹（压缩型）	TY-500/35～65	件	98.88
变电　T型线夹（压缩型）	TY-600	件	118.66
变电　T型线夹（压缩型）	TY-630/45～80	件	127.31
变电　T型线夹（压缩型）	TY-800/55～100	件	160.68
变电　T型线夹（压缩型）	TY2-185/25	件	30.90
变电　T型线夹（压缩型）	TY2-240	件	34.61
变电　T型线夹（压缩型）	TY2-300	件	37.08
变电　T型线夹（压缩型）	TY2-400	件	42.02
变电　T型线夹（压缩型）	TY2-500	件	48.20

续表

名　　称	型 号、规 格	单位	价格
变电　T 型线夹（压缩型）	TY2-600	件	58.09
变电　T 型线夹（压缩型）	TYG-500/35	件	97.65
变电　T 型线夹（压缩型）	TYS-300/120	件	107.53
变电　T 型线夹（压缩型）	TYS-300/200	件	131.02
变电　T 型线夹（压缩型）	TYS-400/35	件	131.02
变电　T 型线夹（压缩型）	TYS-400/200	件	158.21
变电　T 型线夹（压缩型）	TYS-400/400	件	179.22
变电　T 型线夹（压缩型）	TYS-630/200	件	394.29
变电　T 型线夹（压缩型）	TYS-2×185/400	件	108.77
变电　T 型线夹（压缩型）	TYS-2×300/120	件	98.88
变电　T 型线夹（压缩型）	TYS-2×300/200	件	110.24
变电　T 型线夹（压缩型）	TYS-2×300/400	件	112.52
变电　T 型线夹（压缩型）	TYS-2×400/120	件	114.79
变电　T 型线夹（压缩型）	TYS-2×400/200	件	129.01

续表

名　称	型号、规格	单位	价格
变电　T型线夹（压缩型）	TYS-2×400/400	件	149.78
变电　T型线夹（压缩型）	TYS-2×500/120	件	160.71
变电　T型线夹（压缩型）	TYS-2×630/500	件	244.89
变电　T型线夹（TY 液压型）	TY-120/25	件	101.41
变电　T型线夹（TY 液压型）	TY-150/25	件	68.67
变电　T型线夹（TYJ.TY2J 型）	TYJ-240	件	58.09
变电　T型线夹（TYJ.TY2J 型）	TYJ-300	件	70.45
变电　T型线夹（TYJ.TY2J 型）	TYJ-400	件	81.58
变电　T型线夹（TYJ.TY2J 型）	TYJ-500	件	96.41
变电　T型线夹（TYJ.TY2J 型）	TYJ-600	件	116.19
变电　T型线夹（TYJ.TY2J 型）	TY2J-240	件	34.61
变电　T型线夹（TYJ.TY2J 型）	TY2J-300	件	45.73
变电　T型线夹（TYJ.TY2J 型）	TY2J-400	件	49.44
变电　T型线夹（TYJ.TY2J 型）	TY2J-500	件	54.38

续表

名　　称	型　号、规　格	单位	价格
变电　T 型线夹（TYJ.TY2J 型）	TY2J-600	件	65.51
变电　T 型线夹	TLY-240/240	件	63.73
变电　T 型线夹	TLY-300/300	件	86.78
变电　T 型线夹	TLY-300/630	件	115.25
变电　T 型线夹	TLY-400/35	件	127.45
变电　T 型线夹	TLY-400/400	件	126.10
变电　T 型线夹	TLY-400/630	件	139.66
变电　T 型线夹	TLY-600K/600K	件	145.08
变电　T 型线夹	TLY-630/400	件	145.08
变电　T 型线夹	TLY-630/630	件	153.22
变电　T 型线夹	TLY-630N/630（耐热）	件	177.62
变电　T 型线夹	TLY-800/300	件	139.66
变电　T 型线夹	TLY-800/400	件	153.22
变电　T 型线夹	TLY-800/800	件	170.84

续表

名　　称	型　号、规　格	单位	价格
变电　T 型线夹	TLY-800N/800（耐热）	件	234.57
变电　T 型线夹	TLY-900K/900K	件	206.10
变电　T 型线夹	TLY-1000/125	件	192.54
变电　T 型线夹	TLY-1400	件	193.89
变电　T 型线夹	TLY-1400/600	件	193.89
变电　T 型线夹	TLY-1400/1400	件	233.23
变电　T 型线夹	TLY-1400N/1400（耐热）	件	296.64
变电　T 型线夹	TLY-1440/600	件	190.35
变电　T 型线夹	TLY-1440N/400（耐热）	件	278.10
变电　T 型线夹	TLY-1440N/600（耐热）	件	316.14
变电　T 型线夹	TLY-1440N/1440N（耐热）	件	334.96
变电　T 型线夹	TLY-1600N/1400（耐热）	件	384.40
变电　T 型线夹	TLY-49-51	件	184.17
变电　T 型线夹	TLY-51-27	件	74.16

续表

名　　称	型　号、规　格	单位	价格
变电　T型线夹	TLY-51-51	件	166.86
变电　管母线T型线夹	MGT-100	件	96.66
变电　管母线T型线夹	MGT-110	件	105.93
变电　管母线T型线夹	MGT-130	件	132.42
变电　管母线T型线夹	MGT-150A	件	346.20
变电　引流线夹	MGYS-150B/300	件	312.03
变电　引流线夹	MGYS-170A/500	件	325.37
变电　引流线夹	MGYS2-130	件	413.37
变电　引流线夹	MGYS2-150	件	458.71
变电　引流线夹	MGYS2-170	件	468.05
变电　引流线夹	MGYS2-200	件	492.05
变电　引流线夹	MGYS2-250	件	512.05
变电　引流线夹	MT-500/35G	件	96.01
变电　引流线夹	MT-630/45G	件	138.68

续表

名　　称	型号、规格	单位	价格
变电　设备线夹（压缩型 A.B 型）	SY-35/6A、B	件	12.75
变电　设备线夹（压缩型 A.B 型）	SY-50/8A、B	件	12.75
变电　设备线夹（压缩型 A.B 型）	SY-70/10A、B	件	7.29
变电　设备线夹（压缩型 A.B 型）	SY-95/15A、B	件	8.75
变电　设备线夹（压缩型 A.B 型）	SY-95/20A、B	件	11.66
变电　设备线夹（压缩型 A.B 型）	SY-120/7A、B	件	11.66
变电　设备线夹（压缩型 A.B 型）	SY-150/8A、B	件	11.83
变电　设备线夹（压缩型 A.B 型）	SY-150/25A、B	件	13.30
变电　设备线夹（压缩型 A.B 型）	SY-185/10A、B	件	16.26
变电　设备线夹（压缩型 A.B 型）	SY-185/25A、B	件	16.26
变电　设备线夹（压缩型 A.B 型）	SY-210/10A、B	件	19.22
变电　设备线夹（压缩型 A.B 型）	SY-210/25A、B	件	19.22
变电　设备线夹（压缩型 A.B 型）	SY-240/30A、B	件	22.17
变电　设备线夹（压缩型 A.B 型）	SY-300/15A、B	件	26.61

续表

名　　称	型　号、规　格	单位	价格
变电　设备线夹（压缩型 A.B 型）	SY-300/45A、B	件	26.61
变电　设备线夹（压缩型 A.B 型）	SY-400/（20～25）A、B	件	29.56
变电　设备线夹（压缩型 A.B 型）	SY-400/30A、B	件	34.00
变电　设备线夹（压缩型 A.B 型）	SY-400/50A、B	件	35.48
变电　设备线夹（压缩型 A.B 型）	SY-500/35A、B	件	32.97
变电　设备线夹（压缩型 A.B 型）	SY-500/45A、B	件	41.39
变电　设备线夹（压缩型 A.B 型）	SY-500/65A、B	件	44.35
变电　设备线夹（压缩型 A.B 型）	SY-630/55A、B	件	53.22
变电　设备线夹（压缩型 A.B 型）	SY-630/80A、B	件	44.35
变电　设备线夹（压缩型 A.B 型）	SY-800/55A、B	件	76.87
变电　设备线夹（压缩型 A.B 型）	SY-800/70A、B	件	76.87
变电　设备线夹（压缩型 A.B 型）	SY-800/100A、B	件	76.87
变电　设备线夹（压缩型 A.B 型）	SY-900KA、B-100×100	件	152.25
变电　设备线夹（压缩型 A.B 型）	SY-900KA、B-125×125	件	164.08

续表

名　　称	型　号、规　格	单位	价格
变电　设备线夹（压缩型 A.B 型）	SY-1400A-80×80	件	76.87
变电　设备线夹（压缩型 A.B 型）	SY-1400A-85×80	件	91.65
变电　设备线夹（压缩型 A.B 型）	SY-1400A-100×100	件	94.60
变电　设备线夹（压缩型 A.B 型）	SY-1400A-100×120	件	97.56
变电　设备线夹（压缩型 A.B 型）	SY-1400A-120×120	件	99.04
变电　设备线夹（压缩型 A.B 型）	SY-1400A-125×125	件	100.52
变电　设备线夹（压缩型 A.B 型）	SY-1400A-125×140	件	104.95
变电　设备线夹（压缩型 A.B 型）	SY-1400A-125×225	件	113.82
变电　设备线夹（压缩型 A.B 型）	SY-1400A-130×125	件	102.00
变电　设备线夹（压缩型 A.B 型）	SY-1400A-130×153	件	102.00
变电　设备线夹（压缩型 A.B 型）	SY-1400A-140×150	件	121.21
变电　设备线夹（压缩型 A.B 型）	SY-1440NA（耐热）	件	134.52
变电　设备线夹（压缩型 A.B 型）	SY-1440NA-80×80（耐热）	件	141.91
变电　设备线夹（压缩型 A.B 型）	SY-1440NA-100×224（耐热）	件	174.43

续表

名　　称	型　号、规　格	单位	价格
变电　设备线夹（压缩型 A.B 型）	SY-1440NA-120×250（耐热）	件	192.17
变电　设备线夹（压缩型 A.B 型）	SY-1440NA-125×125（耐热）	件	149.30
变电　设备线夹（压缩型 A.B 型）	SY-1440NA-130×125（耐热）	件	172.95
变电　设备线夹（压缩型 A.B 型）	SY-1440NA-155×150（耐热）	件	186.25
变电　设备线夹（压缩型 A.B 型）	SY-1440NA-160×150（耐热）	件	124.17
变电　设备线夹（压缩型 A.B 型）	SY-1440NA-170×150（耐热）	件	195.12
变电　设备线夹（压缩型 A.B 型）	SY-1400B-100×100	件	106.43
变电　设备线夹（压缩型 A.B 型）	SY-1400B-120×120	件	121.21
变电　设备线夹（压缩型 A.B 型）	SY-1400B-（125～130）×（125～153）	件	128.60
变电　设备线夹（压缩型 A.B 型）	SY-1400B-140×150	件	137.47
变电　设备线夹（压缩型 A.B 型）	SY-1440NB-125×125（耐热）	件	146.34
变电　设备线夹（压缩型 A.B 型）	SY-1440NB-150×150（耐热）	件	149.30
变电　设备线夹（压缩型 A.B 型）	SY-1440NB-170×150（耐热）	件	171.47
变电　设备线夹（压缩型 A.B 型）	SY-1440NB/120-170×150（耐热）	件	190.69

续表

名　　称	型号、规格	单位	价格
变电　设备线夹（压缩型 C 型）	SY-95/15C	件	11.83
变电　设备线夹（压缩型 C 型）	SY-120/7C	件	13.30
变电　设备线夹（压缩型 C 型）	SY-150/（8C～20C）	件	16.26
变电　设备线夹（压缩型 C 型）	SY-185/（10C～30C）	件	17.00
变电　设备线夹（压缩型 C 型）	SY-210/10C	件	19.22
变电　设备线夹（压缩型 C 型）	SY-210/25C	件	19.22
变电　设备线夹（压缩型 C 型）	SY-240/30C	件	19.22
变电　设备线夹（压缩型 C 型）	SY-300/15C	件	26.61
变电　设备线夹（压缩型 C 型）	SY-300/（20C～25C）	件	28.09
变电　设备线夹（压缩型 C 型）	SY-300/40C	件	26.61
变电　设备线夹（压缩型 C 型）	SY-400/20C～25C	件	29.56
变电　设备线夹（压缩型 C 型）	SY-400/35C	件	29.56
变电　设备线夹（压缩型 C 型）	SY-400/50C	件	29.56
变电　设备线夹（压缩型 C 型）	SY-500/35C	件	35.48

续表

名　　称	型 号、规 格	单位	价格
变电　设备线夹（压缩型 C 型）	SY-500/45C	件	35.48
变电　设备线夹（压缩型 C 型）	SY-500/65C	件	35.48
变电　设备线夹（压缩型 C 型）	SY-630/45C	件	59.13
变电　设备线夹（压缩型 C 型）	SY-630/55C	件	59.13
变电　设备线夹（压缩型 C 型）	SY-630/80C	件	56.17
变电　设备线夹（压缩型 C 型）	SY-800/55C	件	90.17
变电　设备线夹（压缩型 C 型）	SY-800/（70C～100C）	件	88.69
变电　设备线夹（压缩型 C 型）	SY-800NC（耐热）	件	99.04
变电　设备线夹（压缩型 C 型）	SY-1400C-100×100	件	102.00
变电　设备线夹（压缩型 C 型）	SY-1400C-100×120	件	104.95
变电　设备线夹（压缩型 C 型）	SY-1400C-120×120	件	109.39
变电　设备线夹（压缩型 C 型）	SY-1400C-125×140	件	121.21
变电　设备线夹（压缩型 C 型）	SY-1400C-140×150	件	134.52
变电　设备线夹（压缩型 C 型）	SY-1400C/135-130×125	件	134.52

续表

名　　　称	型　号、规　格	单位	价格
变电　设备线夹（压缩型 C 型）	SY-1440NC（耐热）	件	184.78
变电　设备线夹（压缩型 C 型）	SY-1440NC-100×100（耐热）	件	112.34
变电　设备线夹（压缩型 C 型）	SY-1440NC-125×125（耐热）	件	140.43
变电　设备线夹（双母线压缩型）	SYS-300/200A	件	56.17
变电　设备线夹（双母线压缩型）	SYS-300/400A	件	69.48
变电　设备线夹（双母线压缩型）	SYS-400/200A	件	72.43
变电　设备线夹（双母线压缩型）	SYS-400/400A	件	90.17
变电　设备线夹（双母线压缩型）	SYS-500/200A	件	102.00
变电　设备线夹（双母线压缩型）	SYS-500/400A	件	124.17
变电　设备线夹（双母线压缩型）	SYS-300/200B	件	56.17
变电　设备线夹（双母线压缩型）	SYS-300/400B	件	69.48
变电　设备线夹（双母线压缩型）	SYS-400/200B	件	72.43
变电　设备线夹（双母线压缩型）	SYS-400/400B	件	90.17
变电　设备线夹（双母线压缩型）	SYS-500/200B	件	102.00

续表

名　　称	型 号、规 格	单位	价格
变电　设备线夹（双母线压缩型）	SYS-500/400B	件	124.17
变电　设备线夹（螺栓型）	SYT-185-80×80	件	105.34
变电　设备线夹（螺栓型）	SYT-300-80×80	件	121.35
变电　设备线夹（螺栓型）	SL1-1	件	14.67
变电　设备线夹（螺栓型）	SL1-2	件	17.34
变电　设备线夹（螺栓型）	SL1-3	件	26.67
变电　设备线夹（螺栓型）	SL1-4	件	29.34
变电　设备线夹（螺栓型）	SL1-300	件	121.35
变电　设备线夹（螺栓型）	SL1-400	件	128.01
变电　设备线夹（螺栓型）	SL1-2×185	件	78.67
变电　设备线夹（螺栓型）	SL1-2×240	件	78.67
变电　设备线夹（螺栓型）	SL1-2×300	件	124.20
变电　设备线夹（螺栓型）	SL1-2×400	件	126.81
变电　设备线夹（螺栓型）	SL1-TL-300	件	144.01

名　　　称	型　号、规　格	单位	价格
变电　设备线夹（螺栓型）	SL2-3	件	26.67
变电　设备线夹（螺栓型）	SL2-4	件	29.34
变电　设备线夹（螺栓型）	SL2-300	件	72.01
变电　设备线夹（螺栓型）	SL2-400	件	78.67
变电　设备线夹（螺栓型）	SL2-500	件	88.01
变电　设备线夹（螺栓型）	SL2-630	件	92.01
变电　设备线夹（螺栓型）	SL2-700	件	97.34
变电　设备线夹（螺栓型）	SL2-800	件	72.01
变电　设备线夹（螺栓型）	SL2-2×185	件	130.68
变电　设备线夹（螺栓型）	SL2-2×240	件	133.35
变电　设备线夹（螺栓型）	SL2-2×300	件	137.35
变电　设备线夹（螺栓型）	SL2-2×400	件	144.01
变电　设备线夹（螺栓型）	SL2-TL-300	件	137.35
变电　设备线夹（螺栓型）	SL2-TL-400	件	140.01

续表

名　　称	型　号、规　格	单位	价格
变电　设备线夹（螺栓型）	SL2-TL-300-80×80	件	130.68
变电　设备线夹（螺栓型）	SL2-TL-300-100×100	件	142.68
变电　设备线夹（螺栓型）	SL3-1	件	12.00
变电　设备线夹（螺栓型）	SL3-2	件	14.67
变电　设备线夹（螺栓型）	SL-1A	件	14.67
变电　设备线夹（螺栓型）	SL-2A	件	14.67
变电　设备线夹（螺栓型）	SL-3A	件	20.00
变电　设备线夹（螺栓型）	SL-4A	件	21.34
变电　设备线夹（螺栓型）	SL-1B	件	14.67
变电　设备线夹（螺栓型）	SL-2B	件	14.67
变电　设备线夹（螺栓型）	SL-3B	件	20.00
变电　设备线夹（螺栓型）	SL-4B	件	21.34
变电　设备线夹（螺栓型）	SL-400A、B-125×125	件	58.67
变电　设备线夹（螺栓型）	SL-630B-70×88	件	54.67

续表

名　称	型　号、规　格	单位	价格
变电　设备线夹（螺栓型）	SL-630B-90×75	件	57.34
变电　设备线夹（螺栓型）	SL-400C-80×80	件	46.67
变电　设备线夹（螺栓型）	SL-1400/200-150	件	612.06
变电　设备线夹（螺栓型）	SL-1400/400-150	件	656.06
变电　设备线夹（螺栓型）	SL-600K/200-150	件	674.73
变电　设备线夹	SSY-185A/30-120×120	件	72.21
变电　设备线夹	SSY-185A/30-200×200	件	82.31
变电　设备线夹	SSY-185A/30-400×400	件	85.93
变电　设备线夹	SSY-240A/30-100×100-200	件	70.15
变电　设备线夹	SSY-240A/30-200×200	件	121.30
变电　设备线夹	SSY-240A/30-400×400	件	137.91
变电　设备线夹	SSY-240A/200-100×75	件	49.49
变电　设备线夹	SSY-240A/200-125×125	件	56.00
变电　设备线夹	SSY-240A/200-150×150	件	63.82

续表

名　　称	型号、规格	单位	价格
变电　设备线夹	SSY-300A/25	件	80.75
变电　设备线夹	SSY-300A/25-100×200	件	95.07
变电　设备线夹	SSY-300A/25-105×100	件	69.03
变电　设备线夹	SSY-300A/25-140×140	件	92.47
变电　设备线夹	SSY-300A/40-100×100	件	83.82
变电　设备线夹	SSY-300A/40-200×200	件	65.39
变电　设备线夹	SSY-300A/40-400×400	件	72.63
变电　设备线夹	SSY-300A/200	件	70.33
变电　设备线夹	SSY-300A/200-（80～85）×70	件	75.54
变电　设备线夹	SSY-300A/200-85×85	件	75.54
变电　设备线夹	SSY-300A/200-85×125	件	79.45
变电　设备线夹	SSY-300A/200-100×（100～102）	件	83.35
变电　设备线夹	SSY-300A/200-100×224	件	106.80
变电　设备线夹	SSY-300A/200-105×150	件	87.26

续表

名　　称	型　号、规　格	单位	价格
变电　设备线夹	SSY-300A/200-120×80	件	76.84
变电　设备线夹	SSY-300A/200-120×200	件	106.80
变电　设备线夹	SSY-300A/200-120×220	件	112.01
变电　设备线夹	SSY-300A/200-125×80	件	76.84
变电　设备线夹	SSY-300A/200-125×100	件	83.35
变电　设备线夹	SSY-300A/200-125×125	件	83.35
变电　设备线夹	SSY-300A/200-（125～130）×（145～125）	件	87.26
变电　设备线夹	SSY-300A/200-130×150	件	95.07
变电　设备线夹	SSY-300A/200-（140～150）×150	件	100.28
变电　设备线夹	SSY-300A/250-80×125	件	79.45
变电　设备线夹	SSY-300/200C	件	102.40
变电　设备线夹	SSY-400/200C	件	128.02
变电　设备线夹	SSY-300A/400	件	201.87
变电　设备线夹	SSY-400A/35	件	100.28

续表

名 称	型 号、规 格	单位	价格
变电 设备线夹	SSY-400A/35-85×80	件	95.07
变电 设备线夹	SSY-400A/35-90×124	件	96.38
变电 设备线夹	SSY-400A/35-120	件	106.80
变电 设备线夹	SSY-400A/35-125×12	件	118.52
变电 设备线夹	SSY-400A/35-125×125	件	134.15
变电 设备线夹	SSY-400A/35-150×180	件	139.36
变电 设备线夹	SSY-400A/35-160×（100～120）	件	149.78
变电 设备线夹	SSY-400A/35-200	件	139.36
变电 设备线夹	SSY-400/35A-400	件	116.56
变电 设备线夹	SSY-400A/50-110×160	件	135.45
变电 设备线夹	SSY-400A/200	件	117.22
变电 设备线夹	SSY-400A/200-60×60	件	109.40
变电 设备线夹	SSY-400A/200-85×85	件	112.01
变电 设备线夹	SSY-400A/200-100×80	件	100.28

续表

名　　称	型　号、规　格	单位	价格
变电　设备线夹	SSY-400A/200-100×100	件	120.02
变电　设备线夹	SSY-400A/200-100×200	件	183.64
变电　设备线夹	SSY-400A/200-100×224	件	195.36
变电　设备线夹	SSY-400A/200-110×120	件	120.02
变电　设备线夹	SSY-400A/200-120×120	件	122.58
变电　设备线夹	SSY-400A/200-（120～125）×100	件	122.58
变电　设备线夹	SSY-400A/200-125×125	件	125.13
变电　设备线夹	SSY-400A/200-125×145	件	127.69
变电　设备线夹	SSY-400A/200-125×250	件	165.40
变电　设备线夹	SSY-400A/200-130×125	件	123.73
变电　设备线夹	SSY-400A/200-150×150	件	138.05
变电　设备线夹	SSY-400A/200-155×150	件	138.05
变电　设备线夹	SSY-400A/200-200×120	件	162.80
变电　设备线夹	SSY-400A/200-220×160	件	183.64

续表

名　　　称	型　号、规　格	单位	价格
变电　设备线夹	SSY-400A/400	件	76.84
变电　设备线夹	SSY-500A/35-90×80	件	114.61
变电　设备线夹	SSY-500A/35-100×100	件	119.82
变电　设备线夹	SSY-500A/35-100×105	件	125.03
变电　设备线夹	SSY-500A/35-125×125	件	131.54
变电　设备线夹	SSY-500A/35-125×130	件	134.15
变电　设备线夹	SSY-500A/35-140×135	件	138.05
变电　设备线夹	SSY-500/45A-120	件	107.88
变电　设备线夹	SSY-500/45A-200	件	115.88
变电　设备线夹	SSY-500A/45-400	件	141.96
变电　设备线夹	SSY-500A/200	件	152.38
变电　设备线夹	SSY-500A/200-160×100	件	158.89
变电　设备线夹	SSY-500A/200-200×120	件	224.01
变电　设备线夹	SSY-500A/400	件	229.22

续表

名　称	型　号、规　格	单位	价格
变电　设备线夹	SSY-600KA/400	件	273.50
变电　设备线夹	SSY-600KA/400-100×75	件	261.78
变电　设备线夹	SSY-600KA/400-100×299	件	356.86
变电　设备线夹	SSY-600KA/400-100×300	件	365.97
变电　设备线夹	SSY-600KA/400-120×100	件	273.50
变电　设备线夹	SSY-600KA/400-（140～150）×（120～150）	件	324.30
变电　设备线夹	SSY-600KA/400-170×150	件	346.44
变电　设备线夹	SSY-600KA/400-200×100	件	328.20
变电　设备线夹	SSY-600KA/400-200×200	件	364.67
变电　设备线夹	SSY-630A	件	140.66
变电　设备线夹	SSY-630A/45-80×125	件	127.63
变电　设备线夹	SSY-630A/45-100×200	件	149.78
变电　设备线夹	SSY-630A/45-105×100	件	128.94
变电　设备线夹	SSY-630A/45-140×125	件	145.87

续表

名　　称	型　号、规　格	单位	价格
变电　设备线夹	SSY-630A/80-120	件	115.56
变电　设备线夹	SSY-630A/80-200	件	117.79
变电　设备线夹	SSY-630A/80-400	件	170.14
变电　设备线夹	SSY-630A/200	件	157.59
变电　设备线夹	SSY-630A/200-100×100	件	175.82
变电　设备线夹	SSY-630A/200-120×120	件	181.03
变电　设备线夹	SSY-630A/200-125×225	件	184.94
变电　设备线夹	SSY-630A/200-150×150	件	197.96
变电　设备线夹	SSY-630NA/200-170×170（耐热）	件	226.62
变电　设备线夹	SSY-800A/100-200×200	件	248.85
变电　设备线夹	SSY-800A/100-400×400	件	267.07
变电　设备线夹	SSY-800A/200-85×90	件	259.18
变电　设备线夹	SSY-800A/200-120×120	件	270.90
变电　设备线夹	SSY-800A/200-120×200	件	291.74

续表

名　　称	型 号、规 格	单位	价格
变电　设备线夹	SSY-800A/200-145×230	件	289.13
变电　设备线夹	SSY-800NA/55-200（耐热）	件	303.46
变电　设备线夹	SSY-800NA/200（耐热）	件	303.46
变电　设备线夹	SSY-800NA/200-150×150（耐热）	件	291.74
变电　设备线夹	SSY-800NA/200-170×170（耐热）	件	321.69
变电　设备线夹	SSY-900KA/400-150×150	件	308.67
变电　设备线夹	SSY-900KA/400-220×220	件	320.39
变电　设备线夹	SSY-1400A/200-80×90	件	336.02
变电　设备线夹	SSY-1400A/200-80×125	件	341.23
变电　设备线夹	SSY-1400A/200-90×124	件	342.53
变电　设备线夹	SSY-1400A/200-100×200	件	352.95
变电　设备线夹	SSY-1400A/200-100×224	件	352.95
变电　设备线夹	SSY-1400A/200-120×224	件	358.16
变电　设备线夹	SSY-1400A/200-（120～124）×（200～224）	件	358.16

续表

名　　称	型　号、规　格	单位	价格
变电　设备线夹	SSY-1400A/200-125×125	件	347.74
变电　设备线夹	SSY-1400A/200-125×145	件	352.95
变电　设备线夹	SSY-1400A/200-125×220	件	358.16
变电　设备线夹	SSY-1400A/200-125×225	件	358.16
变电　设备线夹	SSY-1400A/200-130×125	件	360.76
变电　设备线夹	SSY-1400A/200-140×125	件	365.97
变电　设备线夹	SSY-1400A/200-150×120	件	360.76
变电　设备线夹	SSY-1400A/200-150×145	件	375.09
变电　设备线夹	SSY-1400A/200-150×150	件	379.00
变电　设备线夹	SSY-1400A/200-150×180	件	386.81
变电　设备线夹	SSY-1400A/200-150×204	件	412.86
变电　设备线夹	SSY-1400A/200-150×270	件	433.70
变电　设备线夹	SSY-1400A/200-155×150	件	379.00
变电　设备线夹	SSY-1400A/200-160×100	件	365.97

续表

名　　称	型　号、规　格	单位	价格
变电　设备线夹	SSY-1400A/200-160×130	件	362.07
变电　设备线夹	SSY-1400A/200-160×160	件	381.60
变电　设备线夹	SSY-1400A/200-170×150	件	358.16
变电　设备线夹	SSY-1400A/200-200×120	件	362.07
变电　设备线夹	SSY-1400A/200-210×190	件	420.67
变电　设备线夹	SSY-1400A/200-300×155	件	441.51
变电　设备线夹	SSY-1400A/400	件	364.67
变电　设备线夹	SSY-1400A/400-100×70	件	358.16
变电　设备线夹	SSY-1400A/400-100×100	件	377.70
变电　设备线夹	SSY-1400A/400-100×200	件	352.95
变电　设备线夹	SSY-1400A/400-100×298	件	358.16
变电　设备线夹	SSY-1400A/400-100×300	件	360.76
变电　设备线夹	SSY-1400A/400-115×300	件	418.07
变电　设备线夹	SSY-1400A/400-120×100	件	346.44

续表

名　　称	型　号、规　格	单位	价格
变电　设备线夹	SSY-1400A/400-120×120	件	399.84
变电　设备线夹	SSY-1400A/400-120×200	件	407.65
变电　设备线夹	SSY-1400A/400-125×（125~145）	件	352.95
变电　设备线夹	SSY-1400A/400-130×125	件	358.16
变电　设备线夹	SSY-1400A/400-130×130	件	362.63
变电　设备线夹	SSY-1400A/400-135×150	件	366.46
变电　设备线夹	SSY-1400A/400-135×320	件	457.14
变电　设备线夹	SSY-1400A/400-140×100	件	358.16
变电　设备线夹	SSY-1400A/400-140×180	件	402.44
变电　设备线夹	SSY-1400A/400-150×100	件	358.16
变电　设备线夹	SSY-1400A/400-150×145	件	360.76
变电　设备线夹	SSY-1400A/400-150×150	件	371.18
变电　设备线夹	SSY-1400A/400-150×170	件	395.93
变电　设备线夹	SSY-1400A/400-150×200	件	403.74

名　　称	型　号、规　格	单位	价格
变电　设备线夹	SSY-1400A/400-150×204	件	416.77
变电　设备线夹	SSY-1400A/400-150×300	件	438.91
变电　设备线夹	SSY-1400A/400-170×150	件	377.70
变电　设备线夹	SSY-1400A/400-180×180	件	406.35
变电　设备线夹	SSY-1400A/400-200×200	件	423.28
变电　设备线夹	SSY-1400A/400-320×100	件	429.79
变电　设备线夹	SSY-1400NA/200（耐热）	件	346.44
变电　设备线夹	SSY-1400NA/200-100×230（耐热）	件	362.07
变电　设备线夹	SSY-1400NA/200-125×150（耐热）	件	358.16
变电　设备线夹	SSY-1400NA/200-160×150（耐热）	件	334.72
变电　设备线夹	SSY-1400NA/400（耐热）	件	386.81
变电　设备线夹	SSY-1440A/400-150×270	件	445.42
变电　设备线夹	SSY-1440NA/200-（100～120）×（200～120）（耐热）	件	362.07
变电　设备线夹	SSY-1440NA/200-120×224（耐热）	件	368.58

续表

名　　称	型　号、规　格	单位	价格
变电　设备线夹	SSY-1440NA/200-124×224（耐热）	件	367.28
变电　设备线夹	SSY-1440NA/200、400-125×（125～145）（耐热）	件	362.07
变电　设备线夹	SSY-1440NA/200-125×250（耐热）	件	368.58
变电　设备线夹	SSY-1440NA/200-130×125（耐热）	件	371.18
变电　设备线夹	SSY-1440NA/200-150×150（耐热）	件	388.11
变电　设备线夹	SSY-1440NA/200-160×150（耐热）	件	392.02
变电　设备线夹	SSY-1440NA/200-225×150（耐热）	件	423.28
变电　设备线夹	SSY-1440NA/400（耐热）	件	375.09
变电　设备线夹	SSY-1440NA/400-100×75（耐热）	件	373.79
变电　设备线夹	SSY-1440NA/400-100×200（耐热）	件	362.07
变电　设备线夹	SSY-1440NA/400-120×100（耐热）	件	355.55
变电　设备线夹	SSY-1440NA/400-120×200（耐热）	件	412.86
变电　设备线夹	SSY-1440NA/400-140×320（耐热）	件	436.30
变电　设备线夹	SSY-1440NA/400-150×125（耐热）	件	368.58

名　　称	型号、规格	单位	价格
变电　设备线夹	SSY-1440NA/400-150×204（耐热）	件	369.88
变电　设备线夹	SSY-1440NA/400-170×150（耐热）	件	376.39
变电　设备线夹	SSY-1440NA/400-180×180（耐热）	件	402.44
变电　设备线夹	SSY-1440NA/400-200×150（耐热）	件	399.84
变电　设备线夹	SSPY-400A/35	件	200.57
变电　设备线夹	SSPY-400A/200-100×100	件	128.94
变电　设备线夹	SSPY-500A/90	件	156.29
变电　设备线夹	SSPY-2×800A/200-105×100	件	349.04
变电　设备线夹	SSYPY1-1400A/400-120×120	件	562.64
变电　设备线夹	SSYG-240A/40-120×120	件	37.86
变电　设备线夹	SSYG-240A/40-200×200	件	51.02
变电　设备线夹	SSYG-240A/200-125×125	件	62.52
变电　设备线夹	SSYG-300A/25	件	85.96
变电　设备线夹	SSYG-300A/25-80×80	件	82.05

续表

名 称	型 号、规 格	单位	价格
变电 设备线夹	SSYG-300A/40-120×120	件	67.61
变电 设备线夹	SSYG-300A/40-200×200	件	79.36
变电 设备线夹	SSYG-300A/120-100×100	件	85.96
变电 设备线夹	SSYG-300A/120-125×85	件	84.66
变电 设备线夹	SSYG-300A/200-100×100	件	87.26
变电 设备线夹	SSYG-300A/200-130×125	件	91.17
变电 设备线夹	SSYG-400A/35-120	件	89.87
变电 设备线夹	SSYG-400A/35-80×80	件	83.35
变电 设备线夹	SSYG-400A/120-70×125	件	84.66
变电 设备线夹	SSYG-400A/200-85×80	件	82.05
变电 设备线夹	SSYG-400A/200-100×100	件	84.66
变电 设备线夹	SSYG-400A/200-105×100	件	87.26
变电 设备线夹	SSYG-400A/200-120×100	件	88.56
变电 设备线夹	SSYG-400A/200-125×125	件	89.87

续表

名　称	型　号、规　格	单位	价格
变电　设备线夹	SSYG-500A/35-100×100	件	93.77
变电　设备线夹	SSYG-500A/120-100×100	件	95.07
变电　设备线夹	SSYG-500A/200	件	97.68
变电　设备线夹	SSYG-500A/200-80×80	件	96.38
变电　设备线夹	SSYG-600KA-120×120	件	326.90
变电　设备线夹	SSYG-600KA/400	件	358.16
变电　设备线夹	SSYG-600KA/400-120×120	件	364.67
变电　设备线夹	SSYG-600KA/400-150×150	件	380.30
变电　设备线夹	SSYG-630A/45-80×80	件	295.64
变电　设备线夹	SSYG-630A/45-100×100	件	134.15
变电　设备线夹	SSYG-630A/45-105×100	件	138.05
变电　设备线夹	SSYG-1400A/200-80×90	件	365.97
变电　设备线夹	SSYG-1400A/200-（80～100）×（125～149）	件	371.18
变电　设备线夹	SSYG-1400A/200-124×224	件	402.44

续表

名　　称	型　号、规　格	单位	价格
变电　设备线夹	SSYG-1400A/200-125×125	件	380.30
变电　设备线夹	SSYG-1400A/200-135×75	件	372.49
变电　设备线夹	SSYG-1400A/200-150×120	件	385.51
变电　设备线夹	SSYG-1400A/200-150×145	件	397.23
变电　设备线夹	SSYG-1400A/200-150×150	件	399.84
变电　设备线夹	SSYG-1400A/200-150×204	件	455.84
变电　设备线夹	SSYG-1400A/200-150×270	件	479.28
变电　设备线夹	SSYG-1400A/200-160×112	件	373.79
变电　设备线夹	SSYG-1400A/200-160×130	件	517.05
变电　设备线夹	SSYG-1400A/200-160×160	件	415.46
变电　设备线夹	SSYG-1400A/200-165×112	件	373.79
变电　设备线夹	SSYG-1400A/400-100×100	件	355.55
变电　设备线夹	SSYG-1400A/400-115×300	件	399.84
变电　设备线夹	SSYG-1400A/400-120×120	件	376.39

续表

名　称	型 号、规 格	单位	价格
变电　设备线夹	SSYG-1400A/400-125×125	件	381.60
变电　设备线夹	SSYG-1400A/400-127×100	件	368.58
变电　设备线夹	SSYG-1400A/400-130×125	件	375.09
变电　设备线夹	SSYG-1400A/400-130×130	件	377.70
变电　设备线夹	SSYG-1400A/400-135×150	件	388.11
变电　设备线夹	SSYG-1400A/400-140×180	件	411.56
变电　设备线夹	SSYG-1400A/400-150×145	件	389.42
变电　设备线夹	SSYG-1400A/400-150×300	件	474.07
变电　设备线夹	SSYG-1440NA/200-100×150（耐热）	件	354.25
变电　设备线夹	SSYG-1440NA/200-125×125（耐热）	件	359.46
变电　设备线夹	SSYG-1440NA/200-150×150（耐热）	件	418.07
变电　设备线夹	SSYG-11440NA/200-150×150（耐热）	件	418.07
变电　设备线夹	SSYG-11440NA/400-150×150（耐热）	件	418.07
变电　设备线夹	SSYG-11440NA/400-250×200（耐热）	件	429.79

续表

名　称	型号、规格	单位	价格
变电　设备线夹	SSPYG1-1400A/400-120×120	件	365.97
变电　设备线夹	SSY-240B/200-125×125	件	58.61
变电　设备线夹	SSY-300B/25-80×125	件	82.05
变电　设备线夹	SSY-300B/25-（80～100）×（40～75）	件	79.45
变电　设备线夹	SSY-300B/25-100×200	件	95.07
变电　设备线夹	SSY-300B/25-105×100	件	69.03
变电　设备线夹	SSY-300B/200	件	75.54
变电　设备线夹	SSY-300B/200-（80～90）×80	件	79.45
变电　设备线夹	SSY-300B/200-125×125	件	75.54
变电　设备线夹	SSY-300B/200-125×140	件	84.66
变电　设备线夹	SSY-300B/400	件	201.87
变电　设备线夹	SSY-400B/35	件	88.56
变电　设备线夹	SSY-400B/35-85×80	件	95.07
变电　设备线夹	SSY-400B/35-120	件	97.68

续表

名　　称	型　号、规　格	单位	价格
变电　设备线夹	SSY-400B/35-125×125	件	134.15
变电　设备线夹	SSY-400B/35-160×120	件	149.78
变电　设备线夹	SSY-400B/35-200	件	126.33
变电　设备线夹	SSY-400B/50-105×110	件	119.82
变电　设备线夹	SSY-400B/50-300×130	件	170.61
变电　设备线夹	SSY-400B/200-75×75	件	108.10
变电　设备线夹	SSY-400B/200-80×80	件	112.01
变电　设备线夹	SSY-400B/200-85×125	件	113.31
变电　设备线夹	SSY-400B/200-100×100	件	118.52
变电　设备线夹	SSY-400B/200-100×200	件	149.78
变电　设备线夹	SSY-400B/200-110×130	件	113.31
变电　设备线夹	SSY-400B/200-125×125	件	117.22
变电　设备线夹	SSY-400B/200-（150～160）×（150～100）	件	138.05
变电　设备线夹	SSY-400B/400	件	115.91

续表

名　称	型　号、规　格	单位	价格
变电　设备线夹	SSY-500B/35-100×（105～120）	件	125.03
变电　设备线夹	SSY-500B/200-160×100	件	158.89
变电　设备线夹	SSY-500B/400	件	222.71
变电　设备线夹	SSY-600KB/400-120×100	件	273.50
变电　设备线夹	SSY-600KB/400-140×120	件	303.46
变电　设备线夹	SSY-630B/45-125×125	件	145.87
变电　设备线夹	SSY-630B	件	157.59
变电　设备线夹	SSY-630B/200	件	157.59
变电　设备线夹	SSY-630B/200-80×100	件	147.17
变电　设备线夹	SSY-800B/200-85×90	件	259.18
变电　设备线夹	SSY-800B/200-120×200	件	291.74
变电　设备线夹	SSY-800B/200-145×230	件	289.13
变电　设备线夹	SSY-800NB/200（耐热）	件	303.46
变电　设备线夹	SSY-900KB/400-90×90	件	278.71

续表

名　　称	型　号、规　格	单位	价格
变电　设备线夹	SSY-1400B	件	350.34
变电　设备线夹	SSY-1400B/200-80×90	件	312.58
变电　设备线夹	SSY-1400B/200-80×125	件	341.23
变电　设备线夹	SSY-1400B/200-100×75	件	339.93
变电　设备线夹	SSY-1400B/200-120×120	件	358.16
变电　设备线夹	SSY-1400B/200-124×224	件	358.16
变电　设备线夹	SSY-1400B/200-125×125	件	347.74
变电　设备线夹	SSY-1400B/200-（130～150）×（125～120）	件	360.76
变电　设备线夹	SSY-1400B/200-150×145	件	375.09
变电　设备线夹	SSY-1400B/200-150×150	件	379.00
变电　设备线夹	SSY-1400B/200-150×200	件	428.49
变电　设备线夹	SSY-1400B/200-150×204	件	428.49
变电　设备线夹	SSY-1400B/200-150×270	件	435.00
变电　设备线夹	SSY-1400B/200-155×150	件	379.00

续表

名　　称	型　号、规　格	单位	价格
变电　设备线夹	SSY-1400B/200-160×100	件	365.97
变电　设备线夹	SSY-1400B/200-160×130	件	360.76
变电　设备线夹	SSY-1400B/200-160×160	件	381.60
变电　设备线夹	SSY-1400B/200-170×150	件	358.16
变电　设备线夹	SSY-1400B/400-100×75	件	358.16
变电　设备线夹	SSY-1400B/400-100×100	件	377.70
变电　设备线夹	SSY-1400B/400-100×164	件	365.97
变电　设备线夹	SSY-1400B/400-115×300	件	432.40
变电　设备线夹	SSY-1400B/400-120×120	件	405.05
变电　设备线夹	SSY-1400B/400-120×200	件	407.65
变电　设备线夹	SSY-1400B/400-125×145	件	352.95
变电　设备线夹	SSY-1400B/400-130×125	件	358.16
变电　设备线夹	SSY-1400B/400-130×130	件	367.28
变电　设备线夹	SSY-1400B/400-135×320	件	457.14

续表

名　　称	型号、规格	单位	价格
变电　设备线夹	SSY-1400B/400-140×100	件	399.84
变电　设备线夹	SSY-1400B/400-140×180	件	402.44
变电　设备线夹	SSY-1400B/400-150×125	件	358.16
变电　设备线夹	SSY-1400B/400-150×145	件	399.84
变电　设备线夹	SSY-1400B/400-150×200	件	375.09
变电　设备线夹	SSY-1400B/400-150×300	件	438.91
变电　设备线夹	SSY-1400B/400-155×155	件	358.16
变电　设备线夹	SSY-1400B/400-170×150	件	365.97
变电　设备线夹	SSY-1400B/400-180×180	件	371.18
变电　设备线夹	SSY-1400B/400-200×200	件	392.02
变电　设备线夹	SSY-1400B/400-220×220	件	398.53
变电　设备线夹	SSY-1400NB/200（耐热）	件	346.44
变电　设备线夹	SSY-1400NB/200-125×130（耐热）	件	345.14
变电　设备线夹	SSY-1440B/200	件	375.09

续表

名　称	型号、规格	单位	价格
变电　设备线夹	SSY-1440B/400-150×270	件	445.42
变电　设备线夹	SSY-1440NB/200（耐热）	件	375.09
变电　设备线夹	SSY-1440NB/200-100×200（耐热）	件	362.07
变电　设备线夹	SSY-1440NB/200-（100～120）×（224～220）（耐热）	件	364.67
变电　设备线夹	SSY-1440NB/200-120×224（耐热）	件	367.28
变电　设备线夹	SSY-1440NB/200-124×224（耐热）	件	369.88
变电　设备线夹	SSY-1440NB/200-130×125（耐热）	件	364.67
变电　设备线夹	SSY-1440NB/200-150×150（耐热）	件	388.11
变电　设备线夹	SSY-1440NB/200-（170～180）×（150～125）（耐热）	件	392.02
变电　设备线夹	SSY-1440NB/400-100×200（耐热）	件	377.70
变电　设备线夹	SSY-1440NB/400-120×100（耐热）	件	362.07
变电　设备线夹	SSY-1440NB/400-120×200（耐热）	件	373.79
变电　设备线夹	SSY-1440NB/400-125×125（耐热）	件	362.07
变电　设备线夹	SSY-1440NB/400-150×125（耐热）	件	369.88

续表

名　　称	型　号、规　格	单位	价格
变电　设备线夹	SSY-1440NB/400-175×150（耐热）	件	392.02
变电　设备线夹	SSY-1440NB/400-180×180（耐热）	件	397.23
变电　设备线夹	SSYG-300B/25	件	85.96
变电　设备线夹	SSYG-300B/40-120	件	82.05
变电　设备线夹	SSYG-300B/120-125×85	件	82.05
变电　设备线夹	SSYG-300B/120-140×120	件	91.17
变电　设备线夹	SSYG-300B/200-80×80	件	82.05
变电　设备线夹	SSYG-300B/200-100×100	件	84.66
变电　设备线夹	SSYG-400B/35-120	件	89.87
变电　设备线夹	SSYG-400B/35-80×80	件	82.05
变电　设备线夹	SSYG-400B/120-110×100	件	85.96
变电　设备线夹	SSYG-400B/200	件	83.35
变电　设备线夹	SSYG-400B/200-80×80	件	83.35
变电　设备线夹	SSYG-400B/200-100×100	件	84.66

续表

名　　称	型　号、规　格	单位	价格
变电　设备线夹	SSYG-400B/200-120×100	件	88.56
变电　设备线夹	SSYG-500B/45-120	件	97.68
变电　设备线夹	SSYG-500B/120-120×125	件	97.68
变电　设备线夹	SSYG-600KB-120×120	件	326.90
变电　设备线夹	SSYG-600KB/400-100×75	件	319.09
变电　设备线夹	SSYG-600KB/400-120×120	件	364.67
变电　设备线夹	SSYG-600KB/400-150×150	件	380.30
变电　设备线夹	SSYG-630B/45-100×100	件	134.15
变电　设备线夹	SSYG-630B/55-130×130	件	158.89
变电　设备线夹	SSYG-630B/200	件	158.89
变电　设备线夹	SSYG-800NB/200-150×150（耐热）	件	269.60
变电　设备线夹	SSYG-800NB/200-160×120（耐热）	件	264.39
变电　设备线夹	SSYG-1400B/200-124×224	件	402.44
变电　设备线夹	SSYG-1400B/200-125×125	件	380.30

续表

名　称	型号、规格	单位	价格
变电　设备线夹	SSYG-1400B/200-150×120	件	385.51
变电　设备线夹	SSYG-1400B/200-150×145	件	406.35
变电　设备线夹	SSYG-1400B/200-150×204	件	455.84
变电　设备线夹	SSYG-1400B/200-150×270	件	479.28
变电　设备线夹	SSYG-1400B/200-80×90	件	333.41
变电　设备线夹	SSYG-1400B/200-160×130	件	392.02
变电　设备线夹	SSYG-1400B/200-160×160	件	429.79
变电　设备线夹	SSYG-1400B/300-80×90	件	349.04
变电　设备线夹	SSYG-1400B/400-100×100	件	365.97
变电　设备线夹	SSYG-1400B/400-115×300	件	453.23
变电　设备线夹	SSYG-1400B/400-120×120	件	371.18
变电　设备线夹	SSYG-1400B/400-125×125	件	381.60
变电　设备线夹	SSYG-1400B/400-130×130	件	384.21
变电　设备线夹	SSYG-1400B/400-135×320	件	459.75

续表

名　称	型　号、规　格	单位	价格
变电　设备线夹	SSYG-1400B/400-140×180	件	431.09
变电　设备线夹	SSYG-1400B/400-150×300	件	474.07
变电　设备线夹	SSYG-1400NB/200-（100～150）×（230～145）（耐热）	件	424.58
变电　设备线夹	SSYG-1440NB/200-100×150（耐热）	件	354.25
变电　设备线夹	SSYG-1440NB/200-150×150（耐热）	件	418.07
变电　设备线夹	SSYG-11400B/200-100×150	件	354.25
变电　设备线夹	SSYG-11400B/200-150×150	件	418.07
变电　设备线夹	SSYG-11400B/200-165×112	件	367.28
变电　设备线夹	SSYG-11400B/400	件	367.28
变电　设备线夹	SSYG-11400B/400-130×125	件	375.09
变电　设备线夹	SSYG-11400B/400-200×200	件	474.07
变电　设备线夹	SSPYG-2×800B、B2/200-150×150	件	420.67
变电　设备线夹	SSY-240C/30-130×140-200	件	74.24
变电　设备线夹	SSY-240C/200-125×125	件	72.93

续表

名　　称	型　号、规　格	单位	价格
变电　设备线夹	SSY-300C/25-80×125	件	83.35
变电　设备线夹	SSY-300C/25-100×80	件	72.93
变电　设备线夹	SSY-300C/200-75×75	件	70.33
变电　设备线夹	SSY-300C/200-（80～100）×（70～102）	件	71.63
变电　设备线夹	SSY-300C/200-100×200	件	96.38
变电　设备线夹	SSY-300C/200-105×150	件	87.26
变电　设备线夹	SSY-300C/200-125×100	件	70.33
变电　设备线夹	SSY-300C/200-125×125	件	74.24
变电　设备线夹	SSY-300C/200-125×（140～150）	件	87.26
变电　设备线夹	SSY-300C/200-140×（150～153）	件	101.59
变电　设备线夹	SSY-400C/35	件	100.28
变电　设备线夹	SSY-400C/35-13	件	100.28
变电　设备线夹	SSY-400C/35-90×124	件	96.38
变电　设备线夹	SSY-400C/35-120	件	97.68

续表

名　　称	型　号、规　格	单位	价格
变电　设备线夹	SSY-400C/35-125×125	件	110.70
变电　设备线夹	SSY-400C/35-160×120	件	149.78
变电　设备线夹	SSY-400C/35-200	件	139.36
变电　设备线夹	SSY-400C/200-80×80	件	109.40
变电　设备线夹	SSY-400C/200-100×200	件	144.57
变电　设备线夹	SSY-400C/200-110×（125～130）	件	119.82
变电　设备线夹	SSY-400C/200-120×140	件	123.73
变电　设备线夹	SSY-400C/200-（120～125）×100	件	117.22
变电　设备线夹	SSY-400C/200-125×125	件	119.82
变电　设备线夹	SSY-400C/200-125×150	件	123.73
变电　设备线夹	SSY-400C/200-150×150	件	138.05
变电　设备线夹	SSY-500C/35-100×100	件	119.82
变电　设备线夹	SSY-500C/35-100×105	件	125.03
变电　设备线夹	SSY-600KA/400-100×200	件	597.80

续表

名　　称	型　号、规　格	单位	价格
变电　设备线夹	SSY-600KA/400-125×125	件	489.70
变电　设备线夹	SSY-600KC/400-120×100	件	329.51
变电　设备线夹	SSY-600KC/400-125×125	件	333.41
变电　设备线夹	SSY-600KC/400-140×120	件	350.34
变电　设备线夹	SSY-600KC/400-150×150	件	359.46
变电　设备线夹	SSY-600KC/400-150×240	件	377.70
变电　设备线夹	SSY-600KC/400-200×200	件	388.11
变电　设备线夹	SSY-600KC/400-250×250	件	402.44
变电　设备线夹	SSY-600KC/400-300×100	件	408.95
变电　设备线夹	SSY-600KC/400-300×150	件	402.44
变电　设备线夹	SSY-630C	件	140.66
变电　设备线夹	SSY-630C/45-80×125	件	127.63
变电　设备线夹	SSY-630C/200	件	157.59
变电　设备线夹	SSY-630C/200-100×200	件	149.78

续表

名　　称	型 号、规 格	单位	价格
变电　设备线夹	SSY-630KC/400	件	388.11
变电　设备线夹	SSY-800NC/55-200（耐热）	件	303.46
变电　设备线夹	SSY-900KC/400-120×120	件	333.41
变电　设备线夹	SSY-1400C/200-80×90	件	324.30
变电　设备线夹	SSY-1400C/200-80×125	件	341.23
变电　设备线夹	SSY-1400C/200-90×124	件	342.53
变电　设备线夹	SSY-1400C/200-125×125	件	350.34
变电　设备线夹	SSY-1400C/200-150×120	件	363.37
变电　设备线夹	SSY-1400C/200-150×145	件	377.70
变电　设备线夹	SSY-1400C/200-150×204	件	415.46
变电　设备线夹	SSY-1400C/200-150×270	件	436.30
变电　设备线夹	SSY-1400C/200-155×150	件	381.60
变电　设备线夹	SSY-1400C/200-160×100	件	368.58
变电　设备线夹	SSY-1400C/200-160×130	件	375.09

续表

名　　称	型　号、规　格	单位	价格
变电　设备线夹	SSY-1400C/200-160×160	件	381.60
变电　设备线夹	SSY-1400C/200-210×190	件	423.28
变电　设备线夹	SSY-1400C/400-100×75	件	360.76
变电　设备线夹	SSY-1400C/400-100×100	件	377.70
变电　设备线夹	SSY-1400C/400-100×164	件	351.65
变电　设备线夹	SSY-1400C/400-100×200	件	355.55
变电　设备线夹	SSY-1400C/400-100×300	件	362.07
变电　设备线夹	SSY-1400C/400-115×300	件	432.40
变电　设备线夹	SSY-1400C/400-120×120	件	397.23
变电　设备线夹	SSY-1400C/400-120×224	件	415.46
变电　设备线夹	SSY-1400C/400-125×125	件	354.25
变电　设备线夹	SSY-1400C/400-125×145	件	358.16
变电　设备线夹	SSY-1400C/400-130×130	件	367.28
变电　设备线夹	SSY-1400C/400-135×150	件	369.88

续表

名 称	型 号、规 格	单位	价格
变电　设备线夹	SSY-1400C/400-135×320	件	457.14
变电　设备线夹	SSY-1400C/400-140×100	件	402.44
变电　设备线夹	SSY-1400C/400-140×140	件	405.05
变电　设备线夹	SSY-1400C/400-140×180	件	406.35
变电　设备线夹	SSY-1400C/400-150×100	件	369.88
变电　设备线夹	SSY-1400C/400-150×125	件	377.70
变电　设备线夹	SSY-1400C/400-150×145	件	405.05
变电　设备线夹	SSY-1400C/400-150×150	件	415.46
变电　设备线夹	SSY-1400C/400-150×300	件	441.51
变电　设备线夹	SSY-1400C/400-175×150	件	381.60
变电　设备线夹	SSY-1400C/400-180×180	件	423.28
变电　设备线夹	SSY-1400C/400-200×100	件	355.55
变电　设备线夹	SSY-1440C/400-250×270	件	488.40
变电　设备线夹	SSY-1440NC/200（耐热）	件	375.09

续表

名　称	型　号、规　格	单位	价格
变电　设备线夹	SSY-1440NC/200-100×200（耐热）	件	364.67
变电　设备线夹	SSY-1440NC/200-120×220（耐热）	件	365.97
变电　设备线夹	SSY-1440NC/200-150×150（耐热）	件	388.11
变电　设备线夹	SSY-1440NC/400（耐热）	件	388.11
变电　设备线夹	SSY-1440NC/400-100×200（耐热）	件	364.67
变电　设备线夹	SSY-1440NC/400-120×220（耐热）	件	365.97
变电　设备线夹	SSY-1440NC/400-150×150（耐热）	件	257.87
变电　设备线夹	SSY-1440NC/400-175×150（耐热）	件	384.21
变电　设备线夹	SSY-1440NC/400-180×180（耐热）	件	405.05
变电　设备线夹	SSY-1440NC/400-200×100（耐热）	件	402.44
变电　设备线夹	SSY-1440NC/400-200×150（耐热）	件	399.84
变电　设备线夹	SSPY-2×800C/200-150×150	件	355.55
变电　设备线夹	SSYG-300C/25	件	88.56
变电　设备线夹	SSYG-300C/120-125×85	件	84.66

续表

名　　称	型 号、规 格	单位	价格
变电　设备线夹	SSYG-300C/120-140×120	件	93.77
变电　设备线夹	SSYG-400C/35-120	件	98.98
变电　设备线夹	SSYG-400C/120-110×100	件	89.87
变电　设备线夹	SSYG-400C/200-100×100	件	88.56
变电　设备线夹	SSYG-400C/200-100×105	件	89.87
变电　设备线夹	SSYG-500C/120-100×100	件	95.07
变电　设备线夹	SSYG-500C/200	件	100.28
变电　设备线夹	SSYG-600KC/400-100×75	件	293.04
变电　设备线夹	SSYG-600KC/400-120×120	件	329.51
变电　设备线夹	SSYG-600KC/400-150×150	件	381.60
变电　设备线夹	SSYG-630C-105×100	件	136.75
变电　设备线夹	SSYG-630C/200	件	148.47
变电　设备线夹	SSYG-800C/200-80×80	件	296.95
变电　设备线夹	SSYG-800C/200-100×100	件	307.37

续表

名　　称	型 号、规 格	单位	价格
变电　设备线夹	SSYG-800C/200-125×125	件	316.48
变电　设备线夹	SSYG-1400C/200-124×224	件	397.23
变电　设备线夹	SSYG-1400C/200-150×120	件	389.42
变电　设备线夹	SSYG-1400C/200-150×145	件	437.61
变电　设备线夹	SSYG-1400C/200-150×150	件	440.21
变电　设备线夹	SSYG-1400C/200-150×180	件	449.33
变电　设备线夹	SSYG-1400C/200-150×204	件	455.84
变电　设备线夹	SSYG-1400C/200-150×270	件	471.47
变电　设备线夹	SSYG-1400C/200-160×130	件	437.61
变电　设备线夹	SSYG-1400C/200-160×160	件	479.28
变电　设备线夹	SSYG-1400C/400-100×100	件	381.60
变电　设备线夹	SSYG-1400C/400-115×300	件	485.79
变电　设备线夹	SSYG-1400C/400-120×120	件	457.14
变电　设备线夹	SSYG-1400C/400-130×130	件	412.86

续表

名　　称	型　号、规　格	单位	价格
变电　设备线夹	SSYG-1400C/400-135×320	件	494.91
变电　设备线夹	SSYG-1400C/400-140×180	件	455.84
变电　设备线夹	SSYG1400C/400-150×145	件	455.84
变电　设备线夹	SSYG-1400C/400-150×300	件	498.82
变电　设备线夹	SSYG-1440NC/200-100×150（耐热）	件	373.79
变电　设备线夹	SSYG-1440NC/200-125×125（耐热）	件	368.58
变电　设备线夹	SSYG-1440NC/200-150×150（耐热）	件	457.14
变电　设备线夹	SSYG-11400C/200-120×120	件	385.51
变电　设备线夹	SSYG-11400C/200-125×125	件	397.23
变电　设备线夹	SSYG-11400C/200-135×125	件	437.61
变电　设备线夹	SY-1440NC-100×150	件	66.42
变电　设备线夹	SSL-185/120	件	79.42
变电　设备线夹	SSL-185/200	件	90.54
变电　设备线夹	SSL-185/400	件	118.48

名　　称	型 号、规 格	单位	价格
变电　设备线夹	SSL-300/120	件	139.80
变电　设备线夹	SSL-300/200	件	152.87
变电　设备线夹	SSL-300/400	件	185.53
变电　设备线夹	SSL-500/120	件	228.75
变电　设备线夹	SSL-500/200	件	250.40
变电　设备线夹	SSL-500/400	件	272.61
变电　设备线夹	SSLG-185/120	件	83.39
变电　设备线夹	SSLG-185/200	件	95.07
变电　设备线夹	SSLG-185/400	件	124.40
变电　设备线夹	SSLG-300/120	件	146.79
变电　设备线夹	SSLG-300/200	件	160.50
变电　调距设备线夹	STY-400/200	件	95.07
变电　调距设备线夹	STY-1400/100-155×150	件	408.95
变电　调距设备线夹	STYG-1400/100-150×150	件	412.86

续表

名 称	型 号、规 格	单位	价格
变电　铜铝过渡设备线夹	SL1G-300～800	件	104.19
变电　铜铝过渡设备线夹	SL2G-300～800	件	104.19
变电　铜铝过渡设备线夹（压缩型 A 型）	SYG-95/15A、20A	件	13.02
变电　铜铝过渡设备线夹（压缩型 A 型）	SYG-120/7A	件	16.93
变电　铜铝过渡设备线夹（压缩型 A 型）	SYG-120/20A	件	16.93
变电　铜铝过渡设备线夹（压缩型 A 型）	SYG-120/25A-150×150	件	18.23
变电　铜铝过渡设备线夹（压缩型 A 型）	SYG-150A	件	16.93
变电　铜铝过渡设备线夹（压缩型 A 型）	SYG-150/8A、20A	件	18.23
变电　铜铝过渡设备线夹（压缩型 A 型）	SYG-185A	件	24.75
变电　铜铝过渡设备线夹（压缩型 A 型）	SYG-185/10A、25A	件	20.84
变电　铜铝过渡设备线夹（压缩型 A 型）	SYG-210/10A	件	22.14
变电　铜铝过渡设备线夹（压缩型 A 型）	SYG-210/25A	件	23.44
变电　铜铝过渡设备线夹（压缩型 A 型）	SYG-240/30A	件	26.05
变电　铜铝过渡设备线夹（压缩型 A 型）	SYG-300A	件	41.68

续表

名　　称	型　号、规　格	单位	价格
变电　铜铝过渡设备线夹（压缩型 A 型）	SYG-300A-100×100	件	31.26
变电　铜铝过渡设备线夹（压缩型 A 型）	SYG-300/15A、20A、25A	件	33.86
变电　铜铝过渡设备线夹（压缩型 A 型）	SYG-300/25A-100×10	件	35.16
变电　铜铝过渡设备线夹（压缩型 A 型）	SYG-300/25A-100×100	件	36.47
变电　铜铝过渡设备线夹（压缩型 A 型）	SYG-300/25A-125×12	件	37.77
变电　铜铝过渡设备线夹（压缩型 A 型）	SYG-300/40A	件	33.86
变电　铜铝过渡设备线夹（压缩型 A 型）	SYG-300/40A-100×100	件	36.47
变电　铜铝过渡设备线夹（压缩型 A 型）	SYG-300/45A	件	37.77
变电　铜铝过渡设备线夹（压缩型 A 型）	SYG-400A	件	44.28
变电　铜铝过渡设备线夹（压缩型 A 型）	SYG-400A-80×80	件	39.07
变电　铜铝过渡设备线夹（压缩型 A 型）	SYG-400A-105×100	件	39.07
变电　铜铝过渡设备线夹（压缩型 A 型）	SYG-400/20A	件	41.68
变电　铜铝过渡设备线夹（压缩型 A 型）	SYG-500A	件	52.10
变电　铜铝过渡设备线夹（压缩型 A 型）	SYG-500/35A、45A、65A	件	50.79

续表

名　称	型 号、规 格	单位	价格
变电　铜铝过渡设备线夹（压缩型 A 型）	SYG-600A	件	88.56
变电　铜铝过渡设备线夹（压缩型 A 型）	SYG-600KA-120×120	件	151.08
变电　铜铝过渡设备线夹（压缩型 A 型）	SYG-630NA-150×150（耐热）	件	80.75
变电　铜铝过渡设备线夹（压缩型 A 型）	SYG-630/45A	件	80.75
变电　铜铝过渡设备线夹（压缩型 A 型）	SYG-800A-（100～105）×100	件	143.26
变电　铜铝过渡设备线夹（压缩型 A 型）	SYG-800/55A	件	126.33
变电　铜铝过渡设备线夹（压缩型 A 型）	SYG-1400A-100×100	件	96.38
变电　铜铝过渡设备线夹（压缩型 A 型）	SYG-1400A-120×120	件	113.31
变电　铜铝过渡设备线夹（压缩型 A 型）	SYG-1400A-125×140	件	122.43
变电　铜铝过渡设备线夹（压缩型 A 型）	SYG-1400A-140×150	件	135.45
变电　铜铝过渡设备线夹（压缩型 A 型）	SYG-1400A-150×150	件	153.68
变电　铜铝过渡设备线夹（压缩型 A 型）	SYG-1400A/135-125×125	件	139.36
变电　铜铝过渡设备线夹（压缩型 A 型）	SYG-1440NA-130×125（耐热）	件	140.66
变电　铜铝过渡设备线夹（压缩型 A 型）	SYG-1440NA-160×112（耐热）	件	147.17

续表

名　　　称	型　号、规　格	单位	价格
变电　铜铝过渡设备线夹（压缩型 A 型）	SYG-1600A-125×125	件	197.96
变电　铜铝过渡设备线夹（压缩型 B 型）	SYG-95/20B	件	13.02
变电　铜铝过渡设备线夹（压缩型 B 型）	SYG-120/7B、20B	件	16.93
变电　铜铝过渡设备线夹（压缩型 B 型）	SYG-120/25B-150×150	件	16.93
变电　铜铝过渡设备线夹（压缩型 B 型）	SYG-150/8B、14B、20B、25B	件	18.23
变电　铜铝过渡设备线夹（压缩型 B 型）	SYG-185B	件	24.75
变电　铜铝过渡设备线夹（压缩型 B 型）	SYG-185/10B、25B	件	23.44
变电　铜铝过渡设备线夹（压缩型 B 型）	SYG-210/10B、25B	件	23.44
变电　铜铝过渡设备线夹（压缩型 B 型）	SYG-240B	件	28.65
变电　铜铝过渡设备线夹（压缩型 B 型）	SYG-240B-100×100	件	26.05
变电　铜铝过渡设备线夹（压缩型 B 型）	SYG-240/30B	件	26.05
变电　铜铝过渡设备线夹（压缩型 B 型）	SYG-240/30B-80×125	件	27.35
变电　铜铝过渡设备线夹（压缩型 B 型）	SYG-240/40B	件	27.35
变电　铜铝过渡设备线夹（压缩型 B 型）	SYG-300B	件	41.68

续表

名　　称	型　号、规　格	单位	价格
变电　铜铝过渡设备线夹（压缩型 B 型）	SYG-300B-100×100	件	32.56
变电　铜铝过渡设备线夹（压缩型 B 型）	SYG-300/15B	件	35.16
变电　铜铝过渡设备线夹（压缩型 B 型）	SYG-300/20B	件	35.16
变电　铜铝过渡设备线夹（压缩型 B 型）	SYG-300/20B-80×80	件	35.16
变电　铜铝过渡设备线夹（压缩型 B 型）	SYG-300/25B	件	35.16
变电　铜铝过渡设备线夹（压缩型 B 型）	SYG-300/25B-80×8	件	35.16
变电　铜铝过渡设备线夹（压缩型 B 型）	SYG-300/25B-100×10	件	36.47
变电　铜铝过渡设备线夹（压缩型 B 型）	SYG-300/25B-130×130	件	36.47
变电　铜铝过渡设备线夹（压缩型 B 型）	SYG-300/25B-150×150	件	39.07
变电　铜铝过渡设备线夹（压缩型 B 型）	SYG-300/40B	件	35.16
变电　铜铝过渡设备线夹（压缩型 B 型）	SYG-300/40B-100×100	件	36.47
变电　铜铝过渡设备线夹（压缩型 B 型）	SYG-300/45B	件	36.47
变电　铜铝过渡设备线夹（压缩型 B 型）	SYG-400B	件	46.89
变电　铜铝过渡设备线夹（压缩型 B 型）	SYG-400B-80×80	件	42.98

续表

名　　称	型　号、规　格	单位	价格
变电　铜铝过渡设备线夹（压缩型 B 型）	SYG-400/20B、25B、35B、50B	件	42.98
变电　铜铝过渡设备线夹（压缩型 B 型）	SYG-400N/35B（耐热）	件	49.49
变电　铜铝过渡设备线夹（压缩型 B 型）	SYG-500B	件	56.00
变电　铜铝过渡设备线夹（压缩型 B 型）	SYG-500/35B、45B、65B	件	50.79
变电　铜铝过渡设备线夹（压缩型 B 型）	SYG-600B	件	88.56
变电　铜铝过渡设备线夹（压缩型 B 型）	SYG-630NB-150×150（耐热）	件	80.75
变电　铜铝过渡设备线夹（压缩型 B 型）	SYG-630/45B、55B、80B	件	80.75
变电　铜铝过渡设备线夹（压缩型 B 型）	SYG-800B-（80～100）×（80～100）	件	127.63
变电　铜铝过渡设备线夹（压缩型 B 型）	SYG-800NB-160×120（耐热）	件	127.63
变电　铜铝过渡设备线夹（压缩型 B 型）	SYG-800/55B、70B、100B	件	126.33
变电　铜铝过渡设备线夹（压缩型 B 型）	SYG-1400B-100×100	件	96.38
变电　铜铝过渡设备线夹（压缩型 B 型）	SYG-1400B-120×120	件	113.31
变电　铜铝过渡设备线夹（压缩型 B 型）	SYG-1400B-125×140	件	122.43
变电　铜铝过渡设备线夹（压缩型 B 型）	SYG-1400B-125×225	件	164.10

续表

名　　称	型　号、规　格	单位	价格
变电　铜铝过渡设备线夹（压缩型 B 型）	SYG-1400B-140×150	件	135.45
变电　铜铝过渡设备线夹（压缩型 B 型）	SYG-1440NB（耐热）	件	182.34
变电　铜铝过渡设备线夹（压缩型 B 型）	SYG-1440NB-100×100（耐热）	件	100.28
变电　铜铝过渡设备线夹（压缩型 B 型）	SYG-1440NB-112×160（耐热）	件	127.63
变电　铜铝过渡设备线夹（压缩型 B 型）	SYG-1440NB-125×125（耐热）	件	113.31
变电　铜铝过渡设备线夹（压缩型 B 型）	SYG-1440NB-150×150（耐热）	件	208.38
变电　铜铝过渡设备线夹（压缩型 C 型）	SYG-120/7C-100×100	件	19.54
变电　铜铝过渡设备线夹（压缩型 C 型）	SYG-150/20C	件	13.16
变电　铜铝过渡设备线夹（压缩型 C 型）	SYG-185/10C	件	15.62
变电　铜铝过渡设备线夹（压缩型 C 型）	SYG-185/25C	件	15.12
变电　铜铝过渡设备线夹（压缩型 C 型）	SYG-185/25C-90×50	件	23.44
变电　铜铝过渡设备线夹（压缩型 C 型）	SYG-210/10C	件	17.56
变电　铜铝过渡设备线夹（压缩型 C 型）	SYG-210/25C	件	17.07
变电　铜铝过渡设备线夹（压缩型 C 型）	SYG-240C-100×100	件	26.05

续表

名　　称	型　号、规　格	单位	价格
变电　铜铝过渡设备线夹（压缩型 C 型）	SYG-240/30C	件	27.35
变电　铜铝过渡设备线夹（压缩型 C 型）	SYG-300C-100×100	件	32.56
变电　铜铝过渡设备线夹（压缩型 C 型）	SYG-300/15C	件	23.67
变电　铜铝过渡设备线夹（压缩型 C 型）	SYG-300/20C	件	23.29
变电　铜铝过渡设备线夹（压缩型 C 型）	SYG-300/25C	件	36.47
变电　铜铝过渡设备线夹（压缩型 C 型）	SYG-300/25C-80×8	件	36.47
变电　铜铝过渡设备线夹（压缩型 C 型）	SYG-300/25C-90×100	件	37.77
变电　铜铝过渡设备线夹（压缩型 C 型）	SYG-300/25C-100×10	件	37.77
变电　铜铝过渡设备线夹（压缩型 C 型）	SYG-300/25C-100×100	件	37.77
变电　铜铝过渡设备线夹（压缩型 C 型）	SYG-300/35C	件	39.07
变电　铜铝过渡设备线夹（压缩型 C 型）	SYG-400C	件	49.49
变电　铜铝过渡设备线夹（压缩型 C 型）	SYG-400C-100×100	件	42.98
变电　铜铝过渡设备线夹（压缩型 C 型）	SYG-400/25C	件	24.78
变电　铜铝过渡设备线夹（压缩型 C 型）	SYG-400N/35C（耐热）	件	46.89

续表

名　　称	型 号、规 格	单位	价格
变电　铜铝过渡设备线夹（压缩型 C 型）	SYG-400/50C	件	25.17
变电　铜铝过渡设备线夹（压缩型 C 型）	SYG-500/35C-80×80	件	50.79
变电　铜铝过渡设备线夹（压缩型 C 型）	SYG-500/35C-140×120	件	87.26
变电　铜铝过渡设备线夹（压缩型 C 型）	SYG-500/65C	件	32.60
变电　铜铝过渡设备线夹（压缩型 C 型）	SYG-600KC-100×100	件	82.05
变电　铜铝过渡设备线夹（压缩型 C 型）	SYG-630C	件	80.75
变电　铜铝过渡设备线夹（压缩型 C 型）	SYG-800/55C	件	164.10
变电　铜铝过渡设备线夹（压缩型 C 型）	SYG-1400C-100×100	件	135.45
变电　铜铝过渡设备线夹（压缩型 C 型）	SYG-1400C-120×120	件	113.31
变电　铜铝过渡设备线夹（压缩型 C 型）	SYG-1400C-125×140	件	126.33
变电　铜铝过渡设备线夹（压缩型 C 型）	SYG-1400C-145×150	件	139.36
变电　铜铝过渡设备线夹（压缩型 C 型）	SYG-1400C/135-135×125	件	138.05
变电　铜铝过渡设备线夹（压缩型 C 型）	SYG-1400C/200-125×125	件	144.57
变电　铜铝过渡设备线夹（压缩型 C 型）	SYG-1440NC（耐热）	件	192.75

续表

名　　　称	型号、规格	单位	价格
变电　铜铝过渡设备线夹（压缩型 C 型）	SYG-1440NC-112×160	件	214.90
变电　铜铝过渡设备线夹（压缩型 C 型）	SYG-1440NC-125×125（耐热）	件	216.20
变电　铜铝过渡设备线夹（压缩型 C 型）	SYG-1440NC-150×110（耐热）	件	214.90
变电　铜铝过渡设备线夹（压缩型 C 型）	SYG-1440NC-150×150（耐热）	件	216.20
变电　铜铝过渡设备线夹（压缩型 C 型）	STG-300/25C	件	48.19
变电　铜铝过渡设备线夹（螺栓型）	SL1G-2×300	件	113.31
变电　铜铝过渡设备线夹（螺栓型）	SL1G-2×400	件	121.12
变电　铜铝过渡设备线夹（螺栓型）	SL1G-2×500	件	126.33
变电　铜铝过渡设备线夹（螺栓型）	SL2G-2×185	件	136.75
变电　铜铝过渡设备线夹（螺栓型）	SL2G-2×240	件	139.36
变电　铜铝过渡设备线夹（螺栓型）	SL2G-2×300	件	144.57
变电　铜铝过渡设备线夹（螺栓型）	SL2G-2×400	件	147.17
变电　铜铝过渡设备线夹（螺栓型）	SLG2-2×630/200-125×125	件	191.45
变电　铜铝过渡设备线夹（螺栓型）	SLG-1	件	16.93

续表

名　　称	型　号、规　格	单位	价格
变电　铜铝过渡设备线夹（螺栓型）	SLG-2	件	19.54
变电　铜铝过渡设备线夹（螺栓型）	SLG-5	件	22.14
变电　铜铝过渡设备线夹（螺栓型）	SLG-1A（SL-3）	件	19.54
变电　铜铝过渡设备线夹（螺栓型）	SLG-2A	件	23.44
变电　铜铝过渡设备线夹（螺栓型）	SLG-3A（SL-5）	件	26.05
变电　铜铝过渡设备线夹（螺栓型）	SLG-4A（SL-6）	件	26.05
变电　铜铝过渡设备线夹（螺栓型）	SLG-4A-100×10	件	28.65
变电　铜铝过渡设备线夹（螺栓型）	SLG-1B	件	19.54
变电　铜铝过渡设备线夹（螺栓型）	SLG-2B	件	22.14
变电　铜铝过渡设备线夹（螺栓型）	SLG-3B（SL-9）	件	26.05
变电　铜铝过渡设备线夹（螺栓型）	SLG-4B（SL-10）	件	26.05
变电　铜铝过渡设备线夹（螺栓型）	SLG-4B-100×10	件	28.65
变电　铜铝过渡设备线夹（螺栓型）	SLG-5B	件	44.28
变电　铜铝过渡设备线夹（螺栓型）	SLG-6B	件	46.89

续表

名　　称	型　号、规　格	单位	价格
变电　铜铝过渡设备线夹（螺栓型）	SLG-300A	件	61.21
变电　铜铝过渡设备线夹（螺栓型）	SLG-600KA	件	372.49
变电　铜铝过渡设备线夹（螺栓型）	SLG-600KA/200-150（0°）	件	787.95
变电　铜铝过渡设备线夹（螺栓型）	SLG-630A	件	405.62
变电　铜铝过渡设备线夹（螺栓型）	SLG-1400A	件	381.60
变电　铜铝过渡设备线夹（螺栓型）	SLG-1400A/200-150（0°）	件	713.71
变电　铜铝过渡设备线夹（螺栓型）	SLG-1400A/400-150（0°）	件	760.60
变电　铜铝过渡设备线夹（螺栓型）	SLG-400B-80×60	件	70.33
变电　铜铝过渡设备线夹（螺栓型）	SLG-400B-80×80	件	72.93
变电　铜铝过渡设备线夹（螺栓型）	SLG-400B-100×100	件	83.35
变电　铜铝过渡设备线夹（螺栓型）	SLG-400B-125×125	件	96.38
变电　铜铝过渡设备线夹（螺栓型）	SLG-600KB、KB1	件	372.49
变电　铜铝过渡设备线夹（螺栓型）	SLG-600KB、KB1/200-150	件	772.32
变电　铜铝过渡设备线夹（螺栓型）	SLG-1400B、B1	件	358.16

续表

名　　称	型 号、规 格	单位	价格
变电　铜铝过渡设备线夹（螺栓型）	SLG-1400B/200-150（30°）	件	701.99
变电　铜铝过渡设备线夹（螺栓型）	SLG-1400B/400-150（30°）	件	743.67
变电　铜铝过渡设备线夹（螺栓型）	SLG-600KC	件	372.49
变电　铜铝过渡设备线夹（螺栓型）	SLG-600KC/200-150（90°）	件	772.32
变电　铜铝过渡设备线夹（螺栓型）	SLG-1400C	件	358.16
变电　铜铝过渡设备线夹（螺栓型）	SLG-1400C/200-150（90°）	件	701.99
变电　铜铝过渡设备线夹（螺栓型）	SLG-1400C/400-150（90°）	件	743.67
变电　铜铝过渡设备线夹（螺栓型）	SLG-1440NA	件	365.60
变电　附铜双设备线夹	SL1-TL-2×185	件	96.01
变电　附铜双设备线夹	SL1-TL-2×240	件	96.01
变电　附铜双设备线夹	SL1-TL-2×300	件	160.02
变电　附铜双设备线夹	SL1-TL-2×400	件	160.02
变电　附铜双设备线夹	SL2-TL-2×185	件	97.34
变电　附铜双设备线夹	SL2-TL-2×240	件	97.34

续表

名　　称	型　号、规　格	单位	价格
变电　附铜双设备线夹	SL2-TL-2×400	件	160.02
变电　附铜双设备线夹	SL2-TL-2×300	件	160.02
变电　铜铝过渡板	MG-50×5	件	17.04
变电　铜铝过渡板	MG-60×6	件	24.60
变电　铜铝过渡板	MG-63×8	件	30.07
变电　铜铝过渡板	MG-63×10	件	34.09
变电　铜铝过渡板	MG-80×6	件	33.71
变电　铜铝过渡板	MG-80×8	件	37.49
变电　铜铝过渡板	MG-80×10	件	56.49
变电　铜铝过渡板	MG-100×8	件	61.04
变电　铜铝过渡板	MG-100×10	件	82.00
变电　铜铝过渡板	MG-120×8	件	83.51
变电　铜铝过渡板	MG-120×10	件	105.66
变电　铜铝过渡板	MG-125×8	件	98.85

续表

名　　称	型　号、规　格	单位	价格
变电　铜铝过渡板	MG-125×10	件	110.78
变电　铜铝过渡板	MG-125×12	件	112.48
变电　铜铝过渡板	MG-125×12.5	件	138.05
变电　铜铝过渡板	MG-150	件	231.78
变电　铜铝过渡板	SG-2	件	20.95
变电　铜铝过渡板	SG-3	件	32.38
变电　铜铝过渡板	SG-9	件	100.55
变电　矩型母线平放固定金具（户内）	MNP-101	件	14.67
变电　矩型母线平放固定金具（户内）	MNP-102	件	17.11
变电　矩型母线平放固定金具（户内）	MNP-103	件	17.11
变电　矩型母线平放固定金具（户内）	MNP-104	件	17.11
变电　矩型母线平放固定金具（户内）	MNP-105	件	17.11
变电　矩型母线平放固定金具（户内）	MNP-106	件	18.33
变电　矩型母线平放固定金具（户内）	MNP-107	件	18.33

续表

名　　　称	型　号、规　格	单位	价格
变电　矩型母线平放固定金具（户内）	MNP-108	件	18.33
变电　矩型母线平放固定金具（户内）	MNP-201	件	22.00
变电　矩型母线平放固定金具（户内）	MNP-202	件	22.00
变电　矩型母线平放固定金具（户内）	MNP-203	件	28.11
变电　矩型母线平放固定金具（户内）	MNP-204	件	28.11
变电　矩型母线平放固定金具（户内）	MNP-205	件	29.34
变电　矩型母线平放固定金具（户内）	MNP-206	件	29.34
变电　矩型母线平放固定金具（户内）	MNP-207	件	30.56
变电　矩型母线平放固定金具（户内）	MNP-208	件	30.56
变电　矩型母线平放固定金具（户内）	MNP-301	件	31.78
变电　矩型母线平放固定金具（户内）	MNP-302	件	31.78
变电　矩型母线平放固定金具（户内）	MNP-303	件	33.00
变电　矩型母线平放固定金具（户内）	MNP-304	件	33.00
变电　矩型母线平放固定金具（户内）	MNP-305	件	34.22

续表

名　称	型号、规格	单位	价格
变电　矩型母线平放固定金具（户内）	MNP-306	件	34.22
变电　矩型母线平放固定金具（户内）	MNP-307	件	34.22
变电　矩型母线平放固定金具（户内）	MNP-308	件	34.22
变电　矩型母线平放固定金具（户内）	MNP-310	件	35.45
变电　矩型母线平放固定金具（户内）	MNP-404	件	35.45
变电　矩型母线平放固定金具（户外）	JWP-101	件	12.22
变电　矩型母线平放固定金具（户外）	JWP-102	件	13.45
变电　矩型母线平放固定金具（户外）	JWP-103	件	13.45
变电　矩型母线平放固定金具（户外）	JWP-104	件	15.89
变电　矩型母线平放固定金具（户外）	JWP-105	件	17.11
变电　矩型母线平放固定金具（户外）	JWP-111	件	25.67
变电　矩型母线平放固定金具（户外）	MWP-101（JWP-112）	件	27.33
变电　矩型母线平放固定金具（户外）	MWP-102（JWP-113）	件	28.11
变电　矩型母线平放固定金具（户外）	MWP-103（JWP-114）	件	33.71

续表

名　　　称	型　号、规　格	单位	价格
变电　矩型母线平放固定金具（户外）	MWP-104（JWP-115）	件	34.62
变电　矩型母线平放固定金具（户外）	JWP-201	件	17.11
变电　矩型母线平放固定金具（户外）	JWP-202	件	18.33
变电　矩型母线平放固定金具（户外）	JWP-203	件	20.78
变电　矩型母线平放固定金具（户外）	JWP-204	件	22.00
变电　矩型母线平放固定金具（户外）	MWP-201（JWP-209）	件	33.00
变电　矩型母线平放固定金具（户外）	MWP-202（JWP-210）	件	35.45
变电　矩型母线平放固定金具（户外）	MWP-203（JWP-211）	件	36.67
变电　矩型母线平放固定金具（户外）	MWP-204（JWP-212）	件	42.82
变电　矩型母线平放固定金具（户外）	JWP-301	件	20.78
变电　矩型母线平放固定金具（户外）	JWP-302	件	22.00
变电　矩型母线平放固定金具（户外）	JWP-303	件	28.11
变电　矩型母线平放固定金具（户外）	JWP-304	件	29.34
变电　矩型母线平放固定金具（户外）	MWP-301（JWP-309）	件	36.67

续表

名　　称	型　号、规　格	单位	价格
变电　矩型母线平放固定金具（户外）	MWP-302（JWP-310）	件	39.11
变电　矩型母线平放固定金具（户外）	MWP-303（JWP-311）	件	40.34
变电　矩型母线平放固定金具（户外）	MWP-304（JWP-312）	件	41.56
变电　矩型母线平放固定金具（户外）	JWP-403	件	40.34
变电　矩型母线平放固定金具（户外）	JWP-404	件	41.56
变电　矩型母线立放固定金具（户内）	MNL-101	件	19.78
变电　矩型母线立放固定金具（户内）	MNL-102	件	19.78
变电　矩型母线立放固定金具（户内）	MNL-103	件	20.82
变电　矩型母线立放固定金具（户内）	MNL-104	件	20.82
变电　矩型母线立放固定金具（户内）	MNL-105	件	22.90
变电　矩型母线立放固定金具（户内）	MNL-106	件	22.90
变电　矩型母线立放固定金具（户内）	MNL-107	件	22.90
变电　矩型母线立放固定金具（户内）	MNL-108	件	24.99
变电　矩型母线立放固定金具（户内）	MNL-201（JNL-201）	件	27.07

续表

名　　称	型号、规格	单位	价格
变电　矩型母线立放固定金具（户内）	MNL-202（JNL-202）	件	28.11
变电　矩型母线立放固定金具（户内）	MNL-203（JNL-203）	件	30.19
变电　矩型母线立放固定金具（户内）	MNL-204（JNL-204）	件	31.23
变电　矩型母线立放固定金具（户内）	MNL-205（JNL-205）	件	27.07
变电　矩型母线立放固定金具（户内）	MNL-206（JNL-206）	件	29.15
变电　矩型母线立放固定金具（户内）	MNL-207（JNL-207）	件	30.19
变电　矩型母线立放固定金具（户内）	MNL-208（JNL-208）	件	31.23
变电　矩型母线立放固定金具（户内）	MNL-301（JNL-301）	件	34.36
变电　矩型母线立放固定金具（户内）	MNL-302（JNL-302）	件	34.36
变电　矩型母线立放固定金具（户内）	MNL-303（JNL-303）	件	35.40
变电　矩型母线立放固定金具（户内）	MNL-304（JNL-304）	件	36.44
变电　矩型母线立放固定金具（户内）	MNL-305（JNL-305）	件	37.48
变电　矩型母线立放固定金具（户内）	MNL-306（JNL-306）	件	37.48
变电　矩型母线立放固定金具（户内）	MNL-307（JNL-307）	件	38.52

续表

名　称	型号、规格	单位	价格
变电　矩型母线立放固定金具（户内）	MNL-308（JNL-308）	件	38.52
变电　矩型母线立放固定金具（户内）	JNL-401	件	41.64
变电　矩型母线立放固定金具（户内）	JNL-402	件	43.73
变电　矩型母线立放固定金具（户外）	JWL-101	件	10.41
变电　矩型母线立放固定金具（户外）	JWL-102	件	10.41
变电　矩型母线立放固定金具（户外）	JWL-103	件	11.45
变电　矩型母线立放固定金具（户外）	JWL-104	件	11.45
变电　矩型母线立放固定金具（户外）	MWL-101（JWL-109）	件	30.19
变电　矩型母线立放固定金具（户外）	MWL-102（JWL-110）	件	31.23
变电　矩型母线立放固定金具（户外）	MWL-103（JWL-111）	件	33.32
变电　矩型母线立放固定金具（户外）	MWL-104（JWL-112）	件	33.32
变电　矩型母线立放固定金具（户外）	JWL-201	件	10.41
变电　矩型母线立放固定金具（户外）	JWL-202	件	10.41
变电　矩型母线立放固定金具（户外）	JWL-203	件	10.41

续表

名　　　称	型 号、规 格	单位	价格
变电　矩型母线立放固定金具（户外）	JWL-204	件	11.45
变电　矩型母线立放固定金具（户外）	MWL-201（JWL-209）	件	32.27
变电　矩型母线立放固定金具（户外）	MWL-202（JWL-210）	件	33.32
变电　矩型母线立放固定金具（户外）	MWL-203（JWL-211）	件	35.40
变电　矩型母线立放固定金具（户外）	MWL-204（JWL-212）	件	35.40
变电　矩型母线立放固定金具（户外）	JWL-301	件	9.37
变电　矩型母线立放固定金具（户外）	JWL-302	件	10.41
变电　矩型母线立放固定金具（户外）	JWL-303	件	11.45
变电　矩型母线立放固定金具（户外）	JWL-304	件	11.45
变电　矩型母线立放固定金具（户外）	MWL-301（JWL-309）	件	33.32
变电　矩型母线立放固定金具（户外）	MWL-302（JWL-310）	件	34.36
变电　矩型母线立放固定金具（户外）	MWL-303（JWL-311）	件	35.40
变电　矩型母线立放固定金具（户外）	MWL-304（JWL-312）	件	35.40
变电　矩型母线立放固定金具（户外）	JWL-403	件	26.03

续表

名　　称	型　号、规　格	单位	价格
变电　矩型母线立放固定金具（户外）	JWL-404	件	26.03
变电　矩型母线间隔垫	JG-01	件	4.00
变电　矩型母线间隔垫	JG-02	件	5.33
变电　矩型母线间隔垫	JG-03	件	5.33
变电　矩型母线间隔垫	JG-04	件	5.33
变电　矩型母线间隔垫	JG-05	件	5.33
变电　矩型母线间隔垫	JG-06	件	5.33
变电　矩型母线间隔垫	JG-07	件	5.33
变电　矩型母线间隔垫	JG-08	件	6.67
变电　矩型母线间隔垫	JG-09	件	6.67
变电　矩型母线间隔垫	JG-10	件	6.67
变电　矩型母线间隔垫	JG-11	件	8.00
变电　槽型母线固定金具（户外）	MCW-100	件	110.68
变电　槽型母线固定金具（户外）	MCW-125	件	112.01

续表

名　　称	型　号、规　格	单位	价格
变电　槽型母线固定金具（户外）	MCW-150	件	116.01
变电　槽型母线固定金具（户外）	MCW-175	件	117.34
变电　槽型母线固定金具（户外）	MCW-200	件	124.01
变电　槽型母线固定金具（户外）	MCW-215	件	126.68
变电　槽型母线固定金具（户外）	MCW-225	件	128.01
变电　槽型母线固定金具（户外）	MCW-250	件	132.01
变电　槽型母线固定金具（户内）	MCN-100	件	80.01
变电　槽型母线固定金具（户内）	MCN-125	件	80.01
变电　槽型母线固定金具（户内）	MCN-150	件	82.67
变电　槽型母线固定金具（户内）	MCN-175	件	84.01
变电　槽型母线固定金具（户内）	MCN-200	件	86.68
变电　槽型母线固定金具（户内）	MCN-215	件	89.34
变电　槽型母线固定金具（户内）	MCN-225	件	89.34
变电　槽型母线固定金具（户内）	MCN-250	件	92.01

续表

名 称	型 号、规 格	单位	价格
变电　槽型母线吊挂金具	MCD-1	件	102.68
变电　槽型母线吊挂金具	MCD-2	件	113.34
变电　槽型母线吊挂金具	MCD-3	件	120.01
变电　槽型母线间隔垫	MCG-1	件	42.67
变电　槽型母线间隔垫	MCG-2	件	49.34
变电　槽型母线间隔垫	MCG-3	件	52.01
变电　槽型母线伸缩节	MSC1-150	件	136.01
变电　槽型母线伸缩节	MSC1-200	件	162.68
变电　槽型母线伸缩节	MSC2-150	件	129.35
变电　槽型母线伸缩节	MSC2-200	件	158.68
变电　槽型母线伸缩节	MSC3-150	件	136.01
变电　槽型母线伸缩节	MSC3-200	件	192.02
变电　槽型母线伸缩节	MSC4-150	件	166.68
变电　槽型母线伸缩节	MSC4-200	件	205.35

续表

名 称	型 号、规 格	单位	价格
变电 槽型母线伸缩节	MSC5-150	件	189.35
变电 槽型母线伸缩节	MSC5-200	件	285.36
变电 菱型母线固定金具	LNP-401	件	20.00
变电 菱型母线固定金具	LNP-402	件	20.00
变电 菱型母线固定金具	LNP-403	件	22.67
变电 菱型母线固定金具	LNP-404	件	24.00
变电 菱型母线固定金具	LNZ-401	件	16.00
变电 菱型母线固定金具	LNZ-402	件	17.34
变电 菱型母线固定金具	LNZ-403	件	17.34
变电 菱型母线固定金具	LNZ-404	件	18.67
变电 菱型母线固定金具	LWP-405	件	22.67
变电 菱型母线固定金具	LWP-406	件	22.67
变电 菱型母线固定金具	LWP-407	件	25.34
变电 菱型母线固定金具	LWP-408	件	26.67

续表

名　　称	型　号、规　格	单位	价格
变电　菱型母线吊挂金具	LD-1	件	30.67
变电　菱型母线吊挂金具	LD-2	件	30.67
变电　菱型母线吊挂金具	LD-3	件	30.67
变电　菱型母线间隔垫	LG-1	件	14.67
变电　菱型母线间隔垫	LG-2	件	14.67
变电　菱型母线间隔垫	LG-3	件	14.67
变电　菱型母线间隔垫	LG-4	件	14.67
变电　带电装卸线夹	YZ-1	件	14.67
变电　带电装卸线夹	YZ-2	件	18.67
变电　带电装卸线夹	YZ-3	件	22.67
变电　管母线外接头	MGWJ-200A1	件	2597.59
变电　管母线内接头	MGNJ-200A1	件	2028.20
变电　管母线线夹	MGP3-200A1	件	2906.95
变电　管母线线夹	MGP4-200A1	件	2906.95

名　　称	型　号、规　格	单位	价格
线路　管母线悬吊线夹	MGCS-60-200A1	件	3449.67
线路　管母线悬吊线夹	MGCS-60-200A2	件	4797.80
线路　管母线间隔线夹	MGJS-60-200A1	件	2750.94
线路　管母线间隔线夹	MGJS-60-200A2	件	3955.05
线路　管形母线外接头	MGWJ-200A2	件	3927.05
变电　管母线悬吊金具	MGCXD-120（30°）	件	302.70
变电　管母线悬吊金具	MGCXD-130（30°）	件	322.70
变电　管母线悬吊金具	MGCXD-150（30°）	件	450.71
变电　管母线悬吊金具	MGCXD-170（30°）	件	477.38
变电　管母线悬吊金具	MGCXD-200（30°）	件	565.39
变电　管母线悬吊金具	MGCXD-120	件	261.36
变电　管母线悬吊金具	MGCXD-130	件	282.69
变电　管母线悬吊金具	MGCXD-150	件	396.04
变电　管母线悬吊金具	MGCXD-170	件	421.37

续表

名　　　称	型 号、规 格	单位	价格
变电　管母线悬吊金具	MGCXD-200	件	481.38
变电　管型母线固定金具及悬挂线夹	MGG-50	件	63.27
变电　管型母线固定金具及悬挂线夹	MGG-70	件	77.87
变电　管型母线固定金具及悬挂线夹	MGG-80	件	109.50
变电　管型母线固定金具及悬挂线夹	MGG-90	件	118.02
变电　管型母线固定金具及悬挂线夹	MGG-100	件	121.67
变电　管型母线固定金具及悬挂线夹	MGG-110	件	133.84
变电　管型母线固定金具及悬挂线夹	MGG-120	件	153.30
变电　管型母线固定金具及悬挂线夹	MGG-130	件	191.02
变电　管型母线固定金具及悬挂线夹	MGG-150	件	237.26
变电　管型母线固定金具及悬挂线夹	MGG-170	件	318.78
变电　管型母线固定金具及悬挂线夹	MGG-170Z	件	324.86
变电　管型母线固定金具及悬挂线夹	MGG-180	件	352.84
变电　管型母线固定金具及悬挂线夹	MGG-200	件	407.59

续表

名　　　称	型　号、规　格	单位	价格
变电　管型母线固定金具及悬挂线夹	MGG-250	件	603.48
变电　管型母线固定金具及悬挂线夹	MGG1.2-70	件	126.54
变电　管型母线固定金具及悬挂线夹	MGG1.2-80	件	124.10
变电　管型母线固定金具及悬挂线夹	MGG1.2-90	件	135.05
变电　管型母线固定金具及悬挂线夹	MGG1.2-100	件	146.00
变电　管型母线固定金具及悬挂线夹	MGG1.2-110	件	143.57
变电　管型母线固定金具及悬挂线夹	MGG1.2-120	件	166.69
变电　管型母线固定金具及悬挂线夹	MGG1.2-130	件	170.34
变电　管型母线固定金具及悬挂线夹	MGG1.2-150	件	178.86
变电　管型母线固定金具及悬挂线夹	MGG1.2-170	件	194.67
变电　管型母线固定金具及悬挂线夹	MGG1.2-200	件	214.14
变电　管型母线固定金具及悬挂线夹	MGG1.2-250	件	293.22
变电　管型母线固定金具及悬挂线夹	MGXX1-70	件	163.04
变电　管型母线固定金具及悬挂线夹	MGXX1-80	件	170.34

续表

名　称	型 号、规 格	单位	价格
变电　管型母线固定金具及悬挂线夹	MGXX1-90	件	169.12
变电　管型母线固定金具及悬挂线夹	MGXX1-100	件	189.81
变电　管型母线固定金具及悬挂线夹	MGXX1-120	件	229.96
变电　管型母线固定金具及悬挂线夹	MGXX1-130	件	338.24
变电　管型母线固定金具及悬挂线夹	MGXX1-150	件	396.64
变电　管型母线固定金具及悬挂线夹	MGXX1-170	件	442.88
变电　管型母线固定金具及悬挂线夹	MGXX1-180	件	468.43
变电　管型母线固定金具及悬挂线夹	MGXX1-200	件	507.36
变电　管型母线固定金具及悬挂线夹	MGXX1-250	件	616.87
变电　管型母线固定金具及悬挂线夹	MGC-100	件	194.67
变电　管型母线固定金具及悬挂线夹	MGC-150	件	210.49
变电　管型母线固定金具及悬挂线夹	MGC-170	件	237.26
变电　管型母线固定金具及悬挂线夹	MGC-200	件	298.09
变电　管型母线固定金具及悬挂线夹	MGC-250	件	631.56

续表

名　　称	型　号、规　格	单位	价格
变电　管型母线滑动支座	MGG1-100	件	158.47
变电　管型母线滑动支座	MGG1-120	件	172.87
变电　管型母线滑动支座	MGG1-130	件	214.78
变电　管型母线滑动支座	MGG1-150	件	291.54
变电　管型母线滑动支座	MGG1-170	件	359.87
变电　管型母线滑动支座	MGG1-180	件	386.34
变电　管型母线滑动支座	MGG1-250	件	534.79
变电　管型母线固定支座	MGG2-100	件	165.01
变电　管型母线固定支座	MGG2-120	件	172.87
变电　管型母线固定支座	MGG2-130	件	214.78
变电　管型母线固定支座	MGG2-150	件	287.90
变电　管型母线固定支座	MGG2-170	件	365.34
变电　管型母线固定支座	MGG2-200	件	383.56
变电　管型母线固定支座	MGG2-250	件	502.00

续表

名　称	型　号、规　格	单位	价格
变电　管型母线伸缩支座	MGGD-100	件	311.69
变电　管型母线伸缩支座	MGGD-100WP	件	432.18
变电　管型母线伸缩支座	MGGD-120WP	件	453.13
变电　管型母线伸缩支座	MGGD-130	件	506.83
变电　管型母线伸缩支座	MGGD-130WP	件	521.23
变电　管型母线伸缩支座	MGGD-150	件	901.04
变电　管型母线伸缩支座	MGGD-150WP	件	1023.12
变电　管型母线伸缩支座	MGGD-170	件	1247.24
变电　管型母线伸缩支座	MGGD-170WP	件	1351.73
变电　管型母线伸缩支座	MGGD-180WP	件	1353.79
变电　管型母线伸缩支座	MGGD-200	件	1253.62
变电　管型母线伸缩支座	MGGD-200WP	件	1356.57
变电　管型母线伸缩支座	MGGD-250	件	2661.52
变电　管母线滑动式固定金具	MGGH-70	件	120.01

名　称	型　号、规　格	单位	价格
变电　管母线滑动式固定金具	MGGH-80	件	156.02
变电　管母线滑动式固定金具	MGGH-90	件	192.02
变电　管母线滑动式固定金具	MGGH-100	件	200.02
变电　管母线滑动式固定金具	MGGH-110	件	285.36
变电　管母线滑动式固定金具	MGGH-120	件	297.36
变电　管母线滑动式固定金具	MGGH-130	件	317.36
变电　管母线滑动式固定金具	MGGH-150	件	373.37
变电　管母线滑动式固定金具	MGGH-170	件	385.37
变电　管母线滑动式固定金具	MGGH-180	件	436.04
变电　管母线滑动式固定金具	MGGH-200	件	440.04
变电　管母线滑动式固定金具	MGGH-250	件	480.05
变电　管型母线固定金具	MGZ1-100	件	106.99
变电　管型母线固定金具	MGZ1-130	件	131.59
变电　管型母线固定金具	MGZ1-150	件	290.63

续表

名　　称	型 号、规 格	单位	价格
变电　管型母线固定金具	MGZ1-170	件	364.42
变电　管型母线固定金具	MGZ1-180	件	387.98
变电　管型母线固定金具	MGZ1-200	件	461.91
变电　管型母线固定金具	MGZ1-250	件	720.65
变电　管型母线固定金具	MGG1-150（f140）	件	291.54
变电　管型母线固定金具	MGG1-150（f275）	件	291.54
变电　管型母线配重金具	MGZP-200/184	件	883.08
变电　管型母线配重金具	MGZP-250	件	1056.16
变电　管型母线配重金具	MGZP-250/226	件	1072.58
变电　管型母线配重金具	MGZP-250/230	件	1057.38
变电　管母水平设备线夹	MGP-70	件	72.52
变电　管母水平设备线夹	MGP-80	件	78.33
变电　管母水平设备线夹	MGP-100	件	159.39
变电　管母水平设备线夹	MGP-110	件	150.85

续表

名　　称	型　号、规　格	单位	价格
变电　管母水平设备线夹	MGP-120	件	140.92
变电　管母水平设备线夹	MGP-130	件	207.70
变电　管母水平设备线夹	MGP-150	件	228.68
变电　管母水平设备线夹	MGP-170	件	280.79
变电　管母水平设备线夹	MGP-200	件	332.90
变电　管母水平设备线夹	MGP-250	件	524.77
变电　管型母线跨道路金具	KLMG-70/64	件	749.41
变电　管型母线跨道路金具	KLMG-80/72	件	808.08
变电　管型母线跨道路金具	KLMG-80/74	件	934.76
变电　管型母线跨道路金具	KLMG-90/80	件	1010.77
变电　管型母线跨道路金具	KLMG-100/90	件	1056.10
变电　管型母线跨道路金具	KLMG-120	件	1253.46
变电　管型母线跨道路金具	KLMG-120/108	件	1361.47
变电　管型母线跨道路金具	KLMG-120/112	件	1361.47

续表

名　　称	型号、规格	单位	价格
变电　管型母线跨道路金具	KLMG-130/116	件	1438.81
变电　管型母线跨道路金具	KLMG-150	件	1685.50
变电　管型母线跨道路金具	KLMG-150/136	件	1710.83
变电　管型母线T接金具	MGT-50	件	60.38
变电　管型母线T接金具	MGT-70	件	82.57
变电　管型母线T接金具	MGT-80	件	126.93
变电　管型母线T接金具	MGT-90	件	130.63
变电　管型母线T接金具	MGT-100	件	134.33
变电　管型母线T接金具	MGT-110	件	151.58
变电　管型母线T接金具	MGT-120	件	162.67
变电　管型母线T接金具	MGT-130	件	223.05
变电　管型母线T接金具	MGT-150	件	258.74
变电　管型母线T接金具	MGT-170	件	346.20
变电　管型母线T接金具	MGT-180	件	451.04

名　　称	型 号、规 格	单位	价格
变电　管型母线 T 接金具	MGT-200	件	502.00
变电　管型母线 T 接金具	MGT-250	件	705.16
变电　管型母线 T 接金具	MGTH-170	件	1685.84
变电　管型母线 T 接金具	MGTH-200	件	2257.65
变电　管型母线 T 接金具	MGTH-250	件	2871.36
变电　管型母线 T 接金具	MGTT-100	件	183.62
变电　管型母线 T 接金具	MGTT-130	件	203.34
变电　管型母线 T 接金具	MGTT-130/300/40L	件	209.50
变电　管型母线 T 接金具	MGTT-130/400/35	件	209.50
变电　管型母线 T 接金具	MGTT-130/800/55L	件	277.28
变电　管型母线 T 接金具	MGTT-130/1600Y	件	327.80
变电　管型母线 T 接金具	MGTT-150/120/7Y	件	214.43
变电　管型母线 T 接金具	MGTT-150/240/30Y	件	221.82
变电　管型母线 T 接金具	MGTT-150/300/20Y	件	229.22

续表

名　　称	型　号、规　格	单位	价格
变电　管型母线T接金具	MGTT-150/300/40Y	件	300.69
变电　管型母线T接金具	MGTT-150/400/35Y	件	322.87
变电　管型母线T接金具	MGTT-150/1400/135Y	件	315.48
变电　管型母线T接金具	MGTT-150/1440/120L	件	325.34
变电　管型母线T接金具	MGTT-170/1440/120Y	件	287.14
变电　管型母线T接金具	MGTT-170/1440Y	件	345.06
变电　管型母线T接金具	MGTT-170B/1440Y	件	345.06
变电　管型母线T接金具	MGTT-200/400Y	件	372.17
变电　管型母线T接金具	MGTT-200/800Y	件	426.39
变电　管型母线T接金具	MGTT-200/1400/135Y	件	473.22
变电　管型母线T接金具	MGTLY-130-400	件	224.29
变电　管型母线T接金具	MGTLY-130-1440N（耐热）	件	338.89
变电　管型母线T接金具	MGTY-100/800N（耐热）	件	234.14
变电　管型母线T接金具	MGTY-130/1440N（耐热）	件	248.93

续表

名　　称	型 号、规 格	单位	价 格
变电　管型母线 T 接金具	MGTZ-200	件	449.80
变电　管型母线 T 接金具	MTLY-150-400A、B	件	346.29
变电　管型母线 T 接金具	MTLY-150-630A	件	353.68
变电　管母线双引下线 T 接金具	MG/MR-130-800/200B	件	781.41
变电　管母线双引下线 T 接金具	MG/MR-150-1400/200B	件	898.75
变电　管母线双引下线 T 接金具	MG/MR-200	件	1069.44
变电　管母线双引下线 T 接金具	MG/MR-250-400/400C	件	1193.45
变电　管母线双引下线 T 接金具	MG/MR-250-2×600K/400	件	1917.52
变电　管母线双引下线 T 接金具	MG/MR-150-2×1440N/400（耐热）	件	1669.50
变电　管母线双引下线 T 接金具	MG/MR-250-2×1440N/400（耐热）	件	1948.19
变电　管型母线终端金具	MGZ-70（MGF1-70）	件	58.21
变电　管型母线终端金具	MGZ-80（MGF1-80）	件	68.79
变电　管型母线终端金具	MGZ-90（MGF1-90）	件	79.37
变电　管型母线终端金具	MGZ-100（MGF1-100）	件	107.59

续表

名　　称	型号、规格	单位	价格
变电　管型母线终端金具	MGZ-110（MGF1-110）	件	126.99
变电　管型母线终端金具	MGZ-120（MGF1-120）	件	132.29
变电　管型母线终端金具	MGZ-130（MGF1-130）	件	146.40
变电　管型母线终端金具	MGZ-150（MGF1-150）	件	220.48
变电　管型母线终端金具	MGZ-170（MGF1-170）	件	309.76
变电　管型母线终端金具	MGZ-180（MGF1-180）	件	496.07
变电　管型母线终端金具	MGZ-200（MGF1-200）	件	528.42
变电　管型母线终端金具	MGZ-250（MGF1-250）	件	682.39
变电　管型母线跳线夹	MGTS-150	件	1630.87
变电　管型母线跳线夹	MGTS-170	件	1909.75
变电　管型母线跳线夹	MGTS-200	件	2291.44
变电　管型母线跳线夹	MGTS1-200	件	2291.44
变电　管型母线跳线夹	MGTS2-250-200	件	2444.38
变电　管型母线跳线夹	MGTS2-250-400	件	2831.21

续表

名　　称	型　号、规　格	单位	价格
变电　管型母线跳线夹	MHTS3-250	件	3283.59
变电　管型母线跳线夹	MGGT-200	件	3045.84
变电　管型母线跳线夹	TCCJ-200	件	2547.19
变电　管型母线跳线夹	TCCJ-250	件	5816.65
变电　管型母线封头	MGF-70（MGF2-70）	件	13.38
变电　管型母线封头	MGF-80（MGF2-80）	件	13.38
变电　管型母线封头	MGF-90（MGF2-90）	件	17.03
变电　管型母线封头	MGF-100（MGF2-100）	件	18.25
变电　管型母线封头	MGF-110（MGF2-110）	件	20.68
变电　管型母线封头	MGF-120（MGF2-120）	件	23.12
变电　管型母线封头	MGF-130（MGF2-130）	件	25.55
变电　管型母线封头	MGF-150（MGF2-150）	件	40.09
变电　管型母线封头	MGF-170（MGF2-170）	件	47.38
变电　管型母线封头	MGF-180（MGF2-180）	件	56.63

续表

名　称	型　号、规　格	单位	价格
变电　管型母线封头	MGF-200（MGF2-200）	件	64.69
变电　管型母线封头	MGF-250（MGF2-250）	件	87.46
变电　管型母线接头	MJ-70N	件	54.02
变电　管型母线接头	MJ-80N	件	77.49
变电　管型母线接头	MJ-100N	件	92.21
变电　管型母线接头	MJ-120N	件	73.16
变电　管型母线接头	MJ-130N	件	109.28
变电　管型母线接头	MJ-130N	件	136.10
变电　管型母线接头	MJ-150N	件	185.64
变电　管型母线接头	MJ-170N	件	303.00
变电　管型母线接头	MJ-250N	件	621.89
变电　管型母线接头	MJ-150N	件	226.50
变电　管型母线接头	MJS-150/600L（悬吊）	件	1227.89
变电　管型母线接头	MJS-150/601L（悬吊）	件	847.40

名　　称	型　号、规　格	单位	价格
变电　管型母线托架	MGJ-104	件	168.02
变电　管型母线托架	MGJ-105	件	182.68
变电　管型母线托架	MGJ-110	件	208.02
变电　管型母线托架	MGJ-115	件	209.35
变电　管型母线托架	MGJ-140	件	233.36
变电　管型母线托架	MGU-300A	件	556.05
变电　管型母线托架	MGU-300B	件	701.40
变电　管型母线托架	MGU-300C	件	762.74
变电　管型母线伸缩节	MGS-70	件	42.80
变电　管型母线伸缩节	MGS-80	件	60.05
变电　管型母线伸缩节	MGS-100	件	76.01
变电　管型母线伸缩节	MGS-110	件	402.72
变电　管型母线伸缩节	MGS-120	件	403.78
变电　管型母线伸缩节	MGS-130	件	557.39

续表

名　　称	型号、规格	单位	价格
变电　管型母线伸缩节	MGS-150	件	582.72
变电　管型母线伸缩节	MGS-170	件	669.40
变电　铜铝过渡管型母线伸缩节	MGSG-100	件	533.39
变电　铜铝过渡管型母线伸缩节	MGSG-110	件	572.06
变电　铜铝过渡管型母线伸缩节	MGSG-130	件	678.73
变电　管型母线水平伸缩节	MGSP-100	件	649.40
变电　管型母线水平伸缩节	MGSP-130	件	649.40
变电　管型母线水平伸缩节	MGSP-170	件	706.74
变电　管型母线垂直伸缩节	MGSC-150	件	706.74
变电　管型母线垂直伸缩节	MGSC-170	件	706.74
变电　单双软母线固定金具	MDG-2	件	20.04
变电　单双软母线固定金具	MDG-3	件	24.65
变电　单双软母线固定金具	MDG-4	件	39.18
变电　单双软母线固定金具	MDG-5	件	39.18

续表

名　　称	型　号、规　格	单位	价格
变电　单双软母线固定金具	MDG-6	件	46.83
变电　单双软母线固定金具	MDG-7	件	47.38
变电　单双软母线固定金具	MDG-8	件	57.92
变电　单双软母线固定金具	MDG-400/140	件	50.53
变电　单双软母线固定金具	MDG-800N（耐热）	件	64.69
变电　单双软母线固定金具	MDG-1000N（耐热）	件	66.51
变电　单双软母线固定金具	MDG-1440N（耐热）	件	82.57
变电　单双软母线固定金具	MSG-4	件	45.60
变电　单双软母线固定金具	MSG-5	件	46.83
变电　单双软母线固定金具	MSG-6	件	49.29
变电　单双软母线固定金具	MSG-4/120	件	49.29
变电　单双软母线固定金具	MSG-5/120	件	53.75
变电　单双软母线固定金具	MSG-6/120	件	62.85
变电　单双软母线固定金具	MSG-4/200	件	66.55

续表

名　　　称	型　号、规　格	单位	价格
变电　单双软母线固定金具	MSG-5/200	件	89.28
变电　单双软母线固定金具	MSG-6/200	件	90.20
变电　单双软母线固定金具	MSG-7/200	件	98.39
变电　单双软母线固定金具	MSG-51-200	件	102.04
变电　单双软母线固定金具	MSG-51-400	件	139.39
变电　单双软母线固定金具	MSG-4/400	件	89.96
变电　单双软母线固定金具	MSG-5/400	件	98.59
变电　单双软母线固定金具	MSG-6/400	件	99.53
变电　单双软母线固定金具	MSG-800N/200（耐热）	件	100.46
变电　单双软母线固定金具	MSG-1440N/140（耐热）	件	122.21
变电　单双软母线固定金具	SG-49-200	件	108.01
变电　单双软母线固定金具	SG-51-120	件	116.01
变电　单双软母线固定金具	SG-51-200	件	129.35
变电　单双软母线固定金具	SG-51-400	件	140.01

续表

名　称	型号、规格	单位	价格
变电　单双软母线固定金具	SJ-51-400	件	94.68
变电　软母线间隔棒	MRJ-4	件	44.67
变电　软母线间隔棒	MRJ-5	件	52.37
变电　软母线间隔棒	MRJ-6	件	53.91
变电　软母线间隔棒	MRJ-4/120	件	28.39
变电　软母线间隔棒	MRJ-5/120	件	37.22
变电　软母线间隔棒	MRJ-6/120	件	60.07
变电　软母线间隔棒	MRJ-4/200	件	51.93
变电　软母线间隔棒	MRJ-5/200	件	55.53
变电　软母线间隔棒	MRJ-6/200	件	55.63
变电　软母线间隔棒	MRJ-7/200	件	72.88
变电　软母线间隔棒	MRJ-4/400	件	87.79
变电　软母线间隔棒	MRJ-5/400	件	103.20
变电　软母线间隔棒	MRJ-6/400	件	115.52

续表

名　　称	型号、规格	单位	价格
变电　软母线间隔棒	MRJ-630N/200（耐热）	件	84.71
变电　软母线间隔棒	MRJ-800N/200（耐热）	件	97.03
变电　软母线间隔棒	MRJ-1440N/200（耐热）	件	118.60
变电　软母线间隔棒	MRJ-1440N/400（耐热）	件	126.30
变电　软母线间隔棒	MRJ-1600N/400（耐热）	件	163.26
变电　组合母线圆环	YH（2+8）	件	29.34
变电　组合母线圆环	YH（2+12）	件	36.00
变电　组合母线圆环	YH（2+16）	件	44.00
变电　组合母线圆环	YH（2+20）	件	50.67
变电　组合母线圆环	YH（2+24）	件	56.01
变电　调整环	DT-6	件	36.44
变电　调整环	DT-7	件	46.85
变电　调整环	DT-10	件	46.85
变电　调整环	DT-16	件	72.88

续表

名　称	型 号、规 格	单位	价 格
变电　调整环	DT-21	件	128.42
变电　（铝）母线伸缩节	MS-50×5	件	50.60
变电　（铝）母线伸缩节	MS-60×6	件	56.92
变电　（铝）母线伸缩节	MS-80×6	件	59.03
变电　（铝）母线伸缩节	MS-80×8	件	78.01
变电　（铝）母线伸缩节	MS-100×8	件	99.09
变电　（铝）母线伸缩节	MS-120×8	件	118.07
变电　（铝）母线伸缩节	MS-100×10	件	122.28
变电　（铝）母线伸缩节	MS-120×10	件	158.12
变电　（铝）母线伸缩节	MS-120×12	件	179.21
变电　（铝）母线伸缩节	MS-63×6.3	件	23.19
变电　（铝）母线伸缩节	MS-80×6.3	件	31.62
变电　（铝）母线伸缩节	MS-125×8	件	141.26
变电　（铝）母线伸缩节	MS-125×10	件	172.88

续表

名　　称	型　号、规　格	单位	价格
变电 （铝）母线伸缩节	MS-125×12.5	件	212.94
变电 （铜铝）母线伸缩节	MSS-50×5	件	103.31
变电 （铜铝）母线伸缩节	MSS-50×10	件	113.85
变电 （铜铝）母线伸缩节	MSS-60×6	件	109.63
变电 （铜铝）母线伸缩节	MSS-80×6	件	113.85
变电 （铜铝）母线伸缩节	MSS-80×8	件	128.61
变电 （铜铝）母线伸缩节	MSS-100×8	件	141.26
变电 （铜铝）母线伸缩节	MSS-120×8	件	198.18
变电 （铜铝）母线伸缩节	MSS-100×10	件	183.42
变电 （铜铝）母线伸缩节	MSS-120×10	件	244.57
变电 （铜铝）母线伸缩节	MSS-120×12	件	299.38
变电 （铜铝）母线伸缩节	MSS-63×6.3	件	35.84
变电 （铜铝）母线伸缩节	MSS-80×6.3	件	50.60
变电 （铜铝）母线伸缩节	MSS-80×10	件	145.47

续表

名　称	型　号、规　格	单位	价格
变电　（铜铝）母线伸缩节	MSS-125×8	件	206.62
变电　（铜铝）母线伸缩节	MSS-125×10	件	280.41
变电　（铜铝）母线伸缩节	MSS-125×12.5	件	307.82
变电　（铜）母线伸缩节	MT-80×8	件	468.05
变电　（铜）母线伸缩节	MT-125×10	件	763.21
变电　（铜）母线伸缩节	MTS-50×5	件	366.85
变电　（铜）母线伸缩节	MTS-63×6.3	件	390.04
变电　（铜）母线伸缩节	MTS-80×8	件	387.93
变电　（铜）母线伸缩节	MTS-125×10	件	699.96
变电　（铜）母线伸缩节	MST-60×6	件	390.04
变电　（铜）母线伸缩节	MST-63×6.3	件	390.04
变电　（铜）母线伸缩节	MST-80×8	件	442.75
变电　（铜）母线伸缩节	MST-80×10	件	446.97
变电　（铜）母线伸缩节	MST-100×10	件	558.71

续表

名　称	型号、规格	单位	价格
变电　（铜）母线伸缩节	MST-120×10	件	702.07
变电　（铜）母线伸缩节	MST-125×10	件	746.35
变电　（铜）母线伸缩节	MSXT-50×5	件	575.57
变电　（铜）母线伸缩节	MSXT-125×12.5	件	1073.14
变电　（铜）母线伸缩节	TMS-100×10	件	558.71
变电　（铜）母线伸缩节	TMS-125×10	件	674.66
变电　组合导线终端固定金具	ZD（2+8）	件	449.38
变电　组合导线终端固定金具	ZD（2+12）	件	649.40
变电　组合导线终端固定金具	ZD（2+16）	件	789.41
变电　组合导线终端固定金具	ZD（2+24）	件	912.09
变电　二变一线夹	MGP2-200A2	件	1557.49
变电　三变一线夹	MGP3-200A2	件	1546.82
变电　四变二线夹	JT-2/4-400/50-1400	件	1100.11
变电　四变二线夹	JT-2/4-2×1400/4×400	件	876.09

续表

名　　称	型　号、规　格	单位	价格
变电　四变二线夹	JT-2/4-2×1400/4×500	件	881.42
变电　四变二线夹	JT-2/4-2×1400/4×630	件	950.42
变电　四变二线夹	JT-2/4-2×1440/4×300	件	1054.77
变电　四变二线夹	JT-2/4-2×1440/4×400	件	1058.77
变电　四变二线夹	JR-2/4-400/50-1400	件	1305.46
变电　四变二线夹	JR-2/4-630/45	件	1234.79
变电　六变二金具	JTL-2/6-300/50K-1600KK	件	1676.16
变电　八变二线夹	MT-2×150/8×500	件	3587.02
变电　八变二线夹	MT-2×150/8×500.1	件	4551.11
变电　八变二线夹	MT-2×150/8×630	件	3696.36
变电　八变二线夹	MT-2×150/8×630.1	件	4611.12
变电　封端盖	MGF-150/136Z	件	338.70
变电　封端球	MGZ-150/136	件	345.37

十、300MW 机组设备

名　　称	型号、规格	单位	价格
热力系统			
锅炉（烟煤）	1100t/h，超临界，不含节油点火装置	台	134513300
锅炉（褐煤）	1100t/h，超临界，不含节油点火装置	台	146017700
节油点火装置	等离子点火装置	套/炉	1946900
节油点火装置	小油枪点火装置	套/炉	973500
汽轮机	350-24.2/566/566（含 DEH），供热	台	61946900
汽轮发电机	QFSN-350-2 型，含静态励磁	台	36283200
中速磨煤机	MPS200-HP-II 型/ZGM113 （含密封风机等，配国产减速机），适用于褐煤	台	3097300
双进双出磨煤机	400/660，煤位测量装置进口 （含钢球、润滑油、密封风机等）	台	6725700
埋刮板给煤机	MSD63A 型，可调出力 15～100t/h，7m 内	台	177000
电子称重式给煤机	出力 60t/h	台	203500
送风机（含电机）	动叶可调轴流式 $Q=513972\text{m}^3/\text{h}$，710kW	套	752200
引风机（含电机）	动叶可调轴流式 $Q=1178352\text{m}^3/\text{h}$，3400kW （引风机与增压风机合并）	套	1902700

续表

名　　称	型　号、规　格	单位	价格
一次风机（含电机）	离心式，$Q=295920\text{m}^3/\text{h}$，1000kW	套	663700
一次风机（含电机）	动叶可调轴流式，$Q=295920\text{m}^3/\text{h}$，1200kW	套	1017700
低温省煤器	一级，重量450t	套	5486700
电除尘器	双室五电场（含高频电源），$\eta \geq 99.84\%$，2040t	套	22566400
电除尘器	双室五电场（含高频电源），采用低低温技术，$\eta \geq 99.92\%$，2040t	套	26194700
布袋除尘器	99.95%，出口含尘浓度$<50\text{mg}/\text{Nm}^3$	套/炉	17876100
电袋除尘器	99.95%，出口含尘浓度$<50\text{mg}/\text{Nm}^3$（含高频电源）	套/炉	20354000
湿式除尘器	双室一电场（含电源），$\eta \geq 70\%$	套/炉	11504400
50%给水泵小汽机	小汽机和进口蝶阀、MEH等仪表与控制系统	套	3628300
50%汽动给水泵	含前置泵	套	2123900
50%电动给水泵	$635\text{m}^3/\text{h}$　22.06MPa，含进口液力耦合器，前置泵等	套	3938100
30%电动给水泵	$427\text{m}^3/\text{h}$　21.6MPa，含进口液力耦合器，前置泵等	套	3008800
30%电动给水泵	$427\text{m}^3/\text{h}$　21.6MPa，不含液力耦合器，含前置泵等	套	1681400
凝汽器	钛管，20000m^2	台	20708000

续表

名　　称	型号、规格	单位	价格
凝汽器	不锈钢 304，20000m²	台	8495600
凝汽器	不锈钢 316，20000m²	台	11238900
凝汽器	不锈钢 317，20000m²	台	14513300
凝汽器	不锈钢 316L，20000m²	台	11769900
凝汽器	不锈钢 317L，20000m²	台	15398200
闭式循环冷却器	卧式直流双流程1800t/h（钛管）	台	3274300
汽机旁路装置	35%，进口，简化型，配超临界机组（含就地仪表与执行器）	套	1946900
高压加热器	配超临界机组，三级卧式，主要阀门进口	套	5663700
立式高压加热器	配北重机型	套	5309700
低压加热器	三级，配空冷		4601800
低压加热器	四级卧式，主要阀门进口	套	4734500
凝结水泵	100%，953m³/h，3MPa，965kW	台	486700
凝结水泵	50%，454m³/h，500kW	台	442500
真空泵	75kg/h，每台机配 2 台，1 用 1 备	台	354000

续表

名　　称	型　号、规　格	单位	价　格
汽机房行车	75/20t，跨度 25.5m，大梁加固 100t	台	1150400
燃料供应系统			
翻车机	C型单车翻车机及其调车系统　$Q=25$ 节/h	套	10619500
斗轮堆取料机	1500/1000t/h　臂长 30m，折返式	套	7522100
斗轮堆取料机	1000/1000t/h　臂长 30m，折返式	套	7079600
圆形煤场堆取料机	圆形煤场直径 100m，门式	台	10000000
活化给煤机	$Q=800t/h$	台	708000
输煤皮带机	1000mm（含胶带，不含皮带机保护元件，减速器为中外合资产品）	m	5300
输煤皮带机	1200mm（含胶带，不含皮带机保护元件，减速器为中外合资产品）	m	6200
输煤皮带机	1400mm （含胶带，不含皮带机保护元件，减速器为中外合资产品）	m	7500
环（锤）式碎煤机	800t/h	台	486700
环（锤）式细碎机	$Q=600t/h$（进口）	台	3097300

续表

名 称	型 号、规 格	单位	价 格
滚轴筛	$Q=1000t/h$	台	247800
皮带给煤机	$B=1600mm$，$Q=350\sim860t/h$	台	265500
桥式叶轮给煤机	$B=1200mm$ $Q=300\sim1000t/h$ 带变频调速	台	265500
环式给煤机	单环式，配直径 22m 筒仓	台	796500
环式给煤机	双环式，配直径 36m 筒仓	台	2920400
推煤机	TY220 型	台	708000
装载机	ZL50	台	309700
火车取样装置	门式，跨距 6m，用于单台翻车机（缩分、破碎、液压装置进口，减速器为中外合资产品）	台	708000
汽车取样装置	缩分、破碎、液压装置进口，减速器为中外合资产品	台	442500
皮带中部取样装置	$B=1200mm$ 双取样头，对应 1 套二级缩分、一级破碎、回煤装置（用于入炉煤，取样头、缩分、破碎装置进口）	台	619500
动态轨道衡	断轨	台	309700
动态轨道衡	不断轨	台	531000
二工位头部伸缩装置	$B=1200mm$	台	247800

续表

名　称	型号、规格	单位	价格
三工位头部伸缩装置	$B=1200mm$	台	336300
运煤系统一次元件（新建）	包括双向拉绳开关、二级跑偏开关、胶带纵向撕裂检测装置、煤流检测装置、速度检测装置、堵煤信号、原煤仓高、低和连续料位信号等	套	708000
运煤系统一次元件（扩建）	包括双向拉绳开关、二级跑偏开关、胶带纵向撕裂检测装置、煤流检测装置、速度检测装置、堵煤信号、原煤仓高、低和连续料位信号等	套	265500
除灰系统			
气力除灰	输灰、控制、除尘设备等，不含管道、空压机，输送距离约500m，单台炉除灰系统出力60t/h，双室五电场电除尘器，（2×16+2×3）个灰斗	套/2 炉	4336300
刮板捞渣机	单侧捞渣机（含关断门、冷渣斗、液压控制等）出力 7~30t/h，长度 48m	台	3451300
干式排渣机	（含渣井，关断门，碎渣机，渣仓，控制，斗式提升机）出力：6~20t/h，长度 30m	套	4159300
水处理系统			
超滤装置	含加药装置、进水泵、保安过滤器、反洗水泵、水箱、膜组件、换热器等	t/h	10600

续表

名　　称	型　号、规　格	单位	价格
反渗透装置	含加药装置、反洗水泵、升压泵、保安过滤器、水箱、膜组件、换热器等	t/h	13300
制氢装置	含程控，无人值守，3 个罐，10Nm³/h	套	1858400
水汽集中取样分析装置	部分仪表进口，常规仪表国产，不含凝汽器检漏	套	885000
凝结水精处理装置	两机一套再生装置，含程控，含树脂，配 2×50% 前置过滤＋3×50%混床，配超临界机组	套/2 机	10442500
供水系统			
循环水泵	立式斜流泵，22m，5m³/s，含电机，电机功率 1600～2000kW	台	1681400
直接空冷设备	包括空冷凝汽器、A 型架、隔墙、蒸汽分配管、风机桥架、防护网	万 m²	354000
空冷风机	直径 9.75m，功率 132kW，含变频器、风机筒、电机、齿轮箱	台	309700
间接空冷设备	包括散热器管束、冷却三角框架、支撑件、百叶窗、散热器清洗系统、塔内管道、管束垂直布置	万 m²	362800
电气系统			
主变压器	SFP10-420000/220	台	10619500

续表

名　称	型 号、规 格	单位	价格
主变压器	SFP10-420000/330	台	11681400
主变压器	SFP10-420000/500	台	13097300
断路器	SF_6-220，50kA，罐式	台	663700
断路器	SF_6-220，50kA，柱式	台	292000
高压厂用变压器	无载调压 SFF-50000/20/6，50/31.5-31.5MVA	台	2876100
启动/备用变压器	有载调压 SFF2-50000/220/6，50/31.5-31.5MVA	台	4734500
启动/备用变压器	有载调压 SFF2-50000/330/6，50/31.5-31.5MVA	台	4911500
220kV　GIS	断路器间隔，含主母线及分支母线	间隔	1327400
220kV　GIS	母线设备间隔	间隔	531000
高压开关柜	KYN-10，3150A，40kA （进口开关）	台	159300
高压开关柜	KYN-10，3150A，40kA	台	123900
高压开关柜	KYN-10，1250～1600A，40kA	台	97300
高压开关柜	KYN-10，TV 柜	台	39800
高压开关柜	F-C 单回路，40kA	台	70800

续表

名　　称	型　号、规　格	单位	价格
低压开关柜	PC，主厂房内	台	57500
低压开关柜	MCC，主厂房内	台	39800
输煤程控装置	上位机、PLC、网络通信电缆、输煤工业电视系统，不包括传感器	套	1592900
交流不停电电源装置	80kVA 单台（三相输入，单相输出）	套	354000
网络监控系统	微机监控系统（国产）	套	1327400
柴油发电机	650kW，主机进口	台	1061900
热工控制系统			
机组分散控制系统	包括 DAS、MCS、SCS（含电气控制）、FSSS 等 4 功能子系统，配 5 个操作员站等人机接口设备，I/O 点规模为 8000 点	套	3539800
火检及冷却风系统	根据炉型不同火检数量不同，按四角切圆燃烧方式，32 只火检，2 台冷却风机，进口	套	442500
视频监视系统	200 点	套	1769900
附属生产工程			
启动锅炉及辅机	燃煤炉，20t/h，1.29MPa，300℃，链条炉，不含脱硫脱硝	台	3982300

十一、600MW 机组设备

名　　称	型　号、规　格	单位	价格
热力系统			
锅炉（烟煤）	超超临界，2050t/h，29.4MPa（a）/605℃/623℃，不含节油点火装置	台	284955800
锅炉（烟煤）	二次再热	台	391150400
锅炉（褐煤）	超超临界，2050t/h，29.4MPa（a）/605℃/623℃，不含节油点火装置	台	307079600
W 型锅炉	超临界，2140t/h，不含节油点火装置	台	284070800
循环流化床锅炉	超超临界，2050t/h，29.4MPa（a）/605℃/623℃，不含节油点火装置	台	402654900
节油点火装置	等离子点火装置，6 只（1 层）	套/炉	3185800
节油点火装置	小油枪点火装置，6 只（1 层）	套/炉	1504400
汽轮机	二次再热	台	206548700
汽轮机	超超临界，660MW，湿冷，四缸四排汽，28MPa（a）/600℃/620℃	台	146017700
汽轮发电机	QFSN-660-2，含静态励磁系统	台	66371700
中速磨煤机	HP-1003（减速器关键部件进口）/MPS212-Ⅱ型/ZGM113（含密封风机等）	台	3628300

续表

名 称	型 号、规 格	单位	价格
中速磨煤机	MPS225-HP-Ⅱ型（含密封风机等），适用于褐煤	台	4867300
双进双出钢球磨	MPS4366/1800kW（含钢球、润滑油、密封风机等）	台	7345100
风扇磨	MB3600，47.22/86.5，1350kW	台	4690300
送风机（含电机）	动叶可调轴流式 $Q=972000\text{m}^3/\text{h}$，1600kW	台	1238900
引风机（含电机）	动叶可调轴流式 $Q=2354000\text{m}^3/\text{h}$，8500kW（引风机与增压风机合并）	套	2566400
一次风机（含电机）	动调轴流，$Q=644000\text{m}^3/\text{h}$，3400kW	台	1371700
低温省煤器	一级，重量 950t，ND 钢	套	10973500
电除尘器	双室五电场（含高频电源），$\eta \geqslant 99.84\%$，3120t	套	34955800
电除尘器	双室五电场（含高频电源），采用低低温技术，$\eta \geqslant 99.92\%$，3120t	套	40177000
湿式除尘器	双室一电场（含电源），$\eta \geqslant 70\%$	套	17256600
50%汽动给水泵	含主泵、前置泵（配超超临界机组）	台	4867300
50%给水泵小汽机	配超超临界机组	台	5531000
100%汽动给水泵	配超超临界机组，前置泵与主泵同轴布置，含主泵、前置泵、减速箱，主泵、减速箱整体进口	台	7433600

续表

名　　称	型号、规格	单位	价格
100%汽动给水泵小汽机	小汽机及 MEH 等仪表与控制系统。含凝汽器	台	9115000
35%电动给水泵	主泵，前置泵，液力偶合器（配超临界机组）（进口芯包）	套	8141600
30%电动给水泵	配超/超超临界机组，启动泵，定速泵，含主泵、前置泵、齿轮箱、主泵电机，不含出口调节阀。芯包国产，出口和最小流量阀逆止门进口	台	2787600
凝汽器	钛管，40000m^2	台	41415900
凝汽器	不锈钢 304，40000m^2	台	17345100
凝汽器	不锈钢 316，40000m^2	台	22477900
凝汽器	不锈钢 317，40000m^2	台	29026500
凝汽器	不锈钢 316L，40000m^2	台	23539800
凝汽器	不锈钢 317L，40000m^2	台	30796500
汽机旁路装置	40%BMCR 高低压两级串联，简化旁路（含就地仪表与执行器），配超超临界机组	套	3982300
除氧器及水箱	GWC-1790　G5-235 型	套	3053100
高压加热器	三级，卧式（含阀门）（含外置蒸发冷却器）	套	10177000

续表

名　称	型　号、规　格	单位	价格
高压加热器	四级，用于二次再热机组	套	17699100
低压加热器	四级，卧式，（含阀门），配湿冷机组	套	6681400
低压加热器	五级，配湿冷机组	套	7522100
低压加热器	五级，配空冷机组	套	6592900
凝结水泵	100%，1522m³/h，3.4MPa，2100kW	台	761100
真空泵	50%，每台机 3 台，2 用 1 备	台	354000
汽机房行车	80/20t，含保护	台	1150400
汽机房行车	130/30t，跨度 30m	台	1592900
燃料供应系统			
翻车机	C 型单车翻车机及其调车系统　$Q=25$ 节/h	套	10619500
翻车机	折返式双车翻车机及其调车系统　$Q=40$ 节/h	套	15044200
桥式抓斗卸船机	1500t/h　轨距 22m	台	31858400
清仓机	180HP	台	2477900
斗轮堆取料机	1500/1500t/h　臂长 35m，折返式	套	9734500

续表

名　　称	型　号、规　格	单位	价格
斗轮堆取料机	3600/1500t/h　臂长 40m，通过式	套	13274300
活化给煤机	$Q=1000t/h$	台	796500
胶带输送机	1400mm　（含胶带，不含皮带机保护元件，减速器为中外合资产品）	m	7500
胶带输送机	1800mm　（含胶带，不含皮带机保护元件，减速器为中外合资产品）	m	8400
输煤皮带机	1600mm　（含胶带，不含皮带机保护元件，减速器为中外合资产品）	m	8800
环（锤）式碎煤机	1000t/h	台	531000
滚轴筛	$Q=1500t/h$	台	309700
皮带给煤机	$B=1600mm$　$Q=350\sim860t/h$	台	265500
桥式叶轮给煤机	$B=1400mm$　$Q=300\sim1000t/h$　带变频调速	台	309700
推煤机	TY220 型	台	708000
装载机	ZL50	台	309700
火车取样装置	门式，跨距 6m，用于单台翻车机（缩分、破碎、液压装置进口，减速器为中外合资产品）	台	708000
汽车取样装置	缩分、破碎、液压装置进口，减速器为中外合资产品	套	442500

续表

名　称	型　号、规　格	单位	价格
皮带中部取样装置	$B=1400mm$　双取样头，对应 1 套二级缩分、一级破碎、回煤装置（用于入炉煤，取样头、缩分、破碎装置进口）	台	663700
皮带中部取样装置	$B=1800mm$　单取样头，对应 1 套三级缩分、二级破碎、回煤装置（用于入厂煤，取样头、缩分、破碎装置进口）	台	885000
动态轨道衡	断轨	台	309700
动态轨道衡	不断轨	台	531000
二工位头部伸缩装置	$B=1400mm$	台	309700
三工位头部伸缩装置	$B=1400mm$	台	354000
运煤系统一次元件（新建）	包括双向拉绳开关、二级跑偏开关、胶带纵向撕裂检测装置、煤流检测装置、速度检测装置、堵煤信号、原煤仓高、低和连续料位信号等	套	840700
运煤系统一次元件（扩建）	包括双向拉绳开关、二级跑偏开关、胶带纵向撕裂检测装置、煤流检测装置、速度检测装置、堵煤信号、原煤仓高、低和连续料位信号等	套	265500
除灰系统			
气力除灰	输灰、控制、除尘设备等，不含管道、空压机，输送距离～500m，单台炉除灰系统出力 110t/h；五电场，（2×32+2×3）个灰斗	套/2 炉	6194700

续表

名　　称	型 号、规 格	单位	价格
刮板捞渣机	单侧捞渣机（关键部件进口，含渣井、关断门、液压控制）长度 35m，出力 15～60t/h	台	3672600
刮板捞渣机	单侧捞渣机（关键部件进口，含渣井、关断门、液压控制等），长度 65m，出力 15～60t/h	台	4026500
干式排渣机	（含渣井，关断门，碎渣机，渣仓，就地控制，斗式提升机）出力：12～35t/h，长度 45m	套	5752200
水处理系统			
超滤装置	含加药装置、进水泵、保安过滤器、反洗水泵、水箱、膜组件、换热器等	t/h	10600
反渗透装置	含加药装置、反洗水泵、升压泵、保安过滤器、水箱、膜组件、换热器等	t/h	13300
制氢装置	含程控，无人值守，4 个罐，$1 \times 10 Nm^3/h$	套	1858400
水汽集中取样分析装置	部分仪表进口，常规仪表国产，不含凝汽器检漏	套	1106200
电解海水制氯	设备容量为 $2 \times 90kg/h$（可连续及冲击加氯），含工艺设备、管道、阀门、电气、控制等	套/2 机	5132700
凝结水精处理装置	两机一套再生装置，含程控，含树脂，配 $2 \times 50\%$ 前置过滤器＋$3 \times 50\%$ 混床	套/2 机	10177000

续表

名　　　称	型　号、规　格	单位	价格
供水系统			
循环水泵	$Q＝10m^3/s$，扬程 25m，立式斜流泵，电动机功率 3400kW，导叶体 Q235A	套	2831900
循环水泵	耐海水，$Q＝10m^3/s$，扬程 25m，立式斜流泵，电动机功率 3400kW。过流部件采用双相不锈钢材质	套	5575200
循环水泵	耐海水，功率 3400kW。过流部件采用超级双相不锈钢材质	套	6637200
补给水泵（含电机）	$Q＝1500m^3/h$，扬程 50m，卧式离心泵，电动机功率 400kW	套	247800
直接空冷设备	包括空冷凝汽器、A 型架、隔墙、蒸汽分配管、风机桥架、防护网	万 m²	354000
空冷风机	直径 9.75m，功率 132kW，含变频器、风机筒、电机、齿轮箱		309700
间接空冷设备	包括散热器管束、冷却三角框架、支撑件、百叶窗、散热器清洗系统、塔内管道。管束垂直布置	万 m²	362800
电气系统			
主变压器	500kV　260MVA　单相无载调压	台	7079600
主变压器	500kV　780MVA　三相无载调压	台	21238900

续表

名　　称	型　号、规　格	单位	价格
主变压器	220kV　780MVA　三相无载调压	台	16814200
主变压器	750kV　780MVA　三相无载调压	台	24955800
SF$_6$ 断路器	500kV，50kA/63kA 罐式 液动 带合闸电阻（国产）	台	2212400
SF$_6$ 断路器	500kV，50kA/63kA　罐式　液动	台	1991200
SF$_6$ 断路器	500kV，50kA/63kA　柱式　带合闸电阻	台	796500
SF$_6$ 断路器	500kV，50kA/63kA　柱式	台	708000
SF$_6$ 断路器	750kV，50kA/63kA　罐式　液动	台	6194700
SF$_6$ 断路器	330kV，50kA/63kA　罐式　液动	台	1946900
高压厂用变压器	63/35-35MVA，无载调压	台	3628300
启动/备用变压器	500kV/6.3kV　63/35～35MVA，有载调压	台	6814200
启动/备用变压器	220kV/6.3kV　63/35～35MVA，有载调压	台	4955800
500kV 户内 GIS	断路器间隔，4000A，63kA，含主母线及分支母线	间隔	3982300
500kV 户内 GIS	母线设备间隔	间隔	619500
220kV GIS	断路器间隔，含主母线及分支母线	间隔	1283200

续表

名　　称	型　号、规　格	单位	价格
220kV GIS（母线设备间隔）		间隔	531000
发电机断路器	140kA	台	7964600
高压开关柜	KYN-10，3150A，40kA，进口开关	台	159300
高压开关柜	KYN-10，3150A，40kA	台	123900
高压开关柜	KYN-10，1250～1600A，40kA	台	97300
高压开关柜	KYN-10，TV柜	台	39800
高压开关柜	F-C单回路，40kA，10kV	台	70800
高压开关柜	4000A，50kA（进口真空断路器柜）	台	238900
高压开关柜	馈线柜，1250A，50kA（合资厂真空断路器柜）	台	119500
高压开关柜	馈线柜，50kA（合资厂单回路F-C柜），10kV	台	97300
低压开关柜	PC，主厂房内	台	57500
低压开关柜	MCC，主厂房内	台	39800
输煤程控装置	上位机、PLC、网络通信电缆、输煤工业电视系统，不包括传感器	套	1858400
交流不停电电源装置	80kVA单台（三相输入，单相输出）	套	354000

续表

名　称	型号、规格	单位	价格
网络监控系统	微机监控系统	套	1858400
柴油发电机	1200kW（含脱硫），主机进口	台	1769900
热工控制系统			
机组分散控制系统	包括 DAS、MCS、SCS（含电气控制）、FSSS 等 4 功能子系统，配 5 个操作员站等人机接口设备，I/O 点规模为 10000 点	套	4424800
火检及冷却风系统	根据炉型不同火检数量不同，按前后墙对冲燃烧方式，84 只火检，2 台冷却风机，进口	套	1327400
视频监控系统		套	2212400
附属生产工程			
启动锅炉及辅机	燃油，35t/h，1.29MPa，300℃	台	3097300
启动锅炉及辅机	煤炉，35t/h，不含脱硫脱硝	台	6194700

十二、1000MW 机组设备

名　　称	型号、规格	单位	价格
热力系统			
锅炉（烟煤）	超超临界，二次再热，不含节油点火装置，塔式炉	台	548672600
锅炉（烟煤）	超超临界，二次再热，不含节油点火装置，Π型炉	台	544247800
锅炉（烟煤）	超超临界，3080t/h，过热蒸汽压力：29.4MPa（a）；再热器出口温度：623℃，不含节油点火装置，塔式炉	台	460177000
锅炉（烟煤）	超超临界，3080t/h，过热蒸汽压力：29.4MPa（a）；再热器出口温度：623℃，不含节油点火装置，Π型炉	台	455752200
节油点火装置	等离子点火装置	套/炉	3893800
节油点火装置	小油枪点火装置	套/炉	1858400
汽轮机	超超临界，1000MW，湿冷，四缸四排汽，28/600/620	台	190265500
汽轮机	超超临界，二次再热，五缸四排汽	台	234513300
汽轮发电机	QFSN-1000-2 型，含静态励磁系统	台	110619500
中速磨煤机	HP1163/MPS235-HP-Ⅱ/ZGM123	台	4955800
双进双出钢球磨	BBD-4366，1900kW（含钢球、润滑油、密封风机等）	台	7876100
双进双出钢球磨	MGS4760，2100kW（含钢球、润滑油、密封风机等）	台	8672600
电子称重式给煤机	出力 10～100t/h	台	238900

名　称	型号、规格	单位	价格
送风机（含电机）	动叶可调轴流式 Q＝1328000m³/h，2500kW	台	1902700
引风机（含电机）	动叶可调轴流式 Q＝2592000m³/h，6700kW（引风机与增压风机合并）	台	4070800
一次风机（含电机）	动叶可调轴流式，Q＝637000m³/h，4750kW	台	1769900
低温省煤器	一级，重量1500t	套	18584100
电除尘器	三室五电场（含高频电源），η≥99.84%，5250t	套	53539800
电除尘器	三室五电场（含高频电源），采用低低温技术，η≥99.92%，5250t	套	61327400
电袋除尘器	三室一电场	套	44247800
湿式除尘器	双室一电场（含电源），η≥70%	套	24778800
50%汽动给水泵	含主泵、前置泵、出口流量：1573t/h，抽头流量：105t/h，扬程～33MPa	套	5575200
30%电动给水泵	启动泵，定速泵。含主泵、前置泵、齿轮箱、主泵电机，不含出口调节阀。芯包国产，出口和最小流量阀逆止门进口	套	5752200
100%汽泵小汽机	单缸、单流程或双流程、下排汽，含集装油箱，凝汽器、小机盘车、排汽管道等。进口变速箱	台	14601800

续表

名 称	型 号、规 格	单位	价 格
凝汽器	钛管，60000m²	台	62123900
凝汽器	不锈钢 304，60000m²	台	25486700
凝汽器	不锈钢 316，60000m²	台	33716800
凝汽器	不锈钢 317，60000m²	台	43539800
凝汽器	不锈钢 316L，60000m²	台	35309700
凝汽器	不锈钢 317L，60000m²	台	46194700
汽机旁路装置	35%BMCR，高低压两级串联	套	4867300
汽机旁路装置	100%BMCR，高低压两级串联	套	7079600
汽机旁路装置	40%BMCR，高中低三级旁路	套	5575200
除氧器及水箱	最大出力>3130t/h，有效容积：300m³	套	3716800
高压加热器	三级，卧式（含阀门），单列（含外置蒸发冷却器）	套	15929200
高压加热器	四级，用于二次再热机组	套	19469000
低压加热器	五级	套	8849600
凝结水泵	100%。不含变频器	台	1150400

续表

名　称	型号、规格	单位	价格
真空泵	50%，每台机3台，2用1备	台	531000
汽机房行车	130/30t，跨度33m，含保护	台	2123900
汽机房行车	130/32t，主梁加固到235t，跨度30m	台	2787600
燃料供应系统			
翻车机	C型单车翻车机及其调车系统　$Q=25$ 节/h	套	10619500
翻车机	折返式双车翻车机及其调车系统　$Q=40$ 节/h	套	15044200
桥式抓斗卸船机	1500t/h　轨距22m	台	31858400
清仓机	180HP	台	2477900
斗轮堆取料机	1500/1500t/h　臂长35m，折返式	套	9734500
斗轮堆取料机	3600/1500t/h　臂长40m，通过式	套	13274300
圆形煤场堆取料机	圆形煤场直径120m，3600/1500t/h 堆料机臂长35.8m，门式/桥式	台	12389400
活化给煤机	$Q=1500$t/h	台	885000
胶带输送机	1400mm（含胶带，不含皮带机保护元件，减速器为中外合资产品）	m	7500

续表

名　　称	型　号、规　格	单位	价格
胶带输送机	1600mm （含胶带，不含皮带机保护元件，减速器为中外合资产品）	m	8400
胶带输送机	1800mm （含胶带，不含皮带机保护元件，减速器为中外合资产品）	m	8800
环（锤）式碎煤机	1000t/h	台	531000
滚轴筛	Q＝1500t/h	台	309700
皮带给煤机	B＝1600mm　Q＝350～860t/h	台	265500
桥式叶轮给煤机	B＝1400mm　Q＝300～1000t/h　带变频调速	台	309700
推煤机	TY220 型	台	708000
装载机	ZL50	台	309700
火车取样装置	门式，跨距 6m，用于单台翻车机（缩分、破碎、液压装置进口，减速器为中外合资产品）	台	708000
汽车取样装置	缩分、破碎、液压装置进口，减速器为中外合资产品	套	442500
皮带中部取样装置	B＝1400mm　双取样头，对应 1 套二级缩分、一级破碎、回煤装置（用于入炉煤，取样头、缩分、破碎装置进口）	台	663700
皮带中部取样装置	B＝1800mm　单取样头，对应 1 套三级缩分、二级破碎、回煤装置（用于入厂煤，取样头、缩分、破碎装置进口）	台	885000

续表

名　　称	型号、规格	单位	价格
动态轨道衡	断轨	台	309700
动态轨道衡	不断轨	台	531000
二工位头部伸缩装置	$B=1400mm$	台	309700
三工位头部伸缩装置	$B=1400mm$	台	354000
运煤系统一次元件（新建）	包括双向拉绳开关、二级跑偏开关、胶带纵向撕裂检测装置、煤流检测装置、速度检测装置、堵煤信号、原煤仓高、低和连续料位信号等	套	840700
运煤系统一次元件（扩建）	包括双向拉绳开关、二级跑偏开关、胶带纵向撕裂检测装置、煤流检测装置、速度检测装置、堵煤信号、原煤仓高、低和连续料位信号等	套	265500
除灰系统			
气力除灰	输灰、控制、除尘设备等，不含管道、空压机，输送距离～850m，单台炉除灰系统出力115t/h；三室五电场，（2×48＋2×4）个灰斗	套/2 炉	8584100
刮板捞渣机	单侧捞渣机（关键部件进口，含渣井、关断门、液压控制等），长度65m，出力10～80t/h	台	4867300
干式排渣机	（含渣井，关断门，碎渣机，渣仓，就地控制，斗式提升机）出力：50～55t/h，长度55m	套	6017700

续表

名　称	型　号、规　格	单位	价格
水处理系统			
超滤装置	含加药装置、进水泵、保安过滤器、反洗水泵、水箱、膜组件、换热器等	t/h	10600
反渗透装置	含加药装置、反洗水泵、升压泵、保安过滤器、水箱、膜组件、换热器等	t/h	13300
制氢装置	含程控，无人值守，4 个罐，$2 \times 10 Nm^3/h$	套	3716800
水汽集中取样分析装置	部分仪表进口，常规仪表国产，不含凝汽器检漏	套/1 机	1150400
电解海水制氯	设备容量为 $2 \times 130 kg/h$（可连续及冲击加氯），含工艺设备、管道、阀门、电气、控制等	套/2 机	5752200
凝结水精处理装置	两机一套再生装置，含程控，含树脂，配 $2 \times 50\%$ 前置过滤器＋$4 \times 33\%$ 混床	套/2 机	14159300
供水系统			
循环水泵	流量 $9.3 m^3/s$，扬程 28.5m，立式斜流泵，电动机功率 3650kW（1 机 3 泵，二次循环，国产）	台	3008800
循环水泵	流量 $15.7 m^3/s$，扬程 17.5m，立式斜流泵，电动机功率 4000kW（1 机 2 泵，直流供水）。过流部件材质常规配置	台	11061900
循环水泵	耐海水，流量 $9.3 m^3/s$，扬程 28.5m，立式斜流泵，电动机功率 3650kW（1 机 3 泵，直流供水，国产）	台	5575200

续表

名　称	型号、规格	单位	价格
循环水泵	耐海水，流量 9.3 m³/s，扬程 28.5m，立式斜流泵，电动机功率 3650kW（1 机 3 泵，直流供水，国产）采用双相不锈钢	台	5752200
补给水泵（含电动机）	流量 2520 m³/h，扬程 45m，卧式离心泵，电动机功率 500kW	台	283200
直接空冷设备	包括空冷凝汽器、A 型架、隔墙、蒸汽分配管、风机桥架、防护网	万 m²	354000
空冷风机	直径 9.75m，功率 132kW，含变频器、风机筒、电机、齿轮箱		309700
间接空冷设备	包括散热器管束、冷却三角框架、支撑件、百叶窗、散热器清洗系统、塔内管道。管束垂直布置	万 m²	362800
电气系统			
主变压器	500kV　380MVA　单相无载调压	台	9734500
主变压器	500kV　1140MVA　三相无载调压	台	25221200
主变压器	750kV，380MVA	台	11946900
SF₆ 断路器	500kV，50kA/63kA　罐式　液动　带合闸电阻（国产）	台	2212400
SF₆ 断路器	500kV，50kA/63kA　罐式　液动	台	1991200
SF₆ 断路器	500kV，50kA/63kA　柱式　带合闸电阻	台	796500

续表

名　　称	型　号、规　格	单位	价格
SF$_6$ 断路器	500kV，50kA/63kA　柱式	台	708000
SF$_6$ 断路器	750kV，50kA/63kA　罐式　液动	台	6194700
高压厂用变压器	无载调压，68/34-34MVA 分裂变	台	4646000
高压厂用变压器	无载调压，84/49-49MVA 分裂变	台	5752200
高压厂用变压器	无载调压，80/50-50MVA 分裂变	台	5398200
启动/备用变压器	有载调压（进口开关），500kV/10.5kV，78/45～45MVA 分裂变	台	8318600
启动/备用变压器	有载调压（进口开关），500kV/10.5kV，84/49～49MVA 分裂变	台	9026500
启动/备用变压器	有载调压，220kV/10.5kV，80/50-50MVA 分裂变	台	9469000
启动/备用变压器	有载调压，220kV/10.5kV，70/40-40MVA 分裂变	台	6194700
500kV 户内 GIS	断路器间隔，4000A，63kA，含主母线及分支母线	间隔	3982300
500kV 户内 GIS	母线设备间隔	间隔	619500
750kV GIS		间隔	22123900
1000kV 户内 GIS		间隔	66371700

续表

名　称	型　号、规　格	单位	价格
发电机断路器	额定短路开断电流：对称开断分量 160kA	台	9734500
高压开关柜	中置手车式开关柜，3150A，40kA，进口真空开关	台	159300
高压开关柜	中置手车式开关柜，2000A，40kA，配真空断路器	台	77900
高压开关柜	中置手车式开关柜，3150A，40kA，配真空断路器	台	123900
高压开关柜	中置手车式馈线柜，1250～1600A，40kA，配真空断路器	台	97300
高压开关柜	KYN-10，TV 柜	台	39800
高压开关柜	F-C 单回路，40kA	台	70800
高压开关柜	中置手车式开关柜，4000A，50kA，内配进口真空断路器	台	238900
高压开关柜	馈线柜，1250A，50kA（合资厂真空断路器柜）	台	119500
高压开关柜	馈线柜，50kA（合资厂单回路 F-C 柜）	台	97300
低压开关柜	PC，主厂房内	台	57500
低压开关柜	MCC，主厂房内	台	39800
输煤程控装置	上位机、PLC 程控、网络通信电缆、输煤工业电视系统，不包括传感器	套	2256600
交流不停电电源装置	100kVA，单台（三相输入，单相输出）	套	398200

续表

名　　称	型　号、规　格	单位	价　格
网络监控系统	网络微机监控系统	套	1814200
柴油发电机	1800kW（含脱硫），主机进口	台	3362800
热工控制系统			
机组分散控制系统	包括 DAS、MCS、SCS（含电气控制）、FSSS 等 4 功能子系统，配 5 个操作员站等人机接口设备，I/O 点规模为 13000 点	套	5752200
火检及冷却风系统	根据炉型不同火检数量不同，按前后墙对冲燃烧方式，84 只火检，2 台冷却风机，进口	套	1327400
视频监视系统	300 点	套	2654900
附属生产工程			
启动锅炉及辅机	燃油，50t/h，1.29MPa，300℃	台	3805300
启动锅炉	燃气，50t/h	台	6371700

十三、燃气—蒸汽联合循环电站设备

名　　称	型号、规格	单位	价格
450MW 等级燃气机组（9H）			
燃气轮机	SGT5-8000H 型；燃机性能保证工况出力 425MW	台	283185800
燃机发电机	425MW	台	57522100
余热锅炉	三压、再热、无补燃、卧式、自然 循环	台	119469000
蒸汽轮机	三压、再热	台	101769900
蒸汽轮发电机	220MW	台	30973500
300MW 等级燃气机组（9F）			
燃气轮机	M701F4 型	台	174336300
燃气轮机	GE-9F05 型	台	168141600
燃气轮机	M701F5 型	台	161504400
燃气轮机	SGT5-4000F	台	199115000
余热锅炉	卧式三压再热自然循环，主汽蒸汽量 256t/h	台	69026500
蒸汽轮机	三压、一次再热、抽凝、双缸型、下排汽。高压蒸汽 346.2t/h、11.03MPa（a）/565℃	台	54867300
蒸汽轮机	配 M701F5 型	台	65486700

续表

名　　称	型　号、规　格	单位	价格
发电机	THDF 108/53 型，424MW　水氢氢	台	48672600
燃机发电机	额定功率 300MW	台	41592900
蒸汽轮发电机	额定功率 150MW，额度电压：13.8kV，空冷	台	15044200
电动双梁桥式起重机	起重量 120/35t　跨度 41m	台	2654900
汽机房电动双梁 桥式起重机	起重量 70t/20t，28m	台	1415900
调压站	天然气流量：135300Nm³/h	台	13274300
增压站	天然气流量：190884Nm³/h	台	42035400
循环水泵	流量 4.38m³/s，扬程 24.5m	台	2920400
循环水泵	流量 8.4m³/s，扬程 23.5m	台	4601800
冷却水泵	流量 0.695m³/s，扬程 29m	台	708000
主变压器	480MVA，220kV　三相无载调压	台	11946900
燃机主变压器	410MVA，220kV　三相无载调压	台	11504400
汽机主变压器	200MVA，220kV　三相无载调压	台	7522100
高压厂用变压器	25MVA/21kV	台	2831900
高压厂用变压器	16MVA/21kV	台	2035400

十四、变电设备

名　　称	型 号、规 格	单位	价格
变压器			
1000kV 变压器	1000kV，1000MVA，单相，1000/500/110，无励磁，三绕组自耦	台	36216800
750kV 变压器	750kV，700MVA，单相，750/330/66，无励磁，三绕组自耦	台	17560000
500kV 变压器	500kV，400MVA，单相，500/220/66，无励磁，三绕组自耦	台	9825000
500kV 变压器	500kV，400MVA，单相，500/220/35，无励磁，三绕组自耦	台	8773500
500kV 变压器	500kV，334MVA，单相，500/220/66，无励磁，三绕组自耦	台	8312100
500kV 变压器	500kV，334MVA，单相，500/220/35，无励磁，三绕组自耦	台	7946000
500kV 变压器	500kV，250MVA，单相，500/220/35，无励磁，三绕组自耦	台	7290500
330kV 变压器	330kV，360MVA，三相，330/110/35，有载，三绕组自耦	台	12100800
330kV 变压器	330kV，240MVA，三相，330/110/35，有载，三绕组自耦	台	8334400
220kV 变压器	220kV，240MVA，三相，220/110/35，有载，三绕组	台	8313000
220kV 变压器	220kV，240MVA，三相，220/110/35，有载，三绕组自耦	台	6973000
220kV 变压器	220kV，240MVA，三相，220/110/35，无励磁，三绕组自耦	台	5660700
220kV 变压器	220kV，240MVA，三相，220/110/20，有载，三绕组	台	8296800

续表

名　　称	型　号、规　格	单位	价　格
220kV 变压器	220kV，240MVA，三相，220/110/20，有载，三绕组自耦	台	7054000
220kV 变压器	220kV，240MVA，三相，220/110/10，有载，三绕组	台	8210000
220kV 变压器	220kV，240MVA，三相，220/110/10，有载，三绕组自耦	台	7611000
220kV 变压器	220kV，180MVA，三相，220/110/35，有载，三绕组	台	6955100
220kV 变压器	220kV，180MVA，三相，220/110/35，有载，三绕组自耦	台	6370000
220kV 变压器	220kV，180MVA，三相，220/110/35，无励磁，三绕组自耦	台	5851000
220kV 变压器	220kV，150MVA，三相，220/110/10，有载，三绕组	台	6002400
220kV 变压器	220kV，180MVA，三相，220/110/10，有载，三绕组	台	7069700
220kV 变压器	220kV，180MVA，三相，220/66/10，有载，三绕组	台	6876000
220kV 变压器	220kV，180MVA，三相，220/66，有载，双绕组	台	6195000
110kV 变压器	110kV，63MVA，110/35/10，有载，三绕组	台	3069700
110kV 变压器	110kV，50MVA，110/35/10，有载，三绕组	台	2645000
110kV 变压器	110kV，40MVA，110/35/10，有载，三绕组	台	2283000
110kV 变压器	110kV，31.5MVA，110/35/10，有载，三绕组	台	2174000

续表

名　称	型号、规格	单位	价格
110kV 变压器	110kV，63MVA，110/10，有载，双绕组	台	2659000
110kV 变压器	110kV，50MVA，110/10，有载，双绕组	台	2353000
110kV 变压器	110kV，40MVA，110/10，有载，双绕组	台	1816000
110kV 变压器	110kV，31.5MVA，110/10，有载，双绕组	台	1812000
66kV 变压器	66kV，50MVA，66/10，有载，双绕组	台	2185500
66kV 变压器	66kV，40MVA，66/10，有载，双绕组	台	1885300
66kV 变压器	66kV，31.5MVA，66/10，有载，双绕组	台	1726700
66kV 变压器	66kV，1250kVA，66/0.4，有载，双绕组	台	647200
66kV 变压器	66kV，800kVA，66/0.4，有载，双绕组	台	469300
66kV 变压器	66kV，630kVA，66/0.4，无励磁，双绕组	台	407100
35kV 变压器	35kV，31.5MVA，35/10，油浸，有载	台	1549000
35kV 变压器	35kV，20MVA，35/10，油浸，有载	台	1172000
35kV 变压器	35kV，10MVA，35/10，油浸，有载	台	729100
35kV 变压器	35kV，8000kVA，35/10，油浸，有载	台	654400

续表

名　　称	型　号、规　格	单位	价格
35kV 变压器	35kV，6300kVA，35/10，油浸，有载	台	544400
35kV 变压器	35kV，3150kVA，35/10，油浸，有载	台	367600
35kV 变压器	35kV，1250kVA，35/0.4，油浸，有载	台	331100
35kV 变压器	35kV，800kVA，35/0.4，油浸，有载	台	267500
35kV 变压器	35kV，2000kVA，35/0.4，油浸，无励磁	台	243700
35kV 变压器	35kV，630kVA，35/0.4，油浸，无励磁	台	138100
35kV 变压器	35kV，400kVA，35/0.4，油浸，无励磁	台	125000
35kV 变压器	35kV，100kVA，35/0.4，油浸，无励磁	台	67000
10kV 变压器	10kV，3150kVA，干式，普通，硅钢片	台	275600
10kV 变压器	10kV，2500kVA，干式，普通，硅钢片	台	284100
10kV 变压器	10kV，1600kVA，干式，普通，硅钢片	台	223500
10kV 变压器	10kV，800kVA，干式，普通，硅钢片	台	202500
10kV 变压器	10kV，630kVA，干式，普通，硅钢片	台	137000
10kV 变压器	10kV，500kVA，干式，普通，硅钢片	台	105500

续表

名　　称	型　号、规　格	单位	价格
10kV 变压器	10kV，400kVA，干式，普通，硅钢片	台	109800
10kV 变压器	10kV，200kVA，干式，普通，硅钢片	台	69300
10kV 变压器	10kV，100kVA，干式，普通，硅钢片	台	53200
10kV 变压器	10kV，50kVA，干式，普通，硅钢片	台	41400
10kV 变压器	10kV，800kVA，油浸，普通，硅钢片	台	170000
10kV 变压器	10kV，630kVA，油浸，普通，硅钢片	台	97300
10kV 变压器	10kV，400kVA，油浸，普通，硅钢片	台	91000
10kV 变压器	10kV，200kVA，油浸，普通，硅钢片	台	55200
10kV 变压器	10kV，100kVA，油浸，普通，硅钢片	台	36400
10kV 变压器	10kV，50kVA，油浸，普通，硅钢片	台	29200
复合式组合电器（HGIS）			
复合式组合电器（HGIS）	AC1000kV，63kA，2CB	套	120593600
复合式组合电器（HGIS）	AC1000kV，63kA，1CB	套	61499000
复合式组合电器（HGIS）	AC750kV，63kA，2CB	套	23108700

续表

名　　称	型　号、规　格	单位	价格
复合式组合电器（HGIS）	AC750kV，63kA，1CB	套	12500000
复合式组合电器（HGIS）	AC500kV，63kA，3CB	套	9125800
复合式组合电器（HGIS）	AC500kV，63kA，2CB	套	6453700
复合式组合电器（HGIS）	AC500kV，63kA，1CB	套	3328300
复合式组合电器（HGIS）	AC330kV，63kA，3CB	套	8558400
复合式组合电器（HGIS）	AC330kV，63kA，2CB	套	5838000
复合式组合电器（HGIS）	AC330kV，63kA，1CB	套	3099400
复合式组合电器（HGIS）	AC330kV，50kA，1CB	套	2969300
复合式组合电器（HGIS）	AC220kV，50kA，1CB	套	1519300
复合式组合电器（HGIS）	AC110kV，40kA，1CB	套	627900
复合式组合电器（HGIS）	AC66kV，31.5kA，1CB	套	625300
复合式组合电器（HGIS）	AC35kV，31.5kA，1CB	套	385800
气体绝缘封闭式组合电器（GIS）			
气体绝缘封闭式组合电器（GIS）	AC750kV，63kA，3/2 接线开关间隔，1CB	间隔	21270000

续表

名　　称	型号、规格	单位	价格
气体绝缘封闭式组合电器（GIS）	AC500kV，63kA，3/2 接线开关间隔，1CB	间隔	4208000
气体绝缘封闭式组合电器（GIS）	AC500kV，63kA，分段间隔	间隔	4028000
气体绝缘封闭式组合电器（GIS）	AC330kV，50kA，主变压器架空进线间隔	间隔	3144500
气体绝缘封闭式组合电器（GIS）	AC330kV，50kA，分段间隔	间隔	2551600
气体绝缘封闭式组合电器（GIS）	AC330kV，50kA，架空出线间隔	间隔	2908400
气体绝缘封闭式组合电器（GIS）	AC330kV，50kA，母联间隔	间隔	2571800
气体绝缘封闭式组合电器（GIS）	AC220kV，50kA，主变压器架空进线间隔	间隔	1481100
气体绝缘封闭式组合电器（GIS）	AC220kV，50kA，主变压器电缆进线间隔	间隔	1262800
气体绝缘封闭式组合电器（GIS）	AC220kV，50kA，分段间隔	间隔	1202000
气体绝缘封闭式组合电器（GIS）	AC220kV，50kA，架空出线间隔	间隔	1445000
气体绝缘封闭式组合电器（GIS）	AC220kV，50kA，母联间隔	间隔	1024800
气体绝缘封闭式组合电器（GIS）	AC220kV，50kA，电缆出线间隔	间隔	1462000
气体绝缘封闭式组合电器（GIS）	AC220kV，50kA，母线设备间隔	间隔	432800
气体绝缘封闭式组合电器（GIS）	AC110kV，40kA，主变压器架空进线间隔	间隔	778000

续表

名　称	型号、规格	单位	价格
气体绝缘封闭式组合电器（GIS）	AC110kV，40kA，主变压器电缆进线间隔	间隔	655400
气体绝缘封闭式组合电器（GIS）	AC110kV，40kA，分段间隔	间隔	466000
气体绝缘封闭式组合电器（GIS）	AC110kV，40kA，架空出线间隔	间隔	679800
气体绝缘封闭式组合电器（GIS）	AC110kV，40kA，母联间隔	间隔	459600
气体绝缘封闭式组合电器（GIS）	AC110kV，40kA，电缆出线间隔	间隔	693200
气体绝缘封闭式组合电器（GIS）	AC66kV，31.5kA，架空出线间隔	间隔	663600
气体绝缘封闭式组合电器（GIS）	AC66kV，31.5kA，电缆出线间隔	间隔	554800
瓷柱式交流断路器			
瓷柱式交流断路器	AC500kV，4000A，63kA，SF_6	台	684200
瓷柱式交流断路器	AC330kV，4000A，50kA，SF_6	台	601800
瓷柱式交流断路器	AC220kV，5000A，63kA，SF_6	台	398200
瓷柱式交流断路器	AC220kV，4000A，50kA，SF_6	台	247900
瓷柱式交流断路器	AC110kV，3150A，40kA，SF_6	台	122000
瓷柱式交流断路器	AC66kV，4000A，40kA，SF_6	台	129200

续表

名 称	型 号、规 格	单位	价格
罐式交流断路器			
罐式交流断路器	AC750kV，63kA，5000A， SF_6，分相操作	台	5772000
罐式交流断路器	AC500kV，63kA，4000A， SF_6，分相操作	台	2035200
罐式交流断路器	AC330kV，50kA，4000A， SF_6，分相操作	台	1903000
罐式交流断路器	AC220kV，50kA，4000A， SF_6，分相操作	台	640100
罐式交流断路器	AC66kV，50kA，4000A， SF_6，三相机械联动	台	638000
罐式交流断路器	AC66kV，31.5kA，3150A， SF_6，三相机械联动	台	303100
罐式交流断路器	AC66kV，31.5kA，2000A， SF_6，三相机械联动	台	223000
罐式交流断路器	AC35kV，31.5kA，1250A， SF_6，三相机械联动	台	178300
交流三相隔离开关			
交流三相隔离开关	AC500kV，63kA，4000A，三接地，三柱水平伸缩	组	603200
交流三相隔离开关	AC500kV，63kA，4000A，双接地，双柱水平伸缩	组	360600
交流三相隔离开关	AC500kV，63kA，4000A，单接地，双柱水平伸缩	组	293700
交流三相隔离开关	AC500kV，63kA，4000A，单接地，双臂垂直伸缩	组	303300

续表

名　称	型号、规格	单位	价格
交流三相隔离开关	AC500kV，63kA，4000A，单接地，单臂垂直伸缩	组	239900
交流三相隔离开关	AC330kV，63kA，5000A，三接地，五柱水平旋转	组	609200
交流三相隔离开关	AC330kV，63kA，5000A，单接地，三柱水平旋转	组	330000
交流三相隔离开关	AC330kV，63kA，5000A，单接地，单臂垂直伸缩	组	231100
交流三相隔离开关	AC220kV，63kA，5000A，单接地，三柱水平旋转	组	192000
交流三相隔离开关	AC220kV，63kA，5000A，不接地，三柱水平旋转	组	159900
交流三相隔离开关	AC220kV，50kA，4000A，双接地，三柱水平旋转	组	176900
交流三相隔离开关	AC220kV，50kA，4000A，单接地，三柱水平旋转	组	164800
交流三相隔离开关	AC220kV，50kA，4000A，单接地，双臂垂直伸缩	组	156000
交流三相隔离开关	AC220kV，50kA，4000A，单接地，单臂垂直伸缩	组	155600
交流三相隔离开关	AC220kV，50kA，4000A，不接地，三柱水平旋转	组	154500
交流三相隔离开关	AC220kV，50kA，4000A，不接地，双臂垂直伸缩	组	143900
交流三相隔离开关	AC220kV，50kA，4000A，不接地，单臂垂直伸缩	组	123000
交流三相隔离开关	AC220kV，50kA，3150A，双接地，三柱水平旋转	组	178200

续表

名 称	型 号、规 格	单位	价格
交流三相隔离开关	AC220kV，50kA，3150A，双接地，双柱水平旋转	组	165200
交流三相隔离开关	AC220kV，50kA，3150A，单接地，双臂垂直伸缩	组	103700
交流三相隔离开关	AC220kV，50kA，3150A，不接地，双臂垂直伸缩	组	99200
交流三相隔离开关	AC220kV，50kA，2500A，单接地，双柱水平旋转	组	125900
交流三相隔离开关	AC220kV，50kA，2500A，不接地，双柱水平旋转	组	104500
交流三相隔离开关	AC110kV，40kA，3150A，双接地，双柱水平旋转	组	85000
交流三相隔离开关	AC110kV，40kA，3150A，单接地，双臂垂直伸缩	组	101300
交流三相隔离开关	AC110kV，40kA，3150A，单接地，单臂垂直伸缩	组	98200
交流三相隔离开关	AC110kV，40kA，3150A，不接地，双臂垂直伸缩	组	94300
交流三相隔离开关	AC110kV，40kA，3150A，不接地，单臂垂直伸缩	组	86000
交流三相隔离开关	AC110kV，40kA，2000A，单接地，双臂垂直伸缩	组	68800
交流三相隔离开关	AC110kV，40kA，2000A，单接地，V 型旋转	组	31800
交流三相隔离开关	AC110kV，40kA，2000A，不接地，双臂垂直伸缩	组	49800
交流三相隔离开关	AC110kV，40kA，2000A，不接地，V 型旋转	组	27600

名　　称	型　号、规　格	单位	价格
交流三相隔离开关	AC66kV，31.5kA，3150A，双接地，双柱水平旋转	组	63500
交流三相隔离开关	AC66kV，31.5kA，3150A，单接地，双柱水平旋转	组	54900
交流三相隔离开关	AC66kV，31.5kA，3150A，双接地，V型旋转	组	62700
交流三相隔离开关	AC66kV，31.5kA，3150A，单接地，V型旋转	组	61700
交流三相隔离开关	AC66kV，31.5kA，3150A，不接地，V型旋转	组	47800
交流三相隔离开关	AC66kV，31.5kA，2000A，双接地，V型旋转	组	58700
交流三相隔离开关	AC66kV，31.5kA，2000A，单接地，双柱水平旋转	组	51400
交流三相隔离开关	AC66kV，31.5kA，2000A，单接地，V型旋转	组	48200
交流三相隔离开关	AC66kV，31.5kA，2000A，不接地，V型旋转	组	39900
交流三相隔离开关	AC66kV，31.5kA，1250A，单接地，V型旋转	组	62100
交流三相隔离开关	AC66kV，31.5kA，1250A，不接地，V型旋转	组	40500
交流三相隔离开关	AC66kV，31.5kA，1250A，双接地，双柱水平旋转	组	59300
交流三相隔离开关	AC66kV，31.5kA，1250A，单接地，双柱水平旋转	组	58900
电容式电压互感器			
电容式电压互感器	AC750kV	台	196600

续表

名　　称	型　号、规　格	单位	价格
电容式电压互感器	AC500kV	台	117300
电容式电压互感器	AC330kV	台	114800
电容式电压互感器	AC220kV	台	43400
电容式电压互感器	AC110kV	台	40900
电容式电压互感器	AC66kV	台	43700
电磁式电流互感器			
电磁式电流互感器	AC500kV，SF$_6$	台	154900
电磁式电流互感器	AC500kV，油浸	台	210600
电磁式电流互感器	AC220kV，SF$_6$	台	59300
电磁式电流互感器	AC220kV，油浸	台	46000
电磁式电流互感器	AC110kV，干式	台	29400
电磁式电流互感器	AC110kV，油浸	台	31100
电磁式电流互感器	AC66kV，干式	台	21800
电磁式电流互感器	AC66kV，油浸	台	35500

续表

名　　称	型　号、规　格	单位	价格
避雷器			
避雷器	AC750kV，瓷	台	190300
避雷器	AC500kV，瓷	台	66100
避雷器	AC330kV，瓷	台	38000
避雷器	AC220kV，瓷	台	8200
避雷器	AC110kV，瓷	台	3800
避雷器	AC66kV，瓷	台	3600
避雷器	AC35kV，瓷	台	2400
避雷器	AC10kV，瓷	台	1200
避雷器	AC750kV，硅橡胶	台	191600
避雷器	AC500kV，硅橡胶	台	38300
避雷器	AC330kV，硅橡胶	台	36500
避雷器	AC220kV，硅橡胶	台	4900
避雷器	AC110kV，硅橡胶	台	2700

续表

名　　称	型号、规格	单位	价格
避雷器	AC66kV，硅橡胶	台	3000
避雷器	AC35kV，硅橡胶	台	1500
避雷器	AC20kV，硅橡胶	台	900
避雷器	AC10kV，硅橡胶	台	400
并联电抗器			
并联电抗器	AC750kV，120Mvar，油浸，铁芯	台	5898100
并联电抗器	AC750kV，100Mvar，油浸，铁芯	台	4938900
并联电抗器	AC750kV，80Mvar，油浸，铁芯	台	4587000
并联电抗器	AC500kV，60Mvar，油浸，铁芯	台	3566500
并联电抗器	AC500kV，50Mvar，油浸，铁芯	台	3473600
并联电抗器	AC500kV，40Mvar，油浸，铁芯	台	3214000
并联电抗器	AC110kV，80Mvar，干式，空心	台	2461300
并联电抗器	AC66kV，60Mvar，油浸，铁芯	台	2663100
并联电抗器	AC35kV，60Mvar，油浸，铁芯	台	1969100

续表

名　称	型号、规格	单位	价格
并联电抗器	AC35kV，20Mvar，油浸，铁芯	台	1125700
并联电抗器	AC35kV，10Mvar，油浸，铁芯	台	874700
并联电抗器	AC35kV，10Mvar，干式，铁芯	台	908800
并联电抗器	AC66kV，40Mvar，干式，空心	台	677100
并联电抗器	AC66kV，30Mvar，干式，空心	台	596500
并联电抗器	AC66kV，20Mvar，干式，空心	台	426000
并联电抗器	AC35kV，20Mvar，干式，空心	台	302400
并联电抗器	AC35kV，10Mvar，干式，空心	台	232900
并联电抗器	AC10kV，3330kvar，干式，空心	台	120300
并联电抗器	AC10kV，3000kvar，干式，铁芯	台	383300
并联电抗器	AC10kV，2000kvar，干式，空心	台	87900
并联电抗器	AC10kV，10Mvar，干式，铁芯	台	733600
接地变压器			
接地变压器	AC35kV，3300kVA	台	432700

续表

名　称	型号、规格	单位	价格
接地变压器	AC35kV，2200kVA	台	273600
接地变压器	AC35kV，1500kVA	台	245000
接地变压器	AC35kV，1100kVA	台	243800
接地变压器	AC10kV，1500kVA	台	118500
接地变压器	AC10kV，1200kVA	台	90900
接地变压器	AC10kV，1000kVA	台	80400
接地变压器	AC10kV，800kVA	台	71700
接地变压器	AC10kV，700kVA	台	70800
接地变压器	AC10kV，630kVA	台	56500
高压开关柜			
高压开关柜	AC35kV，站用变压器开关柜，1250A，31.5kA	台	144800
高压开关柜	AC35kV，馈线开关柜，2500A，31.5kA	台	265300
高压开关柜	AC35kV，馈线开关柜，1250A，31.5kA	台	173600
高压开关柜	AC35kV，馈线开关柜，1250A，25kA	台	148300

续表

名　　称	型　号、规　格	单位	价格
高压开关柜	AC35kV，进线开关柜，2500A，31.5kA	台	264600
高压开关柜	AC35kV，进线开关柜，2500A，25kA	台	206600
高压开关柜	AC35kV，进线开关柜，1250A，31.5kA	台	160300
高压开关柜	AC35kV，进线隔离柜，2500A，无开关	台	132500
高压开关柜	AC35kV，接地变压器柜，1250A，31.5kA	台	148200
高压开关柜	AC35kV，分段隔离柜，1250A，无开关	台	80300
高压开关柜	AC35kV，分段隔离柜，2500A，无开关	台	112100
高压开关柜	AC35kV，电容器开关柜，1250A，31.5kA	台	199500
高压开关柜	AC35kV，电抗器开关柜，1250A，31.5kA	台	207000
高压开关柜	AC35kV，电容器开关柜，1250A，25kA	台	194500
高压开关柜	AC35kV，电抗器开关柜，1250A，25kA	台	176800
高压开关柜	AC10kV，站用变压器开关柜，1250A，31.5kA	台	62500
高压开关柜	AC10kV，站用变压器开关柜，1250A，无开关	台	67700
高压开关柜	AC10kV，母线设备柜，1250A，31.5kA	台	63800

续表

名　　称	型　号、规　格	单位	价格
高压开关柜	AC10kV，母线设备柜，1250A，无开关	台	57900
高压开关柜	AC10kV，进线开关柜，3150A，40kA	台	196200
高压开关柜	AC10kV，进线开关柜，1250A，31.5kA	台	60400
高压开关柜	AC10kV，进线隔离柜，1250A，无开关	台	47600
高压开关柜	AC10kV，接地变压器柜，1250A，31.5kA	台	63900
高压开关柜	AC10kV，分段隔离柜，4000A，无开关	台	92000
高压开关柜	AC10kV，分段隔离柜，3150A，40kA	台	67100
高压开关柜	AC10kV，分段隔离柜，3150A，无开关	台	76500
高压开关柜	AC10kV，分段隔离柜，1600A，无开关	台	76700
高压开关柜	AC10kV，分段隔离柜，1250A，无开关	台	36600
高压开关柜	AC10kV，分段断路器柜，4000A，40kA	台	125000
高压开关柜	AC10kV，分段断路器柜，1250A，31.5kA	台	51200
高压开关柜	AC10kV，电容器开关柜，1250A，31.5kA	台	65600
高压开关柜	AC10kV，电抗器开关柜，1250A，31.5kA	台	67900

续表

名　　称	型　号、规　格	单位	价格
充气式高压开关柜			
充气式高压开关柜	AC35kV，站用变压器开关柜，1250A，31.5kA	台	238900
充气式高压开关柜	AC35kV，站用变压器开关柜，1250A，25kA	台	210200
充气式高压开关柜	AC35kV，母线设备柜，1250A，无开关	台	230700
充气式高压开关柜	AC35kV，馈线开关柜，1250A，31.5kA	台	269100
充气式高压开关柜	AC35kV，馈线开关柜，1250A，25kA	台	253000
充气式高压开关柜	AC35kV，进线开关柜，2500A，31.5kA	台	402500
充气式高压开关柜	AC35kV，进线开关柜，2500A，25kA	台	403500
充气式高压开关柜	AC35kV，进线开关柜，1250A，25kA	台	272500
充气式高压开关柜	AC35kV，进线隔离柜，2500A，无开关	台	267200
充气式高压开关柜	AC35kV，进线隔离柜，1250A，无开关	台	213900
充气式高压开关柜	AC35kV，分段隔离柜，2500A，无开关	台	235300
充气式高压开关柜	AC35kV，分段隔离柜，1250A，无开关	台	170200
充气式高压开关柜	AC35kV，分段断路器柜，2500A，31.5kA	台	290800

续表

名　称	型号、规格	单位	价格
充气式高压开关柜	AC35kV，分段断路器柜，2500A，25kA	台	258500
充气式高压开关柜	AC35kV，分段断路器柜，1250A，25kA	台	220900
充气式高压开关柜	AC35kV，电容器开关柜，1250A，31.5kA	台	265800
充气式高压开关柜	AC35kV，电容器开关柜，1250A，25kA	台	221500
充气式高压开关柜	AC35kV，电抗器开关柜，1250A，31.5kA	台	247300
充气式高压开关柜	AC35kV，电抗器开关柜，1250A，25kA	台	180500
充气式高压开关柜	AC10kV，站用变压器开关柜，1250A，31.5kA	台	162900
充气式高压开关柜	AC10kV，母线设备柜，1250A，无开关	台	162600
充气式高压开关柜	AC10kV，馈线开关柜，1250A，31.5kA	台	165900
充气式高压开关柜	AC10kV，进线开关柜，3150A，40kA	台	451600
充气式高压开关柜	AC10kV，进线开关柜，3150A，31.5kA	台	364800
充气式高压开关柜	AC10kV，进线开关柜，1250A，31.5kA	台	188600
充气式高压开关柜	AC10kV，进线隔离柜，1250A，无开关	台	166200
充气式高压开关柜	AC10kV，接地变压器开关柜，1250A，31.5kA	台	166100

续表

名　　称	型 号、规 格	单位	价格
充气式高压开关柜	AC10kV，分段隔离柜，3150A，无开关	台	262000
充气式高压开关柜	AC10kV，分段隔离柜，1250A，无开关	台	123400
充气式高压开关柜	AC10kV，分段断路器柜，3150A，40kA	台	362100
充气式高压开关柜	AC10kV，分段断路器柜，3150A，31.5kA	台	325600
充气式高压开关柜	AC10kV，分段断路器柜，1250A，31.5kA	台	146400
充气式高压开关柜	AC10kV，电容器开关柜，1250A，31.5kA	台	174100
充气式高压开关柜	AC10kV，电抗器开关柜，1250A，31.5kA	台	203600
中性点成套装置			
中性点成套装置	AC220kV，126kV，硅橡胶，户外	套	48400
中性点成套装置	AC220kV，126kV，硅橡胶，户内	套	42700
中性点成套装置	AC110kV，72.5kV，硅橡胶，户内	套	41000
中性点成套装置	AC110kV，72.5kV，硅橡胶，户外	套	47200
中性点成套装置	AC110kV，72.5kV，环氧树脂，户外	套	51100
消弧线圈			
消弧线圈	AC66kV，3800kVA，油浸，户外	台	823700

续表

名　称	型　号、规　格	单位	价格
消弧线圈	AC66kV，1900kVA，油浸，户外	台	703000
消弧线圈	AC35kV，2200kVA，油浸，户外	台	558300
消弧线圈	AC35kV，2200kVA，干式，户外	台	521300
消弧线圈	AC35kV，2200kVA，干式，户内	台	475500
消弧线圈	AC35kV，1100kVA，干式，户外	台	372400
消弧线圈	AC35kV，1100kVA，干式，户内	台	351300
消弧线圈	AC35kV，1100kVA，油浸，户外	台	450600
消弧线圈	AC35kV，630kVA，油浸，户外	台	374100
消弧线圈	AC35kV，630kVA，干式，户内	台	272400
消弧线圈	AC35kV，550kVA，干式，户外	台	239100
消弧线圈	AC35kV，550kVA，油浸，户外	台	284500
消弧线圈	AC10kV，1000kVA，干式，户内	台	154800
消弧线圈	AC10kV，1000kVA，干式，户外	台	146500
消弧线圈	AC10kV，630kVA，干式，户内	台	132200

续表

名　称	型　号、规　格	单位	价格
消弧线圈	AC10kV，630kVA，干式，户外	台	123000
消弧线圈	AC10kV，315kVA，干式，户内	台	104000
消弧线圈	AC10kV，315kVA，干式，户外	台	114600
消弧线圈接地变压器成套装置			
消弧线圈接地变压器及成套装置	AC35kV，1500kVA，干式，50A，调匝	套	622800
消弧线圈接地变压器及成套装置	AC35kV，1000kVA，干式，28A，调匝	套	491600
消弧线圈接地变压器及成套装置	AC10kV，1500kVA，干式，165A，调匝	套	328500
消弧线圈接地变压器及成套装置	AC10kV，1200kVA，干式，165A，调匝	套	286200
消弧线圈接地变压器及成套装置	AC10kV，1000kVA，干式，100A，调匝	套	254100
消弧线圈接地变压器及成套装置	AC10kV，800kVA，干式，100A，调匝	套	241700
消弧线圈接地变压器及成套装置	AC10kV，700kVA，干式，100A，调匝	套	226400
消弧线圈接地变压器及成套装置	AC10kV，630kVA，干式，100A，调匝	套	215000
消弧线圈接地变压器及成套装置	AC10kV，400kVA，干式，50A，调匝	套	212000
消弧线圈接地变压器及成套装置	AC10kV，315kVA，干式，50A，调匝	套	171300

续表

名　　称	型　号、规　格	单位	价格
变压器保护			
变压器保护	AC750kV	套	280400
变压器保护	AC500kV	套	276000
变压器保护	AC330kV	套	123200
变压器保护	AC220kV	套	120800
变压器保护	AC110kV	套	72800
变压器保护	AC66kV	套	67700
线路保护			
线路保护	AC750kV（1套线路保护装置，1面屏）	套	146600
线路保护	AC500kV（1套线路保护装置，1面屏）	套	134800
线路保护	AC330kV（1套线路保护装置，1面屏）	套	108200
线路保护	AC220kV（1套线路保护装置，1面屏）	套	105000
线路保护	AC220kV（2套线路保护装置，1面屏）	套	205700
线路保护	AC110kV（1套线路保护装置，1面屏）	套	50500

续表

名　　称	型　号、规　格	单位	价格
线路保护	AC110kV（2 套线路保护装置，1 面屏）	套	91300
线路保护	AC66kV（1 套线路保护装置，1 面屏）	套	45000
线路保护	AC66kV（2 套线路保护装置，1 面屏）	套	80100
断路器保护			
智能变电站断路器保护	AC750kV	套	123800
智能变电站断路器保护	AC500kV	套	123800
智能变电站断路器保护	AC330kV	套	105900
智能变电站断路器保护	AC220kV	套	102600
母线保护			
母线保护	AC500kV	套	128000
母线保护	AC330kV	套	110500
母线保护	AC220kV	套	123200
母线保护	AC110kV	套	74700
母线保护	AC66kV	套	73300

续表

名　　称	型　号、规　格	单位	价格
电容器保护			
电容器保护	AC66kV	套	32700
电容器保护	AC35kV	套	18100
电容器保护	AC10kV	套	14200
电抗器保护			
电抗器保护	AC750kV	套	119500
电抗器保护	AC500kV	套	115900
电抗器保护	AC330kV	套	74100
电抗器保护	AC66kV	套	24800
故障测距装置			
故障测距装置	AC500kV	套	141100
故障测距装置	AC330kV	套	130100
故障测距装置	AC220kV	套	123800
故障测距装置	AC110kV	套	110900

续表

名　　称	型　号、规　格	单位	价格
智能变电站监控系统			
智能变电站监控系统	AC750kV	套	2416100
智能变电站监控系统	AC500kV（1000MVA 主变压器 1 台；500kV 出线 4 回；220kV 出线 10 回）	套	2078000
智能变电站监控系统	AC330kV（360MVA 主变压器 2 台；330kV 出线 4 回；110kV 出线 12 回）	套	1919000
智能变电站监控系统	AC220kV（240MVA 主变压器 2 台；220kV 出线 6 回；110kV 出线 8 回；35kV 出线 8 回）	套	1788000
智能变电站监控系统	AC110kV（50MVA 主变压器 2 台；110kV 出线 2 回；35kV 出线 6 回；10kV 出线 16 回）	套	1244600
智能变电站监控系统	AC66kV（31.5MVA 主变压器 2 台；66kV 进线 2 回；10kV 出线 20 回）	套	1268000
智能变电站监控系统	AC35kV（6.3MVA 主变压器 1 台；35kV 出线 2 回；10kV 出线 8 回）	套	531600
智能变电站变压器保护			
智能变电站变压器保护	AC750kV	套	334100

续表

名　　称	型　号、规　格	单位	价格
智能变电站变压器保护	AC500kV	套	330600
智能变电站变压器保护	AC330kV	套	159300
智能变电站变压器保护	AC220kV	套	147600
智能变电站变压器保护	AC110kV	套	85600
智能变电站变压器保护	AC66kV	套	78400
智能变电站接地变压器/站用变压器保护			
智能变电站接地变压器/站用变压器保护	AC66kV	套	50200
智能变电站接地变压器/站用变压器保护	AC35kV	套	39900
智能变电站断路器保护			
智能变电站断路器保护	AC750kV	套	123800
智能变电站断路器保护	AC500kV	套	123800
智能变电站断路器保护	AC330kV	套	105900
智能变电站断路器保护	AC220kV	套	102600

续表

名　　称	型　号、规　格	单位	价　格
智能变电站母线保护			
智能变电站母线保护	AC750kV	套	187900
智能变电站母线保护	AC500kV	套	178800
智能变电站母线保护	AC330kV	套	148400
智能变电站母线保护	AC220kV	套	140100
智能变电站母线保护	AC110kV	套	100200
智能变电站母线保护	AC66kV	套	102500
智能变电站母线保护	AC35kV	套	100400
智能变电站母线保护	AC10kV	套	92300
智能变电站母联（分段）保护			
智能变电站母联（分段）保护	AC330kV	套	71000
智能变电站母联（分段）保护	AC220kV	套	68300
智能变电站母联（分段）保护	AC110kV	套	27200
智能变电站母联（分段）保护	AC66kV	套	30900

续表

名　　称	型号、规格	单位	价格
智能变电站电容器保护			
智能变电站电容器保护	AC66kV	套	29300
智能变电站电抗器保护			
智能变电站电抗器保护	AC750kV	套	119900
智能变电站电抗器保护	AC500kV	套	113200
智能变电站电抗器保护	AC330kV	套	64000
智能变电站电抗器保护	AC220kV	套	58900
智能变电站电抗器保护	AC66kV	套	27900
智能变电站短引线保护			
智能变电站短引线保护	AC500kV	套	121900
智能变电站线路保护			
智能变电站线路保护	AC750kV（1套线路保护装置，1面屏）	套	155300
智能变电站线路保护	AC500kV（1套线路保护装置，1面屏）	套	147700
智能变电站线路保护	AC330kV（1套线路保护装置，1面屏）	套	133800

续表

名　　称	型　号、规　格	单位	价格
智能变电站线路保护	AC220kV（1套线路保护装置，1面屏）	套	126300
智能变电站线路保护	AC220kV（2套线路保护装置，1面屏）	套	224000
智能变电站线路保护	AC110kV（1套线路保护装置，1面屏）	套	64300
智能变电站线路保护	AC110kV（2套线路保护装置，1面屏）	套	116700
智能变电站线路保护	AC66kV（1套线路保护装置，1面屏）	套	60000
智能变电站线路保护	AC66kV（2套线路保护装置，1面屏）	套	106800
智能变电站线路保护	AC35kV（1套线路保护装置，1面屏）	套	34800
智能变电站线路保护	AC35kV（2套线路保护装置，1面屏）	套	61000
智能变电站变压器油中溶解气体在线监测装置			
智能变电站变压器油中溶解气体在线监测装置	≥6	套	68300
预制舱式二次组合设备			
预制舱式二次组合设备	220kV，Ⅲ，23，2	套	2229000
预制舱式二次组合设备	220kV，Ⅱ，17，2	套	2075000

续表

名　　称	型　号、规　格	单位	价格
预制舱式二次组合设备	220kV，Ⅱ，17，2（仅含附属设施）	套	985900
预制舱式二次组合设备	110kV，Ⅲ，23，2	套	1724500
预制舱式二次组合设备	110kV，Ⅲ，23，2（仅含附属设施）	套	1021400
预制舱式二次组合设备	110kV，Ⅱ，17，2	套	1628500
预制舱式二次组合设备	110kV，Ⅱ，17，2（仅含附属设施）	套	965800

十五、通信设备

名　称	型号、规格	单位	价格
SDH 设备			
SDH 设备	10Gb/s，8，6，8，63，6	套	480100
SDH 设备	10Gb/s，4，4，16，252，4	套	467600
SDH 设备	10Gb/s，4，4，12，63，2	套	427300
SDH 设备	10Gb/s，4，4，4，63，4	套	588500
SDH 设备	10Gb/s，2，4，16，63，2	套	344200
SDH 设备	10Gb/s，2，无，8，63，无	套	314600
SDH 设备	10Gb/s，无，无，8，63，2	套	307500
SDH 设备	2.5Gb/s，无，6，8，63，8	套	278000
SDH 设备	2.5Gb/s，无，4，16，189，4	套	265400
SDH 设备	2.5Gb/s，无，4，8，63，4	套	228600
SDH 设备	2.5Gb/s，无，2，16，63，2	套	237600
SDH 设备	2.5Gb/s，无，无，8，63，4	套	223300
SDH 设备	622Mb/s，无，6，16，63，无	套	171100
SDH 设备	622Mb/s，无，4，8，63，无	套	344800

续表

名　　称	型　号、规　格	单位	价格
SDH 设备	622Mb/s，无，4，4，32，无	套	136000
SDH 设备	155Mb/s，无，无，4，8，无	套	79300
光纤配线架（ODF）			
光纤配线架（ODF）	≥144 芯	套	8630
光纤配线架（ODF）	72～144 芯	套	5710
光纤配线架（ODF）	≤72 芯	套	2960
数字配线架（DDF）			
数字配线架（DDF）	≥200 系统	套	9170
数字配线架（DDF）	100～200 系统	套	8990
数字配线架（DDF）	40～100 系统	套	6840
数字配线架（DDF）	≤40 系统	套	1560
OTN 电交叉子框			
OTN 电交叉子框	4.8T，无，16，无，无，16	套	623500
OTN 电交叉子框	3.2T，无，16，无，4，8	套	682200

续表

名　　称	型　号、规　格	单位	价格
OTN 电交叉子框	2.0T，无，16，无，4，8	套	657200
OTN 电交叉子框	1.6T，无，8，无，4，8	套	449800
OTN 电交叉子框	1.2T，无，8，无，4，8	套	436800
OTN 电交叉子框	0.7T，无，4，无，2，4	套	199700
OTN 光传输子框			
OTN 光传输子框	≥12 槽位，≥40 波	套	125600
OTN 光传输子框	≥12 槽位，≥16 波	套	66500
OTN 光传输子框	≥12 槽位，≥8 波	套	39600
OTN 光接口模块			
OTN 光接口模块	10G/10GE，40km，无	个	7050
OTN 光接口模块	10G/10GE，10km，无	个	7030
OTN 光接口模块	2.5G 及以下自适应，40km，无	个	5550
OTN 光接口模块	2.5G 及以下自适应，10km，无	个	3630

续表

名　　称	型　号、规　格	单位	价格
OTN 光接口模块	OTU2，无，可调波长	个	23930
OTN 光接口模块	OTU2，无，固定波长	个	11780
OTN 光路子系统光功率放大器 BA/PA			
OTN 光路子系统光功率放大器 BA/PA	25dB	块	46500
OTN 光路子系统光功率放大器 BA/PA	22dB	块	40200
OTN 光路子系统光功率放大器 BA/PA	18dB	块	44500
OTN 光路子系统光功率放大器 BA/PA	14dB	块	45100
OTN 光路子系统光功率放大器 BA/PA			
OTN 光路子系统色散补偿模块	120km	块	28800
OTN 光路子系统色散补偿模块	100km	块	29600
OTN 光路子系统色散补偿模块	80km	块	31800
OTN 光路子系统色散补偿模块	60km	块	30200
OTN 光路子系统色散补偿模块	40km	块	30500
OTN 光路子系统色散补偿模块	20km	块	28800

续表

名　　称	型 号、规 格	单位	价格
OTN 设备板卡			
OTN 设备板卡	OTDR 板卡，无，2 口，无，无	块	79700
OTN 设备板卡	线路板卡，OTU2，10 口，无，无	块	73400
OTN 设备板卡	线路板卡，OTU2，4 口，无，无	块	43800
OTN 设备板卡	支路板卡，无，无，10G/10GE，8 口	块	72300
OTN 设备板卡	支路板卡，无，无，10G/10GE，4 口	块	45100
OTN 设备板卡	支路板卡，无，无，2.5G 及以下，16 口	块	46600
OTN 设备板卡	支路板卡，无，无，2.5G 及以下，10 口	块	38800
SDH 设备板卡			
SDH 设备板卡	10G 板卡，2 口，无	块	112800
SDH 设备板卡	10G 板卡，1 口，无	块	88600
SDH 设备板卡	2.5G 板卡，4 口，无	块	64900
SDH 设备板卡	2.5G 板卡，2 口，无	块	47300
SDH 设备板卡	2.5G 板卡，1 口，无	块	24100

续表

名　　称	型　号、规　格	单位	价格
SDH 设备板卡	622M 板卡，4 口，无	块	29000
SDH 设备板卡	622M 板卡，2 口，无	块	19200
SDH 设备板卡	622M 板卡，1 口，无	块	14400
SDH 设备板卡	155M 板卡，8 口，无	块	32000
SDH 设备板卡	155M 板卡，4 口，无	块	17500
SDH 设备板卡	155M 板卡，2 口，无	块	15900
SDH 设备板卡	2M 保护板卡（光），8 口，无	块	22300
SDH 设备板卡	2M 板卡（光），8 口，无	块	37100
SDH 设备板卡	FE 板卡，8 口，无	块	13600
SDH 设备板卡	GE 板卡，4 口，无	块	45500
SDH 设备板卡	GE 板卡，2 口，无	块	23200
光模块			
光模块	40G 多模，网络交换机	块	1180
光模块	万兆单模，网络交换机	块	3100

续表

名　　称	型　号、规　格	单位	价格
光模块	万兆单模，网络路由器	块	2930
光模块	万兆多模，网络交换机	块	450
光模块	千兆单模，网络交换机	块	350
光模块	千兆单模，网络路由器	块	650
光模块	千兆多模，网络交换机	块	150
光模块	千兆多模，网络路由器	块	130
PCM 设备			
PCM 设备	多方向	套	31900
PCM 设备	单方向	套	23900
磁盘阵列			
存储设备	FC-SAN，500，128G，48T	台	498100
存储设备	FC-SAN，500，128G，20T	台	271900
存储设备	FC-SAN，300，32G，9T	台	181500
存储设备	NAS，通用，通用，通用	台	177700

续表

名　　称	型 号、规 格	单位	价格
存储设备	高端 FC-SAN，通用，通用，通用	台	545100
存储设备	中端 FC-SAN，通用，通用，通用	台	307700
存储设备	低端 FC-SAN，通用，通用，通用	台	272300
存储设备	IP-SAN，通用，通用，通用	台	193600
网络交换机			
网络交换机	480Mpps，96 个千兆电	台	95500
网络交换机	200Mpps，48 个千兆电	台	22400
网络交换机	150Mpps，24 个千兆电	台	13200
网络交换机	96Mpps，24 个千兆电	台	10200
网络交换机	96Mpps，2 个千兆光，24 个千兆电	台	11200
网络交换机	96Mpps，4 个千兆光，24 个千兆电	台	20500
网络交换机	6Mpps，24 个百兆电	台	2700
网络交换机	6Mpps，2 个千兆光，24 个百兆电	台	4000
网络交换机	高端，通用	台	46000

续表

名　　称	型　号、规　格	单位	价格
网络交换机	中端，通用	台	29800
网络交换机	低端Ⅱ类，通用	台	2600
网络交换机	低端Ⅰ类，通用	台	4700
网络交换机	数据中心Ⅰ类，通用	台	243400
网络交换机	数据中心Ⅱ类，通用	台	112800
网络交换机	数据中心接入，通用	台	50100

主要编制人　张天光　卢　玉　周　慧　顾　爽　张惠玲　刘　强

　　　　　　　　李伟亮　于　波　曹　妍　胡　伟　李　宁　黄　河

　　　　　　　　夏华丽　徐慧声　张　清　韩智忠　戎元元　田　涛

　　　　　　　　余菊芳　刘尚科　王霏霏　杨琳琳　郑　浩